International Politics

현대 국제정치학과 한국

현대 국제정치학과 한국

김형국 · 조윤영 공편

인간사랑

머리말

이 책에 실린 주요 내용들은 한국국제정치학회가 학회창립 50주년을 기념하기 위해 "한국국제정치학회 50년 : 성찰과 전망"이라는 주제 하에서 발표된 국제정치 각 분야의 주요 주제들을 다룬 논문들이다. 본 논문들은 국제관계 각 분야의 과거의 연구경향들을 분석 · 정리하고 향후 한국 국제정치학이 당면한 과제들을 해결해 나갈 방향들을 모색하였다.

한국에서 본격적으로 국제정치학에 관심을 갖고 연구하기 시작한 것은 해방 이후 대학에서 정치학과가 설립된 이후이다. 국제정치 분야에서는 외교사 관련 강의가 주류를 이루었으나 한국전쟁 이후 국제정치에 대한 관심이 고조되고 여기에 대한 본격적인 연구가 진행되었다. 이러한 연구는 1956년 한국국제정치학회의 설립으로 더욱 활기를 띄었다고 할 수 있다. 설립 초기의 국제정치학회는 학회지의 발간, 월례연구발표회 및 공개강좌 등을 진행하였다. 당시의 국제정치학의 연구는 주로 미국의 국제정치학 이론을 중심으로 연구가 진행되었고, 특히 현실주의 이론을 중심으로 한 안보, 군사에 관한 연구가 활발하게 진행되었다. 현실주의 국제정치는 분단된 한반도의 평화와 안보를 지켜나가는 근본적 이론틀을 제시하였다고 할 수 있다. 이후 1960년대에는 외교정책에 대한 과학화와 이론화의 시대적 흐름 속에 한국에서는 강대국 중심의 외교정책 연구가 활발하게 진행되었다. 당시 외교정책에 대한 연구는 경제학, 심리학 등 사회과학의 영향으로 과학적 연구방법의 도입과 아시아 및 아프리카에서 수많은 독립국들의 국제사회 등장은 많은 외교정책의 사례들을 제시하게 되어 역사적 또는 서술적 방법의 연구보다는 과학적 이론화를 시도하는 계기가 되었다.

1970년대에는 경제와 자원의 문제가 중요시되면서 국제정치경제에 대한 연구가 활성화되었다. 한국에서는 1970년대 말 국제정치경제 분야는 국가안보 문제 다음으로 중요한 국제관계의 연구 분야로 대두되었다. 1980년대에는 국제정치경제 분야가 일반이론의 소개와 비교 등을 주제로 하는 논문이 주류를 이루었다. 반면 1990년대에는 무역에 관한 논의와 외환위기 시기에는 금융에 관한 논의가 많았다. 최근에는 유럽통합의 심화와 확대, 지역주의의 확산, 한국의 FTA 정책 등에 관해 관심이 증가하였다. 탈냉전의 전환적 국제정치는 21세기 화두인 세계화 또는 정보화라는 거대한 흐름 속에서 국제질서의 재편, 테러와 대량살상무기의 위협에 대한 대처, 국제 환경문제, 마약, 인권 등의 포괄적 안보에 대한 문제가 국제관계의 핵심사안으로 떠오르고 있다.

지난 50년간 한국에서 국제정치 연구는 미국의 세계경영을 위한 이론의 계발과 적용이 그 주류를 이루면서 한반도의 갈등과 평화 및 강대국 국제관계에 대한 분석과 문제해결에 상당한 공헌을 해왔다고 평가할 수 있다. 그러나 한국의 국제정치학은 미국의 영향력을 극복하는 국제정치 연구의 한국화라는 과제, 이론과 정책의 조화, 국제관계의 주요 사안들 간의 관계설정 문제 등 풀어야 할 당면과제와 함께 이를 위한 후학의 양성과 시민교육에 대한 활성화가 필요한 시점이다.

이 책은 국제정치학 연구의 한국적 정체성을 모색하기 위한 국제정치학 연구자들의 하나의 시도로서 한국의 국제관계 연구의 동향에 대한 분석과 정리, 그리고 향후 해결해야 할 각 분야의 과제들을 정리하여 한국의 국제관계 연구가 나아가야 할 방향을 제시하고자 하는 의도에서 기획되었다. 따라서 한국 국제정치학의 발전을 위한 지적 기반을 마련하는 데 많은 도움이 되길 기대하고 있다. 본 책자의 발간을 위해 유익한 논평을 해준 하용출(서울대), 장공자(충북대), 신욱희(서울대), 홍용표(한양대), 이상환(외국어대), 최대석(이화여대), 이대우(세종연구소), 김상배(서울대), 김재천(서강대), 마상윤(가톨릭대) 교수에게 감사한다. 이 책의 출판을 흔쾌히 맡아주신 인간사랑의 여국동 사장님께 깊은 사의를 표한다.

김형국(2006년 한국국제정치학회 회장)

조윤영(2006년 한국국제정치학회 출판이사)

차례

1. 한국의 국제정치학 연구 | 성찰과 전망

김형국(중앙대학교)

I. 머리말

한국의 국제정치 연구는 지난 반세기 동안 괄목할 만큼 성장하였다. 먼저 연구인력 확보 측면에서이다. 한국국제정치학회 창설 당시 십여 명으로 출발하였지만 50년이 지난 현재 회원이 1,500여 명을 상회하고 있다. 연구 분야에서도 이론, 외교정책, 국제관계사, 지역연구 등 다양한 분야를 충족하는 양질의 연구인력을 확보하고 있다. 정치외교학과와 국제관계학과 그리고 국제대학원 등에서 한국의 여러 국제관계 전공 교수들이 연구와 교육을 담당하여 국제관계학 발전에 기여하고 있다. 미국 국제정치학회의 연구인력과 비교하기에는 아직 시기상조라 하더라도 일본이나 중국, 인도 등 다른 아시아와 유럽 국가들과 비교하여도 전혀 손색이 없다.

한국의 국제정치학 분야의 성장에 힘입어 '한국적 국제정치학'을 정립하여야 할, 적어도 한국적 패러다임을 모색할 때가 되지 않았느냐는 물음이 지속적으로 제기되는 상황이다. 과연 한국적 패러다임은 한국에서만 요구되는 것일까? 국제정치학 연구에서 자아준거적 이론 정립에 아직까지 채워지지 못한 부분은 무엇일까? 이러한 인식론적 관심과 함께 중요한 한국적 국제정치학의 과제는 분단된 한반도에서 야기되고 있는 안보, 생존 그리고 평화공존의 문제를 모색하는 일이다. 돌이켜 보면 한국의 근대화 과정은 언제나 위기적 상황에서 진행되었다. 1876년 개항, 식민지화, 돌연한 해방, 한국전, 그리고 현재는 북한의 핵실험으로 우리에게 안보와 생존의 문제, 그리고 특히 한미동맹의 전환기에 대응하여야 하는 대외정책 과제가 절실히 제기되고 있기 때문이다.

한국국제정치학회 창립 50주년을 맞이하여 이 글에서도 이러한 과제를 논의하고자 한다. 과연 학문으로서 국제정치학은 한국의 현재 상황을 어떻게 설명할 수 있으며 어떠한 정책적 처방을 제시할 수 있단 말인가? 국제정치학 연구가 지난 50여 년 동안 지속된 만큼 이제 학회적 차원에서도 그동안 한국의 국제정치학 연구가 어떻게 발전하여 왔는지에 대한 성찰과 전망이 필요하기 때문이다.

한반도의 국제관계 문제와 국제정치 연구 분야 발전을 검토하기 위해서 이 글을 세 부분으로 나누었다. 첫째, 한국적 상황을 역사구조적 시각에서 이해하자는 주장이다. 이는 국제관계학도 토양성(locality)을 내포하고 있다는 관점을 전제로 한다. 아무리 보편적인 이론이라고 하더라도 시공을 초월하여 객관적으로 성립하기 어렵기 때문이다. 둘째, 한국의 국제정치학 연구가 시작되었던 냉전시대 국제정치의 연구와 시대를 달리하여 1990년대 탈냉전시대 이후 현재까지 한국의 국제정치 연구의 변화과정에 주목한다. 이는 냉전 당시의 제한적 여건 아래 수행되었던 한국의 국제정치 연구가 탈냉전이후 어떠한 변화를 지속하고 있다는 전제에 근거를 둔 것이다. 셋째, 이러한 시대적 구분을 1990년대 이후 한국국제정치학회의 기관지인 『국제정치논총』에 수록된 총 논문을 분야별로 분석 · 검토하여 한국의 국제정치 환경 변화를 학계는 어떻게 반영하고 있는지 학술연구와 정책대안과의 관계를 살필 수 있다는 전제를 하고 있는 것이다. 또한 국제정치 연구가 어떻게 동북아시아와 동아시아를 지역으로서의 학문적 공동체 형성에 기여하였는지를 살펴보는 것이다.

Ⅱ. 역사적 구조와 새로운 도전

현재 한반도가 처해진 역사구조를 이해하기 위하여 어느 시점에까지 거슬러 올라가 현재 국제정치적 상황을[1] 설명할 수 있을 것인

1) 이렇게 현재로 나타난 역사적 현상의 원인을 거슬러 올라가 설명하는 역사구조적 시각으로 베링톤 무어(Barrington Moore)의 민주와 독재의 기원에 대한 설명이나 프랑스혁명과 중국혁명의 기원을 찾는 데다 스카치폴(Theda Skocpol)의 작업이 있다. Barrington Moore Jr., *Social Origins of Dictatorship and Democracy*(Boston : Beacon Press, 1966) ; Theda Skocpol, *State and Social Revolution–A Comparative Analysis of France, Russia and China*(New York : Oxford University Press, 1979) ; Theda Skocpol and Margaret Somers, "The Uses of Comparative History in Macrosocial Inquiry,"

가? 한반도 분단의 원인을 냉전에서부터 찾는다면 1940년대 제2차 세계대전 당시 얄타 회담, 카이로 회담, 모스크바 삼상회의에서 연합국들이 한반도 문제를 제기한 것을 기점으로 삼을 수 있다. 한국전쟁도 제2차 세계대전 당시 전후 세계를 재편성하는 과정에서 생긴 분단구조에서 그 원인을 도출할 수 있기 때문이다. 한편 냉전 사학자 가디스(John Lewis Gaddis)에 의하면 냉전의 역사가 그보다 오래 전에 대두된 미국 윌슨 이상주의와 러시아 레닌 급진혁명주의가 대립하여 미국과 소련이 양극체제를 이루었다는 지적도 있다.[2]

그러나 한반도 분단의 원인을 보다 본질적으로 파고든다면, 서양의 제국주의 세력이 아시아로 팽창하던 시기에 근대화를 이루지 못한 채 후발 국가인 일본에게 식민지로 점령당한 역사까지 아울러야 한다. 한국, 일본, 중국의 동북아시아 삼국이 어떻게 서양의 팽창에 대응하였는지 그 구조적 상황을 살펴보아야 하겠다. 일본은 후발 제국주의 국가로 제2차 세계대전을 일으키는 추축국이 되었고, 중국은 청조가 무너지고 중화민국이 태동하였으나 중화인민공화국으로 중국대륙이 공산화되었다. 한편 한반도는 열강의 세력이 부닥치는 역사적 상황에서 일본의 식민지가 되었으며, 이후 분단, 한국전쟁, 그리고 현재까지 분단된 구조로 굳혀졌다. 최소한 150년의 역사를

Comparative Studies in Society and History 22-2(April 1980). 국제정치학의 역사사회학적 연구에 대한 최근 논의는 Stephen Hobden and John M. Hobson, eds., *Historical Sociology of International Relations*(Cambridge : Cambridge University Press, 2002) 참조.

2) John Lewis Gaddis, *We Now Know : Rethinking Cold War History*(Oxford : Claredon Press, 1997), pp. 10-30. 번역본은 박건영 역, 『새로 쓰는 냉전의 역사』(서울 : 사회평론, 2002).

거슬러 올라가야 현재 한반도가 처한 국제정치적 상황에 대한 원인을 설명할 수 있다.

1. 한반도의 상황구조

한반도는 동북아에 위치하여 대륙세력과 해양세력이 맞부닥치는 지정학적 위치에 있다. 한국 자체가 해외 진출의 창구이자 양대 세력의 완충지역으로 존재한 적도 있다. 역사적으로 한국은 수차례 비극적 국제 역학적 경험을 겪는다. 첫째, 이씨조선은 1910년에 일본의 식민지가 되었고, 당시 세계의 중심이라고 선언하던 중국의 청나라가 붕괴되고 18세기 이후 기독교권의 확장에서 동양의 각국이 배제되었기 때문이다. 이러한 것은 19세기 말 식민지에 대한 치열한 경쟁이 일어났고, 결과적으로는 후발 제국인 일본에 병합되었다는 점이다. 둘째, 제2차 세계대전 이후 정치적 독립을 이루기는 했으나 한반도는 양분되었다는 사실이다. 이러한 정치적 사안은 한반도 문제는 지속적으로 강대국의 권력정치와 연관되어 있다는 것을 일깨운다. 셋째, 주요 정책결정자들에 의해 한국전이 국제전으로 확장되었다는 점이다. 이러한 세 가지 비극적 경험으로 인해 한국인들은 국제관계가 얼마나 그들의 운명을 좌우하는지 절실히 느낄 수밖에 없었으며, 이러한 관심은 국제관계 연구에 영향을 미쳤다.

한국전으로 냉전이 고착되었다는 점에서 한반도의 역사구조적 조건에 미치는 외적 영향이 차지하는 바가 지대하다는 것을 알 수 있다. 한국전쟁 직후 한국의 방위는 1953년 한미상호방위조약 체결로 구축되었다. 한편 한국과 일본의 국교정상화와 베트남 파병문제는 1960년대 중반 이후 국내외적인 외교정책 현안이었다. 결과적으로 한국은 일본과 함께 미국의 패권체제에 관련된 남방 삼각연계로 편성되었다.[3] 이러한 남방연계를 바탕으로 한국으로서는 안보협력을 다질 수 있었고, 1960년대 후반 수출주도 전략을 성공적으로 추진할 수 있었다. 이러한 성과를 바탕으로 한국은 북한에 대해 경제적으로나 군사적으로 경쟁우위를 지킬 수 있었다.

냉전의 종식은 이러한 역사구조적 조건도 변화시킬 수 있는 계기였다. 한국, 미국, 일본으로 구성된 남방 삼각연계와 북한, 소련, 중국으로 구분되는 북방 삼각연계가 변화하게 된 것이다. 북방정책을 추진중이었던 한국은 중국, 소련과 외교관계를 수립함으로써 냉전구조에 변화를 체현한다. 반면 북한은 기존의 대외관계가 오히려 위축된 결과 소련의 영향력은 현저히 감소하였고, 오직 중국만이 형제국으로 존재하게 되었다. 이에 위기감을 느낀 북한으로서는 미국으로부터 체제 유지를 담보받기를 원하였고, 일본과의 수교도 원했다. 핵은 1980년대 후반 이래 위축된 경제력이나 군사관계를 지탱하여 북한 체제를 유지하기 위한 유일한 안보수단이었다. 북한이 IAEA를 탈퇴하여 핵위기가 고조되었을 당시 김영삼 정권이 북핵위기를 극복하기 위한 방안의 하나로 제시한 1994년 8월 남북정상회담이 거

---

3) 남방 삼각연계와 북방 삼각연계의 형성과 변화에 관한 논점은 Bruce Cumings, "The Origins and Development of the Northeast Asian Political Economy : Industrial Sectors, Product Cycles, and Political Consequences," *International Organization* 38-1 (Winter 1984), pp. 20-30 ; 남찬순, 『북미 핵협상과 동북아질서 : 1990년대의 교훈』 (서울 : 나남출판, 2007), pp. 30-90 참조함.

의 성사될 예정이었으나 이 화해의 메시지는 김일성의 돌연한 사망으로 무산되었다. 냉전은 종식되었지만 한반도의 갈등은 여전히 진행되고 있었다.

2. 새로운 도전요인

통일정책의 변화는 탈냉전과 함께 가장 주목하여야 할 국제정치학의 새로운 도전이다. 1998년 2월 한국 정치사상 처음으로 여야가 교체되는 정권변화를 맞이하게 되었다. 준비된 대통령으로서 김대중 정부가 취한 대외정책의 핵심은 햇볕정책이다. 이 정책은 북한에 경제적으로 지원함으로써 북한이 점진적으로 개혁정책을 추진할 것이고, 결국 두터운 외투를 벗을 것을 노린 대북유화정책이다. 남북 간 경제교류가 진행되면서 2000년 6월 남북정상회담이 이루어졌다. 햇볕정책은 성공적으로 인식되었다. 금강산관광, 이산가족 상봉이 진행되고 개성공단 조성이 계획되면서 남북 갈등관계도 이완되고 있었다.

노무현 정부에서도 대북포용정책은 계승된다. 평화, 번영, 공존정책을 지향한다는 전략목표에 따라 평화체제를 구축하는 것을 정책이념으로 제시하였다. 교류협력, 평화정착, 남북 연합단계를 거쳐 통일 직전단계로 이행한다는 발전전략이 동북아 구상의 일환으로 제시되고 있다. 평화체제는 정전체제를 전환하겠다는 정책의지이므로 주한미군과 한미연합사의 존재를 이러한 변화에 맞추어 전환하여야 한다는 것이다. 이렇게 민족자주의 문제는 통일정책뿐만 아니라 한미관계, 주한미군, 그리고 전시작전권 전환의 과제로 대내외적 조건이 구체화되었다. 반미감정은 고조되었고, 노무현 정권은 한미관계의 변화를 주장하면서 자주와 동맹이라는 이분법으로 접근하게 된다. 한미 전시작전권 전환은 이제 한미관계의 현 주소가 된 것이다. 우려되는 안보공백에 대한 남남갈등이 심화되고 있는 차에 북한의 미사일 발사, 핵실험은 한반도의 안보에 치명적인 부담을 안겨주고 있다.

학문에 국경은 없다. 학문은 보편적 진리를 지향하는 세계성이 있다. 한편 학문도 국적이 있다. 특히 사회과학은 그 나라의 역사구조적 문제에 대한 의문을 가지고 이를 설명하고 이해하려는 노력에서부터 시작된다. 지식사회학적 차원에서 국제정치학도 한국의 토양에서 역사적 의식을 지닌 바이다. 한반도의 지정학적 특징과 역사구조적 제한으로 말미암아 외래 이론을 받아들일 수밖에 없었고, 현재에 와서는 과연 국제정치학의 한국화가 가능한지에 대한 물음이 지속적으로 제기되고 있다. 또한 학문과 정책은 어떤 식으로 연계될 수 있느냐에 대한 과제도 남아 있다.

Ⅲ. 냉전기 한국의 국제관계 연구

한국 국제정치학의 기원은 유길준(1856-1914)으로부터 시작하였다. 『서유견문』 이후 출간되지 않았지만 1896년 최초의 정치학 서적을 남겼다. 또한 한국의 초대 대통령이었던 이승만은 프린스턴 대학에서 '미국의 영향 하에서 중립(Neutrality as Influenced by the United States)'을 주제로 박사학위 논문을 1910년에 수여받았다. 이렇게 한국의 정치학이나 국제관계 연구도 기원은 19세기 후반이나 20세기 초반에서 찾을 수 있다.

그러나 한국의 정치학, 특히 국제정치학이 국내 제도권에서 연구된 시점은 1945년 독립 이후부터 찾는다. 국제정치학이 대학의 정규 교과과정으로 편성된 시기도 1945년 이후 일이었기 때문이다. 해방 이후 한동안 법학이나 역사학 테두리에서 국제정치학을 논의하였다. 당시에는 일본 식민시대의 영향이 남아 있었다. 한편 미군정과 한국전을 겪으면서 미국의 영향이 유입되었다. 한국전 발발과 함께 냉전적 이데올로기 구조는 한국의 초창기 국제관계 도입기에 절대적인 영향을 미친다. 이 시기의 국제정치학 연구는 그야말로 강대국의 논리를 지향하는 모습이었다. 그러나 이러한 외적 영향 하에서도 한국적 국제관계 연구를 지향하는 자생적 노력은 지속되었다.

1. 초창기

1945년 이후 초창기 정치학회에는 정치학 전공 교수가 거의 없어 역사학 등지에서 정치학을 맡을 교수를 모셔오는 일도 있었다. 서울대학교 정치학과에 이선근(역사학자, 당시 한성일보 주필)과 이용희(연희전문 문과 출신)를 초빙하였다. 연세대학교 정치외교학과에는 민병태, 신도성, 신기석 교수 등 정치학 및 법학을 전공한 학자들이 봉직하였다. 주로 국가학 차원의 교과과정을 운영하였다고 한다. 고려대학교 정법대학에는 1946년 8월 31일 당시 유진오, 윤세창, 김상협 등이 교수로 봉직하였는데, 이 중 상당수는 법학 전공 교수였다. 또한 경희대학, 중앙대학, 단국대학, 국민대학, 국학대학, 그리고 지방의 경북대학, 부산대학 등에서 정치외교학과에서 국제정치학 수업이 이루어졌다. 정치외교학과 교과과정 중 약 10% 정도가 국제정치론, 국제관계론, 외교사 교과목으로 수업이 이루어졌다. 1940년대 당시 국제정치학 수업은 대부분의 교수들이 일본 교육을 받았기 때문에 일본의 학문적 경향이 있었다. 신기석 교수의 『근세동양외교사』와 『근대외교사』는 그러한 경향에도 불구하고 초창기 국제관계 교과서로 오랫동안 널리 읽혔다.[4]

한국정치학회는 1953년 10월 18일 부산 대청동에 소재한 서울대학교 가교사에서 창립되었는데, 이선근 교수(초대 대표간사)와 조영식, 신기석 교수 등 20여 명이 발기인으로 참여하였다. 학회보는 1959년에 창간되었으며, 제2집은 1967년에 속간하였다. 한국국제정치학회는 1956년 5월 30일 창립되었으며, 초대 회장은 이용희 서울대 외교학과 교수, 부회장은 조효원 연세대 교수였다.[5] 이후 1960년 4·19 그리고 1961년 5·16 당시 학회활동을 정지당하기도 했으나 1962년

---

4) 신기석, 『근세동양외교사』(서울 : 동방문화사, 1948) ; 『근세외교사』(서울 : 문성당, 1953).

5) 창립 발기인은 이용희(서울 문리대), 조효원(연세대), 김기수(동국대), 이상조(서울 법대), 서석순(연세대), 민영식(당시 국학대), 민병기(고려대), 이원우(경희대), 이승헌(국민대), 박봉식(서울 문리대), 이기원(단국대) 등이었다. 한국국제정치학회, "한국국제정치학회 약사," 『국제정치논총』 창간호(1963).

8월 사회단체등록증을 교부받음으로써 활동을 재개하였고, 이듬해 1963년 『국제정치논총』을 창간하였다.[6] 양대 학회를 창립하였던 발기인들은 한국 정치학계 및 국제정치학계의 1세대 혹은 그들로부터 교육을 받은 1.5세대 교수라고 하겠다.

국제정치학 교과서를 조효원 교수와 이용희 교수가 1954년, 1955년 각각 발간하였다. 조효원 교수는 1954년 처음으로 『국제정치학』을 저술하여 그 안에 미국의 대학교재 소개와 국제정치학의 중요 개념을 서술하고 있다.[7] 이 책은 모겐소의 현실주의 국제정치이론 및 지정학적 시각에서 권력정치를 살펴보고, 열강과 강대국의 외교사 및 외교정책, 그리고 신성동맹, 국제연맹, 국제연합 등 안전보장을 위한 국제기구를 내용으로 수록하였다. 미국 학부 수준의 국제정치학 교재를 소개한 것이다. 한편 1955년 이용희 교수의 『국제정치원론』은 단순한 소개나 계몽을 넘어서 주체적 입장에 국제정치학을 시도하겠다는 문제의식에서 저술되었다.[8] 국제정치의 본질을 강대국 권력정치라고 파악하고, 정치학이 누구를 위한 학문이냐라는 비판적 입장에서 '장소의 논리' 라는 주체적 국제정치학을 전개하였다. 이용희 교수의 이러한 입장은 1962년에 출간된 『일반국제정치학(상)』에서 더욱 비판적 시각을 나타낸다. 근대 구주국제질서가 그 독특한 성격을 갖게 만든 핵심요소로서 근대국가의 역사적 발전과 그 전환의 양상을 다루고 있다.[9] 국제관계를 세 가지 권역, 즉

6) 한국국제정치학회, 『한국국제정치학회 50년사』(서울 : 한국국제정치학회, 2006).
7) 조효원, 『국제정치학』(서울 : 문종각, 1954).
8) 이용희(東州), 『국제정치원론』(서울 : 장왕사, 1955).
9) 이용희, 『일반국제정치학 (상)』(서울 : 박영사, 1962). 이에 대한 서평은 강상운,

유교권 권역, 회교권 권역, 기독교 권역으로 구별하고 근대 이후 기독교 권역이 힘을 가져 힘을 전파하는 국제정세를 파악하고, 구미의 국제정치학은 이러한 권역적 역사인식을 지니고 있다는 주장이다. 서구의 국가체계를 힘의 군사국가, 이익을 주도하는 경제국가, 지배를 목적하는 식민국가로 대별하고 있음은 이러한 논리체계에 바탕을 두고 있는 것이다. 이 교과서가 지니고 있는 특징은 당시 한국 국제정치학계가 추구하고 있는 현실을 잘 나타낸다. 조효원 교수의 저서가 서구의 이론을 소개하는 목적이라면 이용희 교수의 저서는 보다 주체적인 시각에서 국제정치학을 파악하자는 주장이었다.[10]

1960년대에는 국제정치학 관련 개설서가 연이어 출판되었다. 김영준의 『국가이익과 국가정책』, 조재관의 『국제정치학』, 홍종혁의 『국제정치학』, 최종기의 『국제관계론』 등이다.[11] 당시 한국의 외교관계가 확대되고 있었고, 제고된 외교관계 관심을 반영하듯이 대학교재가 출간되었지만 여전히 독자층은 한정된 여건이었다.[12]

『국제정치논총』 창간호가 1963년 한국국제정치학회 기관지로 발간된 것도 또 다른 중요한 학술활동이었다. 1960년대 8집까지 게재된 논문들을 개관할 때 논총은 당시의 현안이 되었던 국제정치적

『국제정치논총』 창간호(1963)에 수록.

10) 조효원, 이용희 교수의 학술활동과 그 특징은 김용구 교수의 글을 참조함. 김용구, "국제정치학사," 『한국정치학회 50년사』(서울 : 한국정치학회, 2003).

11) 김영준, 『국가이익과 국가정책』(서울 : 신명출판사, 1962) ; 조재관, 『국제정치학』(서울 : 법문사, 1963) ; 홍종혁, 『국제정치학』(서울 : 외국어대학출판부, 1965) ; 최종기, 『국제관계론』(서울 : 법문사, 1964) 등이다.

12) 한국의 수교국이 1959년 17개국에 불과하였으나 1961년에는 27개국, 1962년에는 55개국으로 늘어났다.

주제를 중심으로 발간되었다. 특히 한일 국교수립이 초미의 정치적 관심을 가졌던 1960년대 중반, 학회는 한국 민족주의 문제, 한-일 문제, 그리고 근대화 문제를 연이어 세미나 주제로 다루었다. 당시 이 세 가지 문제는 중요한 현안이었고, 특히 학계가 '저항적 민족주의'를 바탕으로 한일관계나 근대화에 접근하였다는 점에서 당시 상당한 논쟁을 촉발하였다.[13]

2. 형성기

두 번째 단계라고 할 1970년대부터 한국 국제정치학계에서 구미의 이론이 급속하게 확산된다. 1950년대와 1960년대 도미하여 미국이 제공한 장학금을 받고 공부하다 한국에 귀국하여 1970년대에 가장 왕성하게 활동한 학자들이 주도하였다. 이들은 1950-1960년대 미국이 주도한 행태주의, 체계이론이 주도하는 학문적 경향을 선진 연구방법, 이론, 테마로 한국에 소개하였다.

구영록, 김상준, 이상우 교수의 저작은 1970년대에 발간된 대표적 국제정치이론 교과서였다. 구영록 교수의『인간과 전쟁 : 국제정

---

13) 이용희, "한국 민족주의의 제문제,"『국제정치논총』제6집(1967), pp. 12-16. 당시『논총』은 학술대회에 선정된 주제를 게재하였다. 제6집(1967)의 한국 민족주의의 문제, 제7집(1968년)의 일본 문제, 제8집(1969)의 근대화 문제 등을 지적할 수 있다. 민감한 정치적 주제를 다루었기 때문에 학회와 임원들이 정부로부터 견제를 받았으며, 또한 학회가 사회적으로 알려지는 계기도 되었다고 이용희 교수는 학회장 회고문에서 밝히고 있다. 한국국제정치학회,『한국국제정치학회 50년사』(서울 : 한국국제정치학회, 2006), p. 78.

치이론의 체계』는 이론들의 소개가 아니라 국제정치의 실제 분석을 시도하고 있다. 전쟁의 원인, 억제 및 예방의 세 가지 문제에 관한 논의로서 국제정치이론을 삼고자 한다. 그리고 세 가지 문제의 분석을 개인, 국가 및 국제체계의 세 가지 차원에서 논의하는데, 이러한 다차원적 분석은 국가만을 배타적 분석대상으로 하던 전통적 방법에서 벗어나려는 의도에서 시도되고 있다. 『국제정치의 주요 개념』도 이러한 작업의 일환이었다.[14] 김상준 교수의 『국제정치이론 I, II』와 이상우 교수의 『국제관계이론 : 국가 간의 갈등원인과 질서유지』는 미국에서 발전된 국제정치이론들을 종합적으로 소개하는 것을 목적으로 하고 있다.[15] 현실주의, 커뮤니케이션, 사이버네틱스, 게임이론이 소개되어 있다.

초창기 한국의 국제정치학 연구가 역사로서 가능하였다면 1970년대는 과학으로서 국제정치학이 자리 잡아가는 과정이었다. 한편 이렇게 새로이 과학으로서 국제정치학을 미국으로부터 수용하면서도 주체적 입장에서 국제정치학을 어떻게 수용할 것인가에 대한 문제 제기도 꾸준히 지속되었다. 서구 이론을 수용하면서도 역사로서의 국제정치학이나 외교사에 대한 연구, 그리고 당위적인 규범이론으로서 사회과학에 대한 연구를 어떻게 수용하여야 하는지에 대한 문제 제기였다.[16]

---

14) 구영록, 『인간과 전쟁 : 국제정치이론의 체계』(서울 : 법문사, 1977). 형태주의 이론을 정리한 국제정치학 개론서로 Karl W. Deutsch, *The Analysis of International Relations*를 번역하여 『국제정치의 주요 개념』(서울 : 법문사, 1978)을 출간하였다.

15) 김상준, 『국제정치이론 I, II』(서울 : 삼영사, 1977, 1980) ; 이상우, 『국제관계이론 : 국가 간의 갈등원인과 질서유지』(서울 : 박영사, 1978).

학술외적 상황으로 1970년대는 극도로 제한된 이데올로기만 용납되었던 유신시대였다. 체제에 반대하는 자료는 불온서적이라는 낙인을 찍는 상황에서 공산권에 대한 연구는 이루어지기 어려웠다. 당시 북한과 공산권 연구에 대한 필요성을 인식하여 1975년 발족한 통일원은 이러한 점에서 제한적으로 학자들에게 자료를 공급하였다. 이후 공산권 연구는 공산권연구협의회를 통해 소수의 대학 부설 연구소에서 유지되었다. 그러나 이러한 정보교환은 제도권 내에 한정된 것이다.

3. 변혁기

세 번째 단계인 1980년대는 소위 서구적 관점과 대안적 관점이 대립하였던 시기로 특징지을 수 있다. 정치적 현실주의에 대한 대안적 논리로서 먼저 복합 상호의존이론 등이 한국에 수용되었다. 고위정치를 주도하는 주류 국제정치학계에 대해 자유주의 상호의존학파가 경제문제를 부각시켰고, 다른 한편으로는 종속이론이 대두되었다. 프랭크(Gunner Frank)의 저발전론, 카르도소(Fernando Henrique Cardoso)의 종속적 발전론, 월러스틴(Immanuel Wallerstein)의 세계체제론이 한국 국제정치학계에서도 논의되었다.[17]

---

16) 구미 국제관계이론을 적극적으로 수용하였던 이상우, 이호재 교수도 이러한 문제를 지적하고 있다. 이상우, “한국 국제정치학의 정립을 위하여 : 소망스러운 발전방향과 과제의 확인,” 『한국정치학회보』 제12집(1978), p. 148 ; 이호재, “한국 국제정치학의 발전을 위한 방향제시,” 『국제정치논총』 제28집 1호(1988), p. 208.

아마 한국 정치학에 가장 영향을 준 사건은 커밍스(Bruce Cumings)의 한국전에 대한 수정주의적 해석이라 할 것이다.[18] 이러한 수정주의적 이론이 널리 호응을 받았던 이유에는 1980년 광주사태로 말미암아 생겼던 비판적 시각들이 작용했기 때문이다. 한국전에 대해서도 북한과 소련의 책임이 있다는 전통적 이해에 대해 수정주의적 시각이 운동권의 자생적 독서조직을 파고들게 되었다.

냉전시대 당시 한국의 국제관계 발전과정의 특징을 다음과 같이 몇 가지로 정리할 수 있다. 첫째, 냉전구조에서 정보가 제한적이었다. 자료의 제한, 국가보안법 등으로 급진적 계통의 저서 및 책자는 금지된 것이다. 이러한 경향은 이후 1980년대 광주사태 이후 자생적인 학습체계, 그리고 군사정권에 대한 저항으로 발전되고, 1980년대 그리고 1980년대 후반 민주화 요구가 폭발할 때 민중주의적 요구로 전향된다. 둘째, 보다 전통적 관점에서 한국의 문제를 이해하려는 노력도 전개되었다. 그들은 역사적 그리고 사례적 방법을 통해 동양 사회를 이해하는 전통적 연구방법을 채택하였다고 할 수 있다. 그러나 전통적 방법과 급진적 경향으로 양립된 시각에 대한 대안적

---

17) 종속이론과 세계체제론의 소개와 비판은 김진철, "세계경제와 국제정치의 상관성에 관한 연구," 『한국정치학회보』 17집(1983) ; 염홍철, "국제정치경제 : 종속의 시각," 『국제정치논총』 제27집 2호(1987) ; 김호진, "제3세계 국제정치이론의 수용과 비판 : 종속이론, 세계체제론을 중심으로," 『국제정치논총』 제28집 1호(1988).

18) 1980년대 초반 진보적 시각에서 브루스 커밍스의 해방 3년사에 관한 논문이 번역되면서 한국 현대사에 관한 수정주의적 연구가 시작했다. 1981년에 간행된 『한국전쟁의 기원』은 1986년 번역되었다. Bruce Cumings, *The Origins of the Korean War Vol. 1 Liberation and the Emergence of Separate Regimes 1945–1947*(Princeton : Princeton University Press, 1981). 제2권은 1990년에 간행되었다.

대화통로가 부족하였다. 또한 각자의 영역에서 그들의 연구 아젠다를 고집한 결과 효과적인 교류통로를 확보하지 못하였다. 한국적 상황, 민주화 문제, 통일에의 지향성, 미국과의 동맹관계 유지 등 치열한 현안에 대해 제도권과 운동권, 진보와 보수이념은 학문적 영역에서 공유할 수 있는 통로기제를 충분히 마련하지 못하였던 것이다. 셋째, 1980년대 이후 한국 국제정치학계의 두드러진 특징은 연구자의 양적 증대라고 할 것이다. 우리나라의 대학교육이 정상화되기 시작한 1960년대 이후 대학을 다닌 학생들이 대거 유학에 떠나 특히 1980년대에는 국외로 갔던 학생들이 대거 귀국하였기 때문이다.

IV. 탈냉전시대의 국제정치학 연구과제와 쟁점

1990년대 이후부터는 세계화 현상에 대한 관심이 고조되었고, 이에 따라 국제정치 연구도 상당히 다양하게 전개되었다고 할 것이다. 그동안 우리 학계에서 개별적이고 산발적으로 다루어진 주제들에 대한 논의들이 갑자기 다양하게 쏟아지고 있었다. 냉전시대와는 달리 학문적 다양성이 확산되었다. 1990년대에는 과거에는 금기시되던 사회주의 국가까지 유학을 간 세대들이 귀국하면서 더욱 학문적 다양성을 이룰 수 있었다. 이는 1990년대 중반 이후 중국이나 러시아 그리고 동구 국가들에서 학위를 마친 연구인력들이 2000년 초반 이후 국내의 교수직을 갖는 경향이 두드러지게 증가한 것으로 알 수 있다. 이제 한국의 국제정치학 연구에서도 동아시아나 미주지역의 학문에만 국한되지 않고 다양한 학문적 소양을 가진 연구인력이 확보된 것이다.

다양한 지역을 소화할 수 있는 국제전문대학원이나 연구소, 그리고 학회가 설립되었다. 첫째, 세계화 시대 지역연구와 국제협력을 주도할 수 있는 인재를 양성하기 위해 정부 주관으로 1996년 국책국제대학원을 신설하게 하였다. 서울대, 연세대, 고려대, 한국외대, 서강대, 이화여대, 경희대, 한양대, 중앙대에 국책대학원이 신설되어 이제 10년의 역사를 가지게 되었다. 둘째, 대학 부설연구소가 개설되었다. 서울대학교 국제문제연구소, 연세대학교 동서문제연구원, 고려대학교 일민국제연구원, 경희대학교 평화연구소, 인하대학교 국제관계연구소, 경남대학교 극동문제연구소 등은 주력하였다. 세종연구소, 외교안보연구원, 국방연구원, 통일연구원, 국방대학교 안보문제연구소, 그리고 해양문제를 특화한 한국해양전략연구소도 적극적으로 활동하고 있다. 셋째, 학회도 다원화되고 있다. 50년 역사를 가진 한국정치학회와 한국국제정치학회를 비롯하여 세계지역연구학회, 동아시아국제정치학회, 21세기정치학회, 동북아학회, 그리고 지역 전문 학회도 확산되었다. 최근 한국정치학회에 연계된 학회로 현대일본학회, 미국연구회, 유럽연구회, 거번넌스 학회 등이 있다. 특히 공산권연구협의회로 출발한 현재의 세계지역학회는 이러한 다변화를 실감하게 한다. 공산권연구협의회에서 사회주의체제연구협의회, 한국지역학회, 현재는 세계지역학회로 존속하면서 탈냉전시대의 지역연구 학회로 발전을 거듭하고 있다. 이러한 경향으로 인해 다양한 발간사업이 진행되고 있고 새로운 승진승급제도, 심사제 등 많은 기고가 있게 되었다.

현 시점으로서는 한국의 국제정치학 연구단계는 수입, 수입대체기를 거쳐 비판적 수입과 변환기를 거쳐 한국적 국제정치학의 모색기라는 지적이 더 객관적인 것으로 본다.[19] 학계에서는 현실주의, 자유주의 및 다양한 대안적 국제관계이론(영국 국제사회학파), 구성주의, 비판이론, 여성주의, 문명충돌론 비판을 소개할 뿐만 아니라, 본격적으로 국제관계이론의 한국적 수용문제와 한국적 국제정치학의 가능성을 모색하고 있다.[20]

1. 『국제정치논총』 수록 논문의 경향

『국제정치논총』은 1963년 창간호를 발간하여 1973년, 1975년을 제외하고 1983년까지 연 1회씩 간행하여 왔다. 이후 24집 1-2호

---

19) 냉전과 탈냉전, 그리고 근대와 탈근대가 혼재된 한국의 특수상황을 고려하여 현재의 시점을 비판적 수입과 변환기 중에서 한국적 국제정치학의 모색기라고 하겠다. 전재성 · 박건영, "국제관계이론의 한국적 수용과 대안적 접근," 『국제정치논총』 제42집 4호(2002).

20) 한국국제정치학회가 주관하여 발간된 세 권의 교과서는 탈냉전 이후 전개되고 있는 다양한 국제정치이론을 소개하면서 '한국적 국제정치학' 의 가능성을 모색하고 있다. 이상우 · 하영선 공편, 『현대국제정치학』(서울 : 나남, 1992) ; 김달중 · 박상섭 · 황병무 공편, 『국제정치학의 새로운 영역과 쟁점』(서울 : 나남, 1995) ; 우철구 · 박건영 공편, 『현대 국제관계이론과 한국』(서울 : 사회평론, 2004). 서울대학교 외교학과 50주년 기념 학술대회에서도 '한국적 국제정치학의 모색 : 반성과 전망' 이라는 주제를 선정하였고, 한국국제정치학회 50주년 학술대회에서도 이러한 주제를 추구하고 있다는 점은 반세기에 걸친 한국 국제정치학의 역사를 재조명하려는 의지의 표현일 것이다.

(1984년)를 발행한 이후 1985년, 1991년을 제외하고 1995년까지 연 2권씩 발행하였다. 이제 천 명을 넘은 학회 회원의 출간수요에 맞추어 논총 발간 횟수도 증가하는 한편 편집방향도 심사제를 도입하게 되었다.[21] 1996년 학회 집행부는 연 3회에 걸쳐 『논총』을 발간하기로 결정하였고, 이후 36집(1996년)부터 39집(1999년)에는 3권, 40집(2000년)부터는 연 4권의 『논총』을 발간하였으며, 43집(2003)년부터는 영문판 *Korean Journal of International Relations*을 발간하여 현재까지 국문 4권과 영문 1권, 모두 연 5권의 『국제정치논총』을 발간하고 있다.

1990년 이후 국제정치학 연구경향을 『국제정치논총』을 중심으로 살펴본다. 한국국제정치학회의 학술지인 『국제정치논총』에 수록된 논문들의 경향성을 간단하게 통계적으로 나타낸 것이다. 세 가지 연구 분야에서 테이블을 새로 만들었는데, 특징은 다음과 같다. 첫째, 양적으로 확장되었다는 점이다. 둘째, 연간 발행된 논문의 수는 다소 차이는 있지만 점차적으로 증가하였다는 사실이다. 셋째, 국제관계에 관한 논문이 60%, 비교정치와 지역연구가 약 30% 이상을 지속하고 있다. 이러한 경향은 보다 많은 학자들이 한국의 문제, 그리

---

21) 1995년 7월 35집 1호 발간시부터 심사제를 도입하였다(학회 소식지 69호, 1995년 9월 20일). 당시에는 2인 심사였으나 이후 3인 심사제도로 바뀐다. 탈락률이 50% 이상이지만 재심제도가 있다. 연 3회 『논총』 출간은 1996년 학회 40대 집행부가 결정하였다(학회 소식지 72호, 1996년 1월 31일). 이러한 결정에도 불구하고 1996년도 당해 집행부는 1–2집을 발간하고 3집은 해를 넘겨 1997년에 발간하게 된다. 심사과정에서 필요한 시간이 요구되었기 때문이다. 36집 3호는 이듬해 1997년에 발간되었지만 1996년 학회 집행부가 담당하였으며, 1997년 학회 41대 집행부도 마찬가지 이유로 37집 3호를 1998년에 발간하게 된다. 1998년 이후 38집부터는 해당년도 학회 집행부가 그해 『논총』을 발간하고 있다.

고 한국 아카데미에 있어서 비교정치 분야에 관심을 두었다는 점을 반영한다(〈표 1-1〉).

〈표 1-1〉『국제정치논총』 수록 논문의 연구영역

연도	발행편수	국제관계	비교정치 및 지역연구	정치이론 및 방법론	논문편수
1990	2	33	3	6	42
1991	1	10	4	1	15
1992	2	17	14	0	31
1993	2	14	6	3	23
1994	2	24	9	4	37
1995	2	28	5	2	35
1996	3	38	13	5	56
1997	3	18	11	1	30
1998	3	27	16	1	44
1999	3	36	15	7	58
2000	4	38	28	3	69
2001	4	41	28	2	71
2002	4	42	18	0	60
2003	5	55	36	6	97
2004	5	43	24	3	70
2005	5	35	27	2	64
2006	5	41	15	5	61
	55	540(62.6%)	272(31.5%)	51(5.9%)	863(100%)

〈표 1-2〉에서 보듯이 연구주제의 지리적 경향성이 동아시아 부

분에 치중하고 있다. 특히 동북아 연구는 북한을 포함하여 한국의 가장 직접적인 연관이라는 점에서 주목을 받았다. 이는 정책적 지향점도 감안하여 대부분의 외교정책 연구는 동북아 문제에 초점이 있다. 학문적 관심이 정치적으로나 지리적 적실성에 관하여 영향을 받는다는 점에서 한국 국제정치학자들의 동아시아 지역에 대한 관심은 이해될 수 있다. 한편으로는 약 20%에 대한 연구논문이 유럽이나 북미에 관한 연구라는 점이다. 이것은 지식에 대한 관심이 전환되고 있다고 볼 수 있는 것이다. 한국 식자들이 선진화되고 정치적으로 중요한 국가들을 대학원 과정에서 연구한다면 서구에 대한 관심이 비서구권에 대한 관심보다 많은 것이 자연스러울 것이다. 이는 해외에서 대학원 과정을 마친 젊은 학자들이 한국에 돌아와서 유사한 연구영역을 공부하고 있다는 사실을 반영하고 있다.

한편 동유럽에 대한 연구의 증가이다. 이는 탈냉전 이후 러시아 등 동구 사회주의권이 변화하는 국제정세를 반영하고 있다는 점이다. 남미에 대한 연구는 특히 1992년 라티아메리카의 산업화와 정치변동을 동아시아와 비교정치경제적 차원에서 다루었다. 특히 이때 남미에 적용된 종속이론이 어떻게 한국, 대만 등 동아시아 신흥공업국과 비교할 수 있느냐라는 관점을 관료적 권위주의 체제와 연계하여 비교 연구하였다.

중동, 아프리카에 대한 연구가 적다는 점이다. 인도, 호주, 중앙아시아 연구는 각각 한 편이다. 이는 『논총』 창간호 발간과 함께 수록된 제3세계에 대한 관심이[22] 지속되지 못한 때문인 듯하다. 한편

22) 하경근, "남아공화국 Apartheid 정책연구 : 주로 원주민문제를 중심으로," 『국제정

〈표 1-2〉『국제정치논총』 수록 논문의 관심 지역 분포

연도	동아시아	서유럽	동유럽	북미	남미	남아시아 중앙아시아, 중동, 아프리카, 오세아니아	지역 없음	논문편수
1990	28	1	4	1	0	1	7	42
1991	11	0	1	0	2	0	1	15
1992	13	1	3	3	8	0	3	31
1993	9	5	1	2	0	1	5	23
1994	21	2	3	4	0	0	7	37
1995	13	3	4	4	1	1	9	35
1996	33	5	2	6	0	1	9	56
1997	19	1	4	0	0	0	6	30
1998	24	5	1	0	1	0	13	44
1999	32	5	2	7	0	3	9	58
2000	34	8	13	7	0	1	6	69
2001	39	10	4	4	0	4	10	71
2002	31	3	3	8	0	0	15	60
2003	45	15	10	12	1	1	13	97
2004	40	12	2	4	0	0	12	70
2005	36	7	4	6	0	1	10	64
2006	20	9	5	8	0	0	19	61
	448 (51.9%)	92 (10.7%)	66 (7.6%)	76 (8.8%)	13 (1.5%)	14 (1.6%)	154 (17.7%)	863 (100%)

치논총』 창간호(1963) ; "후진국 정치의 문제점과 전통사회 붕괴에 따른 근대화 의제," 『국제정치논총』 제3집(1963) ; "후진국에 있어서 민족주의 : 아시아지역의 일

최근 학회에서 새로이 부상하는 지역에 대한 연구분과위원회를 구성하면서 지역연구의 활성화를 기대하고 있다.

〈표 1-3〉은 에외교정책과 국가 간 갈등이나 협력에 관한 연구가 상당히 선호되고 있음을 보여준다. 이 두 가지 연구영역이 차지하는 부분은 57%에 가깝다. 이러한 현상은 지난 19세기 말 이후 국가 간 관계의 고위정치에 대한 부정적 경험을 나타내는 것이라고 볼 수 있다. 한반도의 경쟁, 그리고 북한 핵에 대한 위기감이 상당하게 『논총』에서 표현되고 있다. 대외정책 연구 중 한국에 관한 논문이 39%, 미국이 21%, 일본이 12% 정도를 비중을 차지하고 있다.[23]

조동준 교수는 연구논문 25편을 분석하면서 두 가지 현상을 지적한다. 첫째, 아직 특정 시점과 쟁점에서 한 국가의 대외정책을 분석하는 방법이 우위에 있지만, 사례 안에서 영역 간 변이 혹은 시점에 따른 변이에 초점을 두는 연구방법이 증가했다. 이는 대외정책 연구의 엄격성을 증가시키려는 노력이라고 보여진다. 둘째, 연구자가 방법론적 엄격성을 증대시키려는 시도가 일회성으로 그친다. 이는 해외에서 연구자가 학위논문을 마치는 과정에서 준비한 연구성과를 국내 학계에 보고한 이후에는 후속 연구가 진행되지 않고 있다는 지적이다. 또한 국제기구와 지역기구에 관한 관심이 상대적으로 증가하고 있다는 것을 보여준다. 국제기구와 국제질서 혹은 지역질서에 대한 한국 학계의 관심은 고위정치에 대한 상대적인 부정적 영

반적 pattern 중심으로," 『국제정치논총』 제4 · 5집(1965).

23) 조동준, "한국의 정책연구와 국제정치," 『국제정치논총』 제46집 특별호(2007), pp. 185-190.

〈표 1-3〉 국제정치학 연구 분야 분류 논문의 관심 영역

연도	이론	외교정책	외교사	국제기구	국제 정치경제	미래 외교 및 교육	논문편수
1990	5	21	4	1	1	1	33
1991	0	7	1	1	1	0	10
1992	4	9	0	1	3	0	17
1993	4	4	0	5	1	0	14
1994	5	15	1	2	1	0	24
1995	8	7	2	3	2	6	28
1996	7	13	4	5	3	6	38
1997	9	4	0	3	2	0	18
1998	8	10	1	5	1	2	27
1999	3	20	7	5	1	0	36
2000	4	21	5	4	4	0	38
2001	9	19	4	5	4	0	41
2002	13	10	9	8	2	0	42
2003	14	23	7	3	8	0	55
2004	12	11	9	7	4	0	43
2005	8	12	7	6	1	1	35
2006	15	12	1	5	8	0	41
	128 (23.7%)	218 (40.4%)	62 (11.5%)	69 (12.8%)	47 (8.7%)	16 (3.0%)	540 (100%)

향을 상쇄한다는 관심의 정도를 나타내고 있다고 볼 수 있다.

2. 한국 국제정치학의 분야와 쟁점

(1) 국제관계이론

현실주의 이론은 1950년대 이후 서구로부터 소개된 주류 국제정치이론이다. 모겐소(Hans Morgenthau), 아롱(Raymond Aron), 카(E. H. Carr) 등이 당시 대표적인 현실주의 학자였다. 1960년대에는 분석수준과 단위의 문제, 국제체제와 외교정책 분석 등이 어떻게 상호 병행될 수 있는지에 대한 논의가 있었다. 1970년대에는 상호의존학파와 패권안정이론 등이 소개되었고, 다른 한편에서 급진이론으로서 종속이론, 세계체제론 등이 논의되었다.

방법론 영역에서 계량분석도 시도되었다. 그러나 실제 응용된 사례는 많지 않다. 1963년과 1997년 사이에 『국제정치논총』에 발표된 513편의 논문 중 5.9%에 해당하는 30편 논문만이 계량분석을 이용하였다.[24] 최근에도 합리적 선택이론 하에서 계량분석이 적용되고 있으나 여전히 주류를 이루지는 못하고 있다. 한국 국제관계학의 주요 관심은 구조적 분석에 있다. 앤더슨(Perry Anderson), 카르도소(Fernando Henrique Cardoso), 에반스(Peter Evans), 스카치폴(Theda Skocpol), 틸리(Charles Tilly) 그리고 월러스틴(Immanuel Wallerstein)과 같은 역사구조주의자들이 한국 학자들에게 즐겨 원용되는 서구 학자들이다.

---

24) 이상환, "『한국정치학회보』와 『국제정치논총』에 대한 비교연구 : 분석과 평가–『미국정치학회보』에 대한 분석과 그 평가기준을 토대로," 『국제정치논총』 제38집 1호(1998), pp. 363–366.

또한 국제정치경제 분야에서 제도적 접근에 관심을 가진 학자들은 카첸슈타인(Peter Katzenstein), 아이켄베리(John Ikenberry), 크래스너(Stephen Krasner), 자이스만(Zohn Zysman)과 같은 학자들을 자주 원용하고 있다.

최근 국제관계이론 분야에서 주류 이론인 현실주의나 자유주의에 대한 대안을 찾고자 하는 젊은 학자들은 구성주의에 관심이 많다. 왜냐하면 탈냉전 글로벌 시대에서는 구성주의가 강조하는 이념이나 정체성이 기존의 권력이나 물질적 이익보다 더 적실성을 갖는다고 기대하기 때문이다. 구성주의는 구조와 행위자 간에 간주체적(inter-subjective) 상호작용을 중시하고 있다.[25] 구조는 행위자의 집단 정체성 형성에 영향을 미치고, 이렇게 형성된 집단 정체성은 다시금 구조를 바꾸거나 재생산한다. 부연한다면 구조는 국가들 간의 권력의 배분을 단순히 반영하는 것이 아니라 행위자들의 공유지식이나 행위규칙에 따라 구성된다는 것이다. 위와 같은 구성주의의 주장은 이제까지 주류 국제정치이론에서는 경시되었던 이념이나 문화, 그리고 규범적 규칙을 구조에 영향을 주는 주된 요인으로 인식하는 것이다.

이러한 구성주의적 시각을 한반도 문제나 동북아시아 협력문제에도 적용함으로써[26] 국제협력은 구조와 행위자 간의 상호작용뿐만

---

25) Alexander Wendt, "The Agent-Structure Problem in International Relations Theory," *International Organization*, 41-3(1987) ; *Social Theory of International Politics*(Cambridge : Cambridge University Press, 1999), pp. 25-50.

26) 신욱희, "구성주의 국제정치이론의 의미와 한계," 『한국정치학회보』 제32집 2호(1998) ; 양준희, "월츠의 신현실주의에 대한 웬트의 구성주의의 도전," 『국제정

아니라 행위자들 간의 상호작용으로 증대될 수 있다고 주장한다. 특히 동북아시아 협력문제는 현재에도 계속되고 있는 역사왜곡, 영토주권, 종군위안부 등의 국가 간 역사적 갈등을 구성주의적 상호 이해를 통해 극복할 수 있는 계기이다. 더욱이 이에 경제적 차원에서 자유주의적 입장을 접목한다면 상호 무역, 정보교류를 더욱 증진할 수 있다. 문정인과 김태환 교수는 서구 이론과 괴리된 '한국적 국제정치학'을 모색하기보다는 서구의 국제관계이론을 창의적으로 접목한 '자유주의적 구성주의(liberal constructivism)'를 동북아 협력 모델로서 제시한다.[27]

사회현상에 대한 이론이 보편성을 가져야 하는지 아니면 특수성을 가져야 하는지에 대한 논쟁은 학계에서 끊임없이 제기되는 문제이다. 법칙정립적(nomothetic)인 보편성을 강조하는 시각은 한국적 국제정치이론이 필요하다는 점을 인식하면서도 현 단계에서는 서구의 국제정치이론에서 출발할 수밖에 없다고 주장한다. 한국이 처한 특수한 상황에 대한 이해는 한국의 학자에게 부과된 당연한 과제이지만, 상황적 특수성을 일반이론으로 연결시키지 못한다면 이론의 지위를 얻을 수 없다고 주장한다.

한국 상황적 시각에서 외래 학문의 수용에 대한 고민은 한국

치논총』 제41집 3호(2001) ; 남궁곤, "동아시아 전통적 국제질서의 구성주의적 이해," 『국제정치논총』 제43집 4호(2003) ; 김유은, "동북아 안보공동체를 위한 시론 : 구성주의적 시각을 중심으로," 『국제정치논총』 제44집 4호(2004) ; 김학성, 『한반도 평화체제에 대한 이론적 접근 : 현실주의, 자유주의, 구성주의의 비교』(서울 : 통일연구원, 2000).

27) Chung-in Moon and Taehwan Kim, "International Relations Studies in South Korea," *Journal of East Asian Relations* 2-1(February 2002), pp. 45-68.

국제정치학계의 제1세대 학자인 이용희 교수 이후 지속적으로 제기되었다. 노재봉 교수[28]는 신채호와 유길준을 각각 체험적 특수주의와 개념적 보편주의로 구분하면서 신채호 형의 역사사회학적 접근의식이 국제정치학계에 요구된다고 강조하고 있다. 한국국제정치학회가 국제교육분과위원회에서 1995년도에 실시한 연구에 따르면, 한국 국제정치학의 연구 필요성에는 한국적 상황을 적절히 설명할 수 있는 패러다임을 개발하여야 한다는 필요성에 대해 여건이 충분히 성숙되었다고 응답한 경우는 28%이며, 비록 여건이 성숙되지는 않았더라도 시도할 필요가 있다는 주장은 63%에 달하고 있다. 이는 9%라는 부정적 의견에 대해 91%가 한국적 패러다임 개발에 동조한다고 볼 수 있다.[29]

국제정치학에서 위와 같은 한국적 패러다임의 필요성이 부각되고 있는 까닭은 어디에 있는가?[30] 세계화 시대 국제정치학은 보다 보편적 시각을 가지고 글로벌 표준을 지향하여 국경을 넘어 물질과 정신이 교류되어야 하는 것을 지향하는 학문적 속성을 지니고 있는 것이 아닌가? 상당한 정도의 연구인력과 지난 반세기의 역사를 가졌다면 독자적인 이론영역을 확보하여야 한다고 지나치게 당위성을 강조한 것은 아닌가? 그러나 한편으로는 지금까지의 연구업적을 통

---

28) 노재봉, "한국 국제정치학의 지성사적 고찰," 『국제정치논총』 제28집 1호(1988).

29) 윤현근 · 최종철, "국제정치학 교육에 대한 학계의 자기인식 및 평가," 『국제정치논총』 35집 1호(1995), p. 358.

30) 예를 들면 박상섭, "한국 국제정치학 40년 : 현황, 방향 및 가능성," 『한국정치학회보』 제21집 2호(1987) ; 김호진, "한국 정치학의 정체성 확립을 위하여," 『한국정치학회보』 제28집 1호(1994) ; 김운태, "21세기 한국 정치연구의 회고와 전망," 『한국정치학회보』 제34집 3호(2000) 등 참조.

해 한국적 국제정치학의 가능성을 한국 사례를 중심으로 규명하여야 하는 작업이 요구되어야 하는 것이 아닌가? 남미에서는 종속이론이 발전되고 자체적인 이론개발을 이룬 것에 비해, 구미의 이론만을 수입하고 소화하기 바쁘던 기존의 국제정치학계의 주변적 인식틀을 벗어나기 위한 독자적인 모습일까? 사실 남미에서 전개된 종속이론을 제외하고는 비서구권 이론이 보편적인 이론으로 발전하지 못하고 있다. 일본에서도 왜 일본에서는 일본의 독자적 정치학 이론이 존재하지 않느냐라는 문제를 제기하고 있다.[31] 마루야마 마사오(丸山眞男)라는 거장으로부터 시작하는 일본의 정치학에서도 이러한 자성이 있다는 사실은 얼마나 비서구 국제정치학 이론의 정립이 용이하지 않느냐라는 점을 일깨운다

이러한 문제에 대해 한국이 나름대로 한국적 국제정치학 이론을 모색하는 까닭은 근대로의 이행과정에서 역사가 왜곡되었고, 이러한 왜곡현상이 현재에도 영향을 미치고 있기 때문이다. 19세기 이래 한국은 식민지 쟁탈에 휩싸였고, 지금도 분단국가로 남아 있다. 이는 과거의 왜곡이 단지 역사로서만 존재하는 것이 아니라 현재에도 진행되고 있다는 것을 나타낸다. 이러한 점에서 한국 근세 외교사에 천착하고 이를 통해 한국적 국제정치학을 모색하여야 하는 당위성이 있다는 것이다. 서구식 근대이행이론만으로는 한국의 역사적 단절을 설명하지 못한다. 분단으로 인해 아직도 단일한 근대국가로 이행하지 못하였고, 최근의 급속한 세계화로 인해 급작스럽게 탈근대

31) Inoguchi Takashi, "Political Science in Japan," *Political Science in Asia* 1-1 (Winter 2005), pp. 51-61.

현상을 접하고 있는 한국에서는 전근대와 근대, 탈근대가 혼재된 양상을 보이고 있다. 이러한 한반도이기에 더욱 더 근대이행의 역사에 대한 규명이 절실히 요구된다. 더욱이 혼재된 한국의 상황에서 단순한 역사기술만으로는 '역사적 현재성'을 살리지 못하고 있다.[32]

이러한 관점에서 요구되는 전략은 첫째, 학제적으로 역사학과 국제정치학의 연관성을 찾는 것이다. 한국적 현실을 한국 외교사의 재발굴을 통해 접근하는 일이다. 이러한 작업은 국제정치학과 역사학과의 학제적 연구 필요성을 제고하여야만 이룩할 수 있는 작업일 것이다. 둘째, 역사에 있어서 공유할 수 있는 역사를 열어야 할 것이다. 학계도 재야 사학계나 비정부기구와의 연계 등을 적극적으로 고려하여야 한다. 고구려 역사 왜곡이나 독도문제와 같이 국제정치적으로 민감한 사안에 대해 제도권 외의 재야 사학계나 비정부기구의 목소리도 함께 담으려는 노력이 지속되어야 한다는 것이다. 셋째, 한국에서 뿐만 아니라 일본 그리고 중국과의 공동연구에 있다. 이것은 한국적 국제정치학이라는 특수성을 보편적인 지식공동체를 통해 도출한다는 점에 있어 유의미하다. 최근 한일 간에 십 년 이상 노력을 들여 공동으로 역사교과서를 발간하였다는 사실도 이에 적절한 방향을 시사한다. 또한 한국에서 최근 설립한 바 있는 동북아역사재단의 한·일, 한·중 역사가 회의를 매년 개최하여 동아시아 통사를 발간하려는 작업도 이러한 노력의 일환이라고 하겠다.

---

32) 김용구 교수는 외교문서가 지니고 있는 '역사적 현재성'을 구현하여야 한다고 강조한다. 김용구, "새로운 외교사연구를 위하여,"『한국국제정치학회 학회소식』(2002), 권두기고.

사회과학 영역의 이론은 역사적 배경을 두고 도출된다. 이것을 전제한다면 현재까지 지속되고 있는 한반도 갈등과 평화공존 문제를 한국적 상황에 대한 이해가 선행되지 않고서는 도출될 수 없는 설명이론으로 이끌어내야 한다. 법칙정립적 보편성에 기준을 두고 점차적으로 상황적 특수성을 파악할 수 있기도 하다. 그러나 한편으로 상황적 특수성에 천착하여 역사적인 현재성을 밝혀내는 작업을 중국과 일본과의 공동 작업을 통해서 이룬다면 증오와 갈등으로 얼룩진 한국 역사의 해우(解憂)와 동북아 역사 공존에 기여하는 바일 것이다. 지난 역사의 갈등과 혐오를 공존할 수 있는 집단적 정체성을 구현한다는 점에서도 보다 전략적인 공동 노력이 학계에 요구된다. 그러나 지금까지 한국 국제정치학이 얼마만큼의 쌍방 노력을 시도하였는지 반추해 보자. 그 실적이 매우 미미하였다는 것을 발견할 수 있을 것이다. 외래 이론을 수용하기만 해왔다는 자의식의 발로는 이제 한국의 외교문서 기록의 현재적 의미를 밝히려는 성찰적 노력을 기울임으로써 한국적 특수성과 범아시아적 소통가능성을 염두에 둔 인식틀로 나아갈 수 있다.

(2) 외교정책 분야

외교정책은 국제정치의 전략적 표현이자 국가의 생존과 이익을 추구하는 방식이다. 외교정책 연구는 분석수준에서 국제체제 문제와 대별되는데, 국제체제가 거시적이라면 외교정책은 미시적이다. 그러나 이렇게 분석수준의 측면에서 나눌 수 있더라도 외교정책은 국제체제와는 불가분의 관계이다. 즉 외교정책은 대외적 · 국제체제적 변화에 대한 전략을 이루어 가는 과정이기 때문이다. 이렇게 볼 때 외교정책의 문제는 대외적 구조의 변화와 대내적 측면, 한반도 통일 과제의 세 가지로 구분해 볼 수 있다.[33]

첫째, 탈냉전시대 국제질서는 세계화의 심화에 따른 국내외 여건의 변화와 비국가행위자의 영향력이 확대되는 현상에 따른 국가권력의 상대적 약화가 두드러지게 나타나는 특징이 있다. 물론 국가는 군사안보 영역이나 경제교역에서 여전히 중요한 행위주체이다. 그러나 정보통신기술이 발달되고 세계화 현상이 확대되어 국가 간 경계를 이완시켰고, 세계적 차원의 공공영역도 다차원적이고 상호의존적인 연관관계가 형성되고 있기 때문이다.

21세기 그리고 미래의 정보화 시대는 다양한 인적 · 물적 네트워크를 전제로 한다.[34] 이에 인간안보도 경제안보, 식량안보, 건강(위생)안보, 환경안보, 개인안보, 공동체안보, 정치안보, 포괄적 안보로 다원화되고, 지구촌 평화와 안전을 위해서는 기존의 군사적 · 물리적 위협으로부터 안보를 보장하는 것만으로는 불충분하게 되었다. 탈냉전기는 국가 간 재래전과 같은 전통적 의미의 안보위기는 감소하고 있는 반면 기후변화와 AIDS, SARS 등의 전염병, 인종적 · 종

---

33) 한반도의 통일과제는 한국과 북한뿐만 아니라 동북아 4강과도 연계된 대외적 현안인 동시에 한국 내에서도 통일방안에 대해 다양한 입장과 전략이 있는 대내적 측면을 모두 다 가지고 있다. 이러한 점에서 한반도 통일과제는 대외적이나 대내적 외교정책 영역과는 별도로 구분되고 있다. 하영선, "한국 외교정책 분석틀의 모색," 『국제정치논총』 제28집 2호(1988) ; 남궁 곤, "탈냉전기 한국 외교정책 연구 현황과 한국 외교정책 현실 평가," '한국적 국제정치학의 모색 : 반성과 전망,' 서울대학교 외교학과 창립 50주년 기념 학술대회 발표논문.

34) 하영선 · 김상배, 『네트워크 지식국가 : 21세기 세계정치의 전환』(서울 : 을유문화사, 2006).

교적 갈등, 인신매매 등 비군사적 위기상황이 군사전쟁보다 더 많은 사람의 목숨을 위협하고 있다. 이러한 점에서 국제위협 구조는 다음의 세 가지로 구분된다. 첫째, 대량살상무기 확산, 테러리즘, 초국가적 범죄행위 등의 초국가적 위협이다. 둘째, 국내외적 위협(intermestic threat)이다. 이는 인신매매, 에이즈, 수인성 전염병, 인구이동 및 난민 등 대내외적 위협으로 상존한다. 마지막으로 국내적 위협으로 정치적 불안정, 빈곤과 소득격차, 식량안보 등이다. 이러한 위협, 불안정 구조가 서로 밀접하게 연계되어 있다는 점을 인식하고 다자적이고 다양한 행위자들이 함께 할 수 있는 글로벌 거버넌스를 진행하여야 한다는 지적이다.[35]

지역협력 측면에서 동아시아는 유럽과는 달리 지역주의가 형성되지 못하고 있다. 동아시아 지역 내 협력체 구상이 아프리카보다도 후진되어 있다는 점이다. 한국의 위상이 동북아 국가에 머물지 않고 지역협력의 동심원을 더욱 넓게 구상하여야 하겠다는 의지와는 달리 제한적이다. 공간적으로 남북관계를 시작으로 동북아, 그리고 주변 국가들을 포함한 세계로 공간을 확대시키고 있다. 그러나 동북아와 세계 차원 사이에 동아시아, 그리고 아시아 태평양의 개념이 있어야 하겠다. 특히 동북아는 강성 힘의 국가들이 존재하는 위협적 공간이고, 반면 동남아는 부드러운 연성 힘의 국가들로 분리해서 동북아의 특이성을 두드러지게 나타내고 있다. 그러나 동북아와 동남아가 개념적으로 분리될 수 있으면서도 공존하고 병행할 수 있는 지

35) 이신화, "21세기 글로벌이슈와 국제정치학," 『국제정치논총』 제46집 특별호 (2007), pp. 211–215.

역공간이다. 동북아와 동남아를 연결시키는 가장 중요한 접점은 ASEAN+3(한 · 중 · 일)와 APEC이다. 사실 ASEAN+3는 동북아 3국, 한국 · 중국 · 일본 간, 즉 동북아 지역협력을 직접적으로 연계시키지 못하고 동북아 3국이 "우회적"으로 동남아와 접근하여 협력체를 구하는 모양을 취한 것이다. 이제 동북아시아만을 고집할 수는 없는 것이 아닌가? 세계화 현상에 대응하여 정책적 대안은 보다 넓은 구심점을 가지고 안목을 넓혀야 할 것이다.[36]

둘째, 한국의 외교와 국내정치를 연결지을 경우, 주로 한국 민주화 과정에 초점을 맞추거나 특정 외교 이슈에 대한 국내 행위자들의 주장과 연계과정에 초점이 맞춰진다.[37]

한국의 민주주의 공고화는 외교정책 형성과정이 보편화되는 중요한 과정이자 결과물이다. 과거 군부정권이 민주화를 지연시키자 근대화는 민주화를 보류하고라도 정당화되어야 하는가에 대한 논의가 제기되었다. 경제발전이 시민의식을 고양할 수 있다면 과연 근대화는 민주화를 촉진하는 독립변수인가에 대한 질문과 연결된다. 과거 권위주의 정권과 동맹관계를 맺은 미국이 그들을 비호하고 민주주의를 방해하는 세력으로 비쳐지기도 하였다.[38]

---

36) 학회 창립 50주년을 맞이하여 5월 개최된 국제학술대회에서는 '열린 민족주의' 관점에서 한국의 문제를 동북아시아, 동아시아, 아시아 태평양의 문제로 연계하려는 시도가 있었다. 한국국제정치학회, "Global East Asia and the Future of the Two Koreas," 12-13 May 2006.

37) 김기정 · 이행, "민주화와 한국 외교정책 : 이론적 분석틀의 모색,"『국제정치논총』 제32집 2호(1992), pp. 3-22.

38) 이삼성,『현대 미국외교와 국제정치』(서울 : 한길사, 1993) ;『한반도 핵문제와 미국외교』(서울 : 한길사, 1994).

최근 대통령과 여론이 영향을 미치는 대외정책에 대한 연구도 발표되고 있다.[39] 또한 비정부단체의 대외정책 결정에 대해서도 이제 논의되기 시작하고 있다. 또한 갈등조정적 측면에서 농업협상에 대한 이익단체의 정책적 조정에 대한 연구도 필수적으로 이루어지고 있다.

셋째, 한반도에 관한 연구는 갈등과 화해의 두 가지 측면에서 이루어졌다. 기존의 전통적인 방식은 갈등적 측면에서의 접근이었다. 남북 분단상황에서 북한 위협을 관리하는 문제, 북한 동원체제, 북한 주체이념 상징조작의 문제, 그리고 한국전쟁 직후부터 이어져 온 북방 삼각협력과 이에 대한 한미동맹을 주축으로 외교관계를 짜는 문제 등이 한국의 외교인식과 외교과제를 대변하는 정형화된 틀의 주요 내용이었다.

화해의 측면에서는 1998년 한국 정치사상 최초의 정권교체 이후 북한에 대한 햇볕정책의 공식화를 계기로 학계에서도 남북한 간의 평화와 공존을 모색하려는 시도가 두드러지게 나타났다. 또한 양자 간 동맹을 통한 외교로부터 다자 간 안보공동체로의 '발전' 을 지향하는 학술연구가 줄을 이었다. 이러한 경향은 노무현 정부에 들어 더욱 강화되는 추세를 보였다. 즉 기존의 갈등적 측면에서의 연구와 달리 남북화해의 측면에서 1970년대와 1990년대, 그리고 2000년대

---

39) 이정진, "대북정책 결정과정에 나타난 대통령과 여론의 영향력 변화," 『국제정치논총』 제43집 1호(2003) ; 배종윤, "한국 외교정책 결정과정의 관료정치적 이해," 『국제정치논총』 제42집 4호(2002) ; 이정희, "통일 관련 사회단체의 이념적 차별성 연구 : 남북관계와 대북정책의 인식을 중심으로," 『국제정치논총』 제42집 4호(2002).

의 남북화해, 그리고 북핵문제와 남북관계 연구의 미래를 탐색하고 있다.[40]

또한 정책결정 구조의 변화도 있다. 지난 냉전기에는 의사결정이 권위적 방식으로 이루어졌다면 이제는 제왕적 권위가 사회로부터 여과되는 과정에 있다. 노무현 정부에서는 제왕적 권위가 탈피되고 수많은 비정부단체들이 그들의 의사를 적극적으로 표현하고 결렬하게 시위하고 있다. FTA, 미군철수, 평택기지 이전, 이라크 파병 등의 중요한 외교정책 결정과정에서 권위적 의사결정이 더 이상 불가능한 시점에 와 있다. "과거보다 훨씬 투명하고, 시간도 더 걸리고, 소리도 더 들린다"는 것이 현직 정책결정자의 술회이다.[41]

남북관계를 두고 이제 연구가 부족하다는 지적은 거의 없어졌다. 학계나 연구소에서 숱하게 많은 연구결과가 쏟아지고 있는 현실이지만 실천전략은 구체적으로 제시되지 못하고 있다. 평화체제의 '단계별 추진과제'는 화해의 메시지를 담고 있지만, 남북한의 군사적 대치상황을 고려한다면 평화체제 구축에 대한 논의의 한계도 지적하여야 한다.[42] 더욱이 평화체제가 정전체제를 대체한다는 점에서 한국군의 전시작전통제권 전환 시점이나 연합사를 대체할 협조위원회 구성에 지혜를 모아서 한반도에서 일어날 수 있는 유사 사태에 의한 피해를 최소화할 방안을 마련해야 한다.[43]

---

40) 우승지, "남북한 관계 연구 : 검토와 과제," 『국제정치논총』 제46집 특별호(2007), pp. 163-174.

41) 2007년 2월 27일 참여정부 출범 4주년 기념 심포지움 '한반도와 동북아 평화' 학술대회에서 송민순 외교통상부장관의 언급임.

42) 통일연구원, 『동북아 구상과 남북관계 발전전략』, 학술회의 총서 06-03, 2006.

북핵문제는 부시 정부나 김정일 정권을 넘어서 한반도의 치열한 안보 생존의 논리가 적용되어야 한다. 이러한 관점에서의 전략적 구도는 적극적으로 모색되어야 한다. 현재 우리는 '제국'으로서 미국과 '동족'으로서의 북한 사이의 정책적 임계선에서 고도의 균형적 사유를 가져야 한다. 이러한 중층적 상황에 대해서 힘의 국제정치학과 함께 치밀한 전략적 사고의 워드 정치학(word politics)을 수반하여야 한다.[44]

(3) 외교사 분야

한국 외교사 연구는 '한국적 국제정치학'을 모색하는 패러다임을 지향하기 위해서라도 필수적인 작업이다. 더욱이 역사구조적 성격을 치밀하게 연구하기 위해서는 '역사의식 없는 국제정치학'과 '이론 없는 한국 외교사' 연구가 가진 취약점을 극복할 수 있도록 역사와 국제정치이론을 병행하여 연구할 수 있는 학문적 전통을 수립하여야 하겠다. 한국 외교사와 국제정치학의 만남을 통해 '한국적 국제정치학'이 자리매김할 수 있을 것이다.[45] 문화민족은 자기의

---

43) 홍규덕, "북한 핵문제 해결을 위한 한일협력의 모색," 한국국제정치학회 일본국제정치학회 창립 50주년 기념 한일국제학술회의 2006년 11월 30일 발표논문.

44) 김명섭, "북한 핵실험 이후 동북아질서 변화와 한국의 대외정책 방향," 한국국제정치학회 2006 연례학술회의 발표논문.

45) 하영선·김영호, "머리말," 하영선·김영호·김명섭(공편), 『한국 외교사와 국제정치학』(서울 : 성신여대출판부, 2005), pp. 5-6 ; 김영호, "외교사와 국제정치이론 사이의 학제 간 연구의 쟁점과 과제 : 탈냉전기 미국의 대논쟁을 중심으로," 『한국정치외교사논총』 제25집 2호(2004) ; 김기정, "외교정책 이론과 외교사 연구 : 학제 간 연구의 현황과 전망," 김달중 편, 『외교정책의 이론과 이해』(서울 : 오름, 1998), pp. 67-91.

역사를 기록 · 보관하고 있다. 자기의 역사를 축적하고 정리하지 못하는 떠돌이 유목민족과 같이 뿌리를 지키지 못한다면 이는 아직도 오지(奧地)사고에 머물러 있을 수밖에 없다는 따가운 지적이다.[46] 전근대, 근대, 탈근대가 동시에 존재하는 한국의 복합적인 역사구조적 상황이 지적 사고에 영향을 주고 있다. 첫째, 전근대적 국가형태를 근대로 탈바꿈하는 역사과정에서 분단문제가 여전히 장벽으로 남아 있다는 점이다. 둘째, 근대국가로서의 냉전을 아직도 극복하지 못하였다는 점이다. 한미동맹이나 남북한 관련 동북아 정세는 아직 냉전구도가 구조적 환경으로 작용한다. 셋째, 탈근대와 세계화 시대가 진행되고 있다는 점이다.

이러한 시점에서 '한국적 국제정치학'을 정립하기 위한 과제를 담당하기 위해서라도 한국의 운명을 결정지웠던 중요한 순간들이 역사의 흐름과 단절된 채 하나의 소외된 사건으로 흩어진 사례를 연결시킬 수 있도록 국제정치사적 흐름을 정리하여야 할 과제가 있다. 고구려사 왜곡은 물론 간도문제, 독도문제는 한국이 1876년 개항한 이후 1910년 식민지로 전락되는 과정에서 외세들이 결정지운 사건들이다. 간도문제나 독도문제가 따로 존재하는 사건이 아니라 연계된 사건이며, 현재에도 살아 있는 역사적 사건이다. 소외된 역사를 연결하기 위해서 기본사료를 정리하고 발간할 필요성이 있다.[47]

---

46) 김용구, 앞의 글.

47) 『한국 외교사 연구 : 기본사료 · 문헌해제』가 이미 나왔으며, 해방 후의 자료를 중심으로 한국역사정치연구회에서 『사료로 본 한국의 정치와 외교』를 간행했으나 아직 만족할 만한 수준이 아니라는 지적이다. 이완범, "한국 외교사 연구의 회고와 전망 : 융성-쇠퇴-반성-부흥의 궤적," 『국제정치논총』 제46집 특별호(2007),

일국의 외교사를 중점으로 사료를 연구할 때 서술이 편향적일 수 있다. 다국언어를 활용하여 상호 관련된 국가들이 공유할 수 있는 다국사료 교차분석에 진력하여야 한다는 점이다. 해당국가 언어를 활용하여 아카이브 등에서 수집한 1차 자료를 사용하는 방식이다. 이는 탈냉전시대에 가능할 수 있는 연구작업일 것이다. 한일, 한중 간의 역사뿐만 아니라 현재 구소련의 자료를 찾고 연관된 자료를 찾아 한국전쟁에 대한 연구도 심층적으로 전개되고 있다.[48] 이렇게 사료분석에 진력한다면 '한국적 국제정치학'을 보다 보편화하여 의사소통을 훨씬 확대할 수 있을 것이다.

(4) 국제정치경제학 분야

국제정치학 분야 중에서도 가장 연륜이 짧은 연구영역이다. 복합 상호의존이론이 현실주의에 대한 대안으로 제기된 1970년대 이후 한국 내 국제정치경제학은 주로 미국에서 개발된 이론들을 도입, 소개, 적용, 비판하는 형식을 띠어왔다. 또한 1980년대에는 종속이론과 세계체제론이 개혁적 측면에서 상호의존론, 패권안정이론, 발전국가론 주류 국제정치경제학 입장에서 이를 소개하고 적용하는 논문들이 주를 이루었다.

연대별 연구사안을 검토한 김석우 교수는 국제정치경제학 분야가 미국으로부터 영향을 받았던 1980년대 초기에는 이론을 소개하는

---

pp. 105–109.

48) 이완범, "한국전쟁 연구 50년과 과제," 『경제와 사회』 제46호(2000년 여름), pp. 8–29.

논문이 많았고, 1990년대에는 무역에 관한 논의가 많았으며, 1997-1998년 통화금융에 대한 논문들이 외환위기의 영향으로 다수 게재되었다고 지적한다. 이후 2000년대에는 지역주의에 관한 논문이 주종을 이루고 있다.[49] 최근에는 지역주의 확산이나 한국의 FTA 정책 등에 대한 관심이 증가하고 있다.[50]

국제정치경제학 분야에서는 한국의 발전전략과 성과를 통해 중상주의 모델이나 종속적 발전이론을 적용하고 개발하려는 노력을 꾸준히 해왔다고 평가된다. 제2차 세계대전 이후 분단된 한국이 지난 40여 년간의 급속한 경제성장을 통해 경제규모에서나 무역규모에서 상당한 위치를 점하고 있다. 이러한 점에서는 한국의 '압축성장'이 제3세계 개발 모델이 될 것이다. 그러나 이론적 측면에서는 방법론적 저발전, 미국 중심의 지역적 편중 등으로 여전히 한국 시각이 부족하다는 지적이다.[51]

(5) 국제기구 분야

국제연맹과 국제연합에 대한 법제도적 분석이 국제기구 연구의 주류를 이루었다. 한편 국제레짐이론이 국제정치학 연구의 중심

---

49) 김석우, "한국 국제정치학의 회고와 전망 : 국제정치경제의 발전과정과 특성 분석," 『국제정치논총』 제46집 특별호(2007), pp. 115-130.

50) 유현석, "아태지역의 자유주의적 경제협력과 아시아 중상주의의 갈등 : APEC의 사례," 『국제정치논총』 제42집 3호(2002) ; "한-칠레 자유무역협정 협상의 국내정치 : 국내협상의 이해집단과 국내제도를 중심으로," 『한국정치학회보』 제36집 3호(2002).

51) 이호철, "한국 정치학에서 정치경제 연구의 쟁점과 과제," 『한국정치학회보』 제34집 1호(2000).

으로 부상한 1980년대 이후 국제기구의 연구도 국제연맹, 국제연합 연구에서부터 국제레짐에 대한 연구로 발전하였다.[52] 크래스너(Stephen Krasner)는 국제레짐을 "주어진 국제관계 영역에서 행위자 간의 기대가 수렴될 수 있는 암묵적 혹은 명시적 원칙, 규범, 규칙, 결정과정의 집합체"라고 정의하였다.[53] 원칙이나 규칙은 헌장이나 조약 그리고 국제법으로 성문화될 수 있으며, 비공식적으로 성문화되지 않더라도 규범이나 정책결정은 국가 간의 협의를 통해 국제레짐으로 작용할 수 있다. 국제관계의 전통 영역인 안보뿐만 아니라 무역, 통화, 자원, 환경 등 거의 모든 '주어진 국제관계 쟁점영역'에서 국가 간 합의가 지속된다면 국제레짐이 이루어질 수 있다는 주장이다. 이상주의자, 기능주의자 그리고 현실주의자 모두가 관심을 가질 만큼 국제레짐의 생성, 전개, 발전에 영향을 미치는 인과요인은 다양하다. 국제레짐이 제시된 이후 국제협력이나 국제제도에 대한 연구는 새로운 이정표를 맞이하였다고 할 만큼 많은 후속 연구로 이어졌다. 국제레짐에 대한 논의는 세계적 수준에서도 확산되었다. 국제레짐에 대한 연구야말로 1950년대 국제체제에 대한 기능주의 연구 이후 학계에서 가장 주목받는 연구의제였다.

1990년대 탈냉전 이후 국제법학과 국제정치학 간의 경계를 허물고 학제적 연구가 촉진되고 있다. "국내정치 영역에서 헌법학자가 정치이론을 공부하고 정치이론가는 헌법의 본질과 사례를 연구하듯

52) 오기평, "국제기구 연구시각의 변천에 관한 고찰," 『국제정치논총』 제28집 2호 (1988).

53) Stephen Krasner, *International Regimes*(Ithaca : Cornell University Press, 1983), p. 168.

이 국가의 대외적 행태를 연구하는 두 학문영역은 서로에게서 배워야 할 만큼 학제적 연구영역이 확대"되고 있다. 스롯트(Anne-Marie Slaughter)는 국제레짐 논의를 국제법 시각에서 비교하면서 국제레짐이 원칙, 규범, 규칙, 결정이라고 한다면 규칙과 결정이 바로 국제법이라는 점을 재발견하고 유사점을 다음과 같이 대비시켰다. 첫째, 국제레짐은 거래비용을 축소하는 기능을 한다면, 국제법은 국가가 전개하는 게임의 규칙을 제공하는 기능을 한다. 둘째, 국제레짐은 다자 간 협상조건을 찾아갈 수 있도록 조건을 만든다면, 국제법은 이를 명문화한 국제법을 통해 지루하게 계속될 수 있는 불필요한 재협상을 피할 수 있는 효율적인 가이드 라인을 설정할 수 있다. 셋째, 국제레짐과 국제법을 통해 국제규범에 따라 순응하는 국가 간 연계망을 구축할 수 있는 공통점이 있다고 지적한다.[54]

*International Organization*에 발표된 "법제화와 세계정치(Legalization and World Politics)"는 이러한 학제적 연구의 결과이다.[55] 스롯트, 코헤인 등 국제정치학자와 국제법학자들은 법제도화와 국제정치 문제를 세 가지 영역, 즉 법규범의 구속성, 엄밀성, 위임성을 통해 거의 모든 국제기구의 제도화 수준을 검토하는 비교 분석틀을 제시하고 있다. 합리주의적 접근법에 기초하여 협의의 국제법과 국제관계

---

54) Anne-Marie Burley Slaughter, "International Law and International Relations Theory : A Dual Agenda," *American Journal of International Law* 87-2(April 1993), pp. 215-217.

55) Judith Goldstein, Miles Kahler, Robert O. Keohane, and Anne-Marie Slaughter, *Legalization and World Politics*(Cambridge, and London : The MIT Press, 2001). 이 책은 2000년 여름 *International Organization*, Vol. 54, No. 3에 게재된 논문들을 단행본으로 출판한 것이다.

의 공동연구를 추구하는 이들은 국제법과 제도를 국가들 간의 일종의 계약의 형태로 간주하고 국가들의 국제법 순응에 대한 연구, 국제법과 제도의 효율성과 안정성, 실효성에 대한 분석, 국제제도와 절차의 합리적 디자인들에 대한 연구에 주력하게 된 것이다. 한때 냉전기 동안 분리되었던 학문영역이었던 법학과 정치학이 다시 학제적 공동 연구를 시도하게 되었다.[56]

그러나 이러한 앤 마리 류의 자유주의적 국제법 시각에 비판적인 시각도 없지 않다. 여전히 전통적 국제법 영역에서는 법은 주권적 행사를 전제하여야 한다고 비판한다. 또한 합리주의에 비판적인 핀네모어(Martha Finnermore)와 투프(Stephen J. Toope)는 합리적 제도주의 국제법/국제정치이론이 공식적 협정 중심으로 국제법의 관심을 보이고 규범적인 틀에서 작용하는 내재적 규칙으로서 관습법에는 거의 주의를 기울이지 않았다고 주장한다.[57]

탈냉전기 이후 자유주의 경향을 가진 학자들이 법학과 정치학의 학제적 관점에서 국제기구에 대한 연구를 보다 넓게 국제관계의 원칙과 규범을 국제제도적 관점에서 접근하고자 하는 연구 아젠다

---

56) Judith Goldstein, eds., "Introduction : Legalization and World Politics," *International Organization* 54-3(Summer 2000) ; Kenneth W. Abbott, eds., "The Concept of Legalization," *International Organization* 54-3(Summer 2000) ; Barbara Koremenos, eds., "The Rational Design of International Institutions," *International Organization* 55-4(Autumn 2001). 한국 학자로서 문 돈 교수는 세계무역기구의 분쟁조정 기능을 통해 정치학과 법학의 접점을 연구하는 중이다. 문 돈, "국제법제화 현상과 법제화된 분쟁해결 기제 : 그 원인과 효과에 대한 고찰," 『국제정치논총』 제43집 2호(2003).

57) Martha Finnermore and Stephen J. Toope, "Alternatives to 'legalization' : Richer Views of Law and Politics," *International Organization* 55-3(Summer 2001).

는 긍정적으로 평가되어야 할 것이다. 이러한 국제제도 연구는 국제레짐에 대한 연구가 1970년대 복합 상호의존학파 이래 제기된 국제협력을 더욱 심화시킨 개념이라는 점에서 국제정치경제학과도 연관을 갖는다. 또한 국제정치학은 고위정치(high politics)로부터 저위정치(low politics)를 포괄하는 개념으로 발전해 가는 것이 학문적 추세이다.

V. 마치면서

이 글에서는 지난 50여 년 동안 한국의 국제관계학 연구를 이론적 측면과 정책적 측면에서 살펴보았다. 첫째, 이론적 측면도 외래 이론의 수용과 한국적 국제정치학 정립에 관한 논의가 상당히 진행되었다. 이론 분야에서는 서구 이론의 소개와 한국 적용에 대한 논의가 지속되고 있다. 외래 이론을 수용하고 양질의 국제정치학 연구인력이 유입되고 국제적인 논문발표, 학회활동, 국제적 연계 등의 성과가 이를 증명한다. 한편 한국의 국제정치학 연구는 국제정치학의 한국화라는 오랜 과제를 남겨두고 있다. 그러나 국제정치학의 대미편향성에 대한 지적도 수차례 있었다.

과연 이론이 법칙정립적인가 특수적인가라는 논의는 한국국제정치학회에서 끊임없이 제기된 문제이다. 이러한 가운데서도 '한국적 국제정치이론'이 바람직한가라는 문제 제기도 있다. 그리고 법칙정립, 즉 실증주의만이 이론이라는 관점에 대해 반론도 있다. 구성주의 관점은 이러한 점에서 이론영역에 대한 논의에 대해 보다 개방적이다.

한국이 나름대로 '한국적 국제정치학'을 모색하는 까닭은 근대로의 이행과정에서 역사가 왜곡되었고, 이러한 왜곡현상은 현재에도 살아 있는 역사로 진행되고 있기 때문이다. 한국의 국제정치학자들은 한반도의 갈등과 평화공존 문제를 한국의 역사적 상황에 대한 연구가 선행되지 않고서는 도출될 수 없는 설명이론으로 이끌어내야 할 사명이 있다. 상황적 특수성에 천착하여 역사적인 현재성을 밝혀내는 작업을 이웃나라와 공동 작업을 통해 이룬다면 한국적 특수성을 동아시아 국가들과 소통이 가능한 인식틀을 만들어 나아갈 수 있을 것이다.

한편 정책적 측면에서는 한반도 문제를 세계적 수준과 내재적인 분석수준에서 평화공존을 이룰 수 있는 방안을 검토하여야만 하겠다. 또한 학문연구와 현실 외교정책이 양립될 수 있느냐라는 점에서도 논의가 있어야 하겠다. 특히 2006년 10월 9일 북핵실험으로 인해 한반도 및 동북아 정세는 그 전과 후로 양분되었을 만큼 시급한 국제정치적 현안이 되었다. 과연 학문을 통해서 안목이 넓히고 내공을 깊이 쌓으면 정책적으로도 발전이 있을 것인지, 아니면 외교정책이 학문의 누적된 업적과는 전혀 다르게 결정되는 것인지에 대해 의문을 갖게 된다.

과연 국제정치학 연구를 통해 학문적 내공을 쌓으면 평화와 안정이 수반되는가? 10월 9일의 북핵실험은 마치 미국이 9·11사태를 맞은 것과 비견될 수 있다. 그렇다면 우리는 그 수많은 관련 논문을 써서 실제로 어떤 역할을 하였는가? 학문연구가 정책문제에 해답을 주지 못한다는 현실에서 실망도 많았다는 것도 사실일 것이다. 더욱이 한반도에 치명적인 사건이 전개되고 있고 상황에서 우리 국제정치학을 전공하고 있는 연구자로서 역사에 최선을 다하여야 하는 책임이 있다. 이러한 인식을 가지고 우리는 연구가 집적되어 내공이 쌓이면 현실적 대안을 마련할 수 있을 것이라는 각오로 부단한 연구를 지속하여야 할 것이다. 국제정치학이 현실과 밀접한 관련을 가지고 있다는 점에서는 학문과 정책의 연계가 있어야 하지만, 다른 한편으로는 현실문제와는 달리 학문의 업적이 누적되어야 하는 학자적 사명도 완수해야 하기 때문이다.

이것은 한반도의 지정학적인 구조로 인한 치열한 현실 경쟁 가운데서 연구의 아젠다를 만들어야 하는 학문 분야로서 한국 국제정치학에 내재된 문제라고 할 수 있다. 앞으로도 학문으로서의 국제정치학과 현실로서의 국제정치는 서로 양립하는 한편, 중층적 구조 안에서 서로의 발전방향을 모색해야 하는 정책적 선택의 고민도 있을 것이다.

참.고.문.헌

구영록. 『인간과 전쟁 : 국제정치이론의 체계』. 서울 : 법문사, 1977.

______. 『국제정치의 중요개념』. 서울 : 법문사, 1978.

김기정. "외교정책 이론과 외교사 연구 : 학제 간 연구의 현황과 전망." 김달중 편. 『외교정책의 이론과 이해』. 서울 : 오름, 1998.

김기정 · 이행. "민주화와 한국외교정책 : 이론적 분석틀의 모색." 『국제정치논총』 제32집 2호(1992).

김달중 · 박상섭 · 황병무 편. 『국제정치학의 새로운 영역과 쟁점』. 서울 : 나남, 1995.

김명섭. "북한 핵실험 이후 동북아질서 변화와 한국의 대외정책 방향." 한국국제정치학회 2006 연례학술회의 발표논문.

김상준. 『국제정치이론 I, II』. 서울 : 삼영사, 1977, 1980.

김석우. "한국 국제정치학의 회고와 전망 : 국제정치경제의 발전과정과 특성 분석." 『국제정치논총』 제46집 특별호(2007).

김영준. 『국가이익과 국가정책』. 서울 : 신명출판사, 1962.

김영호. "외교사와 국제정치이론 사이의 학제 간 연구의 쟁점과 과제 : 탈냉전기 미국의 대논쟁을 중심으로." 『한국정치외교사논총』 제25집 2호(2004).

김용구. "새로운 외교사연구를 위하여." 『한국국제정치학회 학회소식』(2002), 권두기고.

______. "국제정치학사." 『한국정치학회 오십년사 : 1953-2003』. 서울 : 한국정치학회, 2003.

김운태. "21세기 한국 정치연구의 회고와 전망." 『한국정치학회보』 제34집 3호(2000).

김진철. "세계경제와 국제정치의 상관성에 관한 연구." 『한국정치학회보』 제17집(1983).

김태효. "한국 외교정책 연구 : 회고, 동향, 그리고 제언." 『국제정치논총』 제46집 특별호(2007).

김호진. "제3세계 국제정치이론의 수용과 비판 : 종속이론, 세계체제론을 중심으로." 『국제정치논총』 제28집 1호(1988).

______. "한국 정치학의 정체성 확립을 위하여." 『한국정치학회보』 제28집 1호(1994).

김학성. 『한반도의 평화체제에 대한 이론적 접근 : 현실주의, 자유주의, 구성주의의 비교』. 서울 : 통일연구원, 2000.

남궁곤. "동아시아 전통적 국제질서의 구성주의적 이해." 『국제정치논총』 제43집 4호(2003).

______. "탈냉전기 한국 외교정책 연구현황과 한국 외교정책 현실 평가." 한국적 국제정치학의 모색 : 반성과 전망, 서울대학교 외교학과 창립 50주년 기념 학술대회 발표논문, 2006.

남찬순. 『북미 핵협상과 동북아질서 : 1990년대의 교훈』. 서울 : 나남출판, 2007.

노재봉. "한국 국제정치학의 지성사적 고찰." 『국제정치논총』 제28집 1호(1988).

문 돈. "국제법제화 현상과 법제화된 분쟁해결 기제 : 그 원인과 효과에 대한 고찰." 『국제정치논총』 제43집 2호(2003).

민병원. "국제정치이론 : 한국적 이론을 위한 성찰, 재성찰, 실천, 그리고 제안." 『국제정치논총』 제46집 특별호(2007).

박경서. "90년대 한국 국제정치학의 과제 : 문제와 전망." 『국제정치논총』 제30집 2호(1991).

박상섭. "한국 국제정치학 40년 : 현황, 방향 및 가능성." 『한국정치학회보』 제21집 2호(1987).

박상섭 · 하영선. "미국 국제정치학의 추세와 한국 국제정치학의 상황." 『국제정치논총』 제35집 1호(1995).
배종윤. "한국 외교정책 결정과정의 관료정치적 이해." 『국제정치논총』 제42집 4호(2002).
신기석. 『동양외교사』. 서울 : 문방문화사, 1948.
______. 『근세외교사』. 서울 : 문성당, 1953.
신욱희. "구성주의 국제정치이론의 의미와 한계." 『한국정치학회보』 제32집 2호(1998).
양준희. "월츠의 신현실주의에 대한 웬트의 구성주의의 도전." 『국제정치논총』 제41집 3호(2001).
오기평. "국제기구 연구시각의 변천에 관한 고찰." 『국제정치논총』 제28집 2호(1988).
우승지. "남북한 관계 연구 : 검토와 과제." 『국제정치논총』 제46집 특별호(2007).
우철구 · 박건영 편. 『현대 국제관계이론과 한국』. 서울 : 사회평론, 2004.
유현석. "아태지역의 자유주의적 경제협력과 아시아 중상주의의 갈등 : APEC의 사례." 『국제정치논총』 제42집 3호(2002).
유현석. "한-칠레 자유무역협정 협상의 국내정치 : 국내협상의 이해집단과 국내제도를 중심으로." 『한국정치학회보』 제36집 3호 (2002).
윤현근 · 최종철. "국제정치학교육에 대한 학계의 자기인식 및 평가." 『국제정치논총』 제35집 1호(1995).
염홍철. "국제정치경제 : 종속의 시각." 『국제정치논총』 제27집 2호(1987.
이삼성. 『현대 미국외교와 국제정치』. 서울 : 한길사, 1993.
______. 『한반도 핵문제와 미국외교』. 서울 : 한길사, 1994.
이상우. "한국 국제정치학의 정립을 위하여 : 소망스러운 발전방향과 과제의 확인." 『한국정치학회보』 제12집(1978).
______. 『국제관계이론 : 국가 간 갈등원인과 질서유지』. 서울 : 박영사, 1979.
이상우 · 하영선 편. 『현대국제정치학』. 서울 : 나남, 1992.

이상환. "한국정치학회보와 『국제정치논총』에 대한 비교연구 : 분석과 평가–미국정치학회보에 대한 분석과 그 평가기준을 토대로." 『국제정치논총』 제38집 1호(1998).
이신화. "21세기 글로벌 이슈와 국제정치학." 『국제정치논총』 제46집 특별호(2007).
이완범. "한국전쟁 연구 50년과 과제." 『경제와 사회』 제46호(2000).
______. "한국 외교사 연구의 회고와 전망 : 융성–쇠퇴–반성–부흥의 궤적." 『국제정치논총』 제46집 특별호(2007).
이용희. 『국제정치원론』. 서울 : 장왕사, 1955.
______. 『일반국제정치학 상』. 서울 : 박영사, 1962.
이정진. "대북정책 결정과정에 나타난 대통령과 여론의 영향력 변화." 『국제정치논총』 제43집 1호(2003).
이정희. "통일 관련 사회단체의 이념적 차별성 연구 : 남북관계와 대북정책의 인식을 중심으로." 『국제정치논총』 제42집 4호(2002).
이호재. "한국 국제정치학의 발전을 위한 방향제시." 『국제정치논총』 제28집 1호(1988).
이호철. "한국 정치학에서 정치경제연구의 쟁점과 과제." 『한국정치학회보』 제34집 1호(2000).
전재성. "향후 한국 국제정치학의 과제." 『국제정치논총』 제46집 특별호(2007).
전재성 · 박건영. "국제관계이론의 한국적 수용과 대안적 접근." 『국제정치논총』 제42집 4호(2002).
정진영. "WTO의 내국인대우 원칙과 국가의 규제주권 : 주세 분쟁사례를 중심으로." 『국제정치논총』 제46집 2호(2006).
______. "한국에 있어서 국제정치/관계학 교육 : 반성을 넘어 현실 속으로." 『국제정치논총』 제46집 특별호(2007).
조동준. "한국의 정책연구와 국제정치." 『국제정치논총』 제46집 특별호(2007).
조재관. 『국제정치학』. 서울 : 법문사, 1963.

조효원. 『국제정치학』. 서울 : 문종각, 1954.
하경근. "남아공화국 Apartheid 정책연구 : 후진국 정치의 문제점을 전통사회 붕괴에 따른 근대화 의제." 『국제정치논총』 창간호(1963).
하영선 · 김영호 · 김명섭 공편. 『한국 외교사와 국제정치학』. 서울 : 성신여대출판부, 2005.
하영선 · 김상배. 『네트워크 지식국가』. 서울 : 을유문화사, 2006.
홍규덕. "북한핵 문제해결을 위한 한일협력의 모색." 한국국제정치학회-일본국제정치학회 창립 50주년 기념 한일국제학술회의 발표논문(2006).
통일연구원. 『동북아구상과 남북관계 발전전략』. 학술회의 총서 06-03, 2006.
한국국제정치학회. 『한국국제정치학회 50년사』. 서울 : 한국국제정치학회, 2006.

Cumings, Bruce. *The Origins of the Korean War Vol. 1 Liberation and the Emergence of Separate Regimes 1945-1947*. Princeton : Princeton University Press, 1981.
______. "The Origins and Development of the Northeast Asian Political Economy : Industrial Sectors, Product Cycles, and Political Consequences." *International Organization* 38-1 (1984).
Finnermore, Martha and Toope, Stephen J. "Alternatives to "legalization" : Richer Views of Law and Politics." *International Organization* 55-3 (Summer, 2001).
Gaddis, John Lewis. We Now Know : *Rethinking Cold War History*. Oxford : Claredon Press, 1997.
Goldstein, Judith. eds. "Introduction : Legalization and World Politics." *International Organization* 54-3 (Summer 2000).
Hobden, Stephen and John M. Hobson. eds. *Historical Sociology of International Relations*. Cambridge : Cambridge University Press, 2002.
Inoguchi, Takashi. "Political Science in Japan." *Political Science in Asia* 1-1 (Winter 2005).

Koremenos, Barbara. eds. "The Rational Design of International Institutions." *International Organization* 55-4 (Autumn 2001).

Krasner, Stephen D. ed. *International Regimes.* Ithaca : Cornell University Press, 1983.

Moon, Chung-in and Kim, Taehwan. "International Relations Studies in South Korea." *Journal of East Asian Relations* 2-1 (2002).

Moore, Barrington Jr. *Social Origins of Dictatorship and Democracy.* Boston : Beacon Press, 1966.

Skocpol, Theda. *State and Social Revolution-A Comparative Analysis of France, Russia and China.* New York, Oxford University Press, 1979.

Skocpol, Theda and Margaret Somers. "The Uses of Comparative History in Macrosocial Inquiry." *Comparative Studies in Society and History* 22-2 (April 1980).

Slaughter, Anne-Marie Burley. "International Law and International Relations Theory : A Dual Agenda." *American Journal of International Law* 87-2 (April 1993).

Wendt, Alexander. "The Agent-Structure Problem in International Relations Theory." *International Organization* 41-3 (1987).

______. *Social Theory of International Politics.* Cambridge : Cambridge University Press, 1999.

2. 한국의 국제정치이론 | 비판적 성찰과 제안

민병원(서울산업대학교)

I. 들어가는 말

한국의 국제정치학은 지난 반세기에 걸쳐 많은 발전을 거듭해 왔다. 안타깝게도 이러한 평가를 '이론' 분야에 그대로 적용하기에는 아직 약간의 유보가 필요하다. 세계질서를 지배하는 일부 강대국을 제외한 대부분의 변방지역이 다 마찬가지이지만, 한국이라는 특수한 상황에 대한 존재론적 문제의식은 이론 자체보다는 현실의 해법을 우선적으로 요구해 왔던 까닭에 이론의 발전이 매우 더디게 진행되어 왔기 때문이다. 흥미로운 점은 존재론적 문제의식이 비대해진 것과 비례하여 이론의 자리매김에 대한 인식론적 고민들도 잠재적으로나마 심각하게 동반되었다는 사실인데, 이는 곧 한국의 국제정치학자들이 현실과 이론 사이에서 균형을 잡고자 노력해 왔다는 것을 말해준다. 그동안 한국의 국제정치학은 다양한 각론에 대한 평가와 더불어 이론의 현 상황에 대해 검토하고 비판하는 자기 성찰의 과정을 반복해 왔다. 특히 학계 출범 초기부터 문제로 지적되어 온 서구 이론에 대한 편향성을 극복하는 일은 한국 국제정치학에 부여된 소명과도 같은 것이었다. 그리하여 '한국적 국제정치이론' 에 대한 요구는 지난 반세기 동안 반복적으로 제기되고 또 증폭되어 왔다.[1]

본 논문은 이와 같은 한국적 국제정치이론에 대한 지금까지의 성찰을 회고하고 이를 비판적 관점에서 재성찰하기 위한 목적을 지닌다. '성찰' 을 회고한다는 것은 그동안 한국 국제정치학계 내부에서 이루어져 온 '한국적 국제정치이론' 의 논의가 어떻게 전개되어 왔는가를 개략적으로 정리하고 진단한다는 것을 의미한다. 한편 '재성찰' 이라 함은 기존의 논의에 대한 리뷰를 바탕으로 하여 '한국적 국제정치이론' 이라는 구호가 갖는 의미와 한계는 무엇인가에 대한 심층적인 논의를 일컫는다. 이러한 점에서 본 논문의 취지는 한국적 국제정치학의 필요성을 또 다시 강조하려는 것이 아니라 지금까지의 부르짖음을 평가하는 데 있다. 다시 말해 이론 자체 또는 이론의 당위성을 제시하는 선언이 아니라 '메타이론' 을 지향하는 논문이다. 이러한 작업을 통해 본 논문에서는 많은 한국의 국제정치학자들이 꿈꾸고 있는 '한국적 국제정치학' 의 모습을 구호가 아니

---

1) '국제정치(international politics)' 와 '국제관계(international relations)' 의 개념적인 차이점은 이미 널리 알려져 있지만, 본 논문에서는 이론에 국한하여 논의를 전개하고 있는 까닭에 이 두 가지 개념을 별도로 구분하지 않고 혼용하여 사용하기로 한다.

라 실현성 있는 대안으로서 그려낼 수 있는 가능성을 검토하게 될 것이다.

다음 절에서는 한국의 국제정치이론이 걸어온 궤적을 '유길준 모형'과 '신채호 모형'으로 대별하여 그리고자 한다. 하지만 많은 학자들이 주장한 것처럼 한국적 국제정치이론이 단지 '신채호 모형'에 머물러서는 곤란하다는 근거를 제시하고 이를 넘어설 수 있는 방법을 모색하게 될 것이다. 이를 위해 제Ⅲ절에서는 완전하게 새로운 출발점을 설정하는 대신 서구의 기존 이론을 변용하는 방식으로 목표가 재설정될 필요가 있다는 점을 강조할 것이다. 이어서 제Ⅳ절에서는 실천적인 이론모형을 위해 반드시 포함되어야 할 요소, 즉 '이론적 메커니즘'에 대한 논의가 뒤따를 것이다. 한국적 국제정치이론은 무엇보다도 설명이론으로서 사물과 현상이 작동하는 원리에 대한 고찰이 시작되어야 한다는 점을 강조하고, 중국이나 남미, 아프리카와 같이 우리와 유사한 상황에서 독자적인 국제정치이론을 구축하려는 여러 사례들로부터 무엇을 배울 수 있는지 간략하게 살펴보고자 한다. 제Ⅴ절에서는 좀더 심층적인 제안으로서 이론의 외연을 공간적 · 시간적으로 확대하는 문제를 논의할 것이다. 공간적으로는 정책과 타학문과의 연계성을 확보하고, 시간적으로는 이론의 진보를 가능하게 해주는 호환성을 마련하는 일이 앞으로 한국적 국제정치이론을 구축하기 위해 반드시 필요한 요건으로 제시될 것이다.

Ⅱ. 유길준과 신채호를 넘어서

이론의 측면에서 바라본 한국의 국제정치학은 지난 반세기에 걸쳐 많은 노력들이 있어왔지만 그 중에서도 서구 이론을 적극적으로 소개하고 그것을 한국 현실에 적용하려는 작업이 주축을 이루어 왔다.[2] 물론 이러한 노력의 성과들이 다소 만족스럽지 못한 면도 있겠지만, 국제정치학이 이론뿐만 아니라 현실정치와 정책을 위한 큰 부담을 동시에 안고 있다는 점을 감안할 때 그동안의 성과를 과소평가할 수는 없을 것이다. 한국의 국제정치학 이론 분야에서 무엇보다도 눈에 띄는 점은 국제정치학의 학문적 성격과 수용에 대한 스스로

---

2) 과거의 이론적 저작에 대해서는 기존의 여러 회고에서 충분하게 다루어 왔기 때문에 여기에서는 상술하지 않기로 한다. 한편 탈냉전 이후 시기의 국제정치이론을 소개하는 국내 저술 또는 논문으로 다음과 같은 것들을 들 수 있다. 이상우 · 하영선 편, 『현대국제정치학』(서울 : 나남, 1992) ; 김달중 · 박상섭 · 황병무 편, 『국제정치학의 새로운 영역과 쟁점』(서울 : 나남, 1995) ; 김영호, "신현실주의의 비판적 고찰," 『국제정치논총』 제37집 2호(1997) ; 신욱희, "구성주의 국제정치이론의 의미와 한계," 『한국정치학회보』 제32집 2호(1998) ; 전재성, "E. H. 카아의 비판적 현실주의 국제정치이론," 『한국정치학회보』 제33집 3호(1999) ; 정진영, "국제정치이론 논쟁의 현황과 전망 : 새로운 이론적 통합의 향방," 『국제정치논총』 제40집 3호(2000) ; 양준희, "월츠의 신현실주의에 대한 웬트의 구성주의의 도전," 『국제정치논총』 제41집 3호(2001) ; 이혜정, "웨스트팔리아 국제관계의 근대성 : 러기의 비판적 이해," 『국제정치논총』 제42집 2호(2002) ; 서보혁, "'진보적' 연구 프로그램으로서 구성주의의 가능성과 과제 : 웬트의 구성주의론에 대한 논쟁을 중심으로," 『국제정치논총』 제43집 2호(2003) ; 예종영, "세계정치와 진화 : 국제정치학의 진화론적 개념틀과 세계정치 진화론에 대한 검토," 『국제정치논총』 제44집 4호(2004) ; 민병원, 『복잡계로 풀어내는 국제정치』(서울 : 삼성경제연구소, 2005).

의 성찰이 꾸준하게 반복되어 왔다는 점이다. 많은 학자들은 서구 이론의 무분별한 도입이 가져다 주는 폐해와 혼란에 대해 비판해 왔고, 냉전이라는 시대적 환경의 그늘에 가려 제대로 파악할 수 없었던 이론의 이데올로기적 편향성에 대해 경계하기 시작했다. 이는 전적으로 서구 자유주의 진영, 특히 미국의 국제정치학 이론을 주로 수입만 해온 지난 50년간의 역사적 궤적에 대한 자기 반성이기도 했다. 한국 국제정치학에 대한 성찰과 회고는 대체로 5-10년 간격으로 서구 의존성에 대한 자기 반성과 더불어 미래의 바람직한 방향을 모색하려는 노력으로 이어져 왔다.[3]

한국의 국제정치학이 이론적인 측면에서 서구에 대한 맹목적인 추종을 반성하게 된 것은 1970년대를 전후하여 행태주의(behaviorism)가 본격적으로 소개되기 시작하면서부터였다. 과학의 이름을 앞세운 행태주의 이론은 20세기 초반 미국에서 연유한 접근방법으로서,

3) 한국 국제정치학의 전반적인 현황에 대한 연구로는 손제석, "국제정치학의 연구 및 대학교육 경향," 『한국정치학회보』 제2집(1967) ; 박치영, "한국에서의 국제정치학 연구 : 평가와 의제," 『국제정치논총』 제12집(1978) ; 이상우, "한국 국제정치학의 정립을 위하여 : 소망스러운 발전방향과 과제의 확인," 『한국정치학회보』 제12집(1978) ; 박상섭, "한국 국제정치학 40년 : 현황, 방향 및 가능성," 『한국정치학회보』 제21집 2호(1987) ; 노재봉, "한국 국제정치학의 지성사적 고찰," 『국제정치논총』 제28집 1호(1988) ; 박상섭, "한국 국제정치학과 외래이론 수용의 문제점," 『국제정치논총』 제28집 1호(1988) ; 이호재, "한국 국제정치학의 발전을 위한 방향제시," 『국제정치논총』 제28집 1호(1988) ; 박경서, "90년대 한국 국제정치학의 과제 : 문제와 전망," 『국제정치논총』 제30집 2호(1991) ; 박상섭 · 하영선, "미국 국제정치학의 추세와 한국 국제정치학의 상황," 『국제정치논총』 제35집 1호(1995) ; 전재성 · 박건영, "국제관계이론의 한국적 수용과 대안적 접근," 『국제정치논총』 제42집 4호(2002) ; 김용구, "국제정치학사," 한국정치학회 오십년사 편찬위원회 편, 『한국정치학회 오십년사 : 1953-2003』(서울 : 한국정치학회, 2003).

자연과학의 많은 개념과 이론적 도구들을 사회과학에 그대로 도입 및 적용함으로써 사회과학 전 분야에 널리 확산되기 시작했다. 하지만 이와 같은 소위 '과학적 방법'은 여러 가지 문제를 동시에 야기하게 되었다. 전통적인 정치학 또는 국제관계의 핵심적인 요소들이 과학, 연구방법, 이론이라는 표준화된 틀 속에서 왜곡되고 변형되어 원래의 의미를 상실하기 시작했던 것이다. 계량 데이터가 중시되고, 인간사회의 모습을 담아내기에는 부적절한 자연과학적 개념들이 난무하였다. 시스템, 피드백, 사이버네틱스, 통계모델, 시뮬레이션 등 갑자기 밀려든 서구 이론의 다양한 개념과 도구들은 여전히 맹아기를 벗어나지 못했던 한국의 국제정치학을 압도적인 기세로 질식시켜 왔다. 그리하여 해방 이후 조금씩 발전해 오던 한국의 국제정치학은 해외 이론들의 밀물과도 같은 공세에 대해 서서히 등을 돌리기 시작했다. 우리의 현실에 대한 이해와 대안을 마련하는 일이 무엇보다도 시급한 상황에서 해외의 이론들을 철저한 검증 없이 무분별하게 도입함으로써 학문적 정체성의 문제가 심각하게 제기되었던 것이다.[4]

이처럼 해외에만 의존하려는 초기의 국제정치학 이론을 노재봉 교수는 '유길준형' 이론이라고 불렀다. 그는 개념의 이론적 성격에만 치중함으로써 그 배경이나 의미에 대한 진지한 검토가 제대로 이루어지지 않고 있다는 점을 지적하면서, 무엇보다도 우리의 현실에 그러한 이론들이 얼마나 적실성을 가지고 있는가를 살펴보아야 한다는 점을 강조하였다. 유길준의 경우 스스로의 구체적인 문제의식

---

4) 손제석(1967), p. 106 ; 박상섭(1987), pp. 181–184 ; 박상섭(1988), pp. 32–33.

을 결여한 채 근대문명을 도입하기 위한 의도에서 외국 이론을 있는 그대로 소개하는 데 그치고 말았다는 것이다. 한편 이러한 문제에 대한 대안으로서 노재봉 교수는 '신채호형' 이론이 필요하다고 보았다. 이것은 국제정치적 시각에서 투쟁을 강조하고 그 주체를 인식하며 그로부터 이론을 정립하여 국제관계를 이해하고자 했다는 점에서 하나의 '학문적 원형' 을 이룬 것이었다. 다시 말해 유길준이 '개념적 보편주의' 의 관점에서 밖을 이해하려 했다면, 신채호는 '체험적 특수주의' 의 관점을 택하고 있다는 점에서 차이를 보인다.[5] 이러한 두 가지 메타포는 한국의 국제정치학 이론이 걸어온 길, 그리고 앞으로 나아가야 할 길을 상징적으로 잘 나타내고 있다. 초기의 맹아기를 지나 서구 이론의 갑작스러운 도입, 그리고 그에 대한 반성은 '유길준형' 에서 '신채호형' 로 전환해야 하는 한국 국제정치이론의 시기별 과제를 분명하게 구분짓고 있기 때문이다.

이와 같은 성찰적 성향은 1980년대에 들어와서도 계속되었다. 특히 1980년대 말 미국 국제정치학계에서 '제3의 논쟁' 이라고 불리는 인식론 논쟁이 가속화되고 실증주의에 대한 비판과 반성이 강해지면서 한국의 국제정치학계에도 커다란 반향이 일어났다.[6] 1980년대 이후의 성찰은 특히 이론의 미국 편향성뿐만 아니라 국제정치학

---

5) 한국의 주체적 관점에서 국제정치학을 논하고자 했던 이용희 교수의 시도는 이러한 맥락에서 신채호형에 해당한다는 것이 노재봉 교수의 진단이다. 노재봉(1988), p. 36. 한편 김용구 교수는 일방적으로 해외사정을 전달하는 데에만 치중했던 초기 계몽단계를 '한성순보 시대' 라고 부르고 있다. 김용구(2003), p. 283.

6) 국제정치이론의 '제3의 논쟁' 에 대한 소개로는 Yosef Lapid, "The Third Debate : On the Prospects of International Theory in a Post-Positivist Era," *International Studies Quarterly* 33(1989), pp. 235-254.

계의 문제설정 작업이 미흡하다는 점을 강조하였다.[7] 이러한 입장에서는 그동안 냉전시대에 강대국 중심으로 발전된 이론에 대한 재평가가 우선되어야 한다고 보았다. 즉 강대국 중심의 질서가 수립될 수 있었던 역사적 배경에 대한 탐구가 필요하며, '문제해결형(problem-solving)' 이론보다는 '비판적(critical)' 이론을 지향해야 한다는 주장으로 발전하였다.[8] 특히 기존의 개념 및 이론들이 갖는 시간적·공간적 제약성을 검토함으로써 우리의 국제정치학이 갖는 의미를 되새길 수 있다고 보았다. 객관적이라고 여겨지는 국제질서를 비판적으로 바라보는 변증법적 검토가 1980년대 이후의 한국 국제정치학에서 강조되는 화두였던 것이다.[9]

결국 1980년대 이후에 들어와서는 한국의 입장에서 스스로의 이론을 개발해야 한다는 인식이 더욱 커지게 되었는데, 이는 단지 투쟁적인 요소를 강조하는 '신채호형' 이론화를 넘어서 바깥으로부터 유입되는 영향과 안으로부터의 문제설정을 어떻게 아우를 수 있는가에 대한 고민을 반영한 것이었다.[10] 이와 같은 주체적 사고방식

---

7) 박상섭(1987), pp. 187-189 ; 박상섭·하영선(1995), p. 308.

8) 이러한 입장은 서구에서도 로버트 콕스(Robert Cox)가 제시했던 마르크스적 국제관계이론의 영향을 크게 받은 것이었다. Robert W. Cox, "Social Forces, States and World Orders : Beyond International Relations Theory," in Robert O. Keohane, ed. *Neorealism and Its Critics*(Columbia : Columbia University Press, 1986[1981]), pp. 204-254.

9) 박상섭 교수는 특히 일반이론과 특수이론을 변증법적으로 통합해야 한다는 점을 강조하였는데, 이는 한국적 상황에서 수입된 이론과 자생적 경험을 기반으로 한 이론들이 적절하게 조화를 이룰 필요가 있다는 인식을 바탕으로 한 것이었다. 박상섭(1987), p. 190.

10) 노재봉, "'안'과 '밖' : 국제정치학의 방법론 연구," 노재봉, 『사상과 실천 : 현실정

의 이면에는 김용구 교수가 '오지(奧地)사고'라고 명명한 한국 국제정치학계의 정신구조가 자리 잡고 있었다.[11] 이러한 정신구조는 그동안 서구의 이론에만 의존하던 '인식론적' 성향을 넘어서서 스스로의 현실을 직시하고 그것을 바탕으로 한 새로운 이론을 지향하려는 '존재론적' 성찰이 더해진 것이었다. 한국의 국제정치학은 바깥의 일반이론을 받아들임과 동시에 한국의 현실을 반영하고 설명하기 위한 특수이론을 지향할 필요가 있었기 때문이다. 그리하여 '이론'은 단지 상황을 설명하고 예측하는 기능뿐만 아니라, 실천을 위한 길잡이가 되는 지식의 기능도 지닌다고 인식되었다.[12] 이처럼 국제정치질서에서 큰 주목을 받지 못해온 '오지'에서 자생적인 이론화를 꾀하려는 한국 국제정치학계의 절실한 인식과 노력은 탈냉전시기에도 그대로 지속되어 오늘날에 이르고 있다.

이상우 교수의 '한국 국제정치학', 이호재 교수의 '국제정치학의 한국화', 전재성 · 박건영 교수의 '한국적 국제관계이론', 그리고 우철구 교수의 '국제관계학의 한국적 정체성'이라는 표현들은 모두 이상과 같은 고민과 문제의식들을 담아내고 있는 상징적 구호이자 처절한 시대의 외침이다.[13] 이들 모두는 '신채호형'의 국제정치이론을 지향하고 있다. 본 논문에서는 기존 국제정치학계의 이러

치인식의 기초』(서울 : 도서출판 녹두, 1985 [1982]), pp. 151–164.

11) 김용구 교수는 이러한 오지사고와 더불어 통일과 근대국가의 달성이라는 현실적인 과제로 인하여 한국의 국제정치학이 강대국에 비해 훨씬 심각한 고민의 늪에 빠질 수밖에 없다고 지적한다. 김용구(2003), p. 281.

12) 전재성 · 박건영(2002), p. 25.

13) 이상우(1978), p. 148 ; 이호재(1988), p. 208 ; 전재성 · 박건영(2002), pp. 14–25 ; 우철구(2004), pp. 11–12.

한 외침에 대해 두 가지 문제를 던지고자 한다. 첫째는 "왜 유독 국제정치학에서만 이러한 주체적인 이론의 필요성이 부각되고 있는가?" 하는 것이다. 사실상 한국 사회과학의 다양한 분야에서는 그것이 미국 중심의 학문이건 그렇지 않건 간에 세계 표준의 주제와 방법론, 커리큘럼을 채택하고 있다. 행정학, 경영학, 경제학, 사회학, 인류학 등 대부분의 한국 사회과학에서는 국제정치학처럼 '주체적' 이론에 대한 처절한 몸부림보다는 세계 표준과의 호환성을 더욱 추구해 왔다.[14] 따라서 이들 분야에서는 국제정치학에 비해 외국의 이론들이 상대적으로 훨씬 더 자유롭게 통용되고 쉽게 받아들여졌다. 반면 미국에 지나치게 의존적이라고 스스로 비판하고 반성했던 한국 국제정치학의 이론적 호환성이 가장 뒤처지고 있다는 점은 지구화 시대의 세계정치를 다루는 학문으로서 하나의 아이러니가 아닐 수 없다. 본 논문에서는 이러한 현상이 '신채호형' 의 이론에 대한 지나친 강박관념에서 비롯된 것이라는 가설을 제시하고자 한다.

한국적 국제관계이론을 향한 갈증에 대해 본 논문에서 던지고자 하는 두 번째 질문은 "구호에 비해 왜 내용은 빈약한가?"라는 것이다. 지난 50년 동안 한국의 국제정치학이 맹아기에서 수입기, 그리고 수입대체를 위한 주체성을 강조하는 시기로 이어져 왔지만, 아쉽

14) 이러한 판단은 객관적인 자료를 근거로 한 것이 아니며, 단지 지난 수십 년간의 국제정치학의 흐름에 대한 주관적 경험을 바탕으로 한 것이다. 비록 정확한 데이터는 없지만, 적어도 한국의 국제정치학이 여타 사회과학 분야에 비해 상대적으로 세계 표준으로부터 가장 멀리 떨어져 있다는 점은 분명하다고 할 수 있다. 이러한 현상은 해외 학회 참석이나 공동연구, 논문 발간과 같은 학자들의 대외적 연구활동뿐만 아니라 커리큘럼이나 학생들의 관심 연구주제 등과 같은 교육적인 측면에서도 그러하다.

게도 무엇이 '한국적' 인가에 대한 합의조차 이루어지지 않고 있다. 물론 우리의 역사와 현실에 대한 직접적인 연구들이 본격적으로 진행되면서 한국의 국제정치학 주제들이 크게 증가해 온 것이 사실이다. 하지만 역사적 사실을 규명하는 작업과는 별도로 '이론' 이라는 관점에서 본다면 대외적으로 홍보할 수 있는 우리만의 개념과 이론들이 과연 무엇인가에 대해 의문을 가지지 않을 수 없다. 본 논문에서는 이러한 현상이 첫 번째 질문과 밀접하게 연관되어 있다고 본다. 강대국의 영향을 많이 받을 수밖에 없는 국제정치학의 학문적 특수성을 고려한다면 '주체성' 에 대한 외침이 타당하다고 볼 수 있지만, 그렇다고 해서 유독 '한국적 국제정치학' 이 다른 '한국적 사회과학' 에 비해 더 절박한가에 대해서는 확신하기 어렵다.

여기에 더하여 '한국적' 이라는 개념 자체도 대단히 모호하다는 점을 지적할 필요가 있다. 주체적 이론의 중심축을 한반도에 설정함으로써 편협한 민족사관이나 전형적인 근대국가 중심의 틀을 벗어나지 못하게 만들 우려가 있기 때문이다. 이러한 문제는 최근에 들어와 동아시아의 지역적 정체성에 대한 물음들이 등장하는 추세와 그 문제의식을 공유한다.[15] 학문의 주체로서 '우리' 는 한국인일 수도 있고, 동아시아인일 수도 있으며, 나아가 글로벌 시민일 수도 있다. 이와 같은 복합적 정체성이 우리의 현실이라면 왜 '동아시아적 국제정치학' 에 대한 외침은 없는 것일까? 나아가 왜 '우리' 가 주

15) 동아시아의 정체성에 대한 최근의 논의로는 창비에서 발간한 일련의 저작들을 들 수 있으며, 이에 대한 종합적인 평가로는 장인성, "한국의 동아시아론과 동아시아 정체성 : '동아시아의 새로운 상상' 과 '국제사회로서의 동아시아'," 『세계정치』 제26집 2호(2005), pp. 3-26 참조.

체가 되는 글로벌 국제정치학은 기대할 수 없는 것인가? 반드시 '한국적 국제정치학' 만이 '우리의 학문' 을 위해 필요한 종착점인가? 주변 국가들과의 공감대를 형성할 수 있는 이론, 그리고 글로벌 수준에서 호환될 수 있는 대안의 이론도 필요한 것이 아닐까? 과연 '신채호 모형' 만이 우리의 국제정치학이 지향해야 할 이상형인가?

결국 왜 '한국' 이라는 좁은 영역 안으로 우리의 정체성을 국한시켜야만 하는가에 대한 성찰이 먼저 이루어질 필요가 있다. 강대국 중심의 질서 속에서 그들과 동일한 근대국가의 패러다임을 가지고 새로운 약소국 이론을 새롭게 만들어내야 한다는 문제의식은 분명 중요하지만 그것을 접근하는 방법에 있어 여러 가지 고려해야 할 점들이 있다. 국제정치학의 분석수준이라는 관점에서 보더라도 '한국적 국제정치학' 이 지닌 방법상의 문제점은 분명하게 드러난다. '유길준 모형' 과 '신채호 모형' 이라는 극단적인 모형 사이에서 우리에게 적합한 새로운 모형을 여전히 만들어내지 못하고 있다는 점이 바로 그것이다. 유길준에게는 '밖' 을 먼저 이해하고 그것을 맹목적으로 '안' 에 접목시키려는 성향이 문제였다면, 신채호는 '밖' 을 모른 채 '안' 의 문제의식만을 부각시켰다는 한계를 지니고 있다. 지난 50년 동안 계속되어 온 '한국적 국제정치학' 에 대한 외침은 유길준 모형에 대한 대안이 곧 신채호 모형뿐이라는 환상에 빠져 다른 대안들을 찾지 못하고 있었던 것은 아닐까?

Ⅲ. 한국적 국제정치이론의 출발점

한국적 국제정치이론이 이처럼 절실한 것이라면 현 단계에서 가장 바람직한 출발점은 서구의 기존 국제정치이론이라고 할 수 있다. 다른 사회과학 이론과 마찬가지로 국제정치이론도 그 자체로서 법칙정립적(nomothetic) 속성을 가지며, 어느 특수한 현상을 구체적으로 이해하기 위한 상황기술적(idiographic) 작업들은 일반이론의 수립을 위한 기초자료가 된다. 아울러 한국이 처한 특수한 상황에 대한 이해는 한국의 국제정치이론을 만들어내는 데 있어 우선적인 과제이지만, 궁극적으로 이러한 과제를 일반이론으로 연결시키지 못한다면 그 의미는 반감될 것이다. 하지만 한국의 상황에 대한 이해를 위해서는 우선 기존의 주류 이론에 의해 제시된 렌즈를 먼저 사용하고, 그것이 얼마만큼 설득력을 갖는가에 대한 비판과 수정이 이루어져야 할 것이다. 따라서 한국의 국제정치이론은 기존의 주류 이론들과 완전하게 분리된 새로운 산물일 수도 없고 또 그럴 필요도 없다. 오히려 기존의 이론들이 충분하게 설명하지 못하는 부분들을 보완하고 수정하면서 지속적으로 이론을 변용시켜 나갈 필요가 있다 하겠다.

결국 서구의 이론이 우리의 현실에 맞지 않는다고 해서 그것을 완전히 버리고 새로운 이론을 만들어낼 것이 아니라, 끊임없는 업데이트를 통해 우리의 현실을 포함하는 다양한 시대적 · 공간적 상황 또는 수준별 상황을 설명할 수 있도록 해야만 한다. 지금까지 '한국적 국제정치학'의 구호가 내용면에서 큰 성과를 거두지 못한 것은 바로 '우리'만의 이론을 새롭게 만들어야 한다는 강박관념이 지나치게 강했기 때문이었다. 아무런 기초 없이 서구 이론에 버금가는 대항이론을 수립하는 일은 결코 쉽지 않다. 국제정치이론은 '우리'의 관점에서 출발하되 '그들'의 상황도 설명할 수 있는 일반성을 지녀야 하는 것이다. 신채호의 이상을 지향하되 출발은 유길준의 방식을 따를 필요가 있다. 지금까지 서구의 이론들이 그들만의 이론을 지향해 왔고 또 그런 점에서 비판을 받아왔지만, 우리도 배타적인 관점에서 신채호형 이론만을 추구한다면 그들과 동일한 오류를 반복하는 것이기 때문이다. 그만큼 한국의 국제정치이론에서는 유길준형과 신채호형을 아우르는 복합적 접근방법이 절실하게 요구되고 있다.

국제관계이론은 정적인 것이 아니다. 이론은 끊임없이 현실을 반영하면서 그 내용과 모습을 바꾸어 나간다. 탈냉전 이후에 끊임없이 진행되어 온 이론적 논쟁들도 이러한 맥락에서 이해할 필요가 있다.[16] 국제정치이론 역시 사회과학이론의 하나로서 이러한 동역학적 속성을 지닌다. 기존에 당연한 것으로 받아들여지던 이론도 시대와

---

16) 1990년대를 전후하여 벌어진 국제관계이론의 패러다임 간 논쟁에 관한 소개로는 Robert O. Keohane, ed., *Neorealism and Its Critics*(New York : Columbia University Press, 1986) ; David A. Baldwin, *Neorealism and Neoliberalism : The Contemporary Debate*(New York : Columbia University Press, 1993) ; Sean M. Lynn-Jones and Steven E. Miller, eds., *The Cold War and After : Prospects for Peace*(Cambridge : The MIT Press, 1993) ; Michael E. Brown, Sean M. Lynn-Jones and Steven E. Miller, eds., *The Perils of Anarchy : Contemporary Realism and International Security*(Cambridge : The MIT Press, 1995).

상황에 따라 반증, 수정 또는 변용되기도 한다.[17] 냉전 이래로 서구 국제정치이론의 맹주로 자리 잡아온 현실주의 패러다임도 이러한 변화와 수정을 겪어왔다. 예를 들어 구조적 변수를 강조해 온 신현실주의 이론은 1990년대 이후 탈냉전기의 세계정치 변화와 9·11사태라는 격변현상을 제대로 설명하지 못했지만, 그렇다고 해서 현실주의 패러다임 자체가 폐기되었다고 보기는 어렵다. 오히려 현실주의 이론들은 시대와 장소에 따라 다양하게 나타나는 변이를 설명하기 위해 이론의 폭을 넓히고 깊이를 더하는 작업을 계속해 왔다.

현실주의 이론에서 가장 눈에 띄는 변화는 구조적 변수보다 국가 차원, 또는 국가 내부 차원의 변수들을 다시 강조하기 시작했다는 점이다. 사실 미국의 대테러전략과 이라크 침공의 다이내믹스를 기존의 전통적 현실주의나 신현실주의 이론으로 설명하기에는 제약이 있다는 견해가 많이 제기되었다. 인간의 공격성과 국가들 사이의 세력균형을 강조하는 전통적인 현실주의 이론으로도, 그리고 시스템 차원의 속성을 강조하는 신현실주의나 공세적·방어적 현실주의로도 이러한 현상을 충분히 이해하기 어려웠다. 현실주의의 여러 이론에서는 국제정치의 무정부상태와 강대국 중심의 질서, 그리고 불균등한 권력배분에 대하여 공통의 전제를 공유하고 있지만, 알카에다 또는 이라크와 같은 작은 규모의 행위자 또는 대상들이 오늘날 세계정치에 커다란 영향을 미칠 수도 있다는 점에 대해서는 설득

---

17) Stephen G. Brush, "Dynamics of Theory Change in the Social Sciences : Relative Deprivation and Collective Violence," *Journal of Conflict Resolution* 40-4(1996), pp. 523-545.

력 있는 가설을 제시하지 못하고 있다. 미국은 왜 무리를 하면서까지 대테러전략을 수행하고 이라크 침공을 강행했을까?

이러한 퍼즐에 대해 현실주의 일각에서는 '신보수주의적(neo-conservative) 현실주의' 라는 확대판 이론으로 설명하려는 시도가 이루어지고 있다. 새로운 이론에 따르면, 미국의 국가안보는 생존을 우선시하던 과거의 현실주의를 넘어 훨씬 광범위한 차원에서 미국식 이데올로기와 가치의 보호 및 확산을 포함하는 형태로 재규정되었다. 이와 같은 새로운 국가이익 관념을 바탕으로 하여 미국의 글로버 리더십을 확립하고 자유주의, 민주주의, 시장경제의 제국적 확산을 위해 군사력의 사용을 서슴지 않는 오늘날의 행태가 가능해진 것이다.[18] 비록 제국이나 문화적 확산과 같은 오늘날의 거대 담론으로부터 많은 영향을 받기는 했지만, 이러한 확장판 이론은 현실주의 패러다임이 실제 국제정치의 변화를 반영하면서 지속적으로 바뀌어 가는 모습을 잘 보여주는 사례라는 점에서 주목할 만한 가치가 있다.[19]

---

18) Mohammed Nuruzzaman, "Beyond the Realist Theories : 'Neo-Conservative Realism' and the American Invasion of Iraq," *International Studies Perspectives* 7 (2006), pp. 241-248. 이와 같은 현실주의 명제의 변환은 미국적 예외주의(exceptionalism)와 적대 정권에 대한 개입의지라는 두 가지 신조에 기반을 두고 있다.

19) "자유주의 전통은 미국 내부에 존재하는 것이 아니라 미국 그 자체이다(The liberal tradition is not only *in* America, it *is* America)"라는 표현은 이러한 입장을 단적으로 대변해 준다. 보편적 문화와 자유주의의 이념을 중시했던 헌팅턴(Huntington)과 토크빌(Tocqueville)의 전통은 미국 내에서 자유시장, 기회균등, 자유선거, 민주주의, 헌정주의, 법치주의 등으로 구현되었고, 이러한 것들이 제국주의적으로 확대되어야만 하는 미국 사회의 자유주의적 기반을 형성하게 되었다는 것이다. James Kurth, "Inside the Cave : The Banality of I. R. Studies," *The National Interest* 53 (1998), pp. 39-40.

전통적 현실주의건 신현실주의건 '이론'은 끊임없이 시대적 상황과 장소의 논리에 맞추어 스스로를 변화시켜 나가고 있는 것이다.

권력정치의 속성이 불안정을 야기한다는 전통적인 신조로부터 벗어나 오히려 국제체제의 안정을 도모하는 근원이라고 보는 최근의 주장에서도 신현실주의 이론의 변화를 읽을 수 있다. 이것도 역시 신현실주의적 구조 물신주의로부터 벗어나려는 또 다른 시도이다. 현실주의와 신현실주의 패러다임에서는 세계정치 속에서 협력을 통해 최적의 상태에 도달하기 어렵다는 '죄수들의 딜레마' 모델이 지배적인 메타포로 자리 잡고 있었다. 이러한 관념은 곧 국제정치의 무정부상태가 갈등의 궁극적인 원인이라는 진단으로 이어졌다. 그 속에서 국가는 아무리 합리적으로 행동하더라도 종국에는 갈등과 분쟁을 피할 수 없으며, 그로 인하여 세계는 항상 혼란과 분열을 극복할 수 없다는 것이 현실주의자들의 견해였다.

하지만 오늘날 상당수의 역사가들은 세력균형의 원리와 더불어 국가들 사이에 사려 깊게 조율된 정책이 국제체제의 안정을 유지할 수 있는 여지가 얼마든지 있다고 본다.[20] 물론 안보 딜레마(security dilemma)와 같이 구조적으로 불안을 야기하는 원인이 존재하기는 하지만 그 영향이 과장되어서는 곤란하며, 세계정치의 혼란을 초래하는 근본 원인은 대부분 구조가 아닌 국가 차원에서 찾아야 한다는 것이 역사를 연구하는 많은 학자들의 입장이다.[21] 이와 같은 시각 역

---

20) Marc Trachtenberg, "The Question of Realism : A Historian's View," *Security Studies* 13-1 (2003), pp. 182-183.

21) 다시 말해 세계정치의 불안정이나 갈등과 같은 문제들의 핵심적인 원천은 특수한 정치적 상황에서, 그리고 단위체 수준에서 일어나는 비합리적인 요인들로부터 찾

시 그동안 구조적 변수에만 치중해 왔던 신현실주의의 초점을 이동시키려는 이론의 대표적 변용 사례라고 할 수 있다.

탈냉전시대 이후에 변화해 가는 이론은 비단 현실주의에 국한되지 않는다. 자유주의 이론 역시 다양한 세계정치의 모습들을 담아내기 위해 지속적인 수정과 증보를 거듭해 왔다. 이들은 국제사회에서 협력과 분산형 거버넌스가 발생하는 모습을 정부 간 네트워크나 글로벌 사회, 네트워크 국가 등의 개념으로 발전, 체계화시켰다.[22] 이와 더불어 구성주의 이론도 지속적으로 주류 이론들과 교류하면서 이론의 폭과 깊이를 더해가고 있는데, 예를 들어 집합적 정체성의 내재적 형성과정을 추적함으로써 전통적으로 주류 이론을 비판만 하면서 대안을 제대로 내놓지 못해온 구성주의의 약점을 극복하려는 시도들을 그 사례로 꼽을 수 있다.[23] 이러한 이론적 변화들은 특히 21세기에 들어와 세계정치의 현실이 충격 속으로 빠져들면서 더욱 절

아야 한다는 것이 역사가들의 주장이다. 구조가 국가를 갈등으로 내모는 것이 아니라 국가가 과대팽창하고 구조를 무시한 정책을 행사함으로써 문제를 야기한다는 것이다. Trachtenberg (2003), pp. 186-187.

22) 정부 간 네트워크에 대해서는 Anne-Marie Slaughter, *A New World Order*(Princeton : Princeton University Press, 2004), 글로벌 사회에 대해서는 Martin Shaw, *Theory of the Global State : Globality as Unfinished Revolution*(Cambridge : Cambridge University Press, 2000), 네트워크 국가에 대해서는 Christopher K. Ansell, "The Networked Polity : Regional Development in Western Europe," *Governance* 13-3 (2000), pp. 303-333 ; Martin Carnoy and Manuel Castells, "Globalization, the Knowledge Society, and the Network State : Poulantzas at the Millennium," *Global Networks* 1-1 (2001), pp. 1-18 참조.

23) Lars-Erik Cederman and Christopher Daase, "Endogenizing Corporate Identities : The Next Step in Constructivist IR Theory," *European Journal of International Relations* 9-1 (2003).

박해진 이론가들의 문제의식을 그대로 대변해 주고 있다. 물론 이러한 절박함은 비단 9·11사태 이후에만 나타난 것이 결코 아니며, 탈냉전시기나 냉전기, 그리고 20세기 초반의 혼란기에서도 늘 반복되던 것이었다.

현실주의, 자유주의, 구성주의 이론들의 변화와 더불어 대부분의 국제관계이론에서 공통적으로 나타나고 있는 '정치로의 회귀' 추세도 주목할 필요가 있다. 국제관계이론은 냉전시기를 거치면서 '정치'의 요소를 탈색한 광범위한 이론으로 탈바꿈해 왔는데, 특히 탈냉전시기에 들어와 국제관계이론은 고위정치(high politics) 중심의 시각에서 벗어나 경제, 문화, 인적 교류 등을 강조하는 추세로 바뀌었고, 1990년대 이후 복잡해지는 국제관계의 다양한 모습들을 비정치적인 측면에서 이론화하려는 시도들이 활발하게 진행되었다. 신현실주의와 신자유주의는 이러한 '탈정치적' 이론의 대표적인 사례였다.[24] 한편 9·11 이후 벌어지는 일련의 사태들은 국제관계를 군사력

---

24) 루스-스미트는 과거 카아(E. H. Carr)나 앤젤(Angell)경에게서 나타나던 '규범'과 '정치'의 관념을 무시한 국제관계이론가들로서 모겐소(Morgenthau), 월츠(Waltz), 코헤인(Keohane), 모라브칙(Moravcsik) 등을 꼽고 있다. 특히 자유주의적 국제법의 시각에서 실증주의 국제정치이론과 타협하려 했다는 이유로 슬로터(Ann-Marie Slaughter)를 집중 비판하고 있다. Christian Reus-Smit, "The Strange Death of Liberal International Theory," *European Journal of International Law* 12-3(2001), pp. 584-585. 또한 루스-스미트는 자유주의 국제관계이론이 실증주의와 합리주의 전통과 타협하는 현상에 대해 "자유주의 국제관계이론의 이상한 죽음(the strange death of liberal international theory)"이라고 빗대어 진단하고 있다. 이러한 메타포는 영국 노동당의 퇴보를 한탄했던 조지 댄저필드(George Dangerfield)의 『자유주의 영국의 이상한 죽음(*The Strange Death of Liberal England*)』으로부터 차용한 것이다. Reus-Smit(2001), p. 592.

과 같은 경성(硬性)권력으로만 이해하기에는 일정한 한계가 있다는 인식이 팽배하기 시작하였는데, 특히 '위신' 이나 '명예', '공포' 등과 같은 연성(軟性)권력의 정치적 측면에 대해 더 많은 관심을 기울여야 한다는 목소리들이 커지게 되었다. 이러한 요구들은 오랫동안 탈정치화되어 온 국제관계이론에 다시 '정치' 의 요소를 부활시키려는 시도로 이어졌다.[25]

이러한 추세는 국제관계이론의 핵심요소가 시대와 상황에 따라 늘 변화할 수 있다는 점을 거듭 강조한다. 이미 1960년대에 마틴 와이트(Martin Wight)는 풍부한 사상적 기반을 갖는 정치학에 비해 국제관계는 그 내용도 빈약할 뿐더러 이론 사이에 끊임없이 경합이 일어날 수밖에 없다고 보았다.[26] 이러한 경합관계는 이미 행태주의가

---

25) Nicholas Rengger, "Political Theory and International Relations : Promised Land or Exit from Eden?" *International Affairs* 76-4(2000), pp. 755-770 ; Richard Ned Lebow, "Fear, Interest and Honour : Outlines of a Theory of International Relations," *International Affairs* 82-3(2006), pp. 431-448 참조. 르보우는 1960년대의 쿠바사태가 해결되는 과정을 보면 힘의 대결뿐만 아니라 상대방의 '위신' 에 대한 정책적 배려가 담겨 있다는 점을 지적하면서 국제관계가 작동하는 데 있어 하드 파워만이 아닌 정신적 요인이 중요한 영향을 미칠 수 있다고 주장한다. 한편 구성주의 시각에서도 주류 이론이 그동안 등한시해 온 정치, 권위, 충성심, 가치 등의 주제에 대한 새로운 관심을 촉구하고 있다. Yale H. Ferguson and Richard W. Mansbach, "Between Celebration and Despair : Constructive Suggestions for Future International Theory," *International Studies Quarterly* 35(1991). 소프트 파워 개념에 대해서는 Joseph S. Nye, *Soft Power : The Means to Success in World Politics*, 홍수원 옮김, 『소프트 파워』(서울 : 세종연구원, 2004) 참조.

26) 마틴 와이트는 "왜 국제정치이론이 존재하지 않는가?"라는 물음에 대해 국제정치가 국내정치와 다르다는 점을 먼저 꼽는다. 정상적인 상황에서 적용되는 정치학 이론과 개념으로 국제정치현상을 설명하려 한다면 현실과의 괴리가 생길 수밖에 없다. 국제정치 속에는 혁명이나 전쟁 등과 같은 극단적인 사건들이 일상화되어

득세하던 1950년대와 1960년대로 거슬러 올라가는데, 이처럼 국제관계이론이 정치이론처럼 온전한 지위를 인정받지 못한 데에는 실증주의적 현실주의자들의 책임이 크다는 것이 중론이다.[27] 하지만 행태주의가 냉전 초기 미국의 현실을 반영한 이론이었다면, 오늘날의 국제관계이론은 다시 과거의 정치적 주제들을 포괄함으로써 그 본질적인 모습을 탐구하려는 성향을 보인다. 이러한 추세는 근대 이후 가속화되고 있는 정치 · 경제질서의 근본적인 변환, 그리고 국제정치학 내부에서 일어나고 있는 학문적 위기로부터 연유한다. 특히 탈냉전시기에 들어와 국제관계라는 영역이 광범위한 사회 및 정치의 영역과 더 이상 분리할 수 없게 되었다는 인식들이 그 중요한 근간을 이루고 있다.[28]

있다. 일반 정치이론이 '좋은 생활' 을 위한 이론이라면 국제정치이론은 '생존의 이론' 일 수밖에 없다.이런 연유에서 국제정치의 이론화는 결코 쉽지 않다는 것이 와이트의 주장이었다. Wight(1966), pp. 32–33.

27) 브라이언 슈미트는 국제관계이론이 오랫동안 정치학과 유리된 가장 큰 이유로서 정치학은 국내정치를, 국제관계이론은 국제정치를 대상으로 한다는 이분법적 사고방식 때문이라고 보았다. 신현실주의를 주창한 월츠뿐만 아니라 마틴 와이트(Martin Wight)조차도 이러한 이분법적 사고방식으로부터 자유롭지 못했다는 점에서 그 책임을 면할 수 없다는 것이 슈미트의 견해이다. Brian C. Schmidt, "Together Again : Reuniting Political Theory and International Relations Theory," *British Journal of Politics and International Relations* 4–1 (2002), pp. 117–118.

28) Schmidt(2002), p. 120. 와이트는 정치이론과 국제정치이론의 관계가 '쌍둥이' 와도 같다고 보았다. 이러한 비유는 두 이론이 내용상으로는 다르지만 기능적으로는 유사하다는 점을 강조한다. 내용상으로 보면 국내적으로 '좋은 생활' 을 강조하는 정치이론과 '생존' 을 추구하는 국제정치이론이 분명한 차이를 보인다. 하지만 이론의 기능이라는 측면에서 보면 정치이론이나 국제정치이론 모두 현실을 반영해야 한다는 점에서는 동일하다. 다만 기존의 정치이론이 국내 정치상황을 제대로 반영하고 있는 반면 국제정치이론은 그렇지 못하다는 점에서 이것이 존재하

이러한 인식을 바탕으로 오늘날 국제관계이론에서는 규범이론, 민주주의 이론, 그리고 문화정체성 이론 등에서 정치학적 연계성이 다시 강화되고 있다.[29] 규범이론은 오랫동안 실증주의와 현실주의가 주름잡던 국제관계이론에서 등한시되어 왔는데, 최근 들어와 이에 대한 반성과 더불어 범(汎)세계주의(cosmopolitanism) 대 공동체주의(communitarianism) 논쟁과 같이 활발한 규범적 이론화 작업들이 이루어지고 있다. 또한 민주주의가 일반 정치학의 고유 분야라는 기존의 고정관념에 대한 비판이 확산되면서 칸트의 논의를 이어받은 범세계주의적 민주주의(cosmopolitan democracy)에 대한 논의들이 국제관계이론의 영역 안에서 활발하게 전개되고 있다. 이와 더불어 비판이론가들을 중심으로 하여 정체성(identity)과 문화적 차이에 대한 강조, 그리고 주류 세력들의 담론구조를 파헤치기 위한 페미니즘 이론 등도 주목할 만하다.[30] 이러한 사례들은 모두 현실주의와 실증주의가 지배하는 기존의 국제관계이론 속에서 등한시되어 왔던 정치학과의 연계성을 다시 발견하고 이를 부각시키려는 이론들이라고 평가할 수 있다.

그동안 국제정치학계에서 반복되어 온 '한국적 국제정치이론'에 대한 요구는 한국의 존재론적 상황에 대한 절박한 재평가였다. 동

지 않고 있다고 판단하였다. Cynthia Weber, "Reading Martin Wight's 'Why Is There No International Theory?' as History," *Alternatives* 23-4 (1998), pp. 451-470.

29) Brian C. Schmidt, "Resurrecting International Political Theory," *Millennium* 29-1 (2000), pp. 153-163.

30) 국제관계이론과 정치학을 연결시키려는 이러한 탈실증주의적 작업들은 대부분 미국이 아닌 영국이나 유럽의 학자들을 중심으로 이루어져 왔다. Schmidt (2002), pp. 121-135.

시에 서구의 비판적 인식론에 힘입어 우리만의 문제의식을 부각시키는 데 나름대로의 성공을 거두어 왔다. 그럼에도 불구하고 내용상으로는 '우리의 이론'에 대한 새로운 인식론적 대안을 만들어내지 못하고 있다. '이론'은 결코 존재론만으로는 완성될 수 없다. 주관적 경험의 영역을 넘어 타자에게 설득력 있게 받아들여질 때에만 이론의 지위가 부여되기 때문이다. 지금까지 '한국적 이론'에 대한 논의에서는 이론의 현실적 출발점과 대안 제시의 가능성에 대한 고민이 다소 부족했던 점을 인정할 필요가 있다. 물론 이론은 항상 시대적 상황을 반영하며, 이는 국제정치이론에서도 결코 다르지 않다.[31] 다시 말해 서구의 이론이 서구만의 경험을 바탕으로 할 필요가 없으며, 바깥 세상의 새로운 경험들을 추가함으로써 이론의 콘텐츠를 지속적으로 보강해 갈 수 있다. 이론은 이처럼 계속 변화한다. 국제정치학이 서구로부터 유래했다면 그것은 단지 출발점일 따름이며, 변화하는 이론에 대한 수정과 보완은 얼마든지 가능하다. 우리의 실정에 맞는 이론을 만들기 위해 출발점을 새롭게 설정할 필요는 없는 것이다.

---

31) 박치영(1978), pp. 135-136 ; 이삼성 교수는 이러한 속성을 '맥락적 민감성'이라고 부르고 있다. 이삼성(1997), pp. 3-59.

IV. 비서구 이론과 콘텐츠

1970년대 초 헤들리 불(Hedley Bull)은 지금까지의 국제정치이론이 압도적으로 서구, 특히 영미권의 성향만을 반영해 왔다는 점을 지적한 바 있다. 물론 공산권이나 제3세계 등 비서구지역에서 자신들의 역사적 경험을 바탕으로 한 국제정치이론을 구축하려는 시도들이 없지는 않았다. 하지만 세계정치 속에서 다양한 국가와 행위자들이 어떻게 행동하는가에 관한 '포괄적(comprehensive)' 설명이론으로는 20세기의 서구 이론이 유일한 것이라는 불의 주장에는 타당한 면이 있다. 만약 서구 이론이 그동안 우월한 지위를 차지해 왔다는 점을 인식한다면, 불이 제안한 대로 "왜 서구의 이론이 지배적인가?"라는 질문에 대해 먼저 곰곰이 생각해 볼 필요가 있다.[32]

그가 이러한 질문에 대해 바로 해답을 제시한 것은 아니었지만, 적어도 비서구지역이 자신들의 역사적 경험을 체계적 · 포괄적 이론으로 발전시키는 데 있어 아직까지는 서구만큼 성공을 거두지 못하고 있다는 사실을 지적한 것은 분명하다. 서구의 세계관과 이론이 널리 확산된 것은 그들의 강력한 힘에 기인하기도 하지만, 비서구지역에서도 통용될 수 있는 일반성을 확보하려는 노력도 무시할

32) Hedley Bull, "The Theory of International Politics, 1919–1969," in James Der Derian, ed., *International Theory : Critical Investigations*(Washington Square, NY : New York University Press, 1995), p. 208.

수 없다는 것이 본 논문의 주장이다. 토착이론이 자신들의 특수한 경험을 바탕으로 새로운 대안의 이론을 지향할 수 있다고 하더라도, 그것이 대외적으로 통용될 수 있는 체계적인 콘텐츠를 결여한다면 결코 '이론'의 지위를 쉽사리 획득하지 못할 것이기 때문이다.

그렇다면 이론이 갖추어야 할 콘텐츠란 무엇을 의미하는 것일까? 기존의 서구 중심 이론들이 지닌 콘텐츠를 살펴보면 이러한 질문에 대한 해답을 쉽게 찾을 수 있다. 이론은 다양한 법칙으로 구성되어 있지만 무엇보다도 관심의 대상이 되는 현상을 만들어내는 '메커니즘(mechanisms)'을 제시해야만 한다. 우리가 지향하는 이론은 어떤 현상이 과연 일어나는지 아닌지(whether), 또는 얼마만큼(how much) 영향을 미치는지에 대한 관심에만 그쳐서는 안 되며, 보다 근본적인 수준에서 그러한 현상이 왜(why), 그리고 어떻게(how) 일어나는가를 설명할 수 있어야 한다는 뜻이다.[33] 이러한 이론의 설명적 속성은 대부분 추상적인 개념을 동원하여 이루어지지만, 무엇보다 중요한 점은 이러한 개념과 모델, 방법론, 그리고 이론의 전개에 이르기까지 일관성과 체계적인 형태를 갖추어야 한다는 것이다. 그럼으로써 우리가 직접 관찰하지는 못하지만 실제로 존재하는 근원적인 것들, 즉 우리 눈앞에 벌어지는 현상들을 만들어내는 이면의 메커니즘이 바로 이론에서 가장 중요한 콘텐츠라 할 수 있다. 이러한 주장은 과학적 실재론(scientific realism)의 입장을 많이 수용한 것이지만, 실제로

33) 전재성 · 박건영 교수(2002)는 국제정치이론의 규범적 · 설명적 측면을 동시에 강조하고 있다. 규범적 측면에 관한 논의는 본 논문의 범위를 벗어나는 까닭에 여기에서 직접 다루지는 않고자 한다.

국제정치이론의 여러 분야에서 널리 호응을 받고 있기도 하다.[34]

국제정치이론에서 이러한 '이론적 메커니즘'이 갖는 힘은 대단히 강력하다. 지금까지의 주류 이론들은 모두 이러한 메커니즘을 일관성 있고 체계적인 방식으로 제시하고 있다는 점에서 공통적이다. 예를 들어 월츠의 신현실주의에서는 구조, 기능, 권력의 분포, 극화(polarity), 불균형(inequality) 등의 개념을 통해 국제정치가 어떻게 작동하는가를 설명해 나가고 있다. 이러한 구조이론은 상호의존, 세력균형, 편승, 전쟁과 같은 현상들이 일어나는 시스템의 근본적인 원리, 즉 메커니즘을 이론화하고 있는 것이다. 이론적 개념은 비록 그 자체로서 추상적인 것이지만, 그것의 통합된 메커니즘을 통해 우리가 이해하려는 현상에 대해 논리적으로 설명할 때 그 설득력은 매우 강하다. 월츠의 이론에는 이러한 개념과 메커니즘의 연계가 절묘하게 어우러져 있다.[35] 로버트 길핀(Robert Gilpin)의 헤게모니 변동론 역시 미시경제학적 관점에서 한계비용과 한계이익의 개념을 동원하여 왜, 그리고 어떻게 헤게모니 전쟁이 주기적으로 발생하는가를 하나의 메커니즘으로서 모형화하고 있다.[36] 제도이론과 레짐이론 등 자

---

34) 국제정치학에서 실재론을 접목시킨 이론으로는 Alexander Wendt, *Social Theory of International Politics*(Cambridge : Cambridge University Press, 1999), pp. 47−91 ; Fred Chernoff, "Scientific Realism as a Meta−Theory of International Politics," *International Studies Quarterly* 46(2002), pp. 189−207 참조. 과학적 실재론에 관한 안내로는 Roy Bhaskar, *A Realist Theory of Science*(London : Verso, 1997[1975]) ; Andrew Collier, *Critical Realism : An Introduction to Roy Bhaskar's Philosophy*(London : Verso, 1994).

35) Kenneth N. Waltz, *Theory of International Politics*(Reading, MA : Addison−Wesley, 1979) ; Stacie E. Goddard and Daniel H. Nexon, "Paradigm Lost? Reassessing Theory of International Politics," *European Journal of International Relations* 11−1(2005), pp. 22−29.

유주의 국제관계이론에서도 협력이 일어나는 작동 메커니즘을 자신들만의 독특한 개념을 통해 보여줌으로써 '이론' 으로서의 지위를 탄탄하게 굳혀왔다.[37]

본 논문에서는 '한국적 국제정치이론' 의 모색이 시급한 과제라면, 이제는 구체적으로 이론의 콘텐츠가 무엇인가에 대한 실질적인 작업들이 이루어져야 한다고 본다. 즉 한국적 현상을 설명해낼 수 있는 이론적 개념과 일관성 있는 메커니즘이 무엇인가를 고안해내야 한다는 것이다. 물론 모든 것을 새롭게 시작할 필요는 없으며, 기존의 서구 이론을 출발점으로 하여 이를 보완해 가는 것이 한층 현실성 있는 방법일 것이다. 결국 '주체성' 과 '시각' 만을 강조하는 신채호형 이론이 아니라, 국제표준의 기준에 따라 호환될 수 있는 이론을 개발하는 일이 중요하다. 유길준과 같이 일방적으로 수입만 하는 모형도 바람직하지 않지만 지나치게 주관주의적인 이론은 국제사회에서 청중을 확보하기 쉽지 않기 때문이다. 물론 지금까지 실증주의적 국제정치이론이 압도적인 영향력을 행사해 온 까닭에 그에 대한 반발기류도 만만치 않은 상황이다.[38] 하지만 지나친 주관주

---

36) Robert Gilpin, *War and Change in World Politics*(Cambridge : Cambridge University Press, 1981).

37) Robert O. Keohane, *After Hegemony : Cooperation and Discord in the World Political Economy*(Princeton : Princeton University Press, 1984) ; Stephen D. Krasner, ed., *International Regimes*(Ithaca : Cornell University Press, 1983). 이러한 평가는 구성주의 이론가들에게도 동일하게 적용할 수 있다.

38) 스티브 스미스(Steve Smith)는 2003년 ISA 회장 취임연설에서 기존의 국제정치이론에 내재된 10가지 전제조건들, 즉 국가 중심의 시각, 대외-대내정치의 분리, 경제-정치의 분리, 일방적인 인류의 목표관념, 성(性)과 소수민족 문제에 대한 무관심, 전쟁에만 초점을 맞춘 폭력의 연구, 행위자보다 구조를 중시하는 시각, 보편

의 역시 우리의 현실에 부합하는 이론을 만들어내는 데 큰 장애가 될 수 있다. 특히 국제정치학의 주류 이론과 같은 강력한 이론적 메커니즘을 체계적으로 구현하는 일이 이미지, 텍스트, 해석 등의 주관적인 요소만으로는 한계가 있다는 일각의 인식에 주목할 필요가 있다.[39] 주관주의나 지나친 상대주의는 기존의 주류 이론에 대한 대항담론으로서 나름대로 중요한 의미를 갖지만, 이론 사이의 소통을 가능케 해주는 콘텐츠에 있어 지극히 일방적인 기준에만 의존하고 있기 때문이다.[40]

적 합리성의 관념, 정체성 문제에 대한 낮은 인식, 그리고 설명(explanation)보다 이해(understanding)를 중시하는 성향을 강조한 바 있다. 그는 이러한 전제조건들이 서구 선진국의 경험을 바탕으로 한 것으로서, 국제정치이론의 발전에 커다란 장애가 되어왔다고 주장하였다. Steve Smith, "Singing Our World into Existence : International Relations Theory and September 11," *International Studies Quarterly* 48 (2004), pp. 504–507.

39) 스미스는 객관성, 설명, 과학의 구호 아래 상대적으로 등한시되어 왔던 주관성, 이해, 도덕과 규범, 정체성의 문제들을 전면에 내세울 때가 되었다고 선포하고 있다. 이러한 주관주의적 입장에서는 우리 앞에 놓인 대상이 현실을 대표하는(represent) 것이라고 보고, 주어진 상황에 맞게끔 이를 적절하게 '해석'하는 것이 이론의 고유한 임무라고 본다. Smith(2004), pp. 511–513. 하지만 오늘날 구성주의 이론가들은 지나친 주관주의로부터 벗어나 주류 이론들과 소통할 수 있는 이론적 메커니즘을 구현하는 데 앞장서고 있다. 이러한 이유로 인하여 웬트의 구성주의는 비판이론가들의 거센 공격을 받고 있기도 하다. Wendt(1999) ; Ted Hopf, "The Promise of Constructivism in International Relations Theory," *International Security* 23–1 (1998), pp. 181–185.

40) 다른 방식으로 표현하자면, 이론의 '시각'뿐만 아니라 '콘텐츠' 또는 '메커니즘'이 곧 대안이론의 핵심요소가 되어야 한다는 것이다. 예를 들어 경제학, 심리학, 사회학 등에서 주류 패러다임으로 자리 잡고 있는 합리적 선택이론을 비판하면서 등장하고 있는 수많은 대항이론들 역시 강력한 콘텐츠로 무장하고 있다. 허버트 사이먼(Herbert Simon)의 '제한적 합리성(bounded rationality)' 관념이나 심리학에서의 '전망이론(prospect theory)' 등은 이러한 대안이론의 성공적인 사례로 꼽

그렇다면 기존의 서구 중심 이론들을 바탕으로 하여 새롭게 콘텐츠를 덧붙임으로써 이론의 적용범위를 확대시키는 것이 어떤 방식으로 가능한지에 대해 실제의 사례로 살펴볼 필요가 있을 것이다. 물론 한국과 마찬가지로 비서구권에서 독자적인 국제정치이론을 구축한 사례를 찾기는 쉽지 않다. 국제정치학의 영역에서는 사실상 미국 이론의 지배에 대해 여타 지역의 국제정치학계가 그것을 맹목적으로 추종하거나, 아니면 일반이론을 무시한 채 자신들의 특수한 상황에 대한 경험적인 문제에만 치중하는 방식으로 대응해 왔기 때문이다.[41] 그럼에도 불구하고 비서구지역에서 국제정치학이 활성화되기 위해서는 서구 이론의 지배를 한탄하는 데 그치지 말고 비(非)서구적 관심사와 어젠다를 주류 이론의 담론 내부로 끌어들일 필요가 있다는 스미스의 주장은 경청할 가치가 있다.[42] 유길준형 이론에 대한 대안으로서 신채호형 이론을 추구하기보다는 유길준에게 신채호의 모습을 덧붙이는 형태의 대안이 더 바람직하다고 볼 수 있는 것이다.

이런 방식의 노력들은 아직 활발하지는 않지만 일부 지역에서 주목할 만한 성과를 내고 있다. 예를 들어 후이(Hui)의 연구는 고대

을 수 있다. Herbert A. Simon, "Human Nature in Politics : The Dialogue of Psychology with Political Science," *American Political Science Review* 79-2(1985) ; Jonathan Mercer, "Rationality and Psychology in International Politics," *International Organization* 59 (2005) ; Jack S. Levy, "Prospect Theory, Rational Choice, and International Relations," *International Studies Quarterly* 41(1997).

41) K. J. Holsti, *The Dividing Discipline : Hegemony and Diversity in International Theory* (London : Allen and Unwin, 1985).

42) Smith(1989), p. 23.

중국의 역사와 근대 유럽의 역사를 비교한 후 서구의 이론을 수정하고자 시도하고 있는데, 이를 통해 국가 간 경쟁을 전략적 상호작용의 과정으로 이해하고 그 내재적인 변환과정을 설명하는 동적(dynamic) 이론을 제창하고 있다.[43] 서구의 국제정치이론을 기초로 하여 중국적 요소를 첨가한 새로운 업데이트를 지향하고 있는 것이다. 사실 중국의 국제정치학에서도 유길준 대(對) 신채호와 같은 구도의 입장 차이가 첨예하게 드러나고 있다.[44] 덩샤오핑의 득세 이후 중국에서는 '중국적 특징'을 지닌 국제정치이론을 강조하기 시작했는데, 이는 21세기에 중국을 중심으로 하는 세계질서의 모습을 그려내려는 정책적 요구와도 연계되어 있었다.[45] 하지만 '중국적' 요소에 대한 강조는 대부분 이데올로기적인 의도를 동반하거나 정치적 연관성을 지닌 것이었다. 특히 구세대의 경우에 이러한 편향성이 강하게 나타

---

43) Victoria Tin-bor Hui, "Toward a Dynamic Theory of International Politics : Insights from Comparing Ancient China and Early Modern Europe," *International Organization* 58(2004), pp. 175-205.

44) Gustaaf Geeraert and Men Jing, "International Relations Theory in China," *Global Society* 15-3(2001). 냉전시대 중국의 국제정치학 현황을 소개한 글로는 David L. Shambaugh and Wang Jisi, "Research on International Studies in the People's Republic of China," *PS* 17-4(1984), pp. 758-764.

45) William A. Callahan, "Remembering the Future : Utopia, Empire, and Harmony in 21st-Century International Theory," *European Journal of International Relations* 10-4 (2004), p. 570. 이러한 시각은 과거에 중국을 세계질서의 희생양으로만 보던 시각에서 벗어나 대안의 세계질서를 구축하려는 입장으로 연결된다. 중국의 국제정치학계는 이러한 방식으로 '편협한 민족주의'와 절대주의적인 주권관념을 넘어서 '팍스 시니카(Pax Sinica)'를 지향하려는 성향을 보인다. Yongjin Zhang, "System, Empire and State in Chinese International Relations," *Review of International Studies* 27(2003) 참조.

난 반면, 문화혁명 이후의 신세대들은 이러한 왜곡된 이론에 대해 강하게 반발하는 성향을 보여왔다.

중국의 젊은 학자들이 중국적인 국제정치이론을 바람직하게 생각하지 않는 이유는 우리에게도 시사해 주는 바가 크다. 그들은 특정한 '지역'의 요소를 강조할 경우 대부분 비과학적인 이론으로 비쳐지기 쉬우며, 정책 지향성이 강한 도그마에 빠질 가능성이 높다고 보고 있다. 이럴 경우 대외적으로 호환이 가능한 일반이론으로 발전되기 어렵다. 다른 나라의 국제정치학과 소통하는 대신 국가 내부용으로만 활용되는 이론으로 전락할 가능성이 높다는 것이다. 결국 '중국적 국제정치학'에 대한 무리한 강요로 인하여 많은 중국의 학자들이 서구의 이론을 제대로 이해하고 비판할 수 있는 기회를 잃을 가능성이 크다는 비판이 제기되고 있다. 물론 중국 고유의 문화적 전통과 역사를 바탕으로 하는 중국의 시각을 발전시키는 일이 궁극적인 과제라는 데 대부분 동의하고 있지만, 현재의 미숙한 이론적 발전단계를 감안할 때 중국의 국제정치학은 우선 서구의 이론들을 먼저 배우고 그 기반을 터득하는 것이 더 급선무라는 것이다.[46] 따라서 중국의 국제정치학은 오늘날 학자들 스스로 자신들의 국제관계 연구가 아직 '초보단계(primary stage)'를 벗어나지 못하고 있으며, 이를 극복하기 위해서는 서구의 담론구조 속에서 충분히 맞설 수 있는

46) 이러한 성향에 대해 제럴드 찬(Gerald Chan)은 보다 풍부하고 발달된 서구의 이론이 유입되면서 이에 위협을 느낀 기성세대 학자들이 자신들의 기득권을 유지하려 하기 때문이라고 설명하고 있다. Gerald Chan, "Toward an International Relations Theory with Chinese Characteristics?" *Issues and Studies* 6(1998), pp. 12–13 ; Geeraert and Jing(2001), pp. 269–271.

역량이 갖춘 젊은 세대들의 역할이 중요하다고 지적하고 있다.[47]

최근에 들어와 남미지역에서 일고 있는 국제정치이론의 개편 움직임도 한국적 국제정치이론의 구축에 의미 있는 시사점을 던져준다. 남미에서는 일찍부터 자신들의 존재론적 고민을 바탕으로 하여 종속이론을 발전시켜 왔고, 이것은 1960년대와 1970년대에 남미국가들의 국제정치를 대변하는 렌즈 역할을 수행해 왔다. 하지만 남미의 국제정치학이 종속이론보다 더 큰 기여를 하게 된 계기는 1980년대에 들어와 시작되었다. 당시 남미에서는 주류 국제정치이론의 한계와 종속이론의 결정론적 시각을 모두 넘어설 수 있는 새로운 접근법이 절실했는데, 남미의 국제정치학자들은 '지역적 자주(regional autonomy)' 이론을 통해 그 탈출구를 모색하였다. 이것은 종속이론과 고전적 현실주의, 그리고 상호의존이론의 요소들이 적절하게 혼합된 개념으로서 국제상황을 고려하여 남미 고유의 국가정책을 추진해야 한다는 문제의식을 담고 있었다. 또한 냉전의 종식과 더불어 남미가 추구하는 지역적 자주의 가치를 그 이익과 비용을 비교함으로써 재평가하려는 이론도 생겨났는데, 이를 '주변부 현실주의(peripheral realism)' 라고 부른다.[48] 남미의 국제정치학은 이와 같이 내부와 외부를 동시에 고려함으로써 지역상황에 보다 적합한 국제정치이론을 만들어내려는 시도들을 꾸준히 계속해 오고 있으며, 특히 기존의 이론들을 폐기하는 대신 수정 및 보완을 통해 자신들의 사정에 맞는

---

47) Yongjin Zhang, "International Relations Theory in China Today : The State of the Field," *The China Journal* 47 (2002), p. 107.

48) Arlene B. Tickner, "Hearing Latin American Voices in International Relations Studies," *International Studies Perspectives* 4 (2003), pp. 330–333.

이론으로 발전시키고자 노력하고 있다.

이처럼 중국이나 남미에서 일어나고 있는 성찰과 대안의 노력들은 아프리카와 같이 이론적 하부구조가 전무한 상황에서도 좋은 선례가 될 수 있다. 아프리카의 현실은 오랫동안 강대국 중심의 국제정치이론에서 철저하게 무시되어 왔다.[49] 그럼에도 불구하고 아프리카라는 지역은 국제관계에서 매우 독특한 위치를 점하고 있는데, 비록 서구식 주권국가 시스템이 이곳을 압도하고 있기는 하지만 그것만으로는 충분하게 이해할 수 없는 아프리카 나름의 역사와 문화가 존재하고 있기 때문이다. 이러한 점에서 최근에 들어와 서구 중심의 국제관계이론을 수정하여 아프리카를 바라보려는 노력들이 이루어지고 있다는 점은 눈여겨 볼 만하다. 물론 이러한 노력조차도 서구의 이론에 대항하는 '새로운 이론'을 지향하는 것이 아니라, 서구의 이론이 아프리카를 포괄할 수 있도록 그것을 '수정(revision)' 하는 데 더 큰 주안점을 두고 있다는 점에 주목할 필요가 있다.[50] 한국적 국제정치이론이 나아가야 할 방향을 설정하는 데 있어 이러한 비서구의 경험들은 그만큼 중요한 초석이 될 수 있다.

---

49) Douglas Lemke, "African Lessons for International Relations Research," *World Politics* 56(2003), pp. 114–116 ; William Brown, "Africa and International Relations : A Comment on IR Theory, Anarchy and Statehood," *Review of International Studies* 32 (2006), pp. 119–120.

50) Kevin C. Dunn and Timothy M. Shaw, eds. *Africa's Challenge to International Relations Theory*(New York : Palgrave Publishers, 2001).

V. 이론의 외연

이론은 그것이 존재하는 이유를 스스로 만들어낸다. 이러한 존재의 이유는 공간적 · 시간적인 차원으로 나누어 살펴볼 수 있는데, 공간적 차원에서는 이론이 타학문이나 현실정책과 연계된다는 점에서, 그리고 시간적 차원에서는 이론의 발전이 축적되면서 지식의 진보에 이바지할 수 있다는 점에서 그러하다. 국제정치이론도 이러한 양대 기준에 비추어 볼 때 외연을 확대할 수 있는 여지는 얼마든지 있다. 본 논문에서는 '한국적 국제정치이론'이 의미 있는 작업이 되기 위해서 이러한 공간적 · 시간적 외연의 확대가 필수불가결하다고 보고자 한다. 한국의 국제정치학은 오랫동안 존재론적 고민과 인식론적 · 이론적 탐색이라는 과제를 동시에 떠맡아 온 까닭에 여타 학문과 활발하게 교류할 기회가 적었고, 나아가 이론을 현실정책에 접목시키려는 노력도 미흡한 수준에 머물러 있었다. 이론의 콘텐츠가 부실했던 까닭에 축적을 통한 학문의 발전도 대단히 더디게 이루어져 왔다. 본 논문에서는 마지막으로 이러한 두 가지 문제를 집중적으로 논의하고자 한다.

우선 공간적 외연의 확대라는 관점에서 '한국적 국제정치이론'은 한국의 현실문제들을 담아내는 데 있어 한층 더 절박한 노력을 기울여야 할 것이다. 사실 한국의 국제정치학 연구는 지난 50년 동안 지나칠 정도로 정책적 이슈들에 집중해 왔다. 따라서 기초연구가 상대적으로 부실한 것에 비해 외교정책 현안이나 지역연구가 의

외로 많이 이루어져 왔다. 한반도의 상황과 우리의 입지를 고려할 때 이러한 현상 자체가 특이하다고 보기는 어렵다. 냉전시대에는 대부분 현실문제에 대한 직접적인 관심으로부터 국제정치학 연구가 시작되었기 때문이다. 사실상 국제정치이론은 출범 당시부터 정책적 · 실천적 요소가 강하게 내재되어 있었던 것이다.[51] 하지만 김용구 교수가 지적한 대로 국제정치 연구가 한낱 '시사해설' 수준으로 전락할 우려가 매우 높다는 데 문제가 있다.[52] 이러한 우려를 메우기 위해서는 무엇보다도 '이론적 틀'에 대한 수요와 공급이 더 활발하게 이루어질 필요가 있다.

지난 반세기 동안에 걸쳐 국제정치이론은 현실적 경험을 바탕에 깔고 많은 발전을 이루어 왔으며, 동시에 이론의 발달은 외교정책과 정치영역에 중요한 기여를 하고 있다는 것이 많은 학자들의 평가이다. 이론이 현실과의 관계 속에서 제대로 자리매김을 해왔다는 것이다. 하지만 이론과 정책의 관계가 우리가 생각했던 것처럼 그리 밀착된 것만은 아니었다. 오히려 국제정치이론과 현실 사이에 상당

---

51) Kenneth W. Thompson, "Toward a Theory of International Politics," *American Political Science Review* 49-3 (1955), p. 733 ; Raymond Tanter and Richard H. Ullman, "Introduction : Theory and Policy in International Relations," *World Politics* 24 (1972).

52) 김용구(2003), pp. 300-301. 기존의 국제정치이론이 미국의 사회과학일 따름이라고 비판했던 스탠리 호프만도 세 가지 측면에서의 개선방향을 제시한 바 있는데, (1) 지나치게 현대적인 이슈에 관심을 가지기보다 과거로 회귀해야 하며, (2) 강대국 중심의 관점에서 벗어나 약소국 및 변화하는 국가들에 관심을 가져야 하고, (3) 정책과학을 지양하고 전통적인 정치철학에서 제기하는 문제들을 고민해야 한다는 것이 그 골자였다. 특히 마지막 주문은 김용구 교수의 지적과도 상통하는 면이 있다. Stanley Hoffmann, "An American Social Science : International Relations," *Daedalus : Journal of American Academy of Arts and Sciences* 106-3 (1977), p. 59.

한 격차가 존재해 왔다고 보는 것이 합당하다. 말하자면 이론은 현실정책에서 적절한 타당성(relevance)을 확보하지 못한 채 정책결정자들로부터 철저하게 외면당해 왔다. 학자들의 입장에서도 자신들의 이론을 굳이 현실세계에 접목시키려는 절박한 노력이 미미했는데, 이는 학계 내부에서 이러한 노력에 대한 인센티브가 적었기 때문이었다. 이에 더하여 국제정치이론들은 대부분 너무나 일반적이고 추상적인 모델에 의존해 왔으며, 그 수와 전문성에 있어서도 정책결정자들이 이를 모두 소화할 만한 정도를 넘어선 지 오래이다.[53] 이론이 현실의 문제를 해결하기보다 오히려 현실을 이해하는 데 혼란만 가중시키는 역효과를 낳은 것이다.

일부에서는 이론가와 정책결정자 사이의 격차를 메우기 위해 '확산(trickle-down) 모델'을 하나의 해법으로 제시하고 있다. 이 모델에 따르면 새로운 아이디어는 항상 상아탑에서 만들어지며, 이것이 이론화되어 점차 정책결정자들에게 확산된다. 따라서 이론이 먼저 제시되고 현실정치에서 이를 받아들여 적용해야 한다는 것인데, 이러한 방식은 오늘날 더 이상 통용되지 않는다는 사실이 명백해졌다. 정책결정자들은 이제 이론가들의 복잡한 설명에 대해 더 이상 귀를 기울이지 않고 있기 때문이다.[54] 결국 정책결정자와 학계 사이에 의

---

53) Stephen M. Walt, "The Relationship Between Theory and Policy in International Relations," *Annual Review of Political Science* 8 (2005), pp. 34–37.

54) Walt (2005), pp. 40–41. 결국 이론과 현실의 괴리를 메우기 위해서는 이론가들이 먼저 바뀌어야 한다는 것이 월트의 주장이다. 이론가들은 자신들의 이론이 현실세계에 어느 정도의 적실성을 가지며 현실적인 문제들을 해결하는 데 어떻게 도움을 줄 수 있는가에 대해 고민해야 한다는 것이다.

미 있는 커뮤니케이션이 대단히 미흡한 실정이다. 하지만 서로 간에 이해하지 못하는 전문용어와 방언만으로는 의사소통이 제대로 이루어질 수 없다. 특히 정책결정자들은 특수성을 중시하는 역사적 접근방법과 일반법칙을 추구하는 과학적 접근방법 사이에서 한쪽으로 치우치는 경우가 많은데, 이 양자를 모두 포괄하는 이론조차 드문 상황이다.[55] 따라서 이론의 공간적 외연을 현실정책으로 확장하는 작업은 어디까지나 이론가들의 몫으로 남아 있다. 지금까지 한국의 국제정치학이 이론 없는 분석과 대안 제시에 치중해 왔다면, 앞으로 이론을 바탕으로 한 현실 분석에 있어 주도권은 학자들이 쥐고 있는 것이다. 한국적 국제정치이론은 바로 현실의 목소리에 귀를 기울이는 이론이어야 하기 때문이다.

이에 더하여 이론의 공간적 외연을 확대하는 작업은 이론들 사이에서 뿐만 아니라 사회과학의 여타 분야와도 호환될 수 있는 학제적 접근방식을 적극적으로 모색할 것을 요구한다. 사실 국제정치의 현실은 너무 복잡하여 단 하나의 이론으로 설명하기 힘들다. 하나의 이론이 담아낼 수 있는 현실의 범위는 너무나도 좁으며, 그나마도 다른 이론들과의 밀접한 연계가 전제되어야만 한다. 이러한 맥락에서 사회과학의 전통적인 경계설정은 대단히 불행한 일이 아닐 수 없다. 국제정치의 영역은 언제나 고유의 요소에 더하여 다른 영역과의 연계성을 항상 지니고 있기 때문이다. 앞에서도 언급했듯이 우리가 관찰하는 국제정치 현상의 이면에는 대단히 복잡하게 작동하는 메커

---

55) John Lewis Gaddis, "Expanding the Data Base : Historians, Political Scientists, and the Enrichment of Security Studies," *International Security* 12-1 (1987), pp. 20-21.

니즘이 존재하지만, 우리 인식의 '외부(out there)'에 존재하는 이 메커니즘을 밝혀내고 핵심적인 모습을 담아내려는 이론들은 무수하게 많을 수밖에 없다.[56] 결국 우리는 복잡한 현실을 지나치게 단순화하려는 시도들을 경계해야만 하며, 이를 극복하기 위해 '이론의 다원주의(theoretical pluralism)'를 필요로 한다.

한편 한국적 국제정치이론의 외연을 시간축을 기준으로 하여 확장하기 위해서는 이론 자체의 발전 가능성에 대해 심각하게 고민해야 한다. 사회과학으로서 미국의 국제정치학은 철저하게 정치적·정책적 맥락 안에서 성장해 왔기 때문에 축적을 통한 과학적 진보를 기대하기도 어려우며, 또한 다른 국가에 적용하기도 쉽지 않다.[57] 이런 이유로 1970년대 초에 헤들리 불은 국제정치이론에서 엄밀하게 과학적 진보라고 일컬을 수 있는 '일반이론(general theory)'이란 존재하지 않는다고 선언한 바 있다. 다만 기술방식의 세련화, 다양한 연구방법의 발전, 잘못된 접근방법을 통한 시행착오와 학습효과, 그리고 과거의 이론들을 통해 현재의 상황을 이해하려는 노력 등은 이론의 무정부상태를 극복하기 위한 바람직한 현상이라고 평가하였다.[58]

---

56) 이러한 입장은 과학적 실재론의 기본입장과 맥을 같이 한다. K. J. Holsti, "Mirror, Mirror on the Wall, Which Are the Fairest Theories of All?" *International Studies Quarterly* 33(1989), pp. 255-261.

57) Steve Smith, "Paradigm Dominance in International Relations : The Development of International Relations as a Social Science," in Hugh C. Dyer and Leon Mangasarian, eds., *The Study of International Relations : The State of the Art*(London : MacMillan, 1989), p. 3.

58) 헤들리 불은 국제정치학 제2의 논쟁에서 과학적 접근방법에 대항하여 전통적 접근방법의 우위를 주장한 바 있다. 이러한 맥락에서 그는 잘못된 과학적 접근방법으로부터 결국 만족할 만한 이론이 만들어질 수 없다는 것을 깨닫는 것만으로도

이처럼 국제관계이론의 발전이 더디게 이루어지는 것은 다음과 같은 요인들의 영향 때문인 것으로 진단되고 있다 : 첫째, 이론의 함축적인 의미보다는 전제조건에 대해 지나치게 집착하면서 소모적인 논쟁을 벌이는 성향이 있다. 둘째, 개별 이론들이 외딴 섬처럼 존재하지만 이들을 한데 묶으려는 통합적인 노력이 미흡할 뿐더러 적절한 정책대안을 찾으려 하지 않는다. 셋째, 많은 이론적 개념에 명확한 의미를 부여함으로써 객관적으로 조작화(operationalization)하려는 노력이 미흡하다.[59]

이러한 한계에도 불구하고 지난 수십 년 동안 국제정치이론은 나름대로의 성장을 이루어 왔다. 특히 '과학적 진보' 라는 기준에서도 일정한 수준의 성과를 이룩해 왔는데, 예를 들어 자유주의 이론의 경우 제도에 대한 관심이 증가하면서 현실주의만으로는 설명하기 어려운 협력의 메커니즘을 규명하는 데 많은 노력을 기울였다. 특히 '정보' 가 제도에서 중요한 변수로 여겨지기 시작했고, 탈냉전 이후의 다자주의와 협력을 설명하기 위한 이론적 개념들이 풍부하게 제시되었다.[60] 아울러 현실주의 이론도 국제사회에서 나타나는 협력의

국제정치학의 진보가 이루어질 수 있다고 보았다. 불은 대표적인 사례로서 리차드슨(Lewis F. Richardson)의 군비경쟁 모델, 캐플란(Morton Kaplan)의 시스템 분석, 그리고 모겐소의 이익관념 등을 나열하고 있다. Bull(1972[1995]), pp. 204-208.

59) 데이비드 레이크(David Lake)는 '진보' 를 이루는 데 성공한 대표적인 국제관계이론으로서 정치경제론과 민주평화론을 꼽는다. 하지만 대부분의 국제관계이론은 이런 성과를 거두지 못한 채 여전히 답보상태를 벗어나지 못하고 있다. David A. Lake, "Progress in International Relations : Beyond Paradigms in the Study of Institutions," in Michael Brecher and Frank P. Harvey, eds., *Realism and Institutionalism in International Studies*(Ann Arbor : The University of Michigan Press, 2002), pp. 139-142.

요소를 도입하고 내부적으로 세분화를 통해 진보해 나가고 있다. 특정 국가의 팽창적인 성향이 국제정치 불안정의 원인이라고 진단하는 공세적(offensive) 현실주의와 쌍방향 안보 딜레마를 더 부각시키는 방어적(defensive) 현실주의의 분리는 현실주의 이론이 점차 전문화되어 가는 대표적인 사례이다.[61] 월츠의 구조주의적 신현실주의의 한계를 극복하고 권력과 이익, 외교정책과 같은 요소들을 강조하려는 고전 현실주의(classical realism)의 부활도 이론적 진보의 또 다른 모습이라고 할 수 있다.[62]

이처럼 국제정치이론이 그 자체로서 '진보'해 나가는 이론이라면 '한국적 국제정치이론' 역시 이러한 가능성을 염두에 둔 것이어야 한다. 김용구 교수는 주변지역의 국제정치학은 다음과 같은 발전단계를 거친다고 보았다 : (1) 주변이 중심의 이론을 제대로 수용하지 못하는 단계, (2) 수용은 하되 그 학문의 정치적 성격을 파악하지 못하는 단계, (3) 중심의 이론과 그 지적 배경을 이해는 하지만 다른 주변지역의 중심에 대한 지적 저항을 이해하지 못하는 단계,

---

60) Andrew Moravcsik, "Liberal International Relations Theory : A Scientific Assessment," in Colin Elman and Miriam Fendius Elman, eds., *Progress in International Relations Theory : Appraising the Field*(Cambridge : The MIT Press, 2003), pp. 159–204 ; Robert O. Keohane and Lisa L. Martin, "Institutional Theory as a Research Program," *Ibid.*, pp. 71–107.

61) Robert Jervis, "Realism, Neoliberalism, and Cooperation : Understanding the Debate," in Colin Elman and Miriam Fendius Elman, eds., *Progress in International Relations Theory : Appraising the Field*(Cambridge : The MIT Press, 2003), pp. 277–309.

62) Randall L. Schweller, "The Progressiveness of Neoclassical Realism," in Colin Elman and Miriam Fendius Elman, eds., *Progress in International Relations Theory : Appraising the Field*(Cambridge : The MIT Press, 2003), pp. 311–347.

그리고 (4) 이런 문제들을 모두 검토하고 국제정치구조 속에서 주변의 고유한 국제정치적인 삶을 영위할 수 있는 방향을 제시할 수 있는 단계.[63] 마지막 단계가 한국적 국제정치이론의 궁극적인 목표라고 본다면 아직 가야 할 길은 멀다. 아마도 우리는 세 번째 단계에도 도달하지 못했다고 보아야 할 것이다. 이러한 단계 구분을 기준으로 한다면 '한국적 국제정치이론'은 여전히 존재하지 않는다는 그의 지적에 공감하지 않을 수 없다.[64]

사실 완전한 독자 이론을 만들어내겠다는 목표 자체가 무리일지도 모른다. 이는 지금까지 제시된 국제정치이론 중에서도 가장 보편적인 것이라고 알려져 온 권력정치이론에서도 마찬가지이다.[65] 하지만 불완전하고 불안정한 이론이라 할지라도 아예 없는 것보다는 훨씬 낫다. 많은 이론들이 그랬듯이 미국의 국제정치이론조차도 그 출발점은 너무나 부실한 것이었다. 스탠리 호프만에 따르면 현대 국제정치이론의 효시인 모겐소의 이론도 결코 완벽한 것이 아니었으며, 오히려 너무나 흠이 많은 비판의 대상이었다. 그의 이론은 누가 접하더라도 독단적(dogmatic)이거나 포괄적(sweeping)이거나 통렬한

63) 김용구(2003), p. 288. 두 번째 단계가 바로 김용구 교수가 '한성순보 시대'라고 칭했고 노재봉 교수가 '유길준' 모형으로 비유했던 시기였다고 볼 수 있다. 이러한 단계를 넘어 현재의 한국 국제정치학이 완전하게 세 번째 단계로 진입했는지에 대해서는 논란의 여지가 있다.

64) 김용구(2003), p. 301. 김용구 교수는 한국의 국제정치학에 부여된 가장 시급한 과제로서 스스로의 주변성을 인식하고 이를 향상시키려는 노력을 꼽는다. 결국 현실적인 국가의 힘과 이론의 수준이 동반 상승해야만 진정한 이론으로서의 지위를 갖게 된다는 것이다.

65) Arthur Lee Burns, "Prospects for a General Theory of International Relations," *World Politics* 14-1 (1961), p. 45.

(trenchant) 것이 되지 못했다. 하지만 호프만이 보기에는 바로 이러한 약점이 미국 국제관계이론을 발전시킨 밑바탕이 되었다. 레이몽 아롱(Raymond Aron)의 기념비적인 저작이 미국 내에서 아무런 반응을 일으키지 못한 것은 모겐소와 달리 그의 이론이 너무나 사려 깊고 정교하며 압도적이기 때문이었다.[66] 오늘날 수많은 이론적 패러다임으로부터 비판의 대상이 되고 있는 월츠의 이론도 모겐소와 마찬가지로 이론 자체의 흠결이 곧 학문의 발전을 촉진시키는 촉매제가 되고 있다. 이론은 이전 세대의 한계를 극복하면서 진보해 나간다는 점을 되새길 필요가 있다. 따라서 지금의 국제정치이론이 아무리 미약한 상태에 놓여 있다 하더라도 우리는 이것이 갖는 의미를 결코 과소평가해서는 안 된다. 정책적 연계성이라는 공간 차원과 이론의 진보라는 시간 차원에서 국제정치이론의 외연을 확장하기 위해서는 아무리 미미한 출발도 중요한 의미를 갖는 것이기 때문이다.

---

66) 호프만이 보기에 아롱의 이론은 너무 압도적이어서 오히려 학자들이 이를 기피하곤 했다. 반면에 모겐소의 이론은 너무 불안정하고 흠이 많았던 까닭에 이를 개선하고 발전시키려는 학자들의 관심을 끌어모으는 동력을 제공하게 되었다고 본다. Hoffmann (1977), p. 45.

Ⅵ. 맺는 말

1960년대에 맥클릴랜드는 과학적 접근방식을 통해 국제관계의 제 현상을 설명하기에는 아직 가야 할 길이 멀다는 진단을 내린 바 있다. 그는 과학적 접근방법으로 이룩한 연구성과들이 전통적인 '지혜의 바다' 위에 뿔뿔이 흩어진 '섬'과 같다고 보았다. 이러한 섬들이 제대로 연결되기 위해서는 아마도 수십 년의 세월이 더 필요할 것이라는 것이 그의 전망이었는데, 이러한 목표는 아직까지도 미완성인 채로 남아 있다.[67] 당시에도 한국의 국제정치학은 독자적인 정체성에 대한 문제의식을 강조하고 서구 의존적인 국제정치이론의 함정에 대해 경계하기 시작했다. 아쉽게도 지난 반세기 동안 진행되어 온 이러한 노력들은 구호 이상으로 실질적인 콘텐츠를 확보하는 데 큰 성공을 거두지 못해왔다. 이러한 부실한 성과는 중국이나 남미 등에서 이루어지고 있는 이론의 성과와 비교해 볼 때 여러 가지 성찰과 반성을 새롭게 요구한다. 본 논문은 이러한 시각에서 국제정치 및 국제관계이론의 현상과 한국적 원용이 어떻게 가능한가에 대해 비판적인 검토를 시도하였다.

한국적 국제정치이론이 맥클린랜드가 제안한 대로 섬들을 연결하는 '다리'로서 기능하기 위해서는 달성해야 할 과제가 산적해 있

67) McClelland(1969[1967]), p. 5. 맥클릴랜드는 국제관계의 연구에 있어서 결국 '지혜의 관점'과 '과학'의 요소가 동시에 고려되어야 한다고 주장하였다.

다. 본 논문에서는 반세기에 걸친 '한국적 국제정치이론'의 당위성에 대한 외침은 이제 충분하다고 판단하며, 앞으로는 구체적인 이론화의 작업들이 실질적으로 이루어져야 한다는 점을 강조하였다. 이를 위해서는 먼저 서구 이론과 괴리된 별도의 이론을 구축하기보다도, 기존의 주류 이론들이 끊임없이 변화하는 속성을 이해하고 그것이 한국적 현실을 담아낼 수 있도록 변용하는 작업이 필요하다. 이는 곧 유길준 모형의 문제점을 신채호 모형으로만 해결하려 해서는 안 된다는 것을 의미한다. 보다 정확하게 표현하자면 유길준 모형과 신채호 모형을 결합함으로써 주체적이면서도 대외적 호환성을 확보한 이론을 지향해야 한다는 것이다. 아울러 본 논문에서는 이론이 이론으로서의 지위를 부여받기 위해서는 관심의 대상이나 현상에 대한 이론적 메커니즘을 제시해야 한다는 점을 강조하였다. 이러한 메커니즘과 개념들이 모여 이론의 콘텐츠를 구성하며, 서구 이론이 지금까지 학계를 지배해 온 것도 이러한 콘텐츠에 기인한다는 점을 부각시켰다.

마지막으로 본 논문에서는 한국적 국제정치이론이 보다 의미 있는 이론으로 거듭나기 위해서는 궁극적으로 현실과 이론 모두를 위한 초석을 제시해야 한다는 주장을 펼쳤다. 이는 곧 이론의 외연을 어떻게 확장시키는가의 문제를 의미하는데, 공간적으로는 한국의 국제정치이론이 곧 현실정책과 유리되지 않으면서 동시에 타학문과의 끊임없는 교류를 통해 존재가치를 부각시킬 필요가 있다. 시간적 차원에서는 이론 자체의 진보를 위해 비록 일천하더라도 현재의 수준을 밑바탕으로 하는 이론화의 노력들이 계속되어야 한다. 이러한 노력은 곧 지난 반세기 동안 반복되어 온 주체적 학문을 향한

열정에 대해 현실적인 방향키를 제공하는 것이라고도 볼 수 있다. 이제 한국 국제정치학이 지향하는 '이론'은 단순한 구호와 문제의식을 넘어서 본격적으로 콘텐츠를 축적하고 그럼으로써 학문적·정책적으로 외연을 확장해야 하는 시점에 도달해 있다. 본 논문은 이러한 시점에서 출범 50년을 맞는 한국의 국제정치학계가 고민해야 할 이론의 모습에 대해 그려보고자 하였다.

참.고.문.헌

김달중 · 박상섭 · 황병무 편. 『국제정치학의 새로운 영역과 쟁점』. 서울 : 나남, 1995.

김상배. "네트워크 지식국가론 : 정보화 시대 국가변환의 개념화." 『국제정치논총』 제46집 3호(2006).

______. "정보기술과 국제정치이론 : 구성적 기술론과 정보세계정치론의 모색." 『국제정치논총』 제43집 4호(2003).

김영호. "신현실주의의 비판적 고찰." 『국제정치논총』 제37집 2호(1997).

김용구. "국제정치학사." 『한국정치학회 오십년사 : 1953-2003』. 서울 : 한국정치학회, 2003.

남궁곤. "동아시아 전통적 국제질서의 구성주의적 이해." 『국제정치논총』 제43집 4호(2003).

노재봉. "한국 국제정치학의 지성사적 고찰." 『국제정치논총』 제28집 1호(1988).

______. "'안'과 '밖' : 국제정치학의 방법론 연구." 노재봉. 『사상과 실천 : 현실 정치인식의 기초』. 서울 : 도서출판 녹두, 1985 [1982].

민병원. 『복잡계로 풀어내는 국제정치』. 서울 : 삼성경제연구소, 2005.

박경서. "90년대 한국 국제정치학의 과제 : 문제와 전망." 『국제정치논총』 제30집 2호(1991).

박상섭. "한국 국제정치학과 외래이론수용의 문제점." 『국제정치논총』 제28집 1호(1988).

______. "한국 국제정치학 40년 : 현황, 방향 및 가능성." 『한국정치학회보』

제21집 2호(1987).
박상섭 · 하영선. "미국 국제정치학의 추세와 한국 국제정치학의 상황." 『국제정치논총』 제35집 1호(1995).
박치영. "한국에서의 국제정치학 연구 : 평가와 의제." 『국제정치논총』 제12집(1978).
서보혁. "'진보적' 연구 프로그램으로서 구성주의의 가능성과 과제 : 웬트의 구성주의론에 대한 논쟁을 중심으로." 『국제정치논총』 제43집 2호(2003).
손제석. "국제정치학의 연구 및 대학교육 경향." 『한국정치학회보』 제2집(1967).
신욱희. "구성주의 국제정치이론의 의미와 한계." 『한국정치학회보』 제32집 2호(1998).
양준희. "월츠의 신현실주의에 대한 웬트의 구성주의의 도전." 『국제정치논총』 제41집 3호(2001).
예종영. "세계정치와 진화 : 국제정치학의 진화론적 개념틀과 세계 정치진화론에 대한 검토." 『국제정치논총』 제44집 4호(2004).
우철구. "국제관계학의 한국적 정체성 모색." 우철구 · 박건영(편). 『현대 국제관계이론과 한국』. 서울 : 사회평론, 2004.
우철구 · 박건영 편. 『현대 국제관계이론과 한국』. 서울 : 사회평론, 2004.
이삼성. "전후 국제정치이론의 전개와 국제환경 : 현실주의-자유주의 균형의 맥락적 민감성." 『국제정치논총』 제36집 3호(1997).
이상우. "한국 국제정치학의 정립을 위하여 : 소망스러운 발전방향과 과제의 확인." 『한국정치학회보』 제12집(1978).
이상우 · 하영선 편. 『현대 국제정치학』. 서울 : 나남, 1992.
이호재. "한국 국제정치학의 발전을 위한 방향제시." 『국제정치논총』 제28집 1호(1988).
이혜정. "웨스트팔리아 국제관계의 근대성 : 러기의 비판적 이해." 『국제정치논총』 제42집 2호(2002).
장인성. "한국의 동아시아론과 동아시아 정체성 : '동아시아의 새로운 상상'

과 '국제사회로서의 동아시아'." 『세계정치』 제26집 2호(2005).

전재성. "E. H. 카아의 비판적 현실주의 국제정치이론." 『한국정치학회보』 제33집 3호(1999).

전재성 · 박건영. "국제관계이론의 한국적 수용과 대안적 접근." 『국제정치논총』 제42집 4호(2002).

정진영. "국제정치이론 논쟁의 현황과 전망 : 새로운 이론적 통합의 향방." 『국제정치논총』 제40집 3호(2000).

Ansell, Christopher K. "The Networked Polity : Regional Development in Western Europe." *Governance* 13-3(2000).

Baldwin, David A. *Neorealism and Neoliberalism : The Contemporary Debate*. New York : Columbia University Press, 1993.

Bhaskar, Roy. *A Realist Theory of Science*. London : Verso, 1997[1975].

Brown, Michael E. Sean M. Lynn-Jones and Steven E. Miller, eds. *The Perils of Anarchy : Contemporary Realism and International Security*. Cambridge : The MIT Press, 1995.

Brown, William. "Africa and International Relations : A Comment on IR Theory, Anarchy and Statehood." *Review of International Studies* 32(2006).

Brush, Stephen G. "Dynamics of Theory Change in the Social Sciences : Relative Deprivation and Collective Violence." *Journal of Conflict Resolution* 40-4(1996).

Bull, Hedley. "The Theory of International Politics, 1919-1969." in James Der Derian, ed. *International Theory : Critical Investigations*, Washington Square. NY : New York University Press, 1995.

Burns, Arthur Lee. "Prospects for a General Theory of International Relations." *World Politics* 14-1(1961).

Callahan, William A. "Remembering the Future : Utopia, Empire, and Harmony in 21st-Century International Theory." *European Journal of International Relations* 10-4(2004).

Carnoy, Martin and Manuel Castells. "Globalization, the Knowledge Society, and the Network State : Poulantzas at the Millennium." *Global Networks* 1–1 (2001).

Cederman, Lars–Erik and Christopher Daase. "Endogenizing Corporate Identities : The Next Step in Constructivist IR Theory." *European Journal of International Relations* 9–1 (2003).

Chan, Gerald. "Toward an International Relations Theory with Chinese Characteristics?" *Issues and Studies* 6 (1998).

Chernoff, Fred. "Scientific Realism as a Meta–Theory of International Politics." *International Studies Quarterly* 46 (2002).

Collier, Andrew. *Critical Realism : An Introduction to Roy Bhaskar's Philosophy.* London : Verso, 1994.

Cox, Robert W. "Social Forces, States and World Orders : Beyond International Relations Theory." in Robert O. Keohane, ed. *Neorealism and Its Critics.* Columbia : Columbia University Press, 1986 [1981].

Dunn, Kevin C. and Timothy M. Shaw, eds. *Africa's Challenge to International Relations Theory.* New York : Palgrave Publishers, 2001.

Ferguson, Yale H. and Richard W. Mansbach. "Between Celebration and Despair : Constructive Suggestions for Future International Theory." *International Studies Quarterly* 35 (1991).

Gaddis, John Lewis. "Expanding the Data Base : Historians, Political Scientists, and the Enrichment of Security Studies." *International Security* 12–1 (1987).

Geeraert, Gustaaf and Men Jing. "International Relations Theory in China." *Global Society* 15–3 (2001).

Germain, Randall D. and Michael Kenny. "Engaging Gramsci : International Relations Theory and the New Gramscians." *Review of International Studies* 24 (1998).

Gilpin, Robert. *War and Change in World Politics.* Cambridge : Cambridge University Press, 1981.

Goddard, Stacie E. and Daniel H. Nexon. "Paradigm Lost? Reassessing Theory of International Politics." *European Journal of International Relations* 11-1 (2005).

Hoffmann, Stanley. "An American Social Science : International Relations." *Daedalus : Journal of American Academy of Arts and Sciences* 106-3 (1977).

Holsti, K. J. "Mirror, Mirror on the Wall, Which Are the Fairest Theories of All?" *International Studies Quarterly* 33 (1989).

______. *The Dividing Discipline : Hegemony and Diversity in International Theory.* London : Allen and Unwin, 1985.

Hopf, Ted. "The Promise of Constructivism in International Relations Theory." *International Security* 23-1 (1998).

Hui, Victoria Tin-bor. "Toward a Dynamic Theory of International Politics : Insights from Comparing Ancient China and Early Modern Europe." *International Organization* 58 (2004).

Jervis, Robert. "Realism, Neoliberalism, and Cooperation : Understanding the Debate." in Colin Elman and Miriam Fendius Elman, eds. *Progress in International Relations Theory : Appraising the Field.* Cambridge : The MIT Press, 2003.

Keohane, Robert O. ed. *Neorealism and Its Critics.* New York : Columbia University Press, 1986.

______. *After Hegemony : Cooperation and Discord in the World Political Economy.* Princeton : Princeton University Press, 1984.

Keohane, Robert O. and Lisa L. Martin. "Institutional Theory as a Research Program." in Colin Elman and Miriam Fendius Elman, eds. *Progress in International Relations Theory : Appraising the Field.* Cambridge : The MIT Press, 2003.

King, Gary, Robert O. Keohane, and Sidney Verba. *Designing Social Inquiry : Scientific Inference in Qualitative Research.* Princeton : Princeton University Press, 1994.

Krasner, Stephen D. ed. *International Regimes*. Ithaca : Cornell University Press, 1983.

Kurth, James. "Inside the Cave : The Banality of I. R. Studies." *The National Interest* 53 (1998).

Lake, David A. "Progress in International Relations : Beyond Paradigms in the Study of Institutions." in Michael Brecher and Frank P. Harvey, eds. *Realism and Institutionalism in International Studies*. Ann Arbor : The University of Michigan Press, 2002.

Lapid, Yosef. "The Third Debate : On the Prospects of International Theory in a Post-Positivist Era." *International Studies Quarterly* 33 (1989).

Lebow, Richard Ned. "Fear, Interest and Honour : Outlines of a Theory of International Relations." *International Affairs* 82-3 (2006).

Lemke, Douglas. "African Lessons for International Relations Research." *World Politics* 56 (2003).

Levy, Jack S. "Prospect Theory, Rational Choice, and International Relations." *International Studies Quarterly* 41 (1997a).

Lynn-Jones, Sean M. and Steven E. Miller. eds. *The Cold War and After : Prospects for Peace*. Cambridge : The MIT Press, 1993.

McClelland, Charles A. "International Relations : Wisdom or Science?" in James N. Rosenau, ed. *International Politics and Foreign Policy : A Reader in Research and Theory*. New York : The Free Press, 1969 [1967].

Mercer, Jonathan. "Rationality and Psychology in International Politics." *International Organization* 59 (2005).

Moravcsik, Andrew. "Liberal International Relations Theory : A Scientific Assessment." in Colin Elman and Miriam Fendius Elman, eds. *Progress in International Relations Theory : Appraising the Field*. Cambridge : The MIT Press, 2003.

Nuruzzaman, Mohammed. "Beyond the Realist Theories : 'Neo-Conservative Realism' and the American Invasion of Iraq." *International Studies Perspectives*

7(2006).

Nye, Joseph S. *Soft Power : The Means to Success in World Politics*. 홍수원 옮김. 『소프트파워』. 서울 : 세종연구원, 2004.

Rengger, Nicholas. "Political Theory and International Relations : Promised Land or Exit from Eden?" *International Affairs* 76–4(2000).

Reus–Smit, Christian. "The Strange Death of Liberal International Theory." *European Journal of International Law* 12–3(2001).

Schmidt, Brian C. "Together Again : Reuniting Political Theory and International Relations Theory." *British Journal of Politics and International Relations* 4–1 (2002).

______. "Resurrecting International Political Theory." *Millennium* 29–1(2000).

Schweller, Randall L. "The Progressiveness of Neoclassical Realism." in Colin Elman and Miriam Fendius Elman, eds. *Progress in International Relations Theory : Appraising the Field*. Cambridge : The MIT Press, 2003.

Shambaugh, David L. and Wang Jisi. "Research on International Studies in the People's Republic of China." PS 17–4(1984).

Shaw, Martin. "The Unfinished Global Revolution : Intellectuals and the New Politics of International Relations." *Review of International Studies* 27(2001).

______. *Theory of the Global State : Globality as Unfinished Revolution*. Cambridge : Cambridge University Press, 2000.

Simon, Herbert A. "Human Nature in Politics : The Dialogue of Psychology with Political Science." *American Political Science Review* 79–2(1985).

Slaughter, Anne–Marie. *A New World Order*. Princeton : Princeton University Press, 2004.

Smith, Steve. "Singing Our World into Existence : International Relations Theory and September 11." *International Studies Quarterly* 48(2004).

______. "Paradigm Dominance in International Relations : The Development of International Relations as a Social Science." in Hugh C. Dyer and Leon Mangasarian, eds. *The Study of International Relations : The State of the Art*.

London : MacMillan, 1989.

Tanter, Raymond and Richard H. Ullman. "Introduction : Theory and Policy in International Relations." *World Politics* 24 (1972).

Thompson, Kenneth W. "Toward a Theory of International Politics." *American Political Science Review* 49–3 (1955).

Tickner, Arlene B. "Hearing Latin American Voices in International Relations Studies." *International Studies Perspectives* 4 (2003).

Trachtenberg, Marc. "The Question of Realism : A Historian's View." *Security Studies* 13–1 (2003).

Walt, Stephen M. "The Relationship Between Theory and Policy in International Relations." *Annual Review of Political Science* 8 (2005).

Waltz, Kenneth N. *Theory of International Politics*. Reading, MA : Addison–Wesley, 1979.

Weber, Cynthia. "Reading Martin Wight's 'Why Is There No International Theory?' as History." *Alternatives* 23–4 (1998).

Wendt, Alexander. *Social Theory of International Politics*. Cambridge : Cambridge University Press, 1999.

Wight, Martin. "Why Is There No International Theory?" in Herbert Butterfield and Martin Wight, eds. *Diplomatic Investigations : Essays in the Theory of International Politics*. London : Allen and Unwin, 1966.

Zhang, Yongjin. "System, Empire and State in Chinese International Relations." *Review of International Studies* 27 (2003).

______. "International Relations Theory in China Today : The State of the Field." *The China Journal* 47 (2002).

3. 제국정치학과 국제정치학

| 한국적 국제정치학을 위한 모색[1]

김명섭(연세대학교)

I. 서론

이 글은 한국 국제정치학의 형성과정과 향후의 발전방향을 제국정치학과 국제정치학이라는 대조적 개념을 통해 살펴보는 데 있다. 이 글에서는 먼저 역사적 접근방법을 통해 제국정치학과 국제정치학에 대한 개념적 구별을 시도하고, 미국을 통한 한국 국제정치학의 수용과정이 일본중심적 제국정치학으로부터 탈피하여 한국 국제정치학의 발전에 기여했던 측면과 아울러 한국의 국제정치학을

---

1) 이 글은 1999년 12월 외교안보연구원에서 개최되었던 한국국제정치학회 연례학술회의에서 발표되었고, 『세계정치연구』 1권 1호(2001)에 게재되었던 글을 수정 · 보완한 것임.

미국중심적 제국정치학에 함몰시켰던 이중성을 살펴볼 것이다.[2]

제국정치학은 특정 국가가 자국적 표준을 중심으로 하는 권력 구조와 인식구조를 동심원적으로 확장하는 과정에서 형성된다. 제국정치학은 자국의 표준이라는 창문을 통해서 세계를 보도록 유인하며, 지리적 확장과 밀접한 관련을 지닌 지역학이 주요한 구성부분을 이룬다. 제국정치학의 분석틀은 국가 간의 경계가 모호해지고 있는 탈냉전의 시대에 새로운 영향력을 발휘하고 있다. 여기서 "제국"이라는 용어는 가치중립적 개념이며, 대체로 국제법적으로 규정된

---

2) 한국의 지성계에서 미국을 제국이라고 명명하는 것은 금기사항이었다. 1945년에서 1950년 사이의 해방공간과 1950년 전쟁 당시에 정치적 구호로서 존재했을 뿐이다. 오늘날 미국을 제국이라고 명명할 것인가 하는 문제는 사상검열의 주제가 아니라 차분한 학문적 논쟁의 주제가 되었다. 한편, 냉전시대 공산진영의 규정에 의하면 전통적으로 주변의 약소민족들을 괴롭혀 왔던 중국이나 소련은 더 이상 "제국"이 아니었고, 제국주의와 맞서 싸우는 제3세계 민중의 동반자들이었을 뿐이었다. 그러나 실상은 사회주의 국제연대를 표방했던 중국이나 소련도 결코 제국이라는 규정에서 자유로울 수 없었다. 1950년 중국의 티벳 침공은 곧이어 한반도에서 벌어진 세계적 규모의 전쟁으로 인해 가리워졌지만, 소련의 프라하 침공에 이은 1970년대 중국의 베트남 침공, 그리고 소련의 아프가니스탄 침공은 "제국"을 제국주의와 동일시하던 이론을 뒤흔들어 놓았다. 당시 소련 진영에서는 자본주의가 극성기에 이르게 되면 새로운 이윤의 창출을 위해 군사적 수단을 동원한 제국주의적 팽창을 시도한다고 보았고, 미국은 이런 의미에서 일본과 다름없는 "제국"이라고 보았다. 그러나 보다 고전적 의미에서 제2차 세계대전 이후까지도 제국주의의 전형을 보여주었던 것은 미국이 아니라 영국과 프랑스, 그리고 네덜란드 등의 유럽 국가들이었다. 영국이 영연방 내에서의 독립을 말레이시아에게 허용한 것은 1957년이었고, 프랑스의 외인부대는 1954년 디엔 비엔 푸에서 참패를 겪고서야 인도차이나에서 철수했지만 곧바로 알제리에 대한 프랑스의 지배를 강화하는 데 동원되었다. 네덜란드는 제2차 세계대전 종전 이후에도 인도네시아를 장악하고자 했고, 포르투갈은 1970년 초까지 마카오는 물론 동티모르를 장악하고 있으면서 동티모르 분쟁의 씨앗을 뿌렸다.

영토 이외의 지역에까지 자국의 표준을 부과하고자 하는 국가를 지칭한다.[3]

제국정치학에 반해서 국제정치학이란 각 국가의 개별적 표준에 대한 상호인정을 전제로 국경을 가로질러서 발생하는 모든 작용과 반작용, 그리고 상호작용에 관한 지식체계이다. 국제정치는 흔히 "당구대 위에서 펼쳐지는 당구공들의 상호작용"에 비유될 수 있는데, 여기서 당구공은 딱딱한 외피를 지닌 국가조직에 한정되지 않고 개인과 단체를 포괄하며, 그 상호작용은 인적 교류나 재화의 이동과 같이 쉽게 계량화될 수 있는 것도 있지만 사상의 교류나 감정이입과 같이 계량화하기 어려운 경우도 있다.

이 글에서는 먼저 특정한 제국 또는 제국이 되고자 했던 국가

---

3) 카터 행정부의 국가 안보 담당 특별보좌관을 역임한 Z. 브레진스키는 미국을 하나의 제국이라고 부른다. 그에게 있어서 제국이란 "하나의 (강조는 인용자) 중심에서부터 펼쳐지는 정치적 관계의 계서적 구조를 중립적으로 지칭하기 위해 사용"되는 용어이다. 다만 선한 제국인가 아니면 악한 제국인가가 문제가 될 뿐이다. 브레진스키에 따르자면 선한 제국과 악한 제국을 평가하는 기준은 제국적 권력이 어떻게 행사되는가, 즉 제국적 영역 내의 사람들로부터 어느 정도의 동의를 받으면서 어떠한 목적으로 헤게모니가 행사되는가에 달려 있다. Zbigniew Brzezinski, *Game Plan : How to Conduct the U. S.–Soviet Contest*(New York : Atlantic Monthly Press, 1986), p. 16 ; Zbigniew Brzezinski, *The Grand Chessboard : American Primacy and Its Geostrategic Imperatives*(New York : Basic Books, 1997). 브레진스키 이외에도 이 글에서 사용되고 있는 제국의 개념과 유사한 의미로 제국이라는 용어를 사용하고 있는 기존의 연구들로서는 잭 슈나이더, 함택영–박수헌 외 공역, 『제국의 신화』(서울 : 서울프레스[경남대 극동문제연구소 번역시리즈 4], 1994), Geir Lundestad, *Empire by integration : the United States and European integration, 1945–1997*(Oxford : Oxford University Press, 1998) 등이 있다. 제국에 관한 최근의 학문적 연구동향에 관해서는 김명섭, "국제와 제국 : 국제질서의 변동과 제국담론의 발전," 『세계지역연구논총』 23권, 1호(2005), 25–51.

의 공간적 확장과정에서 "보편성"을 획득해 온 패러다임으로서의 제국정치학의 형성과정을 역사적으로 규명해 보고자 한다. 그리고 그러한 과정과 시간적으로 중첩되면서도 개별국가의 "특수성"을 인정하면서 발전해 왔던 패러다임으로서의 국제정치학의 형성과정에 대해서 고찰해 보고자 한다. 끝으로 한국의 국제정치학이 일본제국의 영향 속에서 탄생하여 미국이라는 새로운 제국의 영향 속에서 발전해 왔던 과정을 되돌아보고, 21세기 한국의 국제정치학이 제국정치학의 단순한 연장선에서 벗어나 특수성에 기반한 독창성을 매개로 새로운 "보편성"을 확보하는 과정에서 생각해 보아야 할 몇 가지 문제들을 제기해 보고자 한다.

II. 정복과 제국정치학

권력은 지식으로부터 나오며, 지식을 통해 유지된다. 일정한 공간 내에서 발생하는 크고 작은 현상들에 대한 지식은 중심부로 취합되며, 중심부는 지식을 통해 주변부들을 통제한다. 지식영역의 확장은 공간의 확장으로 이어지며, 반대로 공간의 확장이 지식의 증대와 심화를 가져온다. 로마제국은 지식의 흐름을 돕는 도로와 함께 발전했으며, 페르시아제국과 몽고제국 역시 지식을 전달하는 파발조직과 더불어 성장했다. 지식이 정복을 낳고, 다시 정복은 (정복자를 중심으로) 지식을 체계화해 왔던 것이다.

역사상 출몰했던 제국들은 각기 자기중심적 표준에 입각한 지식구조를 만들어냈고, 제국의 경영을 위해 갖가지 통치기술을 발전시켰다. 로마제국에 있어서 "나는 로마 시민이다(Civis Romanus sum)"라는 표현은 자신을 가장 고귀하게 정의하는 방법이었으며, 제국적 표준을 상징하는 것이었다. 비록 로마 태생이 아니더라도 로마 시민의 자격을 획득할 수 있었는데, 그것은 로마 중심의 인식구조에 적극적으로 통합됨으로써 가능했다. 이것은 로마의 지배를 합리화시켜주었을 뿐만 아니라, 이방인들로 하여금 제국적 구조에 포섭되고 동화되기를 열망하게 만들었다.[4]

중국제국도 로마제국과 마찬가지로 재정조직, 경제조직, 교육조직, 그리고 안보조직을 망라하는 다층적 구조의 제국정치학을 발전시켰다. 광대한 영토와 그곳에 거주하는 3억 이상의 인구가 제국적 지식체계를 통해 관리되었고, 중앙집중적 정치적 권위가 매우 효과적인 우편제도에 의해 뒷받침되었다. 전체 제국은 베이징에서 우편으로 각기 1주일, 2주일, 3주일, 그리고 4주일이 걸리는 4개의 지대로 분류되었다. 중국제국의 통합성은 다시—로마제국의 경우와 마찬가지로—강력하고 깊게 뿌리박힌 문화적 우월감에 의해 강화·지속되었다. 천자의 제국이라고 불리기도 했던 중국은 우주의 중심

---

4) Zbigniew Brzezinski, *The Grand Chessboard : American Primacy and Its Geostrategic Imperatives*(New York : Basic Books, 1997), pp. 10-12. 로마 시민이 누렸던 영예는 사도 바울의 기록을 통해 확인된다. "치안관들이 로마 시민인 우리를 유죄판결도 내리지 않은 채 사람들 앞에서 때리고 감옥에 가두었다가 이제 와서 슬그머니 우리를 내놓겠다는 겁니까? 안 됩니다. 그들이 직접 와서 우리를 석방해야 합니다." 관리들이 이 말을 치안관들에게 전하니, 그들은 바울과 실라가 로마 시민이라는 말을 듣고서 두려워했다. 『사도행전』 16장 37-38절.

으로 간주되었고, 변방과 외부세계는 야만으로 간주되었다.[5]

서양에 있어서 제국정치학은 이슬람권역과 기독교권역 간의 충돌과정을 통해 크게 발전했다.[6] 이슬람제국 역시 로마나 중국의 제국과 유사한 정복과 지식의 메커니즘을 가지고 있었다. 이슬람이란 '신에게 복종한다'는 뜻을 가졌고, 그 분사형인 무슬림은 그러한 귀의행위를 취하는 사람을 뜻하는 것이었다. 이슬람적 표준의 중심에는 아랍어로 '신'을 의미하는 알라가 자리 잡고 있었고, 아랍어로 "읽다" 혹은 "읊다"라는 의미를 지닌 『꾸란』이 표준적 텍스트였다. 『꾸란』이라는 표준적 텍스트의 응집력에 기반한 움마라는 무슬림공동체에는 강한 소속의식을 기반으로 의례와 믿음을 공유함으로써 생겨나는 미래에 대한 공통의 지향이 존재했다. 이러한 공동체는 종교인 동시에 군대였고, 경제단위인 동시에 국가였다.[7] 서기 600년대에 이슬람제국을 건설하기 시작했던 마호멧의 후계자들은 전 세계를 꾸란적 표준에 따른 다르 알-이슬람(Dar al-Islam, 이슬람의 집)의 세계와 앞으로 꾸란적 표준을 관철시켜야 할 다르 알-하르브(Dar al-Harb, 전쟁의 집)의 세계로 나누어 생각했다.[8]

---

5) 같은 책, pp. 12-13.

6) 이용희, 『일반국제정치학(상)』(서울 : 박영사, 1962), 제2장.

7) 이슬람의 기원에 관해서는 버나드 루이스 엮음, 김호동 역, 『이슬람 문명사』(서울 : 이론과 실천, 1994), pp. 17-20 ; 버나드 루이스, 이희수 역, 『중동의 역사』(서울 : 까치, 1998), pp. 55-80. 움마에 관해서는 리하르트 에팅하우젠, "예술과 건축," 버나드 루이스 엮음, 『이슬람 문명사』, p. 64.

8) 이것은 중국제국이 『춘추』와 『역외춘추』를 구별해서 보았던 것과도 흡사하다. 김용구, 『세계관 충돌의 국제정치학 : 동양 예(禮)와 서양 공법(公法)』(서울 : 나남출판, 1997), p. 13.

지리학, 해양학, 행정학, 그리고 군사학적 요소들을 포괄하고 있었던 이슬람의 제국정치학은 기본적으로 다르 알-하르브를 다르 알-이슬람으로 포섭해내는 것을 주된 목표로 삼고 있었다. 제국적 행정의 공간이었던 다르 알-이슬람은 다시 무슬림 자유민, 마왈리(단수형 마울라)라고 불리웠던 해방민, 딤미라고 불리는 협약민, 그리고 가내적 혹은 군사적 목적으로 이용되었던 노예 등으로 4분되었는데, 이슬람의 제국정치학은 다르 알-이슬람의 통치학문이기도 했다. 이 중 딤마(협약)에 의해 정해지는 협약민의 존재는 이슬람제국의 정치학을 잘 드러내 주고 있다. 협약의 근간은 비무슬림공동체가 이슬람의 우월성과 이슬람 국가의 지배를 받아들임으로써 종속적인 지위를 인정하고 그 표시로서 사회적 제한과 세금의 부과를 감내하는 대신 생명과 재산의 안전, 그리고 신앙의 자유와 공동체 내부의 자주권 등을 보장받는 것이었다. 만약 누군가가 유태교나 기독교, 힌두교 등의 공인된 종교를 믿고자 할 경우 이슬람으로 개종하라는 하등의 압력을 받지 않았다. 가끔 어느 사회에서든 돌발하곤 하는 광신교도들의 테러행위가 있기도 했지만, 기본적으로 이들은 세금을 내는 집단이었기 때문에 국가의 입장에서는 이들이 개종할 경우 야기되는 세수의 감소와 봉급지출의 증대를 우려하지 않을 수 없었다. 협약민의 지위를 통해 여러 민족들이 그들의 독특한 문화를 지닌 채 복속됨으로써 이슬람제국은 여러 문화를 흡수하여 용해해내는 용광로의 기능을 갖게 되었고, 새롭게 정련된 고급적 표준을 탄생시킬 수 있었다.[9]

---

9) 버나드 루이스, "종교와 민족," 버나드 루이스 엮음, 『이슬람 문명사』, pp. 45-49.

1095년 이슬람 문명권의 공세를 가까스로 막아내고 있던 그리스도교 문명권은 일대 반전의 프로젝트로서 십자군전쟁를 기획했다. 이슬람적 표준과 서구적 표준의 배후에는 공히 "생육하고 번성하라"는 팽창주의적인 이념이 깔려 있었다. 이와 같은 이념을 체계화하고 군사적으로나 행정적으로 활용하는 것이 제국정치학의 주된 관심사였다. 십자군전쟁을 통해 유럽은 하나의 종교적 표준에 따른 단합을 과시할 수 있었고, 유럽이라는 지역적 개념을 발전시킬 수 있었다. 또한 십자군전쟁을 통해 유럽인들은 보다 선진적 타자(otherness)의 존재를 경험할 수 있었고, 타자에 대한 정복을 통해 자기(selfness)를 확인할 수 있었다. 십자군전쟁과 이베리아 반도에서의 레콩퀴스타(재수복), 나아가서 콜럼버스와 코르테스를 선봉으로 하는 콩퀴스타도르의 활동은 자기중심적 표준의 확립과 수호, 그리고 확장이라는 점에서 제국정치학의 발전과 밀접한 관련을 맺고 있었다.

이슬람의 제국정치학에 맞서서 15세기 포르투갈의 항해왕자 엔리케는 자고레스 궁전을 중심으로 포르투갈 중심의 제국정치학의 발전을 촉진시켰다. 지중해의 베네치아에 이어 대서양의 리스본이 유럽팽창의 중심이 되었다면, 포르투갈의 대외팽창에 있어서 두뇌적 역할을 수행했던 것은 바로 이 자고레스 궁전이었다. 이 씽크탱크에는 각지의 우수한 조선기사, 항해기술자, 세공업자, 탐험가, 지리학자, 천문학자 등이 모여서 정복 프로젝트의 수행을 위한 일종의 학제 간 연구를 수행했다.[10] 이와 같은 두뇌의 집결과 아울러 자고레

10) 엔리케, 자고레스 궁전, 그리고 바스코 다 가마 등에 관한 역사적 사실에 관해서는 Sanjay Subrahmanyam, *The Career and Legend of Vasco da Gama*(Cambridge : Cam-

스 궁전에는 기행기와 지리서적, 갖가지 지도와 항해 관련 서적들이 수집되었다. 이것은 일종의 도서관이기도 했다. 자고레스 궁전에 자료가 집중됨에 따라 자연히 이들 자료들을 열람하고 싶어하는 전문가들이 세계 도처에서 모여들게 되었고, 이들 전문가들이 나누었던 대화와 연구는 다시 기록으로 남겨져 자고레스궁에 보관되었다. 비슷한 시기에 구텐베르그에 의해 개선된 인쇄술이 지식의 축적과 새로운 사상의 전파에 크게 기여했다.[11] 자고레스 궁전을 중심으로 한 제국정치학의 결실은 바로 바르톨로메유 디아스와 바스코 다 가마 일행이 공간에 그려넣은 선, 즉 "카레이라 다 인디아(Carreira da India)"로 압축되어진다. 1496년 대서양에서 인도양을 잇는 이 항로의 개발로 인해 베네치아와 제노바 같은 지중해 연안의 해양강국들이 본격적인 몰락의 길로 접어들었다.

1492년 콜럼버스의 대서양 횡단은 로마제국의 전통을 계승한 서구중심적 제국정치학의 발전을 촉진시킨 결정적 계기가 되었다. 토도로프(T. Todorov)는 아즈텍 원주민을 '이해'함으로써 이들을 식민화시킬 수 있었던 정복자 코르테스에 관해 "앎의 정복이 힘의 정복으로 이어진다"고 말하면서 '정복의 무기'로서의 성격을 지닌 제국정치학의 기능을 잘 설명해 주었다.[12] 정복과 선교, 망명과 유학은 서구중심적 제국정치학의 발전을 위해 기능했다. 서구화의 진행에

---

bridge University Press, 1997), pp. 1–75을 참고.

11) Peter Coulmas, *Les citoyens du monde : Histoire du cosmopolitisme*(Paris : Albin Michel, 1995), p. 191.

12) Tzvetan Todorov, *La conquête de l'Amérique : La Question de l'Autre*(Paris : Seuil, 1982), p. 258.

따라 단수로서의 서구적 중심은 '승리하는 문명권' 의 중심으로, 복수로서의 비서구적 중심들은 패배하는 문명권의 중심들로 자리매김되었다. 패배하는 문명권의 주변과 신세대들은 전통적 문명권의 중심 혹은 그 선진세대들로부터 이탈하여 '승리하는 문명권' 의 주변으로나마 편입되는 길을 택함으로써 서구화의 진전에 기여해 왔다.[13]

코르테스나 피사로에 의해 대표되는 에스파냐의 중남미 정복은 앎의 정복에 기반했지만, 타자에 대한 이해(지역학적 관심)를 통해 앎의 구조를 발전시키기보다는 해당지역의 문명에 대한 말살과 동화에 치우치고 말았다. 프랑스와 영국은 이와 대조적으로 '타자에 대한 이해' 를 정복정책의 근간으로 삼았을 뿐만 아니라, 다시 힘의 정복을 앎의 축적으로 발전시키는 데 있어서 수완을 발휘했다. 그러나 이것은 본격적인 제국정치학의 발전을 의미하는 것이기도 했다. 이것은 중남미지역에서 행해졌던 이베리아 반도국가들의 막대한 수탈과 착취에도 불구하고 이들 국가들이 유럽의 중심국가가 될 수 없었던 것과도 같은 맥락의 문제였다.

약탈무역을 통한 발전은 에스파냐인들 사이에서 게으름과 일확천금주의 등을 낳았고, 국내산업에 종사하려는 의지는 상대적으로 미미한 수준에 머물렀다. 에스파냐 왕실도 약탈무역을 통해 얻은 이익을 재투자하여 도로, 운하, 항만 등 국가적 하부구조를 튼튼히 하는 데 충분한 노력을 경주하지 않았다. 에스파냐는 중남미 식민지에서 산업구조가 발전하지 못하도록 억압하면서 유럽의 공산품을 수입하여 판매하는 데 열중했다. 에스파냐는 이러한 공산품을 자체

13) 같은 책.

적으로 조달할 능력을 키우지 못했다. 아메리카 대륙으로의 면제품 수출만을 보더라도 그것은 후일 아담 스미스가 『국부론』에서 지적한 바와 같이 에스파냐나 포르투갈보다는 프랑스와 네덜란드, 그리고 독일에 의해 생산된 것이었다. 그야말로 "에스파냐에는 아무 것도 없었다."[14]

국내산업적 기반이 부실했던 에스파냐의 금과 은은 왕실의 규제에도 불구하고 점차 유럽의 다른 나라들로 빠져나가고 있었다. 에스파냐는 대서양 너머에서 금과 은을 착취해 오는 수고에도 불구하고 다만 그 통과지역으로 전락하고 있었다. 에스파냐가 식민지에서 거두어들인 이익은 비단, 양초, 의류, 피혁제품 등의 값비싼 제조품을 공급했던 제노바, 베네치아, 프랑스, 그리고 에스파냐의 식민지였던 네덜란드 지역 등으로 흘러들어 갔다. 1587년 베네치아에서 설립된 리알토 은행(Banco della Piazza di Rialto), 1593년 밀라노에서 설립된 암브로지오 은행(Banco di S. Ambrogio), 그리고 나폴리의 피에타 은행(Monte de Pieta) 등이 대서양을 건너온 금들의 최종 안식처였다.[15] 결국 에스파냐의 식민정책에 대해 죽음의 순간까지 비판을 가했던 라스 카사스가 유서에 남겨놓았던 다음과 같은 저주의 예언은 점차 실현되고 있었다 : "신은 이 모든 범죄적이며 사악하고 수치스런 신념을 압제적이고도 야만적으로 영속화한 에스파냐에 대해 분노를 터

---

14) Adam Smith, *Wealth of Nations*(Edingurgh, 1838), p. 282 ; 애덤 스미스, 최호진 · 정해동 역, 『국부론 (상)』(서울 : 범우사, 1992), p. 265.

15) Violet Barbour, *Capitalism in Amsterdam in the 17th Century*(Ann Arbor, 1963), p. 43 ; Hugh Thomas, *World History*(New York : Harper & Collins, 1996), p. 219에서 재인용.

트리고 말 것이다. 에스파냐는 파괴와 학살로 거둬들인 피에 젖은 재산을 가졌기 때문이다."[16]

반면에 영국과 프랑스를 중심으로 한 동심원적 지식구조의 축성은 제국정치학을 탄생시켰고, 이것은 다시 해당국가의 정치, 경제, 군사, 문화적인 대외팽창과 밀접한 연관을 가지면서 발전했다. 제국정치학은 "'동양' 과 (대체로) '서양' 이라고 하는 것 사이에서 만들어지는 존재론적이자 인식론적인 구별(ontological and epistemological)에 근거한 하나의 사고방식", 즉 에드워드 사이드가 말하는 오리엔탈리즘에 근거하여 발전했다.[17] 근대의 소산인 "국민(nation)"이 하나의 "이야기(narration)"라고 한다면 이야기를 하는 권력, 그리고 다른 이야기의 탄생을 막는 것은 제국정치학의 주된 사명이다.[18] 잭 스나이더는 과대팽창을 지향하는 파벌적 집단들이 자신의 이기적 정책을 정당화하고 일반대중을 기만하기 위하여 국가안보가 팽창을 통해 확보된다는 "제국의 신화"를 만들어냈다고 주장하였는데, 이 시기의 제국정치학은 바로 그러한 맥락에서 발전했다.[19]

프랑스는 루이 14세의 팽창정책과 나폴레옹의 이집트 정복과 관련하여 강력한 후원을 받았던 프랑스학술원(Institut de France)을 비롯하여 프랑스대혁명 당시에 수립된 국립동방언어 및 동방문명연

16) Tzvetan Todorov, *The Conquest of America*, tr. by Richard Howard(New York : Harper & Row, Publishers, 1987), p. 245.

17) Edward W. Said, 박홍규 역, 『오리엔탈리즘』(서울 : 교보문고, 1991), pp. 14–15.

18) 강상중, 이경덕 · 임성모 옮김, 『오리엔탈리즘을 넘어서』(서울 : 이산, 1997), p. 187.

19) 잭 스나이더, 함택영 · 박수헌 외 공역, 『제국의 신화』(서울 : 서울프레스[경남대학교 극동문제연구소 번역 시리즈 4], 1996), p. 451.

구소(INALCO : Institut national de langue et civilisation orientales) 등이 프랑스적 제국정치학의 기반을 닦았다. 아울러 프랑스의 광산학교(Ecole national de mine)의 경우는 자원확보라는 구체적인 필요성에 입각해서 특정지역에 대한 종합적인 연구를 진행하였는바, 이는 당시의 학문적 발전이 해외자원을 취득하기 위한 제국주의적 요구와 밀접히 결합되어 있었음을 의미하는 것이었다. 프랑스 외방선교회와 프랑스 외무부의 협력관계도 이러한 커다란 틀 내에서 발전했다. 1800년대 후반 비종교성의 원칙, 무상의 원칙, 그리고 의무의 원칙을 확립한 근대 교육제도의 아버지이자 프랑스 국내에서 언론과 결사의 자유를 옹호하는 데 앞장섰던 쥴 페리(Jules Ferry)는 인종 간 불평등의 신봉자였으며, 프랑스 식민정책의 강력한 신봉자이기도 했다.[20]

영국의 경우 제임스 쿡(James Cook, 1728–1779)의 지역연구 활동은 해외팽창을 위한 영국왕립협회의 지원을 통해 가능했고, 리빙스턴(David Livingstone, 1813–1873)의 활동 역시 이와 같은 지적 축적구조와 무관하지 않았다. 영국을 중심으로 한 세계 각 지역에 대한 앎의 확장은 1916년 런던 대학(University of London) 내에 설립된 SOAS(School of Oriental and African Studies)를 위시하여 역시 런던 대학 내에 있는 SSES(School of Slavonic and East European Studies), 그리고 영국 여왕의 후원 하에 설립된 RIIA(Royal Institute of International Affairs) 등 가히 "제국정치학의 대성당"이라고 할 수 있는 아카데미들을 낳았고, 다시 이

---

20) 쥴 페리의 활동에 관해서는 *Petit Robert 2*(Paris : Robert, 1989), p. 637 ; 쥴 페리의 인종주의와 식민정책에 관해서는 Pierre Renouvin et Jean-Baptiste Duroselle, *Introduction à l'histoire des Relations internationales*(Paris : Armand Colin, 1991), pp. 331–36.

들에 의해 확대재생산되었다.

제국정치학의 오리엔탈리즘은 서양이 동양을 인식하는 과정에서 뿐만 아니라 서구화된 동양이 동양 자신을 인식하는 데서도 나타난다. 이처럼 자신의 주변성으로부터 도피하기 위하여 또 다른 주변부를 만들어내고자 하는 제국정치학의 인식구조를 서구중심적 오리엔탈리즘이 파생한 주변부적 오리엔탈리즘이라고 볼 수 있을 것이다. 서구중심적 제국정치학의 오리엔탈리즘적 사고양식을 받아들여 아시아지역에 있어서의 "문명의 우두머리임"을 자부했던 일본인들은 "미개"하고 "고루한 인접국가"에 속해 있던 중국인이나 조선인들과 스스로를 차별화하는 인식구조를 발전시켰다. 역사적으로 일본의 중심이 외세에 의해 정복되지 않았던 경험이 이를 뒷받침해주었다. "완고하고 고루함", "의심 많음", "잔혹하고 염치 없음", "거만", "잔인" 등은 게이오 대학의 설립자이자 일본 개화의 아버지라고 불리우는 후쿠자와 유키치가 지나(중국)와 그의 속국 조선에 대해 가지고 있던 이미지였다.[21] 아울러 일본인들은 "그들은 스스로 대변할 수 없고 대변되어져야 한다"는 관점에서 자신을 대표(representation)할 수 없는 아시아를 대신해서 일본이 아시아 문명을 대표해야 한다고 믿었고, 실제로 그렇게 행동함으로써 서구 사회에서 일본이 아시아를 과도하게 대표하는 현상(overrepresentation)을 빚어냈다. 예를 들어 파리에서 한국학과가 설립된 것은 1963년이었는데, 일본학과는 그 보다 100년 앞선 1863년에 수립되었다.

---

21) 『福澤諭吉 選集』 제7권에 수록된 후쿠자와 유키치의 글에 나오는 어휘들이다. 강상중, 『오리엔탈리 즘을 넘어서』, p. 89에서 재인용.

서구적 제국정치학에서 유래된 일본적 오리엔탈리즘은 북한인들에 대한 남한인들의 인식구조와 행동양식 속에 계승되면서 북한에 대한 오리엔탈리즘적 인식구조로 자리 잡았다. 북한에 대한 오리엔탈리즘의 일단은 북한에 대한 선교방송을 주도했던 "극동방송"이나 상당한 양의 북한관계 연구업적을 보여주었던 "극동문제연구소"라는 명칭에서 드러나고 있다. "극동"이라는 표현은 영국과 프랑스를 중심으로 근동, 중동, 극동으로 분류하던 지역학적 개념이라는 점에서 오래 전에 폐기되었어야 할 개념이다.[22]

영국의 식민지였던 오스트레일리아의 경우는 같은 영어권 국가임에도 불구하고 이미 제2차 세계대전 당시 영국이 지칭하는 극동이란 자신들에게 있어서 근서(Near West)의 문제라고 주장한 바 있었다. 미국 역시 극동이라는 명칭이 바스코 다 가마 코스의 서구화 개념에 입각한 것일 뿐, 콜럼버스 코스의 서구화의 관점에서 본다면 그것은 오히려 극서가 될 것이라고 보았고, 이를 반영하여 미국무부의 "극동 담당(Far Eastern Affairs)" 부처의 명칭은 모두 "동아시아 담당(East Asian Affairs)"이라는 명칭으로 대체되었다. 남한에 있어서 "극동"은 칠레이지 북한이 아니다.

과거 일본이 한국에 대한 가장 적합한 문명전파자임을 자부하였듯이 남한이 북한을 완전한 파탄에서 구원할 수 있는 최적임자라는 사실은 당연한 것으로 받아들여진다. 한반도에 대한 일본의 문명적 사명을 자임하는 후쿠다(福田德三)의 다음과 같은 논설 속에 나오

---

22) 이에 관한 선구적 논의로서는 한흥수, "'극동'이라는 버려야 할 낱말," 『연세춘추』 1976년 6월 7일.

는 한국과 일본이라는 단어를 북한과 남한이라는 단어로 대치해 보면 일본적 오리엔탈리즘이 남북한 관계에서 어떻게 되살아나고 있는지가 분명히 드러난다 :

> 한국인(북한인)을 노동자로 고용하고 계발하고 유도해서 완전한 인격을 발휘할 수 있게 만들어야 한다. 한국(북한)의 토지를 개척하고 경작해서 서서히 자본화하고 그 가치를 높이는 기술을 이해하는 자여야 한다 …. 한국(북한)의 토지를 사실상 자기 사유로 삼아서 서서히 농업경영을 시도하고 … 한국(북한)과 한국인(북한인)에 대해서는 그 부패와 쇠망의 극을 달리고 있는 '민족적 특성'을 밑바닥부터 소멸시킴으로써 스스로에게 그들을 동화시켜야 할 자연적 운명과 의무를 지닌 '유력하고 우세한 문화'라는 무거운 사명을 맡아야 할 자가 아닌가.[23]

일본이 주류적 서구에 대한 일체화를 "국제화"로 보고 동아시아와 자리를 같이하는 것은 주변화로 보았던 것처럼, 비서구적인 모든 것은 이들에게 있어서 촌스러운 개화의 대상으로 취급될 뿐이다. 이것은 서구문명을 먼저 받아들였던 일본의 탈아론자들이 중국에 대해 가졌던 강박관념과 유사한 것으로서, "비서구적인 것=비근대적인 것"이라는 초기 근대화론자들의 문명론적 인식을 답습하고 있는 것이다.[24]

---

23) 福田德三, 『韓國の經濟組織と經濟單位』; 강상중, 『오리엔탈리즘을 넘어서』, p. 98에서 재인용.

24) 이에 관한 보다 자세한 논의는 졸고, "북한에 대한 오리엔탈리즘과 '햇볕' 정책," 『당대비평』(1998 가을 · 겨울), pp. 219-48을 참고.

영토적 혹은 문명적 차원의 정복과 밀접한 관련을 맺으면서 발전해 온 제국정치학이 풍부한 정신적 · 물질적 자산을 기반으로 개별국가들의 표준을 통합 · 용해함으로써 새로운 보편적 또는 선진적 표준의 창설에 앞장서 왔다는 점은 부인하기 어렵다. 이런 의미에서 제국정치학적 패러다임으로 세계를 보는 것은 유용하다. 하지만 제국정치학적 패러다임이 오랜 시간을 거쳐 새로운 공간의 복속을 통해 형성되어 왔고, 그러한 속성을 여전히 지니고 있다는 점을 간과해서는 안 될 것이다.

Ⅲ. 전쟁과 국제정치학

제국정치학과는 달리 국제정치학은 국제체제를 전제로 발전해 온 패러다임이다. 국제체제는 흔히 제국 혹은 제국을 추구하는 국가들 간의 전쟁을 마무리하는 과정에서 형성되었다. 전쟁으로부터 국가의 새로운 지리적 특성과 국가 간 관계의 새로운 조건들이 형성됨으로써 새로운 국제체제가 만들어져 왔던 것이다.[25] 전쟁을 마무리하는 과정에서 맺어진 국가들 간의 조약과 협정은 전쟁을 통해 국가

25) 이기택, 『국제정치사』(서울 : 일신사, 1997), p. 17. 오랜 기간 전쟁과 국제체제의 상관성을 이론적으로 분석했던 대표적인 한국학자는 김홍철일 것이다. 김홍철, 『전쟁론』(서울 : 민음사, 1991) ; 김홍철, 『전쟁과 평화의 연구』(서울 : 박영사, 1987 [1977]).

의 형성과정을 봉인했고, 국가를 뛰어넘는 국제체제의 형성을 가능하게 했다.[26]

전쟁을 마감하고 평화체제를 수립한 최초의 평화조약이자 최초의 국제조약에 관한 기록은 B.C 1275년 힛타이트제국과 미스르(이집트)제국 간의 카데쉬 전쟁 이후에 체결된 것이다. 이후 근대 유럽에서 제국정치학과는 달리 최초로 국제정치학의 토대가 마련되었던 것은 1648년 30년 전쟁을 종결하는 베스트팔렌 평화조약에 의해서였다. 뮌스터 조약과 오스나브뤼그 조약으로 구성된 베스트팔렌 평화조약을 통해 길게는 루터의 종교개혁 이후, 짧게는 1618년부터 30년간의 종교전쟁이 마감되었다. 베스트팔렌 조약을 통해 새로운 국제정치학의 기본원리가 정착되었는데, 그것은 상호주권에 대한 존중이었다. 이것은 에스파냐-합스부르그 측의 유럽제패 기도가 좌절되었음을 의미하는 것이었다. 반면에 스웨덴과 같은 개신교 국가들의 편에서 참전했던 프랑스는 서쪽으로는 피레네 산맥까지, 그리고 동쪽으로는 라인 강 유역까지 국토를 확장할 수 있었고, 유럽대륙에서 가장 강력한 군대를 보유하게 되었다. 베스트팔렌 조약은 로마 교황이나 신성로마 황제의 보편적 권위와 더불어 500여 개군소 정치적 단위의 개별적 권위가 병립하는 중세봉건적 이중적 구조를 대신하는 중앙집권적 절대주의 국가의 등장이 국제적으로 공인되었음을 의미하는 것이었다. 러기의 표현을 빌리자면, 정치적 공간의 구성양식이 이규적(heteronomous)인 것에서 동규적(homonomous)

26) 전쟁과 근대국가 형성의 상관성에 관해서는 박상섭, 『근대국가와 전쟁 : 근대국가의 군사적 기초, 1500-1900』(서울 : 나남출판, 1996).

인 것으로 변환되는 시발점이 마련된 것이다.[27]

이처럼 독립적 국가들에 의해 국제정치적 구조가 형성되었을 뿐만 아니라, 국제적 구조에 의해 독립적 국가가 출현할 수 있었기 때문에[28] 쟝 보댕(Jean Bodin) 류의 국가주권적 관심은 곧 국제정치학적 관심으로 이어질 수밖에 없었다. 베스트팔렌 조약 이후 제국들 간의 영토획정과 세력균형은 주된 국제정치학적 관심사로 떠올랐고, 그로티우스의 『자유해론(*Mare Liberum*)』이나 『전쟁과 평화(*De jure belli ac pacis*)』로 대표되는 국제법적 연구의 발전을 자극했다. 이후 국제정치학은 나폴레옹 전쟁 직후 형성된 유럽협조체제(The Concert of Europe)와 1871년부터 제1차 세계대전에 이르는 동맹체제의 변동을 거치면서 철저하게 국제법과 국제정치사상을 중심으로 발전했다.[29]

제1차 세계대전은 1815년 이후의 유럽협조체제에 종지부를 찍었다. 국제정치학의 새로운 도약은 제1차 세계대전과 같은 참화를 평화적인 방법이나 집단안전보장을 통해서 해결한다는 베르사이유

---

27) John Gerard Ruggie, "Territoriality and Beyond : Problematizing Modernity in International Relations," *International Organization* 47, No. 1 (1993 Winter), p. 151, n. 63.

28) 국제관계와 주권국가의 상호규정성에 관한 기존의 논의들에 관해서는 정진영, "세계화와 주권국가의 변모," 한배호 편, 『세계화와 민주주의』(서울 : 세종연구소, 1996), pp. 20-30.

29) 고전적인 국제정치사상가들로서는 『영구평화안(*Le projet de paix perpétuelle*)』(1713)을 집필한 생 피에르(Saint Pierre, 1658-1743), 생 피에르의 영구평화론을 발전시킨 루소(Jean Jacques Rousseau, 1712-1778), 『영구평화를 위하여(*Zum Ewigen Frieden*)』(1795)를 집필한 칸트(Immanuel Kant, 1724-1804), 『전쟁론(*Vom Krieg*)』(1833)을 집필한 클라우제비츠(Karl von Clausewitz, 1780-1831) 등을 들 수 있다. 김순규, 『국제정치사상가 평전』(마산 : 경남대학교 출판부, 1997), pp. 23-52. 이들의 전통을 잇는 현대 국제정치사상가들에 관해서는 Kenneth W. Thompson, 정진위 편역, 『현대국제정치사상』(서울 : 박영사, 1987).

체제를 발판으로 이룩되었다.[30] 1918년 11월의 정전 이후 대서양 세계의 국제적 표준은 여러 조약들의 체결을 통해 새로운 재편을 경험하고 있었다. 이미 1915년 5월 18일 프랑스, 영국, 러시아 등은 터키의 아르메니아인 학살행위를 "인류와 문명에 대한 새로운 범죄"로 규정함으로써 "반인류범죄"에 관한 국제적 표준을 제정한 바 있었다.[31] 그러나 전후체제에 대한 본격적인 재편논의는 전후 베르사이유 궁전에서 진행되었다. 패전국을 제외하고 32개국 1,037명이 참가한 이 국제회의는 1815년 비엔나 회의 이후 최대규모였다. 이밖에도 정식으로 초대받지 못한 많은 약소국 대표들이 윌슨의 민족자결주의에 기대를 걸고 회의장 바깥을 서성이고 있었는데, 그 중에는 호지민이나 김규식과 같은 동아시아의 민족운동가들도 눈에 띄었다. 패전국들이 배제된 채 진행되었던 평화회의는 각각의 패전국에 대해 다음과 순서로 다섯 개의 평화조약을 탄생시켰다. (1) 베르사이유 조약(Versailles, 1919년 6월 28일, 독일), (2) 쌩 제르맹-앙-레이 조약(Saint Germain-En-Laye, 1919년 9월 10일, 오스트리아), (3) 뇌이 조약(Neuilly, 1919년 11월 27일, 불가리아), (4) 트리아농 조약(Trianon, 1920년 6월 4일, 헝가리), (5) 세브르 조약(Sèvres, 1920년 8월 10일, 오스만제국).

제1차 세계대전 이후 국제정치학의 비약적 발전은 식민지 분할전쟁적 성격을 지니고 있었던 제1차 세계대전이 유럽열강의 제국적 팽창에 종지부를 찍고 세계적 공간의 주요한 분할선들을 획정한 것

---

30) 국제체제의 변화에 관해서는 이기택, 『국제정치사』, pp. 18-26.

31) Stéphane Courtois, et al., *Le livre noir du communisme : Crimes, terreur, répression*(Paris : Robert Laffont, 1997), p. 16.

과 밀접한 관련을 맺고 있었다. 이것은 제국주의적 팽창의 여유공간으로서의 "빈 공간(wasteland)" 혹은 "영향력 진공 주변부 지역(influence-vaccumed periphery)"이 사라지고 제국중심적 정치학의 관점에서 국내문제로 취급되던 많은 문제들이 국제문제로 취급될 수밖에 없게 되었음을 의미하는 것이었다.[32] 제1차 세계대전을 전후하여 세계의 대부분이 서구중심적 국제체제에 편입되거나 강력한 영향 하에 놓이게 되었다. 레닌의 조사에 따르면 이미 1900년 현재, 유럽의 식민열강은 아프리카의 90.4%, 폴리네시아의 98.9%, 아시아의 56.6%, 오스트레일리아의 100%, 그리고 아메리카의 27.2%를 식민지로 만들었다.[33] 이러한 상황은 비서구적 시·공간을 서구적 표준을 중심으로 통합하는 문제에 골몰했던 제국정치학의 역할이 축소되고, 서구 국가들 간의 갈등과 협력을 논의하는 국제정치학의 성장기반이 확대되었음을 의미하는 것이었다. 제1차 세계대전은 다른 한편으로 지정학의 발전을 자극했다. 제1차 세계대전 이후 독일에서는 매킨더(Halford Mackinder)의 이론을 차용한 하우스호퍼(Karl Haushofer)의 생존공간론이 각광을 받았고, 제2차 세계대전을 치르면서 미국에서는 유럽에서 이주한 스피크만(Nicholas J. Spykman)의 이론이 케난(George F. Kennan)의 봉쇄이론에 깊은 영향을 미쳤다.[34]

---

32) Johan Galtung, "Big Powers and the World Feudal Structure," *Peace and World Structure : Essays in Peace Research IV*(Copenhagen : Christian Ejlers, 1980), p. 356.

33) V. Lenin, "The Advance of Imperialism," *Collected Works* [1916], Vol. 22(London : Lawrence and Wishart, 1964), p. 254.

34) 이에 관한 보다 상세한 논의는 이기택, 『현대국제정치이론』(서울 : 박영사, 1997), pp. 98-119.

다른 한편으로 제1차 세계대전은 서구적 표준의 중대한 파국을 의미하는 사건으로 받아들여졌다. 제1차 세계대전의 전야에 이르기까지 유럽인들이 자신들의 시대를 가리켜 벨레포크(belle epoque : 아름다운 시대)라고 불렀던 것은 지극히 당연한 일이었다. 그러나 제1차 세계대전의 자기파괴적인 성격은 세계 다른 지역에 대한 유럽의 정치, 경제, 문화적인 우월의 종언이 시작되고 있음을 알리는 것이었다. 제1차 세계대전 중에 표출된 대서양세계의 야만성은 문명과는 거리가 먼 것이었다. 일찍이 코르테스가 비서구세계에 대한 정복과정에서 아즈텍제국의 "피의 제전"을 비난하면서 내세웠던 유럽중심적인 도덕적 근거는 자기 모순에 빠지고 말았다. 그것은 서유럽 스스로가 자임하던 "문명화의 사명"을 담당할 수 있는 능력의 한계를 노정한 것이었다. 서유럽의 감독과 감시, 그리고 서유럽과의 연계가 없이도 문명적 진보가 이룩될 수 있다는 신념이 확산되었다.

제1차 세계대전 이후 어떤 유럽 국가도 결정적인 지배력을 확보하지는 못했다. 제1차 세계대전 자체는 새롭게 성장하는 비유럽 국가, 즉 미국의 개입으로부터 큰 영향을 받았다. 이후로 유럽은 점차 세계정치의 주체라기보다는 객체가 되어갔다.[35] 제1차 세계대전을 통해 구유럽과 신유럽(미국을 지칭)을 통괄하는 대서양세계에서 미국은 '현대의 로마'로 부상하며, 세계적 표준의 입법자로 자리 잡을 수 있는 기회를 마련했다. 이것은 제1차 세계대전 발발 당시 이미 세계 총 생산량의 33%를 차지하는 미국의 경제력에 의해 뒷받침되었다. 제1차 세계대전은 바르바리 전쟁(Barbary War, 1801-1805,

---

35) Brzezinski, *The Grand Chessboard*, p. 5.

1815) 이후 미국의 군사력이 대규모로 대서양을 건넌 계기였다. 미국의 참전은 대양을 넘어 이루어진 원정으로서, 국제경기장에 막강한 신인선수가 등장했음을 알리는 것이었다.

또한 중요한 사실은, 이 전쟁을 통해 유럽의 국제문제에 대해 최초로 미국적 표준에 따른 해결을 추구하는 외교적 노력이 경주되었다는 점이다. 윌슨의 14개조는 유럽의 지정학에 미국의 힘을 통해 강화된 미국의 이상주의를 불어넣은 것이었다. 14개조는 전후 체제의 대강을 스케치했던 기준을 제시한 것으로서 유럽에서의 구체적인 영토문제(알자스-로렌지방의 프랑스로의 복귀) 이외의 비밀외교 포기, 항해의 자유, 경제적인 기회의 균등, 군비축소, 민족자결, 국제연맹의 설치 등에 관한 내용을 포함하고 있었다. 독일이 윌슨의 14개조를 수용하는 형태로 정전에 응했던 것은 종전이 무조건 항복이 아니라 조건부 항복에 의한 것이었음을 함축하는 것이었다. 그것은 미국주도형 대서양질서의 시작을 의미하는 것이었고, 미국의 윌슨 대통령은 그에 걸맞게 협상과정에서부터 영어가 프랑스어와 더불어 대등한 공식 외교언어로 대우받아야 함을 강조했다.[36]

제1차 세계대전 기간중에 미국 대통령 우드로우 윌슨은 새로운 표준에 입각한 국제평화를 주창하기 시작했다. 이것은 1693년 이미 펜실베니아 주를 건설한 영국인 윌리엄 펜(William Penn)이 『유럽평화론』이란 저서를 통해 대서양 건너편의 구대륙에 대한 관심을 표명했던 것을 상기시키는 것이었다. 하지만 우드로우 윌슨은 프린스

---

36) 이리에 아키라, 이종국 · 조진구 옮김, 『20세기의 전쟁과 평화』(서울 : 을유문화사, 1999), p. 84.

턴 대학의 저명한 교수 출신답게 그의 논거를 칸트의 이론에서 찾고 있었다. 1795년 칸트(Immanuel Kant)는 자연이 사람들을 이간시키기 위해 사용하는 두 가지 수단으로서 언어적 차이와 종교적 차이를 지적했다. 이러한 차이들은 상호 간의 적대감과 전쟁의 빌미를 제공해 준다는 것이다. 칸트는 시간이 지남에 따라 "문명의 진보"가 모든 것들을 평화로운 조화로 이끌어 줄 것이라고 기대했다. 그의 "영구평화"를 위한 계획은 모든 국가들이 평화를 수호하기 위한 "인민의회(assemblée des peuples)"를 구성하기 위해 단결해야 한다는 것에 모아졌다. 이러한 생각이 국제연맹이라는 형태로 결실을 맺기까지는 125년의 시간과 수많은 전쟁을 겪어야 했다.[37]

국제주의와 평화주의를 골자로 하는 윌슨주의는 대서양세계를 중심으로 전 세계 국가들을 망라하는 국제기구로 집약되었다. 이를 통해 윌슨은 미국적 자유사회의 모델을 세계화시킬 수 있으리라고 보았다. 그것은 곧 미국 사회 자신을 보호하는 일이기도 했다. 국제연맹은 오랫동안 서유럽 국제체제를 유지해 왔던 세력균형을 위한 동맹이라는 관점에서 벗어나 세력협조를 위한 동맹의 성격을 지녔다. 윌슨은 1919년 9월 9일에 행한 연설에서 세력균형과 집단안전보장의 두 개념을 대립시키면서 "세력균형은 독일적 방식이며 자국의

---

37) Immanuel Kant, *Zum Ewigen Frieden*(1795) ; (Stuttgart, 1954 edn.), p. 49 ; Paul Kennedy, *Preparing For the Twenty-First Century*(New York : Random House, 1993), p. 133에서 재인용. 국제주의의 역사에 관해서는 Christian L. Lange, *Histoire de l' internationalisme*(Christiania : Institut Nobel, 1919) ; Théodore Ruyssen, *Les Sources doctrinales de l'internationalisme* Vol. 1 : *Des origines à la paix de Westphalie*, Vol. 2 : *De la paix de Westphalie à la Rèvolution Française*, Vol. 3 : *De la Rèvolution Française au milieu du XIXe siècle*(Paris : PUF, 1954, 1958, 1961).

권력에 의존하는 정책이지만, 집단안전보장은 세계의 국가를 집결하는 것으로서 국제주의의 입장에 서는 것"이라고 주장했다.[38] 윌슨이 구상한 집단안전보장은 세계적 규모에 있어서의 평화유지를 위한 제(諸)국가 간의 협력이었다. 윌슨주의에 입각해서 창설된 국제연맹은 그러나 미상원의 인준을 받지 못함으로써 태생적 한계를 지닌 미숙아로서 출발하고 말았다.[39] 비록 윌슨의 꿈은 완전한 성공을 거두지는 못했지만 국제연맹이 결코 무의미하기만 했던 조직은 아니었다. 후일 일본이나 독일의 군사적 침공을 제어하는 역할을 수행해내지는 못했지만, 국제연맹은 대서양세계를 이념적으로 결속시켜주는 구심점의 역할을 수행했다.

대서양적 표준의 수립에 깊은 관심을 보이면서 1920년대 이후 미국 국제정치학의 발전에 크게 기여했던 것은 대외관계협의회(Council of Foreign Relations : CFR)였다. 대외관계협의회는 1919년 파리강화회담에 참석한 영국 식민청(British Colonial Office) 소속의 리오넬 커티스(Lionel Curtis)와 미국대표단 소속의 루이스 비어(Louis Beer) 간의 교감이 계기가 된 것이었다.[40] 1921년 7월 29일 대외관계협의회는 "무

---

38) 국회도서관 입법조사국, 『지역집단안전보장기구』, 입법참고자료 제2호(서울 : 국회도서관 입법조사국, 1964).

39) 베르사이유 체제가 지니는 특징을 현재적 함의에 주목하여 그 이전의 비엔나 체제와 비교한 글로서는 W. R. Smyser, "Vienna, Versailles, and Now Paris : Third Time Lucky?" Brad Roberts (ed.), *U. S. Security in an Uncertain Era*(Cambridge : MIT Press, 1993), pp. 89–98.

40) 당시 커티스는 파리평화회의에 참석한 인사들 간의 교제와 전문가들의 관심을 유도하기 위한 목적에서 영국왕립지리학회(Royal Geographic Society)와 유사한 "국제관계연구소(Institute for International Affairs)"를 설립할 것을 제안했다. "Minutes of Meeting at Hotel Majestic, May 30, 1919," cited in M. L. Dockrill, "Historical Note :

지한(uneducated)" 사람들이 준동하는 행정부의 선거전에서 한 국가의 장래를 좌우하는 외교정책이 결정되어서는 안 되며, 그것은 실질적인(pragmatic) 전문가들에 의해 합리적인 분석에 기초해서 정해져야 한다는 인식을 토대로 출범했다. 이와 같은 대외관계협의회의 설립 취지는 당시 유럽에서 환영을 받았던 윌슨의 국제연맹안이 미국상원에서 부결되고 역으로 공화당의 대중적 지지도가 높아졌던 당대의 상황과 밀접한 연관을 지닌 것이었다.[41] 대외관계협의회로 대표되는 미국 동부의 국제주의자들은 유럽적 패러다임에 근거한 국제정치학에 많은 관심을 기울였고, 그 발전에 기여했다.

한편, 제1차 세계대전 이후 미국의 대중적 분위기를 지배하고 있던 고립주의의 실체란 유럽에 대한 상대적 무관심을 의미하는 것이었을 뿐이고, 실제로는 유럽문제에 대한 일정한 단절을 통해 확보된 여력을 전통적인 서쪽으로의 팽창에 투여하자는 것이었다. 이러한 의미에서 프랑스의 정치학자 앙드레 지그프리트가 미국 외교정책사상 진정한 의미의 고립주의란 결코 존재한 적이 없었다고 갈파한 것은 지극히 타당하다.[42] 토마스 비쏜(Thomas A. Bisson), 오웬 래티모어(Owen Lattimore) 등을 배출한 태평양관계연구소(Institute for Pacific Relations)의 발전은 실상 이러한 미국의 고립주의=태평양 방면으로의 팽창주의에 의해 뒷받침되고 있었다. 태평양관계연구소의 극적

The Foreign Office and the Proposed Institute of International Affairs 1919," *International Affairs 56*(Fall 1980), pp. 665-72.

41) Michael Wala, *The Council on Foreign Relations and American Foreign Policy in the Early Cold War*(영국판 Winning the Peace) (Providence : Berghahn Books, 1994), p. 12.

42) André Siegfried, *Tableau des Etats-Unis*(Paris : Armand Colin, 1958), p. 331.

인 운명은 비쏜이나 래티모어의 개인적 운명과 마찬가지로 미국의 대아시아 정책의 변화와 밀접한 관련을 맺으면서 전개되었다.[43]

대서양적 연대와는 구별되는 미국의 고립주의는 사실상 태평양 방면을 향한 팽창주의의 또 다른 얼굴이었고, 그것은 대서양권역을 중심으로 새롭게 발전하고 있었던 국제정치학보다는 전통적인 제국정치학을 필요로 하는 것이었다. 제국정치학의 측면에서 볼 때, 미국은 해외 식민지의 상대적 부재, 고립주의적 국가기조 등으로 말미암아 다른 지역에 대한 체계적인 연구가 오랫동안 부진했고, 따라서 한동안은 구대륙의 연구업적, 특히 동일 언어권인 영국의 업적에 의존하는 무임승차자(free rider)적 성격을 보여주었다. 별도로 국제정치학회가 존재하지 않았던 미국 정치학계에 있어서 정치학자들의 학술지였던 PSQ(Political Science Quarterly)가 탄생한 것은 1880년의 일이었고, 6년 후인 1886년을 기준으로 볼 때 인용되는 문헌의 50% 이상은 외국문헌, 즉 유럽문헌이었다.[44] 미국이 1886년에 체결된 베른 저작권협정에 조인하기를 완강히 거부하다가 결국 1989년에 가서야

---

43) 래티모어와 태평양관계연구소의 관계, 그리고 미국의 대중국정책의 변화에 따른 래티모어의 위상변화에 관해서는 Robert p. Newman, *Owen Lattimore and the "Loss" of China*(Berkeley : University of California Press, 1992) ; 미국의 대일본정책의 변화와 비선의 위상변화에 관해서는 Howard B. Schonberger, *Aftermath of War : Americans and the Remaking of Japan, 1945-1952*(Kent, Ohio/ London, England : The Kent State University Press, 1989).

44) 김학준, 『한국정치론사전』(서울 : 한길사, 1990), p. 75. 《뉴욕 타임즈》지의 국제문제 칼럼이 시작된 것은 1937년 오헤어 매코믹이라는 여성에 의해서였는데, 당시 이 칼럼의 명칭은 '국제문제'가 아니라 '유럽에서'였다. 토머스 L. 프리드먼, 신동욱 옮김, 『렉서스와 올리브나무 : 세계화는 덫인가, 기회인가』(서울 : 창해, 2000), p. 40.

베른 협정에 조인했던 것 역시 이러한 지식구조적 맥락과 무관하지 않았다.

IV. 미국적 제국정치학 또는 미국적 국제정치학의 발전

미국이 유럽, 특히 영국에 대한 무임승차적 수준에서 벗어나 국제문제 연구에 박차를 가하게 된 데는 제2차 세계대전의 영향이 컸다. 미국에서는 일본의 진주만 기습으로 비롯된 아시아-태평양 전쟁을 수행하는 과정에서 일본을 비롯한 동아시아지역에 대한 폭발적인 관심이 생겨났다. 중일전쟁에 이은 아시아-태평양 전쟁의 발발과 함께 이승만의 일본 관련 저서가 비쑨의 저서들과 함께 미국사회에서 주목을 받게 된 것도 이러한 맥락에서였으며, 베네딕트의 명저 『국화와 칼』 역시 이 시기 미국 정부의 요청에 따라 행해진 연구에 기초한 것이었다.[45] 이처럼 제2차 세계대전은 미국에 있어서 작전수행상에 필요한 지역연구 프로젝트에 대한 국가적 지원이 이루어지는 계기가 되었고, 전화(戰禍)와 파시즘을 피해 미국으로 이주

---

45) Syngman Rhee, *Japan Inside Out : The Challenge of Today*(New York : Fleming H. Revell, 1941) ; Thomas A. Bisson, *American Policy in the Far East, 1931–1940*(New York : Institute of Pacific Relations, 1940) ; Thomas A. Bisson, *Japan in China*(New York : Macmillan, 1938) ; Ruth Benedict, *The Chrysanthemum and the Sword : Patterns of Japanese Culture*(Boston : Houghton Mifflin company, 1946).

한 지식인들은 자신의 연고지역에 대한 미국의 연구를 촉진시켰다. 아울러 전쟁과정 중에 특정지역에 파견되었던 군, 민간관계 종사자들은 이후 자신의 경험에 기초한 해당 지역연구에 기여하게 된다.

제2차 세계대전 중에 미국 정부의 지원 하에 지역연구를 지원하는 연구위원회들이 결성되었고(American Council of Learned Societies, National Research Council, Social Science Research Council), 각 위원회에서 나온 지역소위원회와 스미소니언연구소(Smithsonian Institution)가 협력하여 공동으로 민속지리평의회(Ethnogeographic Board)를 구성한 바 있고, 종전과 동시에 이 위원회는 발전적으로 해체되어 세계지역연구를 위한 조사위원회(Exploratory Committee on World Area Research)를 설치함으로써 명실상부한 지역연구의 전담기구가 탄생했다.[46] 민속지리평의회(Ethnogeographic Board)는 산하의 군 특수훈련 프로그램(Army Specialized Training Programs)과 공무훈련학교(Civil Affairs Training Schools) 등을 통해서 전쟁수행상의 필요에 따른 연구를 진행했다.[47] 이후 미국에서는 사회과학연구협의회(SSRC)와 학술단체협의회(ACLS)가 공동으로 구성하는 10개(아프리카, 중국, 동유럽, 일본, 한국, 라틴아메리카, 중근동, 남아시아, 동남아시아, 서유럽)의 지역연구 소위원회들이 있고, 이 위원회들에게 포드재단을 비롯한 10여 개의 지원재단들이 기금을 맡겨 지역연구 활동을 촉진시켰다.[48]

---

46) Robert Hall, "Area Studies : with Special Reference to their Implications for Research in the Social Sciences," *Phamphlet,* No. 3 (New York : Social Science Research Council, 1947), pp. iii–1.

47) Hall, "Area Studies," p. 17.

48) 한상복, "지역 연구를 위한 제언," 『사회과학 소식』, 한국사회과학연구협의회, 7권

제2차 세계대전 이후 미-소 간의 냉전이 본격화되면서 다른 지역을 자국적인 인식구조 안에 끌어들이고자 하는 요구가 증대되었다.[49] 냉전은 비단 정치, 경제, 군사적인 구조뿐만 아니라 지식구조 또한 미국중심적 체제와 소련중심적 체제로 양극화시켰다. 그러나 소련중심적 지식구조는 결코 미국중심적 지식구조와 동등한 지위를 구가할 수 없었다. 미국은 오랫동안 학문적 중심으로 군림했던 영국 및 서유럽의 지위를 계승했던 데 비해, 소련은 지식구조적 측면에서는 계속 이류적 서구에 머물렀다. 특히, 각각의 진영에서 미국과 서유럽이 단일한 지식구조로 쉽게 통합될 수 있었던 데 반해, 소련과 중국은 서로 경쟁적이고 상호배타적이기조차 한 지식구조를 지니고 있었다.

데나 플레밍(Denna Fleming)이나 앙드레 퐁텐느(Andre Fontaine)의 견해에 따라 냉전의 기원을 1917년 러시아혁명 시기까지 거슬러 올라간다면,[50] 냉전이 미국적 제국정치학 또는 국제정치학의 성립과 발전에 미친 영향은 리가(Riga)학파로까지 거슬러 올라간다. 1930년대 라트비아공화국의 수도 리가에는 미국 외교관들을 집중적으로 훈련하는 학교가 있었는데, 흔히 냉전구조를 설계한 미국 외교정책의

1호(1983).

49) 矢野暢 編, 『地域研究 手法 : 講座現代 地域研究(1)』(弘文堂, 1993), 3-22. 矢野暢, "지역연구란 무엇인가," 이원덕 번역 및 정리, 『지역연구 뉴스레터』 제25호(1996 4-6월), p. 3.

50) Denna Frank Fleming, *The Cold War and its Origins 1917-1960*, Vol. 1 : *1917-1950*, Vol. 2 : *1950-1960*(New York : Doubleday, 1961) ; André Fontaine, *Histoire de la Guerre Froide*, Vol. 1 : *La Révolution d'octobre à la Guerre de Corée*, Vol. 2 : *de la guerre de Corée à la crise des alliances, 1950-1967*(Paris : Fayard, 1965).

현인들(wisemen)[51]의 반열에 올라 있는 찰스 볼렌(Charles Bohlen)이나 죠지 케난(George Kennan) 등은 모두 이곳에서 로버트 켈리(Robert Kelly)의 문하에 있었다.[52]

리가학파의 특징은 역사 · 문화적 배경에 대한 강조에 있었다. 냉전체제 종식 이후 러시아지역에 대한 종합적 통찰력에 근거한 케난의 봉쇄정책은 폴 니체로 대표되는 롤백(roll-back) 혹은 공격적 봉쇄정책에 비해 훨씬 타당한 것이었음이 판명되고 있다. 둘째, 미국에 있어서 영어를 제외한 제2의 언어를 배우려는 노력은 매우 취약한 형편임에도 불구하고 고립주의적 분위기가 기승을 떨치고 있던 1920-1930년대에 이미 현지어(local language)에 대한 강조가 이루어졌다는 점이다.[53]

세계지역 연구에 대한 지원체계는 냉전시기 미국의 국가정책과 긴밀하게 결합되어 있었다. 이것은 1958년, 대학이 해외지역 연구의 주요 수행기관이라는 점을 명확히 한 국가방위교육법(National Defense Education Act) 6조에 의해 보다 체계적인 모습으로 정착되었다. 이 법안의 발동으로 정부, 학술재단, 기업, 그리고 대학 간에 지역학(Area studies)과 국제연구(International studies)를 발전시킬 수 있는 유기적 구조가 마련되었다.[54] 제6조가 보장해 주는 학문적 자유의 폭은 연고

---

51) 이 표현은 아이작슨(Walter Isaacson)과 토마스(Evan Thomas)의 다음 저서를 통해 널리 유포되었다. *The Wisemen : Six Friends and the World They Made : Acheson, Bohlen, Harriman, Kennan, Lovett, McCloy*(New York : Simon & Schuster, 1986). p. 853.

52) Daniel Yergin, *Shattered Peace : The Origins of the Cold War and the National Security State*(Boston : Houghton Mifflin Company, 1977).

53) 케난과 볼렌은 모두 직접 러시아어로 협상할 수 있을 정도의 어학능력을 갖추고 있었다.

국가 내부의 학문적 자유의 폭보다 큰 경우가 많았기 때문에 공산진영 혹은 제3세계의 연구자들은 미국을 보다 유리한 학문의 장으로 간주하게 되었다. 유럽적 제국정치학에서 탈피하고자 했던 미국 국제정치학의 특징은 지역연구기관이 정부에 대해서 가지는 자율성의 폭이 크다는 점이었다. 이와 같은 미국 국제정치학이 지니는 민간우위의 전통은 시민사회부분의 풍부한 재원을 배경으로 한 것이었다.

제2차 세계대전 이후 미국의 사회과학연구협의회(Social Science Research Council) 소속으로 되어 있는 세계지역연구위원회(Committee on World Area Research)가 바람직한 지역연구 프로그램을 위해 제안한 것은 집중적인 언어훈련과 인문학과 사회과학의 통합연구, 신문, 공식문서, 지도 등을 포함하는 특수한 재료의 활용, 외국학생과 교수요원의 참여 등이었는데,[55] 세계지역 연구와 관련해서 이와 같은 조건들을 가장 잘 충족시킬 수 있었던 사람들은 해당지역에서 미국으로 건너간 유학생들이었다. 제2차 세계대전의 발발을 전후하여 미국이 유럽을 대신해서 학문세계의 새로운 중심을 형성할 수 있었던 데는 나치의 압박을 피해 미국으로 이주했던 학자들의 기여가 컸다. 마찬가지로 제2차 세계대전 종전 이후에도 미국은 외국출신의 젊은 학자들을 잘 활용함으로써 미국중심적 인식틀을 전 세계적으로 확장시켰다.

---

54) Gilbert W. Merkx, "Foreign Area Studies : Back to the Future?" *LASA Forum*(1995 Summer). 서울대 지역종합연구소 APEC 연구실 역, "해외지역 연구 어디로 가나? : 미국 내 논쟁," 『지역연구 뉴스레터』(1995 9-12월), pp. 1-2.

55) Bryce Wood, "Area Studies," *Encyclopedia of Social Sciences*(New York : Macmillan & Free Press, 1974), p. 403.

제2차 세계대전 이후 냉전기간을 통해 발전한 미국중심적 지식구조는 유럽열강들이 발전시켰던 제국정치학이나 국제정치학과는 다른 성격을 지닌 것이었다. 그것은 제2차 세계대전 이후 미국이 공산권을 제외한 명실상부한 세계제국으로 등장했다는 점에 기인했다. 과거의 제국들은 그 어떤 경우도 진정으로 세계적이지는 못했다. 심지어 영국조차도 진정한 세계제국은 아니었다. 영국은 유럽을 지배하지 못했으며, 단지 세력균형의 추로서 기능했을 뿐이었다. 이와는 대조적으로 제2차 세계대전 이후 미국의 세계권력이 미치고 있는 정도와 범위는 단연 독보적인 것이었다.[56]

제2차 세계대전 이후 공산진영을 제외한 지역에서는 바로 공산진영의 존재에 의해 촉진되어 미국의 국내적 경험을 반영한 제국정치학이 곧 국제정치학으로 통용되는 자본주의 세계체제가 광범위하게 자리 잡았다. 브레진스키의 표현을 그대로 인용하자면, 미국적 제국정치학이 많은 나라들에서 국제정치학과 동일한 것처럼 받아들여질 수 있었던 것은 다음과 같은 상황에 기초한 것이었다.

> 미국적 양식에 대한 모방이 점차 전 세계적으로 퍼져나감에 따라 미국의 패권이 보다 간접적이고 합의적인 외양을 가지고 행사되기에 적합한 구조가 창출되어진다. 그리고 미국 내의 체제에서처럼 힘과 영향력의 차이를 은폐하고, 합의를 도출하도록 고안된 복잡한 제도와 절차들을 통해 미국의 패권이 행사되게 된다. 그러므로 미국의 세계 제일적 지위는 문자 그대로 전 세계에 펴져있는 동맹과 연합의 정교한 체제에 의해 떠받쳐지고 있는 것이다.[57]

---

56) Brzezinski, *The Grand Chessboard*, ch. 1.

제2차 세계대전 이후 미국의 헤게모니가 발휘되고 있던 광범위한 공간으로 말미암아 미국적 제국정치학과 국제정치학의 구별은 더욱 모호해졌다. 공산진영을 제외한 지역에 있어서 급격히 확산되었던 미국적 양식은 동양과 서양 간의 구별을 덮어버릴 수 있는 정도였기 때문에, 과거 유럽제국의 제국정치학에 대해서는 충분한 효력을 발휘할 수 있는 에드워드 사이드 류의 비판적 논거를 약화시켰다. 광범위한 제국적 공간이 형성되면서 미국적 제국정치학의 적실성이 그만큼 높아졌기 때문이다. "거인의 어깨 위에서" 세상을 보지 않으면 안 되는 필요성이 높아지면서 미국적 패러다임이 곧 전 세계적 패러다임으로 받아들여지는 구조가 생성되었던 것이다.[58]

미국적 제국정치학 또는 국제정치학의 발전은 미국이라는 하나의 제국이 맞서고 있는 또 하나의 제국으로서의 소련 혹은 그 동맹국가들에 관한 연구에 의해 선도되었다. 소련학의 대가인 리차드 파이프스는 "한 나라의 연구를 위하여 소련 연구에서와 같이 많은 돈과 민-관의 연구인력이 투여된 적은 없었다"고 회고했다. 그러나 소련의 존재로 인한 냉전이 미국적 제국정치학 또는 국제정치학의 발전에 있어서 결정적인 기여를 했던 만큼 소련의 붕괴(collapse)는 미

---

57) 같은 책, p. 27.

58) 이에 관해서는 최정운, "국제정치의 연구," 『우리나라 지역연구의 현황-문제점-활성화 방안 연구』(서울 : 서울대학교 부설 지역연구종합센터, 1990년 7월), p. 153 ; Steve Smith, "Paradigm Dominance in International Relations : The Development of International Relations as a Social Science," Hugh C. Dyer and Leon Mangasarion (eds.), *The Study of International Relations : The State of the Art*(London : Macmillan, 1989).

국적 제국정치학 또는 국제정치학의 위기로 직결되었으며, 더욱이 그와 같은 상황의 도래를 전혀 예측하지 못함으로써 파국(catastrophe)을 맞이하게 되었다.[59]

소련의 국부 레닌은 그의 『철학노트』에서 "현상은 법칙보다 더 풍부하다"고 말함으로써 사회과학적 법칙이 역사적 현상의 여러 가지 측면들과 여러 가지 특수성의 전부를 포괄하지 못한다는 점을 시사한 바 있었다. 예측하지 못한 소련의 붕괴를 통해 미국 학계는 바로 그러한 한계를 절감해야 했다. 냉전체제의 붕괴를 전혀 예측하지 못한 미국 학계의 충격은 실로 대단한 것이었고, 그 파장의 종착역이 어떠한 모습으로 나타날 것인가에 관해서는 대략 두 가지 커다란 흐름을 잡아볼 수 있을 것이다.

첫째, 굳이 과학이라는 접미사를 고집했던 기존의 정치학(Political Science)적 흐름으로부터의 과감한 탈피 노력이다. 19세기 유럽에서 제도화된 서구학문을 인문학, 자연과학, 사회과학 등으로 삼분할 수 있다면, 현재는 서구학자들 자신이 이들 세 가지 범주들 간의 칸막이를 허물려는 시도를 보여주고 있는 것이다. 파이프스는 기존의 국제정치학자들이 저지른 "큰 실패(fiasco)"의 근원은 자연과학자에게나 부여될 수 있는 영예에 집착하여 물리학자나 생물학자를 흉내낸 데 있다고 반성한다. 이와 같은 반성은 정치학은 과학보다는 인문학에 가깝다는 다음과 같은 주장으로 이어지고 있다.

즉 인간이란 가치탈피적이고(value-free), 탈목적론적(unteleological)

---

59) Richard Pipes, "Review Essay : Misinterpreting the Cold War-The Hard-Liners Had It Right." *Foreign Affairs* 74 (Jan/Feb 1995), p. 159.

방식으로 분석될 수 없는 "가치와 목적을 지닌 존재"이며, 따라서 사회-정치조직에 대한 분석은 역사 내지 문학에서 활용되는 것과 유사한 방법론을 사용할 필요가 있다고 보는 것이다. 기존의 소련학 연구자들은 러시아의 소설과 시를 읽고자 하지 않았으며, 그것을 과학적으로 평가될 수 없는 연성자료(soft sources)로서만 취급했다. 그들은 역사를 적실성이 없는(irrelevant) 것으로 취급했고, 그 결과 인간의 열망과 불만을 무시했다. 우리는 가족에 관한 묘사로 시작해서 아동교육에 있어서의 음악의 역할에 관한 소논문으로 마감하는 아리스토텔레스의 『정치학』을 다시 읽을 필요가 있다. 홉스의 『국가론(*The Leviathan*)』은 "인간에 관한(Of Man)" 긴 논설로 시작하고 있고, 마키아벨리는 인간본성에 관한 이해를 정치가에게 있어서 필수적인 것으로 보았다. 이들의 주제는 "구조(structures)"니 "모델(models)"이니 "기능(functions)"이니 하는 것들이 아니었고, 다만 구체적인 인간(concrete human beings)이었다. 그들은 비록 과학적 테크닉을 구사하였지만 기본적으로 과학보다는 인문학에 머물러 있었다.[60]

과학적 이론에 대한 집착은 특히 미국 정치학계에 있어서 두드러지는 현상이었다. 이것은 유럽의 정치학이 일찍부터 역사학과의 접맥을 통해 발전되어 왔던 것과는 대조적인 것이었다. 영국의 죤 실리(John Robert Seeley)는 "정치학(political science)이 없는 역사는 열매가 없고, 역사가 없는 정치학은 뿌리가 없다"라고 주장한 바 있었다.[61]

---

60) Pipes, "Misinterpreting the Cold War," p. 160.

61) Trowbridge H. Ford, "Towards a Better Relation between History and Political Science," *Government and Opposition* 7 (Spring 1972), p. 207.

프랑스의 레이몽 아롱은 국제관계를 일괄적으로 설명할 수 있는 일반이론은 있을 수 없다고 말하면서 국제관계에 대한 과도한 이론화 작업이 지니는 부적절성을 지적한 바 있다. 그에 따르면 국제관계를 연구하는 방법은 개개의 구체적 사실들을 규명하기 위해서 역사학적이어야 하고, 동시에 상수의 도출을 위해 사회학적이어야 한다는 것이었다.[62]

냉전체제와 관련해서 미국의 정치학자들이 예측력을 결여한 이론들을 양산하고 있을 때인 1981년 프랑스의 국제관계사학자인 뒤로젤은 『제국의 필멸』이라는 저서를 통해 소련의 붕괴가능성을 다각도로 예측했다.[63] 뒤로젤의 학문적 경쟁자들은 사실상 미국의 국제정치학자들이라기보다는 페르낭 브로델(Fernand Braudel)로 대표되는 아날학파였다.[64] 뒤로젤은 그의 스승인 삐에르 르누벵과 함께 아

---

62) Raymond Aron, "Qu'est-ce qu'une théorie des Relations Internationales?" *Revue française de Science Politique* 17 (octobre 1967), p. 852.

63) Jean-Baptiste Duroselle, *Tout empire périra : Théorie des relations internationales*(Paris : Publication de la Sorbonne, 1981). 이 책의 개정증보판은 1992년 Armand Colin에서 출판되었다.

64) 아날학파는 당대를 풍미하던 정치사에 대한 총체적 비판에서 출발했다. 아날리스트들은 '위인' 들을 중심으로 벌어지는 정치사(事)에 대한 서술에서 벗어나 전혀 새로운 개념에 입각한 역사서술을 주장하였 다. 마크 블로흐(Marc Bloch)가 창간한 동명의 학술지를 중심으로 형성되어 현재 사회과학고등연구원(EHESS)을 총본산으로 하고 있는 아날학파의 역사가들은 베르사이유 궁정에서 왕과 왕비를 중심으로 연출되는 왕실 무도회의 모습보다는 지방, 그리고 대중들의 생활 속에서 면면히 흘러내려 오던 기층의 역사에 보다 많은 관심을 기울였다. 미셸 푸코의 『성의 역사』, 『감옥의 역사』, 『임상의학의 탄생』 등의 저작들이 가능할 수 있었던 것도 연대기적 사건 서술보다는 기층민중의 삶 속에서 심층적 "장기지속(longue durée)"의 역사를 잡아내고자 했던 아날학파의 노력 위에서 가능한 것이었다. 아날학파에서는 정치사학자들이 "연관성 없이 벌어지고 있는 먼지 같은 사건들"

날학파의 비판에 창조적으로 대응하였으며, 역사적 사실에 기초한 국제관계 이론서로서 『제국의 필멸』이라는 역저를 집필하였던 것이다.[65]

소련의 붕괴가 현실화되자 많은 사람들은 뒤로젤의 저서와 더불어 이미 1978년에 소련의 해체가능성을 예고했던 프랑스의 여류학자 엘렌 까레르-단코스(Helene Carrered'Encausse)의 『균열된 제국』이라는 책과 그 방법론에 주목했다.[66] 소련의 소수민족이었던 그루지

(inconsequential day-to-day happenings ; poussières d' événements)을 다루고 있다고 비판하면서, 장기지속(longue durée ; long cycle)의 깊은 시간(temps profond ; deep time)에 보다 많은 관심을 기울여야 한다고 보았던 것이다. Jean-Baptiste Duroselle et al., *Etudes d'histoire des relations internationales: Mélanges Pierre Renouvin*(Paris : PUF [Publications de la Faculté des Lettres et Sciences humaines de Paris, série "Etudes et Méthodes," t. 13], 1966), pp. 75-76. Fernand Braudel, *Ecrits sur l'histoire*(Paris : Flammarion, 1969).

65) 이에 앞서 뒤로젤은 스승인 르누벵과 함께 *Introduction à l'histoire des Relations internationales*(Paris : Armand Colin, 1965)를 집필하였으며, 이 책은 한국에도 이미 번역 · 소개된 바 있다. 이기택 역, 『국제정치사 이론』(서울 : 박영사, 1987). 현재 Paris I 대학 소르본 건물 내에 소재하고 있는 Institut de Pierre Renouvin은 Institut de l'histoire du temps présent과 더불어 프랑스의 냉전사 연구를 대표하고 있는바, 뒤로젤을 이은 이 연구소의 수장은 르네 지로(René Girault)이며, 지로 자신은 유럽에 있어서의 냉전문제를 중심으로 다음과 같은 주목할 만한 연구들을 발표하고 있다. René Girault, Robert Frank et Jacques Thöbie, *Histoire des Relations Internationales Contemporaines*, t. 3 : *La loi des géants, 1941-1964*(Paris : Masson, 1993) ; René Girault et Maurice Lévy-Leboyer et al., *Le Plan Marshall et le relèvement économique de l'Europe*, colloque tenu à Bercy les 21, 22, 23 mars 1991 (Paris : Imprimerie nationale [Comité Pour l'Histoire Economique et Financière de la France, Ministère de l'Economie, des Finances et du Budget], 1993) ; René Girault et Robert Frank, *La puissance française en question, 1945-1949*(Paris : Publications de la Sorbonne, 1988).

66) Hélène Carrerre d'Encausse, *L'Empire éclaté : La révolte des nations en U.R.S.S.*(Paris : Flammarion, 1978).

아 출생의 까레르-단코스는 여덟 살 때 부모를 따라 프랑스로 이주한 개인사적 경험을 바탕으로 소련이 소수민족 문제를 극복하지 못하고 균열되어 있고, 그와 같은 균열이 소련체제 붕괴의 원인을 제공할 것이라는 점을 정확히 제시했다. 이와 같은 유럽적 전통은 냉전종식 이후 미국 학계에서도 새롭게 수용되고 있다. 미국외교사학회 회장을 역임한 바 있는 가디스(John Lewis Gaddis)는 미국 정치학계의 가장 대표적인 학술잡지를 선택하여 냉전시대의 국제정치학 방법론을 세 가지 계통으로 분류하고 사실상의 이론적 파산을 선고한 도전적인 논문을 발표하기도 했다.[67]

둘째, 국제정치학을 과학으로부터 분리시키려는 노력과 병행해서 과학 자체 내에서 이루어지고 있는 패러다임의 변동(paradigm shift)에 국제관계에 대한 관심을 접맥시켜 설명해 보려는 노력도 대두되고 있다. 무엇보다 국제관계에서 보여지는 "비선형적 동학(non-linear dynamics)"과 "복잡한 체계(complex system)"를 카오스 이론으로 설명해 보려는 노력을 들 수 있다.[68] 카오스 이론가들은 비선형적 동학

---

67) John Lewis Gaddis, "International Relations Theory and the End of the Cold War," *International Security* 17 (Winter 1992/93), pp. 5−58. 가디스에 대한 반론과 가디스의 재반론 Ted Hopf, "Getting the end of the cold war wrong," *International Security* 18 (Fall 1993), pp. 202−208.

68) 1994년 5월 19일부터 21일까지 오하이오 대학(Ohio University) 현대사연구소(Contemporary History Institute)에서 개최되었던 다학문 간 공동 학술대회는 카오스 이론의 역사적 적용가능성을 본격적으로 탐색한 최초의 모임이었다. *Now & Then*(Newsletter of the Contemporary History Institute) (Spring 1995), pp. 1−2, p. 5와 *Now & Then*(Winter 1995) 참고. 영국의 Fernand Braudel Center 역시 카오스 이론과 역사학을 접맥시키려는 심층적인 노력을 전개하고 있다. 특히 이 센터가 발간하는 *Review*지에 게재된 다음의 논문들을 참고. Ilya Prigogine, "The Laws of Cha-

과 관련해서 "폭포수가 바닥에 부딪칠 때 나란히 솟구치는 두 개의 물방울이 있다면 이들은 폭포수 꼭대기에서도 나란히 흘렀을까?"라는 질문을 던진다. 이들은 또한 "베이징 하늘 위 나비의 날개짓으로 일어난 가벼운 바람이 다음날 뉴욕의 폭풍으로 변할 수 있을까?"라고 반문하면서 일상적 자연현상의 무수한 무질서 속에도 숨겨진 연관성이 내재한다고 주장한다.

결국 카오스 이론에 쓰이는 카오스는 완전한 무질서가 아니고, 겉으로는 무질서하게 보이지만 내적으로는 놀라운 규칙성을 갖고 있는 현상을 지칭한다. 카오스 이론적 관점에서 보면 결정론적 예측 가능성이 발휘될 수 있는 코스모스적 세계란 카오스의 일부분에 불과하다. 카오스 이론은 입력의 미세한 차이가 출력에서 엄청나게 큰 차이로 나타날 수 있다는 "초기 조건에의 민감한 의존성(sensitive dependence on initial conditions)"에 주목한다. 이를 테면 "나비 한 마리가 북경에서 공기를 살랑거리면 다음날 뉴욕에서 폭풍이 일어날 수 있다"는 것이다. 상태보다는 과정의 과학이고 존재보다는 변환의 과학이라고 불리우는 카오스 이론은 이미 수학, 기상학, 생물학, 물리학, 의학, 경제학, 미학, 사회학 등의 학문 분야를 연구의 동반자로 삼고 있다. 카오스 이론은 무엇보다 "시간의 화살(arrow of time)"이 지니는 중요성을 부각시킴으로써 역사와 과학 사이의 계곡에 가교를 놓았다. 이것은 역사로서의 자연과학, 자연과학으로서의 역사를 위한 기초가 마련되었음을 의미하는 것이었다. 물은 항상 흐르고 있기 때문

---

os," *Review* 19 (Winter 1996), pp. 1–10 ; Immanuel Wallerstein, "History in Search of Science," *Review* 19 (Winter 1996), pp. 11–22.

에 두 번 똑같은 물에 뛰어들 수는 없다는 이유에서 외면되었던 역사에 대한 새로운 접근이 이루어지게 된 것이다.

탈냉전시대에 들어서 두드러지고 있는 메타이론의 붕괴현상은 구체적 사실에 대한 새로운 검토와 경험적 통찰력의 중요성을 부각시켜 주고 있다. 근대과학이 신(神)처럼—시간을 뛰어넘는 법칙성을 추구했다면, 카오스 이론적 패러다임에서는 사람의 아들로서—세계 안으로 들어온 신을 다시 세계의 외곽으로 안치시킴으로써 현대세계의 불안정성을—설명하지도 해결해 주지도 못하는 신, 즉 법칙성과의 새로운 합일을 추구하는 방식이다.—더 이상 신의 개입을 상정할 수 없는 세계에 있어서 인간세계에 대해 말할 수 있는 것은—"확실성"이 아니라 "개연성"이며, 변수의—단순화(simplification)가 아니라 상정가능한 모든 변수에 대한 적절한 포괄이다.

카오스 이론적 관점에서 보면, 기존의 정치학은 카오스의 일부에 불과한 코스모스적 세계관에 기초해서 구조를 상정하고 모델을 작성하여 단선적 예측을 시도함으로써 그 한계를 노정하였던 것으로 이해될 수 있다. 그것은 흔히 현재의 상태를 일목요연하게 브리핑하는 데는 효과적일 수 있었지만, 초기에는 무시해도 좋을 것처럼 보이나 궁극적으로 커다란 파장을 불러오는 변수들을 배제한 과도한 단순화(oversimplification)로 말미암아 관찰자 자신을 포함하고 있는 비단선적 얼개구조의 파악에 실패했다. 역사적 접근방법은 기본적으로 크고 작은 이야기들(recits)에 의존함으로써 단순화된 인수의 재조합이 아니라 있는 그대로의 얼개구조에 접근하고자 한다. 이 점에서 현대 국제체제를 역사적으로 접근하는 것으로서의 의미를 지닌 냉전사에 대한 관심은 다학문 간 연구의 일환으로서 더욱 자리를 넓혀나갈 전망이다.

각각의 사람들은 모두 각각의 개인사를 만들어 나가는 과정에 있다. 개인적 경험에 비추어 미래를 설정해야 하고, 미래의 비전에 기초해서 자신의 과거를 되돌아 보아야 한다. 개인적 수준에서나 국가적 수준에서나 위기의 순간에 가장 큰 힘을 발휘하는 것은 역사적 통찰력이다. 자료를 수집할 시간도, 계량화나 시뮬레이션을 통해 위기를 어떻게 관리할 것인가 하는 시간적 여유도 주어지지 않는 것이 위기의 특징이기 때문이다.

V. 한국 국제정치학의 형성과 발전

중국중심적 제국정치학의 인식구조를 통해 세계를 인식하고 있던 조선인들에게 있어서 최초의 국제정치학적 인식을 시도했던 기록은 조선 말기의 실학자들에게서 발견된다. 일찍이 다산 정약용은 이덕유의 "비왜론"과 유득공의 "필기"를 평하는 가운데 그의 일본관을 서술했다. "기예론"과 함께 다산의 시문집에 수록된 "일본론"의 기조를 이루고 있는 것은 일본이 유구(오끼나와)와 마찬가지로 중국과 직접 접촉함으로써 중국의 문화와 기예를 섭취하여 그들 스스로의 기술을 향상시키고, 이리하여 그 국력이 크게 증진되어 조선보다도 월등히 부강한 나라가 되었다는 인식이다. 아울러 정약용은 일본이 유교윤리와 유교문화에 사로잡혀 있고, 따라서 이덕유의 주장과는 달리 외침을 감행하지 않으리라고 보았다. 정약용은 일본과 유구가 중국으로부터 "중국의 신식묘제"들을 받아들여서 조선보다 부강한 나라가 되고 있고, 이 "신식묘제"들은 다시 청제국에 도입되고 있던 서양의 천문, 역법, 수학, 지리, 회화, 병기, 공예 등의 학문-기술과 밀접한 관련을 맺고 있다는 사실을 정약용은 잘 인식하고 있었다.[69]

그러나 조선이 본격적으로 중국중심적 제국정치학에서 벗어나 국제정치학적 인식의 필요성을 절감하게 된 것은 중국중심적 인식구조가 서양과 일본의 도전에 직면하게 되는 개항기를 기다려야 했다. 이 시기 조선의 국제정치학적 관심을 함축하고 있던 용어는 "만국공법"이었다. '만국공법' 이라고 하는 새로운 용어가 우리의 공공문헌에 최초로 나타나는 것은 1876년 음력 1월 20일자 『고종실록』에서였다고 알려지고 있다.[70] 이 시기 만국공법에 대한 관심을 중심으로 한국의 국제정치학적 인식이 발전하게 된 것은 베스트팔렌 체제 이후 유럽의 국제정치학적 인식이 국제법에 대한 관심을 중심으로 발전했던 것과 유사한 모습을 보여준다.

이 시기 일본은 한국의 국제정치학적 인식에 있어서 주요 통로내지는 여과장치로 기능했다. 한국인에 의한 최초의 서양에 대한 지역연구적 성격을 지녔던 유길준의 『서유견문』조차도 1895년 일본에서 간행된 것이었으며,[71] 일본에서 만들어진 많은 정치학적 개념들

---

69) 홍이섭, "정약용의 정치경제사상 연구," 『한국연구총서』 제3집(1959), pp. 27-31 ; 고병익, 『동아교섭사의 연구』(서울 : 서울대학교 출판부, 1988), pp. 414-417.

70) 김용구, 『세계관 충돌의 국제정치학』, p. 182.

71) 유길준의 국제문제 인식에 관해서는 김봉진, "근대 국제정치관의 동양적 수용,"

이 한국으로 수입되었다. 한국인들이 경험한 서구는 일본에 들어와 있던 서구인 경우가 많았으며, 간혹 직접 서구를 경험할 수 있는 경우도 있었지만 한국의 국권이 일본에 의해 찬탈되면서 이러한 기회는 극히 적어질 수밖에 없었다. 이러한 지적 지형은 향후 한국 국제정치학의 성격을 규정짓는 중요한 의미를 지닌 것이었다.

당시 일본은 미국에 의해 개항을 맞이 했지만 미국보다는 유럽 국가들을 자국적 표준의 수립을 위한 모형으로 채택했다. 더욱이 일본은 페리 제독의 흑선이 도래하기에 앞서 이미 포르투갈이나 네덜란드와 직접적인 교류를 가진 경험을 가지고 있었다. 따라서 일본은 유럽을 기반으로 발전했던 국제정치학의 원형을 직수입할 수 있었던 반면, 한국은 일본이 새롭게 수립하고 있었던 제국정치학에 편입되는 양상을 보여주었고, 이것은 해방 후 미국중심적 제국정치학의 지배로 이어졌다.

국권침탈기 한국의 국제정치학적 인식은 망명과 이민을 통해 획기적인 발전의 계기를 마련했다고 보여지지만, 이승만의 연구물을 제외하고는 이렇다 할 국제정치학적 인식의 원형을 찾아보기 어렵다.[72] 미국보다 훨씬 더 많은 한국 이주민을 받아들였던 러시아에 있어서 프린스턴 대학 학위논문과 일본 관련 저서를 통해 탁월한 국제정치적 식견을 보여주었던 이승만에 버금가는 한국 국제정치학

이상우 · 하영선 공편, 『현대국제정치학』(서울 : 나남출판, 1996), 345-70쪽 ; 정용화, "유길준(俞吉濬)의 정치사상 연구 : 전통에서 근대로의 복합적 이행," 서울대학교 외교학과 대학원 박사학위논문, 1998.

72) Syngman Rhee, *Neutrality as influenced by the United States*(Princeton : Princeton University Press, 1912).

자의 원형은 찾아보기 힘들다.[73]

한국에 있어서 근대적 국제정치학의 탄생은 해방 이후의 국가 수립과 6·25전쟁을 통해서 가능했다고 보는 것이 옳을 것이다. 이 시기 한국의 국제정치학은 국제법적 연구와 외교사적 연구에 의해 선도되었다는 특징을 보여준다. 일본의 제국정치학에 압도적으로 편입되어 있었던 한국 국제정치학의 독립적 토대가 마련되기 시작했던 것이다. 비록 이 시기의 많은 저술들이 기존 일본 학자들의 국제법적 저술이나 외교사적 저술에 크게 의존하고 있기는 하지만, 한국적 국제정치학의 토대를 마련했다는 점을 높이 평가해야 할 것이다.

일본 학자들의 국제법 연구가 여전히 주요한 참고도서로 활용되고 있던 1949년, 이한기는 필립 C. 제섭의 저서(*A Modern Law of Nations : An Introduction*)를 번역 · 소개하였고, 같은 해 박관숙은 『국제법요론』을 출간했다.[74] 6·25전쟁의 와중에서 김기수 역시 국제법 분야의 선구적 업적을 남겼다.[75] 이건호가 6·25전쟁 직후에 출간한 『국제법개설』은 대한민국 건국과 6·25전쟁에 깊이 간여했던 국제연합에 대한 학문적 관심을 반영하고 있다.[76] 한편, 외교사 분야에서는 1950년 박봉양의 『조선외교사개요』가 출간된 데 이어 1954년 강상운의 『근

73) 유리 바닌 외, 기광서 옮김, 『러시아의 한국연구 : 한국 인식의 역사적 발전과 현재적 구조』(서울 : 풀빛, 1999), 제3장 러시아 한국학의 태동.

74) 필립 C. 제섭, 이한기 역, 『현대국제법 : 서설』(서울 : 일한도서출판사[서울대학교 번역총서 1], 1948) ; 후일 이한기는 독자적인 단행본을 출간했다. 이한기, 『국제법학』(서울 : 박영사, 단기 4291[1958]). 박관숙, 『국제법요론』(서울 : 선문사, 1949) ; 박관숙, 『국제법요론』(서울 : 고려출판사, 단기4287[1954]).

75) 김기수, 『현대국제법론』(서울 : 합동문화사, 1952).

대외교사』가 발행되었고, 신기석은 1953년 436쪽에 달하는 『근대외교사』를 발표한 데 이어서 이 분야의 연구업적을 주도했다.[77]

국제정치학이라는 용어를 표제로 한 저서로서는 6·25전쟁 직후인 1954년에 발표된 조효원의 저서가 그 효시가 되었다.[78] 조효원은 1954년 오하이오주립대학에서 학위를 마치고 귀국한 직후 이 책을 출판했다.[79] 서문에서 밝히고 있는 바와 같이 이 책은 저자가 미국의 위튼벨그, 덴버, 그리고 오하이오주립대 등에서 각기 학위과정을 이수하면서 교과서로 학습했던 책들 중 "가장 중요하다고 믿는 부분을 체계화"한 것이다. 같은 해 조효원은 『아시아정치론』을 출간한 데 이어 이듬해에도 『민주주의와 국제정치』, 『현대정치사상』 등을 펴내는 왕성한 활동을 보여주었다.[80] 조효원의 저서를 "완제품 수입의 전형적인 효시"[81]라고 평가절하하는 경향도 있지만, 당시까지

---

76) 이건호, 『국제법개설』(서울 : 탐구당, 1954). 이밖에도 신동욱, 『국제법』(서울 : 정음사, [1956]) 등의 업적이 이어졌다.

77) 박봉양, 『조선외교사개요 (상)』(서울 : 조선학교도서출판사, 1950) ; 강상운, 『근대외교사』(서울 : 민중서관, 1954) ; 신기석, 『근대외교사』(서울 : 문성당, 1953) ; 신기석, 『근대외교사』 증보판(서울 : 문성당, 단기 4287 [1954]) ; 신기석, 『정치학전집 1 (4) : 외교사』(서울 : 양문사, 단기 4288 [1955]) ; 신기석, 『동양 외교사』 증보판(서울 : 동국문화사, 단기 4288 [1955]) ; 신기석, 『외교사』(서울 : 양문사, 단기 4288 [1955]).

78) 조효원, 『국제정치학』(서울 : 문종각, 1954).

79) 이 책에서 조효원은 서울대 문리대 교수이자 연희대 정법대학 교수로서의 신분을 밝히고 다시 영어로 이를 표기하고 있다. 연희대학교의 영어명칭은 Chosen Christian College로서 그 뜻은 "선택받은 크리스찬 대학"이 되지만 일제 하에서 "조선"이라는 명칭을 고수하기 위한 언더우드의 방책이었다.

80) 레스터 B. 피어슨, 조효원 역, 『민주주의와 국제정치』(서울 : 을유문화사, 단기 4289 [1956]) ; 조효원, 『아세아정치론』(서울 : 문종각, 단기 4288 [1955]) ; 조효원, 『현대정치사상』(서울 : 경향신문사, 단기 4289 [1956]).

일본적 제국정치학의 틀에서 크게 벗어나지 못하고 있었던 지적 상황에서 신선한 충격을 주었다는 점은 높이 평가되어야 할 것이다.[82]

후일 한국 국제정치학계에 보다 많은 영향을 미친 책은 1955년 발간된 이동주(이용희의 필명)의 『국제정치원론』[83]이었다. 연희전문을 졸업하고 서울대에서 교편을 잡고 있었던 이용희는 1955년의 저서에 담았던 문제의식을 발전시킨 탁월한 후속연구로서 『일반국제정치학(상)』을 1962년에 출간하였는데, 이 책은 특유의 "권역이론"을 통해 한국 국제정치학의 독창적 기반을 닦았다.[84] 이것은 헌팅턴의 문명권 간 충돌이론의 문제의식보다 훨씬 앞선 것이다. 서구에 있어서 전쟁이 국제정치학의 발전에 결정적인 기여를 했던 것과 마찬가지로 6·25전쟁은 한국 국제정치학의 발전을 자극했다. 이용희의 『일반국제정치학(상)』의 집필과정에서 많은 기여를 했던 김홍철의 1959년도 석사학위 논문은 이러한 시대적 문제의식을 잘 나타내고 있다.[85] 이와 아울러 1960년 김명회의 박사학위 논문은 6·25전쟁의 경험을 국제법적 차원을 넘어서 국제정치학적으로 담아낸 한국인 최초의 역작이었다.[86] 6·25전쟁에 관한 연구는 최근까지도 한국 국제

---

81) 최정운, "국제정치의 연구," 142쪽 주 5.

82) 이후 조효원은 행정학 분야의 강의를 담당하며, 1959년 행정학 용어사전을 출판하는 데 크게 기여했다. 국제정치학 분야에서 조효원의 후속연구가 이루어지지 않은 것은 부분적으로 이와 같은 그의 지적 편력에 기인한 것이다.

83) 이동주, 『국제정치원론』(서울 : 장왕사, 단기 4288 [1955]).

84) 이용희, 앞의 책.

85) 김홍철, "군사력이 근대국가 형성 발달에 미친 의의를 논함," 석사학위논문, 서울대학교 대학원 외교학과 국제정치학전공, 1959.

86) Myong Whai Kim, "Prisoners of War as a Major Problem of the Korean Armiice, 1953," Ph. D. Dissertation, New York University, 1960.

정치학의 발전에 크게 기여해 왔는데, 이것은 6·25전쟁을 통해 한국문제의 세계화와 더불어 세계문제의 한국화가 이루어졌던 사정을 반영하는 것이라고 보여진다. 그러나 이것은 또한 한국의 국제정치학이 지나치게 안보문제 영역의 돌출성장 구조를 갖게 되는 배경이기도 했다.

1960년대는 전술한 바 있는 『일반국제정치학 (상)』이 1962년에 출간된 데 이어서 1963년 당시 건국대 교수였던 조재관의 『국제정치학』이 출간되었다.[87] 특히, 1963년부터는 1959년부터 발간되던 『한국정치학회보』와 별도로 한국국제정치학회의 『국제정치논총』이 발간되기 시작했다. 1960년대 한국 국제정치학의 발전에 있어서 가장 두드러지는 특징은 전술한 김명회를 필두로 한 본격적인 미국 유학 출신 학자들의 등장에 있었다. 이들은 일본의 제국정치학에서 완전히 탈피하지 못하고 있었던 한국의 국제정치학계를 미국 이론의 직접적 수용을 통해 일신시키는 데 크게 기여했다.

이것은 국제정치학 연구에서 사용되는 언어의 문제와도 깊은 관련을 맺고 있었다.[88] 일본식 문투가 사라지는 대신 영어를 한글로 번역하거나 음역한 새로운 개념들이 자리잡게 되었다. 근대 민족국가 수립의 요체를 언어적 공동체에서 찾는다고 한다면 옥중에서 조

---

87) 조재권, 『국제정치학』(서울 : 법문사, 1963).

88) 보다 적극적으로 한글 정치학을 주장한 정치학자로서 김영명이 있다. 김영명, "한글 정치학을 위한 제언," 『한국국제정치학회 학회소식』, 89호, p. 15 ; 김영명은 『한글과 문화』라는 매우 논쟁적인 소식지를 발간한 바 있다. 김영명의 문제의식은 다음과 같은 학자들의 것과 맞닿아 있다. Robert Phillipson, *Linguistic Imperialism* (London : Oxford University Press, 1992) ; Charles Taylor, *Multiculturalisme : différence et démocratie*(Paris : Aubier, 1994) 등을 참고.

야한 영어사전을 편찬하기도 했던 이승만은 영어를 연구한 것일 뿐만 아니라 사실은 영어를 통해 한글을 재발견한 것이었다. 갑신정변 이후 미국으로 망명해서 미국 여인과 결혼했고 미국의 의사가 되었던 서재필은 한글로 된 전달매체로서 "독립신문"을 만들었다.

이들은 모두 미국중심적 지식구조의 매체인 영어의 동아시아적 팽창을 적극적으로 활용하여 중국중심적 문자공동체로부터 한반도를 이탈시키려고 했다. 미국중심적 지식구조 하에서의 한글의 재발견과 그를 통한 한글문자공동체의 발전은 무엇보다 "됴션어 셩서"의 보급을 통해 상징적으로 표현된다. 표의문자인 중국문자나 표음문자와 표의문자가 혼재된 일본문자와는 달리 철저하게 표음문자적 성격을 지닌 한글은 역시 같은 표음문자였던 영어와 러시아어의 사이에서 보다 큰 병립적 발전의 폭을 확보할 수 있었다.[89]

한국 국제정치학의 발전은 무엇보다 한글문자공동체가 서양문자공동체의 새로운 선진 개념들을 중국이나 일본을 거치지 않고 직접 받아들일 수 있음으로 해서 그 기반이 마련되었다고 볼 수 있다. 미국인들에 의해 설립된 교회들은 한글문자공동체의 발전을 위한 하부구조가 되어주었고, 북한에서 거미망처럼 펼쳐진 공산주의 조직도 한글문자공동체의 근간이 되었다. 한자 문자체계가 흡수하지 못했던 방방곡곡의 촌로촌부들이 남한에서는 서원이나 향교 대신 한글 성서와 한글 전도지를 나눠주는 교회로 몰려들었고, 북한에서

89) 이러한 병립의 역설은 가장 미국적인 대학이었던 연세대학을 중심으로 대표적인 한글학자들이 출현했던 것, 그리고 어쩌면 조효원, 이용희, 김명회, 조재관 등과 같은 1세대 국제정치학자들이 연세대학과 인연을 맺으며 배출된 것과도 무관하지 않을 것이다.

는 공산주의 교양학습장, 인민위원회 등지로 집결했던 것이다.

결국 한국에 있어서 중국과 일본의 제국정치학이 극복되는 과정과 미국중심적 제국정치학이 자리잡는 과정은 거의 동시적으로 발생했다. 일본으로부터의 때늦은 학문적 해방을 경험하고 있던 한국정치학계로서는 일본을 경유하지 않고 선진적인 학문적 성과를 직접적으로 수입하는 것이 절실한 과제로 요청되었던 것이다. 그러나 곧 한국 국제정치학계가 미국 학문의 수용을 전담하는 한국 정치학계의 수입창구와 같은 성격을 지니게 되었다. 전상인은 "'미제' 국제정치학이 냉전의 전초기지이던 한국만큼 헐값에 대량으로 소비되었던 곳도 드물었다"고 지적하고 있다.[90]

1960년대 학문적 풍토에 대한 윤근식의 다음과 같은 지적은 오늘날까지도 반추의 가치가 있다.

> 1965년 서울에서 개최된 '아시아에 있어서의 근대화 문제' 에 관한 국제 심포지움에 참석했던 독일 정치학자로부터 다음과 같은 논평을 들었다. 즉 "나는 분명히 한국사회에 와서 한국사회의 근대화 문제에 관한 한국 정치학자들의 논의를 들을 수 있으리라고 기대했다. 그러나 유감스럽게도 한국 정치학자들이 한국문제에 관해 사용하는 개념들은 마치 '고도의 소비사회' 가 구가되고 있는 미국에 와 있는 것이 아닌가 하는 착각을 불러일으켰다."[91]

90) 전상인, "국제정치학을 위한 역사사회학적 비전," 김달중 · 박상섭 · 황병무 공편, 『국제정치학의 새로운 영역과 쟁점』(서울 : 나남출판, 1995), p. 305(271-310).

91) 윤근식, "사회비판적인 정치분석과 한국 정치학," 『한국정치학회보』 13집(1979), 김학준, 『한국정치론사전』, p. 74에서 재인용.

1963년 한국국제정치학회가 창립된 이래 한국 국제정치학을 학문사적으로 조망한 많은 글들이 발표되었다. 많은 연구들에서 공통적으로 지적되고 있는 한국 국제정치학의 문제점은 이른바 '대미종속성' 이었다.[92] 1970년대 한 학자는 한국 국제정치학이 "인용의 시대"를 겪고 있다고 평한 바 있다. 그러나 1987년 40년간의 한국 국제정치학을 평한 한 국제정치학자도 한국 국제정치학이 처한 문제점들로서 대미편중 성향과 서구이론의 무비판적 수용, 독자적 문제설정의 부족 등을 지적했다.[93] 이어서 1999년 국제정치 연구 50년의 현황과 과제를 논한 한 학자는 여전히 한국 국제정치학계가 미국 문헌에 대한 "인용의 시대"에 머물러 있다고 평가하였다.[94]

---

92) 손제석, "국제정치학의 연구와 대학교육 경향," 『한국정치학회보』 2집(1965), pp. 102-11 ; 김계수, "한국 정치학에 미친 외국의 영향," 『한국사회과학논집』 제8권 제7호(1968년 7월) ; 이상우, "한국 국제정치학의 정립을 위하여 : 소망스러운 발전방향과 과제의 확인," 『한국정치학회보』 12집(1978), pp. 137-48 ; 박아영, "한국에서의 국제정치학 연구 : 평가와 제의," 『한국정치학회보』 12집(1978), pp. 129-36 ; 이상우, "한국 국제정치학의 정립방향," 『한국정치학회보』 13집(1979), pp. 81-96 ; 정종욱, "한국 국제정치학의 정립 문제 재고," 『한국정치학회보』 13집(1979), pp. 97-107 ; 하영선, "한국국제정치학의 새로운 방향모색," 김경동 · 안청시 편, 『한국 사회과학방법론의 탐색』(서울 : 서울대학교 출판부, 1986), pp. 39-69 ; 박상섭, "한국 국제정치학과 외래이론수용의 문제점," 『국제정치논총』 제28권 제1집(1988), pp. 23-33 ; 노재봉, "한국 국제정치학의 지성사적 고찰," 『국제정치논총』 제28권 제1집(1988), pp. 35-40.

93) 박상섭, "한국 국제정치학 40년 : 현황, 방향 및 가능성," 『한국정치학회보』 21집 2호(1987), pp. 175-90.

94) 김석우, "국제정치경제 연구의 현황과 전망," 1999년도 한국정치학회 추계학술회의(한국 정치학 50년의 현황과 과제) 발표초록, p. 19. 이 표현은 이상우의 논문(1979)에서도 사용되고 있는데, 이상우는 이것이 원래 최상용의 표현이었음을 밝히고 있다.

Ⅵ. 결론 : 한국적 국제정치학의 모색

폴 케네디는 그의 저서 『강대국의 흥망』을 통해 여러 제국이 부침하면서 헤게모니적 역할을 수행했다고 보았다.[95] 그는 그 부침의 메커니즘을 분석함으로써 미국적 헤게모니에 내재되어 있는 쇠퇴의 필연성을 밝혀냈다. 그러나 그가 간과하고 있었던 것은 설사 하나의 헤게모니가 쇠퇴한다고 하더라도 그것이 완전히 사라지는 것이 아니라 새롭게 등장하는 헤게모니에 의해 흡수·계승된다는 점이었다. 포르투갈의 헤게모니는 에스파냐의 헤게모니에 의해 흡수·통합되었고, 다시 네덜란드적 헤게모니의 형성에 영향을 미쳤으며, 영국적 헤게모니는 이전의 헤게모니들을 흡수하여 더욱 강력하고 광대한 영향력을 가진 헤게모니를 만들어냈던 것이다.

오늘날 미국적 헤게모니가 가지고 있는 힘에 대한 올바른 이해는 바로 이러한 시계열적 연속성을 감안할 때만이 가능한 것이다. 미국적 헤게모니는 과거 유럽국가들이 행사했던 헤게모니와 결코 분리될 수 없으며, 그것들을 용해시켜낸 헤게모니라는 점에서 과거의 헤게모니가 보여준 부침의 메커니즘을 기계적으로 적용시키기 어렵다. 이것이 바로 폴 케네디의 미국쇠퇴론이 미처 계산에 넣지 못했던 측면이다. 네덜란드의 성취가 영국으로 흘러들어 갔듯이 영국적 성취는 미국으로 흘러들어 갔고, 심지어는 일본이나 4마리 용

95) 폴 케네디, 이일수 외 공역, 『강대국의 흥망』(서울 : 한국경제신문사, 1996).

의 성취도 미국으로 흘러들어 가는 양상이 빚어지고 있는 것이다.[96]

그렇다면 미국의 헤게모니에 어떻게 대응할 것인가? 미국의 헤게모니에 대응하는 개인적 방식은 크게 두 가지 양상으로 나타난다. 하나는 새로운 미국의 헤게모니에 의탁하여 보다 풍요로운 삶을 꿈꾸는 것이고, 다른 하나는 언제 전복될지 모를 민족국가라는 깃발이 달린 돛대를 부여잡고 신뢰하기 어려운 선장의 호각소리에 맞춰 바다를 건너는 것이다. 전자의 방법을 택하는 사람들은 때로는 우수한 장비를 뽐내며, 때로는 높은 파고에 맞서는 군집의 무모함을 탓하며, 날렵한 몸매로 절묘한 파도타기를 시도한다. 반면, 후자의 방법을 택한 사람들은 아직 '지구조국론'이나 '세계시민론'에 익사되기를 두려워하며 그래도 희망을 둘 수밖에 없는 민족국가의 돛대를 부둥켜 안고 잔잔한 항구를 지향한다.

전자의 방법론은 다음과 같은 막연한 희망에 근거하고 있다. "세계화 시대에는 불균등의 구획이 매우 복잡하다. 전 시대에서처럼 승자와 패자의 단위가 더 이상 국가로만 구분되는 것은 아니다. … 불평등이 잔존하더라도 모든 사회의 발전을 북대서양(North Atlantic) 중심의 서구 선진사회의 발전에 따라 마련된 잣대로 평가하던 수렴론의 시대보다는 나을 것이다."[97] 한편, 민족적 표준을 강조하는 후자의 방법론은 진보의 대열에서 뒤처진 것처럼 보여진다. 그러나 후자의 방법론에는 국가에 대한 보다 계획적인 해체과정을 염두에 두

96) Giovanni Arrighi, *The Long Twentieth Century : Money, Power and the Origins of Our Times*(London : Verso, 1994), p. 15.

97) 박길성, 『세계화 : 자본과 문화의 구조변동』(서울 : 나남출판, 1996), pp. 69-70.

고 세계화의 파고에 맞서 단계적으로 새로운 표준을 창조해내고, 그것을 중심으로 동심원적 구조의 세계화에 대비하고자 하는 연대의 희망이 남아 있다. 이것은 결코 미국중심적 세계화라는 불가역적 흐름에 맞서 장렬히 산화하는 반세계화적 옥쇄를 지향하는 것과는 다르다.

자기 표준에 입각한 동심원적 구조의 세계화란 반세계화와는 달리 미국이라는 헤게몬을 중심으로 한 세계화의 방향과 힘을 정확히 파악한다. 반미만을 외치다가 대동아공영권이나 중화주의적 지역주의에 매몰되는 어리석음을 경계하고, 동시에 단순히 미국의 할렘가로 전락하는 미국화를 회피하는 더욱 적극적 의미의 세계화를 이룩해내는 것이다. 페르시아라는 대국의 도전에 직면했던 아테네, 로마 지배 하의 유대인, 그리고 이슬람문명권의 도전에 맞섰던 베네치아 등은 각기 민주주의와 기독교문명, 그리고 실용주의라는 자기 쇄신을 통해 새로운 차원의 세계화를 달성했다고 볼 수 있다. 후쿠야마의 역사종말론이 앵글로색슨적 시공 개념에 입각한 열광이고, 보드리야르의 탈역사론이 유럽적 시공 개념에 입각한 절망이라면,[98] 자기 표준에 입각한 동심원적 구조의 세계화란 그 어느 편에도 설 수 없는 약소 민족공동체들의 독자적 시공 개념에 입각한 새로운 역사인식이며 공간적 실천이다.

해방 이후 1960년대까지 한국 국제정치학의 주된 과제가 일본적 제국정치학을 뛰어넘어 한국 국제정치학의 바른 위상을 확립하는 것이었다고 한다면, 오늘날 한국 국제정치학의 정체성은 미국중

---

98) 송두율, 『전환기의 세계와 민족지성』(서울 : 한길사, 1991), p. 202.

심적 국제정치학 혹은 제국정치학과의 긴장성 속에서 도출될 수밖에 없다. 비록 미국으로부터의 선진적 개념의 수용은 일본적 제국정치학을 극복하는 데 있어서 순기능적으로 작용했고, 앞으로도 학문적 교류의 차원에서 꾸준히 장려되어야 하겠지만, 미국적 개념에 대한 의존이 "거인의 어깨 위에서" 세상을 보지 않으면 안 되는 필요성에 대한 부응의 수준을 넘어서 "거인의 어깨에 가려" 스스로 소경이 되는 지적 함정은 회피되어야 할 것이다.[99]

한국의 국제정치학이 미국적 "확장(enlargement)"을 위해 복무하는 제국정치학의 인식틀에 함몰되고 한국의 국제정치학계가 미국정치학회(APSA)의 한국지부 정도로 취급되는 상황을 경계해야 할 것이다. 엄밀한 의미에서 2-3개국 이상의 법조인 자격증을 소유한 사람들만이 "국제변호사"라는 명칭에 적합하다는 뜻에서 더 이상 "미국 변호사"가 "국제변호사"로 불리지 않게 된 것처럼, 한국적 국제정치학은 자기(selfness)와 타자(otherness)를 올바로 구별하는 데서부터 출발하여 양자 간의 상호작용을 면밀히 분석하는 방향으로 나아가야 할 것이다.

국제정치학에 있어서 자기와 타자에 대한 구별적 인식은 보다 인문학적인 접근방법을 필요로 한다. 인식의 주체가 기반하고 있는 역사적 · 사상적 토대에 대한 보다 면밀한 검토가 없이는 자국과 타국 간의 상호작용의 문제를 다루는 국제정치학이 정립될 수 없고,

99) 12세기 사르트르의 베르나르가 "우리는 거인의 어깨 위에 올라앉은 난장이들이다. 하지만 우리는 거인들보다 더 멀리 본다"라고 했을 때, 그것은 아랍인들의 저작과 그리스의 고전에 의존하고 있던 당시의 지적 구조에 대한 새로운 돌파구를 제시하는 것이었다.

자국의 문제와 타국의 문제가 혼재된 제국정치학적 인식틀에 함몰될 우려가 있다. 지나치게 기능적인 주제로 편중되고 있는 현재의 한국 국제정치학은 냉전시대의 기능에 맞게 편제되었던 미국 학계가 소련의 붕괴를 예측하는 데 있어서 오히려 기능성을 발휘하지 못하고 위기를 맞이하게 되었던 점을 되새겨 보아야 할 것이다.

아울러 "자기"에 대한 인식 혹은 "한국적"이라는 형용사의 의미를 '갑각류적 거푸집'으로서의 국가와 동일시해서는 안 될 것이다. 이와 같은 동일시는 자칫 제국정치학보다 더 적실성을 결여한 국수주의적 정치학을 낳을 우려가 있다. 오늘날 당구공과 같은 국가의 존재는 점차 해체의 과정을 겪고 있는 것이 사실이다. 그러나 베스트팔렌 체제를 통해 주권국가가 국제정치와의 상호규정성 속에서 탄생했듯이 그것의 종식 또한 국제정치적 상호규정성 속에서 이루어질 것이다. 현 단계 한국 국제정치학의 주된 과제는 국가 역할의 소멸을 논하는 데 있는 것이 아니라 국가의 역할을 새롭게 규정하는 데 있다. 세계화 시대의 국가소멸론은 시간적 범위를 획정하지 않은 현상에 대한 객관적 서술이지만 한국적 국제정치학을 바로 세우는 일은 세계에 대한 발언과 행동의 문제를 포괄한다.

"자기"에 대한 인식 혹은 "한국적"이라는 형용사의 의미는 보다 동태적 차원에서 이해되어야 할 것이다. 자기를 중심으로 한 중층적 · 동심원적 구조에 관한 보다 균형 있는 배려, 당구공과 같은 국가의 해체와 새로운 국제질서의 형성에 대한 능동적 대처, 국제적 속도와 한국적 속도 간의 조절과 접합, 그리고 엄밀한 의미에서 아직까지 하나의 당구공조차 만들어내지 못한 남북한의 현실 등이 세계화 시대 한국적 국제정치학의 정체성을 위해 주요하게 고려되지 않으면 안 될 것이다. 이민의 유입과 유출의 문제, 외래문화와 자국문화의 유입과 유출의 문제, 비영리 민간기구뿐만 아니라 범죄조직들까지도 포함하는 국내외 비정부조직의 활동에 관한 문제 등을 적극적으로 국제정치학적 주제로 끌어들이는 동시에 21세기 국가의 성격과 역할을 새롭게 규정하는 노력도 병행해야 할 것이다.

덧붙여서 한국적 국제정치학을 위해 사용되는 언어의 문제를 짚고 넘어갈 필요가 있을 것이다. 한국적 문제의식을 세계적으로 소개하기 위해서, 그리고 국제정치학 후속세대의 교육을 위해서 과거 유럽의 라틴어와 같이 세계적 공용어로 자리 잡고 있는 영어의 중요성을 강조하는 것은 지극히 당연한 일이다. 하지만 과거 유럽국가들이 라틴어에 대한 중요성과 더불어 토착어에 대한 관심을 게을리하지 않았다는 점을 결코 망각해서는 안 될 것이다. 여러 개의 언어를 통해 여러 개의 세계를 볼 수 있는 한에 있어서 우리의 사고는 더욱 풍요로워질 것이다. 하지만 특정언어에 대한 집착이 다른 세계의 존재 자체를 무시하게 되면 그것은 오히려 사고의 척박함을 낳게 될 것이다. 이런 의미에서 한글을 주언어로 삼는 국제정치학적 지식구조의 심화와 발전을 위한 노력을 게을리해서는 안 될 것이다. 한글로 된 한국에 관한 연구와 더불어 한글로 된 세계에 관한 연구의 축적이 없이는 한국적 국제정치학이란 너무나 요원한 것이기 때문이다.

같은 맥락에서 외국의 국제정치학에 대한 번역 · 소개는 "완제품의 수입"이라고 매도할 일이 아니라, 오히려 그 지원방식의 체계화를 고민해야 할 것이다. 철저하게 흡수되고 소화된다면 그것은 한국적 국제정치학을 위한 자양분이 될 수 있기 때문이다. 언어권의 충돌, 언어들 간의 권력적 불평등의 문제는 오늘날 국제정치학이 떠맡고 있는 주된 연구과제이기도 하다. 왜 프랑스의 대통령을 역임한 퐁피두가 이미 1967년에 다음과 같은 성명을 발표했어야 했던가를 반추해 볼 필요가 있다 : "국어정책은 단순히 정부의 부차적 사업이 아니다. 그것은 우리 공화국의 기본원칙, 곧 국가의 독립과 밀접하게 연관돼 있는 것이다."

끝으로, 한국적 국제정치학의 정립이라는 목표가 자칫 한국중심적 제국정치학의 수립과 혼동되어서는 안 될 것이라는 점이 강조될 필요가 있다. 특히, 한국에 있어서 지역학의 발전과 관련하여 자칫 과거 제국정치학이 범했던 인식적 오류을 되풀이해서는 안 될 것이다. 한국적 국제정치학은 아류적 제국정치학으로서가 아니라 과거 일본적 제국정치학은 물론 오늘날의 미국적 제국정치학이 자국중심적 인식틀에 함몰되어 오히려 보편적 진실의 추구를 가로막았던 오류를 반복하지 않으려는 노력과 더불어 이들 국가들이 남겨놓은 학문적 유산을 계승하고 발전시켜야 할 것이다.

참.고.문.헌

국회도서관 입법조사국. 『지역집단안전보장기구』. 입법참고자료 제21호. 서울 : 국회 도서관 입법조사국, 1964.

강상중. 이경덕 · 임성모 옮김. 『오리엔탈리즘을 넘어서』. 서울 : 이산, 1997.

고병익. 『동아교섭사의 연구』. 서울 : 서울대학교 출판부, 1988.

김계수. "한국 정치학에 미친 외국의 영향," 『한국사회과학논집』. 제8권 제7호(7월, 1968년).

김기수. 『현대국제법론』. 서울 : 합동문화사, 1952.

김달중 · 박상섭 · 황병무 공편. 『국제정치학의 새로운 영역과 쟁점』. 서울 : 나남출판, 1995.

김명섭. "국제와 제국 : 국제질서의 변동과 제국담론의 발전." 『세계지역연구논총』. 23권 1호(2005).

강상운. 『근대외교사』. 서울 : 민중서관, 1954.

김순규. 『국제정치사상가평전』. 마산 : 경남대학교 출판부, 1997.

김영명. "한글정치학을 위한 제언." 『한국국제정치학회 학회소식』. 89호.

김용구. 『세계관 충돌의 국제정치학 : 동양 예(禮)와 서양 공법(公法)』. 서울 : 나남출판, 1997.

김학준. 『한국정치론사전』. 서울 : 한길사, 1990.

김홍길. "군사력이 근대국가 형성발달에 미친 의의를 논함." 서울대학교 외교학과 대학원 국제정치학 석사학위논문(1959).

김홍철. 『전쟁론』. 서울 : 민음사, 1991.

______. 『전쟁과 평화의 연구』. 서울 : 박영사, 1987 [1977].

노재봉. "한국 국제정치학의 지성사적 고찰." 『국제정치논총』. 제28권 제1집 (1988).

도오루, 야노. 이원덕 번역 및 정리. "지역연구란 무엇인가." 『지역연구 뉴스레터』. 제25 호(4-6월, 1996).

루이스, 버나드. 김호동 역. 『이슬람 문명사』. 서울 : 이론과 실천, 1994.

______. 이희수 역. 『중동의 역사』서울 : 까치, 1998.

바닌, 유리 외. 기광서 옮김. 『러시아의 한국연구 : 한국 인식의 역사적 발전과 현재적 구조』. 서울 : 풀빛, 1999.

박관숙. 『국제법요론』. 서울 : 선문사, 1949.

박길성. 『세계화 : 자본과 문화의 구조변동』. 서울 : 나남출판, 1996.

______. 『국제법이론』. 서울 : 고려출판사, 1954.

박봉양. 『조선외교사개요(상)』. 서울 : 조선학교도서출판사, 1950.

박상섭. 『근대국가와 전쟁 : 근대국가의 군사적 기초, 1500-1900』. 서울 : 나남출판, 1996.

______. "한국 국제정치학과 외래이론수용의 문제점." 『국제정치논총』. 제28권 제1집(1988).

______. "한국 국제정치학 40년 : 현황, 방향 및 가능성." 『한국정치학회보』. 21집 2호(1987).

박아영. "한국에서의 국제정치학 연구 : 평가와 제의." 『한국정치학회보』. 12집(1978).

사이드, 에드워드. 박홍규 역. 『오리엔탈리즘』. 서울 : 교보문고, 1991.

손제석. "국제정치학의 연구와 대학교육 경향." 『한국정치학회보』. 2집(1965).

송두율. 『전환기의 세계와 민족지성』. 서울 : 한길사, 1991.

스나이더, 잭. 함택영 · 박수헌 외 공역. 『제국의 신화』. 서울 : 서울프레스, 1996.

스미스, 애덤. 최호진, 정해동 역. 『국부론(상)』. 서울 : 범우사, 1992.

신기석. 『근대외교사』. 서울 : 문성당, 1953.

______. 『근대외교사』. 증보판. 서울 : 문성당, 1954.

______. 『동양외교사』. 증보판. 서울 : 동국문화사, 1955.

______. 『외교사』. 서울 : 양문사, 1955.

______. 『정치학전집 1(4) : 외교사』. 서울 : 양문사, 1955.

신동욱. 『국제법』. 서울 : 정음사, 1956.

이리에 아키라(入江昭). 이종국 · 조진구 옮김. 『20세기의 전쟁과 평화』. 서울 : 을유문화사, 1999.

에팅하우젠, 리하르트. 버나드 루이스 엮음. 김호동 역. "예술과 건축." 『이슬람 문명사』. 서울 : 이론과 실천, 1994.

윤근식. "사회비판적인 정치분석과 한국정치학." 『한국정치학회보』. 13집(1979).

이건호. 『국제법개설』. 서울 : 탐구당, 1954.

이기택. 『국제정치사』. 서울 : 일신사, 1997.

______. 『현대국제법이론』. 서울 : 박영사, 1997.

이동주. 『국제정치원론』. 서울 : 장왕사, 1955.

이상우. "한국 국제정치학의 정립방향." 『한국정치학회보』. 13집(1979).

______. "한국 국제정치학의 정립을 위하여 : 소망스러운 발전방향과 과제의 확인." 『한국정치학회보』. 12집(1978).

이상우 · 하영선 공편. 『현대국제정치학』. 서울 : 나남출판, 1996.

이용재 · 이철순. "한국 정치학의 탈식민지성 담론에 대한 서지적 고찰." 『한국도서관 · 정보학회지』. 제37권 1호(2006. 3).

이용희. 『일반국제정치학(상)』. 서울 : 박영사, 1962.

이한기. 『국제법학』. 서울 : 박영사, 1958.

정용화. "유길준(兪吉濬)의 정치사상 연구 : 전통에서 근대로의 복합적 이행." 서울대학교 외교학과 대학원 박사학위논문(1998).

정종욱. "한국 국제정치학의 정립 문제 재고." 『한국정치학회보』. 13집(1979).

정진영. "세계화와 주권국가의 변모." 한배호 편. 『세계화와 민주주의』. 서울 : 세종연구소, 1996.

제섭, 필립 C. 이한기 역, 『현대국제정치 : 서설』. 서울 : 일한도서출판사, 1948.

조재관. 『국제정치학』. 서울 : 법문사, 1963.

조효원. 『국제정치학』. 서울 : 문종각, 1954.

______. 『아세아정치론』. 서울 : 문종각, 1955.

______. 『현대정치사상』. 서울 : 경향신문사, 1956.

최정운. "국제정치의 연구." 『우리나라 지역연구의 현황-문제점-활성화 방안 연구』. 서울 : 서울대학교부설 지역연구종합센터, 1990.

케네디, 폴. 이일수 외 공역. 『강대국의 흥망』. 서울 : 한국경제신문사, 1996.

톰슨, 케네스. 정진위 편역. 『현대국제정치사상』. 서울 : 박영사, 1987.

프리드먼, 토머스 L. 신동욱 옮김. 『렉서스와 올리브나무 : 세계화는 덫인가, 기회인가』. 서울 : 창해, 2000.

피어슨, 레스터 B. 조효원 역. 『민주주의와 국제정치』. 서울 : 을유문화사, 1956.

하영선. "한국 국제정치학의 새로운 방향모색." 김경동 · 안청시 편. 『한국 사회과학방법론의 탐색』. 서울 : 서울대학교 출판부, 1986.

한상복. "지역연구를 위한 제언." 『사회과학소식』. 한국사회과학연구협의회 7권 1호(1983).

한흥수. "'극동' 이라는 버려야 할 낱말." 『연세춘추』(1976).

홍이섭. "정약용의 정치경제사상 연구." 『한국연구총서』. 제3집(1959).

Arrighi, Giovanni. *The Long Twentieth Century : Money, Power and the Origins of Our Times.* London : Verso, 1994.

Aron, Raymond. "Qu'est-ce qu'une théorie des Relations Internationales?" *Revue française de Science Politique* 17 (October 1967).

Barbour, Violet. *Capitalism in American in the 17th Century.* Ann Arbor, 1963.

Benedict, Ruth. *The Chrysanthemum and the Sword : Patterns of Japanese Culture.* Boston : Houghton Mifflin company, 1946.

Bisson, Thomas A. *American Policy in the Far East, 1931-1940.* New York : Institute of Pacific Relations, 1940.

______. *Japan in China.* New York : Macmillan, 1938.

Braudel, Fernand. *Ecrits sur l'histoire.* Paris : Flammarion, 1969.

Brzezinski, Zbigniew. *Game Plan : How to Conduct the U. S.-Soviet Contest.* New York : Atlantic Monthly Press, 1986.

Brzezinski, Zbigniew. *The Grand Chessboard : American Primacy and Its Geostrategic Imperatives*. New York : Basic Books, 1997.

Courtois, Stéphane, and al. *Le livre noir du communisme : Crimes, terreur, répression*. Paris : Robert Laffont, 1997.

Coulmas, Peter. *Les citoyens du monde : Histoire du cosmopolitisme*. Paris : Albin Michel, 1995.

Dockrill, M L. "Historical Note : The Foreign Office and the Proposed Institute of International Affairs 1919." *International Affairs 56*(Fall 1980).

Duroselle, Jean-Baptiste. *Tout empire périra : Théorie des relations internationales*. Paris : Publication de la Sorbonne, 1981.

Duroselle, Jean-Baptiste and Pierre Renouvin. *Introduction à l'histoire des Relations internationales*. Paris : Armand Colin, 1965.

Encausse, Hélène Carrerre de. *L'Empire éclaté : La révolte des nations en U.R.S.S.* Paris : Flammarion, 1978.

Fleming, Denna Frank. *The Cold War and its Origins 1917-1960*, vol. 1 : *1917-1950*, vol. 2 : 1950-1960. New York : Doubleday, 1961.

Fontaine, André. *Histoire de la Guerre Froide*, vol. 1 : *La Révolution d'octobre à la Guerre de Corée*, vol. 2 : *de la guerre de Corée à la crise des alliances, 1950-1967*. Paris : Fayard, 1965.

Ford, Trowbridge H. "Towards a Better Relation between History and Political Science." *Government and Opposition* 7 (Spring 1972).

Gaddis, John Lewis. "International Relations Theory and the End of the Cold War." *International Security* 17 (Winter 1992/93).

Galtung, Johan. "Big Powers and the World Feudal Structure." *Peace and World Structure : Essays in Peace Research IV*. Copenhagen : Christian Ejlers,

Girault, René and Robert Frank. *La puissance française en question, 1945-1949*. Paris : Publications de la Sorbonne, 1988.

Girault, René, Robert Frank and Jacques Thöbie. *Histoire des Relations Internationales Contemporaines*, t. 3 : *La loi des géants, 1941-1964*. Paris : Masson,

1993.

Girault, René and Lévy-Leboyer, Mauriceet, al. *Le Plan Marshall et le relèvement économique de l'Europe*, colloque tenu à Bercy les 21, 22, 23 mars 1991. Paris : Imprimerie nationale, 1993.

Hall, Robert. "Area Studies : with Special Reference to their Implications for Research in the Social Sciences." *Phamphlet*, no. 3. New York : Social Science Research Council, 1947.

Hopf, Ted. "Getting the end of the cold war wrong." *International Security* 18 (Fall 1993).

Isaacson, Walter and Evan Thomas. *The Wisemen : Six Friends and the World They Made : Acheson, Bohlen, Harriman, Kennan, Lovett, McCloy*. New York : Simon & Schuster, 1986.

Kant, Immanuel. *Zum Ewigen Frieden* 1795. Stuttgart, 1954.

Kennedy, Paul. *Preparing For the Twenty-First Century*. New York : Random House, 1993.

Kim, Myong Whai. "Prisoners of War as a Major Problem of the Korean Armistice, 1953." New York University Ph.D. Dissertation (1960).

Lange, Christian L. *Histoire de l' internationalisme*. Christiania : Institut Nobel, 1919.

Lenin, V. "The Advance of Imperialism." *Collected Works* 1916, vol. 22. London : Lawrence and Wishart, 1964.

Lundestad, Geir. *Empire by integration : the United States and European integration, 1945-1997*. Oxford : Oxford University Press, 1998.

Merkx, Gilbert W. "Foreign Area Studies : Back to the Future?" *LASA Forum* (Summer 1995).

Newman, Robert P. *Owen Lattimore and the "Loss" of China*. Berkeley : University of California Press, 1992.

Phillipson, Robert. *Linguistic Imperialism*. London : Oxford University Press, 1992.

Pipes, Richard. "Review Essay : Misinterpreting the Cold War-The Hard-Liners Had It Right." *Foreign Affairs* 74 (Jan/Feb 1995).

Prigogine, Ilya. "The Laws of Chaos." *Review* 19 (Winter 1996).

Renouvin, Pierre, and Duroselle, Jean–Baptiste. *Introduction à l'histoire des Relations internationales*. Paris : Armand Colin, 1991.

Rhee, Syngman. *Japan Inside Out : The Challenge of Today*. New York : Fleming H. Revell, 1941.

______. *Neutrality as influenced by the United States*. Princeton : Princeton University Press, 1912.

Ruggie, John Gerard. "Territoriality and Beyond : Problematizing Modernity in International Relations." *International Organization* 47, No. 1 (Winter 1993).

Ruyssen, Théodore. *Les Sources doctrinales de l'internationalisme* vol. 1 : *Des origines à la paix de Westphalie*, vol. 2 : *De la paix de Westphalie à la Révolution française*, vol. 3 : *De la Révolution Française au milieu du XIXe siècle*. Paris : PUF, 1954, 1958, 1961.

Schonberger, Howard B. *Aftermath of War : Americans and the Remaking of Japan,* 1945–1952. Kent, Ohio, London, England : The Kent State University Press, 1989.

Siegfried, André. *Tableau des Etats–Unis*. Paris : Armand Colin, 1958.

Smith, Steve. "Paradigm Dominance in International Relations : The Development of International Relations as a Social Science." Hugh C. Dyer and Leon Mangasarion, eds. *The Study of International Relations : The State of the Art*. London : Macmillan, 1989.

Smyser, W R. "Vienna, Versailles, and Now Paris : Third Time Lucky?" Brad Roberts, ed. *U. S. Security in an Uncertain Era*. Cambridge : MIT Press, 1993.

Subrahmanyam, Sanjay. *The Career and Legend of Vasco da Gama*. Cambridge : Cambridge University Press, 1997.

Taylor, Charles. *Multiculturalisme : différence et démocratie*. Paris : Aubier, 1994.

Todorov, Tzvetan. La conquête de l' Amérique : La Question de l' Autre. Paris : Seuil, 1982.

______. *The Conquest of America, tr. by Richard Howard*. New York : Harper & Row Publishers, 1987.

Thomas, Hugh. *World History*. New York : Harper & Collins, 1996.

Wala, Micahel. *The Council on Foreign Relations and American Foreign Policy in the Early Cold War*(British version : Winning the Peace). Providence : Berghahn Books, 1994.

Wallerstein, Immanuel. "History in Search of Science." *Review* 19 (Winter 1996).

Wood, Bryce. "Area Studies." *Encyclopedia of Social Sciences*. New York : Macmillan & Free Press, 1974.

Yergin, Daniel. *Shattered Peace : The Origins of the Cold War and the National Security State*. Boston : Houghton Mifflin Company, 1977.

4. 한국 외교사 연구의 회고와 전망

| 융성-쇠퇴-반성-부흥의 완만한 궤적

이완범(한국학중앙연구원)

한국은 구한말 이래 구미 중심의 근대 국제정치의 압도적인 영향 아래 있었던 매우 특이한 역사를 경험했다. 19세기 이래로 세계 열강들의 이익이 교차하는 지역이었으며, 지금도 '6자회담'이라는 말이 암시하는 바와 같이 강대국 세력의 격전장에 있다. 이러한 상황은 한국의 국제정치학이 화려하게 꽃필 수 있는 역사적 조건이었다. 한국의 국제정치학은 19세기 중반인 1876년 만국공법 도입[1]이나

1) 김용구, 『세계관 충돌의 국제정치학』(서울 : 나남출판, 1997), p. 182에는 만국공법이란 새로운 용어가 한국의 공공문헌에 처음 등장하는 것은 1876년 음력 1월 20일자 『고종실록』이었다고 한다. 그런데 이보다 2일 먼저인 1876년 음력 1월 18일에 接見大官 申櫶이 日本辨理大臣 구로다 기요다라(黑田淸隆)와 강화도에서 만난 자리에서 만국공법이라는 용어가 언급되었다. 강화도 조약은 1876년 2월 2일(음력) 조인되었다. 또한 1870년대 말 조선은 일본과 러시아의 부당한 영토침략을 방지하는 지렛대로 만국공법을 활용하라는 리홍장의 제의를 받았다. 김수암, "조선의 '만국공법' 수용과 1880년대 국제관계 : 조청 '속방관계'의 영향을 중심으로,"

유길준의 『서유견문』(1895년 일본 동경의 文詢社에서 간행)[2]을 통해 맹아를 형성했으나 비운의 한국사만큼이나 시련을 맛보았을 뿐 국제학계는 물론 국내에서도 큰 기여를 하고 있지는 못한 실정이다. 이러한 상황에서 '역사 없는 국제정치학'과 '이론 없는 한국 외교사'가 한국 국제정치학을 빈곤하게 만들었다면서 역사와 국제정치이론을 결합해야 한다는 주장이 제기되어 있다. 한국 외교사와 국제정치학의 만남을 통해 한국 국제정치학이 바로 설 수 있으며 세계로 향해 꽃피울 수 있다는 주장은 매우 시의적절하다고 할 것이다.[3] 본고에서는 한국국제정치학회(The Korean Association of International Studies : KAIS) 설립 반세기를 맞아 한국 외교사 연구사를 회고해 보면서 역사와 정치학의 만남을 반추해 보고자 한다.[4] 이 글은 어디까지나 평자의 주관적인 연구로 저의 역량 부족으로 인해 많은 기라성 같은 역작들이 제외될 수밖에 없었음을 고백하지 않을 수 없다. 강호제현들의 양해를 구하고자 한다.

하영선 · 김영호 · 김명섭 공편, 『한국 외교사와 국제정치학』(서울 : 성신여대출판부, 2005), pp. 53-54.

2) 김봉진, "근대 국제정치관의 동양적 수용," 이상우 · 하영선 공편, 『현대 국제정치학』(서울 : 나남, 1996), pp. 345-370 ; 정용화, "유길준의 정치사상 연구 : 전통에서 근대로의 복합적 이행," 박사학위논문, 서울대 외교학과, 1998 ; 『문명의 정치사상 : 유길준과 근대한국』(서울 : 문학과 지성사, 2004).

3) 하영선 · 김영호, "머리말," 하영선 · 김영호 · 김명섭 공편, 『한국 외교사와 국제정치학』(서울 : 성신여대출판부, 2005), pp. 5-6.

4) 선행 연구사 정리로는 洪淳鎬, "한국 외교사-국제관계사 연구의 과제와 전망 : 연구사적 관점에서," 『韓國國際關係史理論 : 時代狀況의 力學構造』(서울 : 大旺社, 1993) ; "외교사 연구의 과제와 방향," 『국제정치논총』 제30집 2호(1991) 등이 있다.

I. 서론 : 외교사-국제정치사-국제관계사 개념

외교사-국제정치사-국제관계사-대외교섭사 개념은 혼용되고 있지만 뉘앙스 면에서 약간의 차이가 있다. '외교사(Diplomatic History)' 라는 용어는 한국의 정치학계나 구미의 역사학계에서 주로 쓰는 말이다. 미국 정치학에 강한 영향을 받고 있는[5] 한국 정치학계에서는 국제정치사라는 용어를 최근에는 더 많이 사용한다. 이외에 프랑

5) 따라서 대미종속성이라는 문제점에 대한 토론이 국제정치학계에서 많이 제기되었다. 김명섭, "제국정치학과 국제정치학 : 한국적 국제정치학을 위한 모색," 『세계정치연구』 제1권 제1호(2001), pp. 3-38 ; 전상인, "국제정치학을 위한 역사사회학적 비전," 김달중 · 박상섭 · 황병무 공편, 『국제정치학의 새로운 영역과 쟁점』(서울 : 나남출판, 1995), p. 305. 윤근식 교수는 "사회비판적인 정치분석과 한국정치학," 『한국정치학학보』 제13집(1979)에 의하면 1965년 서울에서 열린 '아시아에 있어서의 근대화 문제'에 관한 국제 심포지엄에 참석했던 독일 정치학자가 미국에 와 있는 것처럼 착각했다고 평했다고 한다. 1999년 한국의 국제정치 연구 50년 현황과 과제를 논한 한 학자는 한국국제정치학회가 여전히 미국 문헌에 대한 '인용의 시대'에 머물러 있다고 평했다. 김석우, "국제정치경제 연구의 현황과 전망," 1999년도 한국정치학회 추계학술회의 : 한국 정치학 50년의 현황과 과제, 발표논문, p. 19 ; 한국정치학회 편, 『21세기 국제관계 연구의 쟁점과 과제』(서울 : 박영사, 1999). 한편 김석우 교수는 "한국 국제정치학의 회고와 전망 : 국제정치경제의 발전과정과 특성 분석," 2006 한국국제정치학회 연례학술회의 발표논문, 2006년 12월 2일, pp. 82-83에서 대미편향성 문제를 다시 제기하면서 독창적 학문이 필요하다는 주장도 있지만 선진학문으로부터 학습하는 것이 바람직하다는 주장도 있다면서 학문의 정확성(특수성)과 학문의 일반성(보편성) 중 어느 가치가 더 중요하다고 보기 어려우므로 이 논쟁에 대해 절충주의적 시각을 가질 것을 제안했다. 즉 선진학문의 도입과 소개 그리고 비판의 과정은 반드시 필요하고, 이러한 과정을 통한 학문축적을 바탕으로 독창적 이론과 학문체제를 개발해야 한다는 것이다.

스 학계에서 주로 사용하는 '국제관계사'[6]라는 용어를 한국 정치학계가 사용하기도 한다. 한편 한국의 역사학계(국사학계)에서는 대외관계사-대외교섭사라는 표현을 선호한다.[7] 전통시대에는 근대적 의미에서의 외교가 없었기 때문일 것이다.

외교사는 국가 간의 관계(entre les gouvernments)에 한정함에 비해 국제정치사, 국제관계사는 국민과의 관계(entre les peuples),[8] 즉 국가 간의 관계에다가 비정부 간의 관계까지를 포괄한다. 전통적으로 외교사 분야가 강한 프랑스에서는 외교사와 국제관계사를 구별한다.[9]

---

6) 국제정치(international politics)의 외연을 보다 넓혀 국제관계(international relations)라는 표현을 사용하는 것과 관계가 있다. 유럽에서 현대 이전에는 외교(술)만이 있었을 뿐 국제정치라는 학문은 없었다(물론 다른 학문들도 미분화되었음). 그후 프랑스, 영국 등을 중심으로 외교론(on Diplomacy)이 학문적 체계를 잡다가 1945년 전후 국제정치학이 등장했다. 유럽에서는 더 포괄적 개념인 국제관계학이 널리 쓰이고 미국, 일본, 한국에서는 국제정치학이 우세하다. 국제정치가 *Politics among Nations : The Struggle for Power and Peace*(Hans J. Morgenthau의 저서)라고 쓰일 경우 국가 간의 관계를 지칭한다. 그러나 현대의 국제정치학은 비정부 간의 민간의 관계나 교류를 포괄하고 있다. 국제관계학은 국가 간의 정치뿐만 아니라 경제, 문화, 사회 등 각 방면의 교류를 포괄하는 넓은 개념이다.

7) 외교라는 것은 주권국가를 상정한 개념이므로 전통시대 우리에게 외교란 개념은 없었다. 사대외교-교린외교란 말은 후대에 지칭된 용어임. 전근대-전통시대에는 사대와 교린이 있었을 뿐 '외교'는 근대적인 표현이다. 따라서 전근대시대에는 대외관계사라는 말이 적당하나 근대 이후에는 외교사나 국제관계사, 국제정치사가 보다 더 적당한 용어라고 생각한다. 그런데 현대에 들어와서 대외관계라는 말은 국제관계라는 용어와 거의 동일하게 사용된다. 대외관계는 한 국가의 주체를 상정하는 용어이며 국제관계라는 말은 주체의 유무와 관계없는 보다 일반적인 표현이다. foreign policy를 외교정책이 아니라 '대외정책'이라고 번역하기도 한다.

8) 이기택, 『국제정치사』(서울 : 일신사, 1983), p. 4.

9) 김성주, "한국 외교사 연구방법의 제 문제," 한국정치외교사학회 편, 『한국 외교사』 1(서울 : 대왕사, 1993), p. 17.

외교사와 국제관계사의 어감상 차이 저변에는 방법론-어프로치의 구별도 깔려 있다.[10] 외교사적 연구는 외교문서의 치밀한 수집과 분석이 구체적인 방법이다. 이에 비해 프랑스의 국제관계사는 인간관계에 치중해 국제사회의 물질-정신 양면에서의 역사적 변화를 그 연구의 대상으로 한다.[11] 국가 간 관계의 발전상을 다루는 외교사는 국제정치상의 대세에 영향을 미치게 한 국가 간의 외교, 즉 대외교섭의 역사가 그 탐구대상이다. 독립된 평등한 주권국가가 아닌 경우는 외교사의 대상이 될 수 없다. 흔히 외교사 하면 비밀외교와 궁정외교가 연상되며, 비밀문서를 발굴해야 연구의 가치가 있을 것처럼 보이기도 한다.

외교사적 어프로치는 국가행위의 피상적이면서도 표면적인 부문을 연구함으로써 국가행위의 기초요인들에 대한 종합적인 추구가 불가능하다는 비판을 받기도 한다. 표면적인 국가행위에 대한 기술을 넘어서서 국가행위 기초요인들에 대한 종합적이고 사회학적인 이해를 통해 국제관계를 보다 포괄적으로 포착할 필요가 있다는 문제의식 속에 프랑스에서 국제관계사적 어프로치가 기획되어졌다.[12] 적어도 30여 년 전의 과거 시대를 다루는 외교사의 시대적인 한계성을 극복하고 현재까지도 다루면서 국제관계를 결정하는 제요인을 종합적으로 분석하는 것이 프랑스 국제관계학파의 국제관계사이다.[13] 국

---

10) 김용구, 『외교사란 무엇인가』(인천 : 도서출판 원, 2002).

11) 이기택, 『국제정치사』(서울 : 일신사, 1983), pp. 5-6.

12) 노재봉, "역자서문," J. B. 뒤로젤, 노재봉 역, 『구미외교사』(서울 : 박영사, 1976), p. 3 ; 김성주, "한국 외교사 연구방법의 제 문제," 한국정치외교사학회 편, 『한국 외교사』 1 (서울 : 대왕사, 1993), p. 17.

제관계사는 국제정치뿐만 아니라 국가 간의 경제관계, 문화관계 등도 포괄한다. 그런데 유럽, 미국 역사학계에서는 아직도 Diplomatic History를 선호한다. 주지하는 바와 같이 미국의 과학적 정치학계-사회과학계에서는 대체로 역사를 그렇게 중요시하지는 않는다.[14]

미국에서 인문과학과 사회과학은 1950년대에 형식적으로는 완전히 분리되었으나 인문과학 소속의 역사학과 사회과학 소속의 정치학에서 외교사를 모두 다루고는 있다. 역사학자 가디스(John Lewis Gaddis)는 냉전의 본질을 당시 관련 정치가들 개개인의 특성과 그들에 관한 기록 및 보고자료를 분석하면 확실하게 알 수 있다고 주장하였으나, 정치학자 저비스(Robert Jervis)가 본 냉전은 '핵'과 관련된 외교방식을 이해해야 그 본질을 알 수 있다고 주장했다. 즉 핵전쟁

---

13) 洪淳鎬, "國際關係史硏究의 方法論," 『韓國國際關係史理論 : 時代狀況의 力學構造』(서울 : 大旺社, 1993), p. 50. Pierre Renouvin et Jean-Baptiste Duroselle, *Introduction à l'Histoire des Relations Internationales*(Paris : Librairie Armand Colin, 1964) ; 李基鐸 譯, 『國際政治史理論』(서울 : 박영사, 1987), p. v에 의하면 외교사는 정부 간의 관계에 치중하는 데 비해 국제관계사적 방법은 외교에 심층적으로 작용하는 영향력, 즉 심층동인 〈Les forces profondes ; 직역하면 '심오한 세력'이지만 르누뱅의 의도에 충실하게 '국가의 저력'이라고 의역할 수 있다. 洪淳鎬, "國際關係史硏究의 方法論," 『韓國國際關係史理論 : 時代狀況의 力學構造』(서울 : 大旺社, 1993), pp. 37-57 참조〉을 중시한다. 외교사, 국제정치사, 국제관계사 개념의 차이점에 대하여는 洪淳鎬, "韓國外交史의 硏究方法과 方向," 韓國政治外交史學會 편, 『韓國政治學에 있어서의 歷史的 接近의 現況과 方向』(서울 : 大旺社, 1993), pp. 200-202 참조.

14) 외교사는 문서 등의 1차자료에 치중한 어프로치이며, 서술(description)에 주로 의존하고 있다. 국제정치의 역사는 이론적 어프로치(theoretical approach)에 입각한 시기 구분에 주목해 인과적으로 설명(explanation)하려는 경향에 발맞추어 역사를 경험적 케이스로 간주한다. 미국 정치학계에서 국제정치사는 국제정치학의 주요한 하위 학문은 아니며, 역사학계의 학문으로 간주하는 경향이 있다.

이 일어나면 모두가 치명적 피해를 입는다는 점에 공감한 미국과 소련 정부가 현상유지(status quo)란 외교적 틀을 가져왔다는 것이다.

정치학자들은 구조적인 틀로 역사를 조망하는 데 비해 역사학자들은 사료를 특정 틀 없이 사실 자체로서 조망하는 점에서 차이점이 있다. 또한 정치학자들의 외교사 연구는 역사학자들과 달리 국내문제보다 외교정책에 치중하고 미래에 대한 예측을 중시한다. 정치학자들은 극도의 절제(parsimony)를 강조하는데, 주어진 현상 속에서 틀을 통해 답을 얻는 연역적 방식을 사용한다. 이에 비해 슈뢰더(Paul W. Schroeder) 등의 역사학자들은 특별한 역사사건이나 특성들을 분석하면서 원하는 답을 얻는 귀납적 방식을 사용하며, 극도의 절제를 사용하기는 하지만[15] 그 비중 면에서 정치학자들에 비해 떨어진다. 도덕적 가치문제에 대해서 역사학자들은 적극적으로 수용하는 데 비해 정치학자들은 탐구대상에서 제외시킨다. 연대기 활용과 이야기체식 서술방식에 대해서 역사학자들은 무시하지 않는 데 비해 과학적 정치학자들은 비과학적 방법이라며 경시한다.

그렇지만 저비스와 슈뢰더가 말하였듯이 두 분과학문은 각자의 영역을 갖고 자체적인 연구를 하면서도 필요할 때는 공유하여 외교사란 하나의 분야를 발전시켜야 할 것이다.[16] 후술하는 바와 같이 21세기 외교사 연구의 부흥기에는 학제 간의 연구가 도모되고 있다.

---

15) Paul W. Schroeder, "International History : Why Historians Do It Differently than Political Scientists," Colin Elman & Miriam F. Elman, eds., *Bridges and Boundaries*(Cambridge, MA. : MIT Press, 2001), p. 407.

16) 한동구, "외교사 연구의 정립과 과제," 『현상과 인식』 제27권 4호(2003년 겨울), pp. 152–171.

이런 학제 간 연구의 취지에 기반하여 국제정치사, 국제관계사, 외교사, 대외관계사, 대외교섭사라는 용어들이 가지고 있는 뉘앙스 차이를 부각하기보다는 이 분야 연구의 공통점(사료의 중시)을 부각한다면 이들 연구를 외교사 연구라고 통칭하는 것이 그렇게 큰 무리는 아니다. 따라서 이 글에서는 외교사라는 다소 고전적인 용어를 사용하여 이 분야 연구의 현황을 검토하고자 한다.

국제정치학계(혹은 정치학계)가 역사연구를 그 본령으로 간주하지 않는 현상에 대해 국제정치학회 외교사(혹은 국제정치사) 분과위원들은 1996년부터 문제를 제기했었다. 기초학문의 진작에 일찍부터 관심이 있었던 하영선 교수는 안청시 교수와 공동으로 "한국 학문의 기초 분야 계발과 진흥에 관한 조사연구 : 결과보고서"를 1981년에 대우문화복지재단의 지원으로 내놓았다. 설문지법을 이용한 경험적 연구인 위의 보고서 12쪽에서 정치-외교-행정학의 '기초분야 연구와 발전의 부진 이유' 의 6번째 항에 '미국 정치학에 대한 편중' 이 지적되었다. 또한 79쪽에서는 정치-외교-행정학의 '특히 후진된 분야, 주제 또는 연구과제' 첫째 항이 '한국 정치사 자료의 발굴과 정리' 였다. 또한 당시 사학자들도 '대외관계사' 를 후진 분야로 지적했으며(8쪽), 연구가 되어야 할 기초부문 중에 '대외교섭사' (일본, 중국, 러시아, 65쪽)를, 그리고 '특히 후진된 분야, 주제 또는 연구과제' 중에 '한국의 근대 대외관계사' , '북방민족과 한민족과의 관계연구' (74쪽)를 지적하였다.

연구의 현황파악을 목적으로 하는 이 글은 문헌자료에 주로 의존할 것인데, 하영선 교수의 연구처럼 설문조사와 인터뷰가 병행되어야 그 현황을 다각도로 파악될 수 있을 것으로 사료된다.

II. 한국 외교사 연구의 역사 : 정치학과 인접학문과의 관계에 착안하여

사회과학 분과학문으로서의 미국 정치학에 경험주의–행태주의(behavioralism)가 하나의 주류적 흐름으로 등장한 것은 1960년대 이후이다.[17] 한편 과학으로서의 정치학이 한국 정치학에 본격적으로 착목되기 시작한 것은 1970년대 이후이다. 따라서 1970년대 이후 역사 연구를 역사학의 영역으로 귀속시키는 분위기가 정치학의 지배적인 흐름으로 정착되었다. 그럼에도 불구하고 외교사–국제정치사–국제관계사 등이 오늘날까지 정치학 분야에서 꾸준히 연구되고 대학과 대학원 강단에서 계속 설강되고 있으므로 외교사가 완전히 고사되지는 않을 것으로 전망된다. 한국 외교사 연구는 초창기–융성기–쇠퇴기–반성기–르네상스를 거쳤다고 할 수 있는데, 이에 대하여 자세히 살펴보고자 한다.

---

17) 미국 대학에서 정치학 강좌를 개설한 것은 19세기 후반이며 미국정치학회가 탄생한 것은 1903년이었다. 이런 연유에서 정치학은 다른 과학에 비해 이제 걸음마 단계라고 이선근 박사는 평가했다. 일제 때 일본의 학계에서 관료적인 국가학이나 법률학의 일익으로 정치학을 운위하며 내세웠다고 한다. 해방 후 일본정치학회가 탄생한 것은 1948년 연말이었으며, 한국정치학회는 그보다 4년 뒤늦게 창립되었다고 회고했다. 이선근, "창간사," 『정치학 : 한국정치학회보』, 창간호(서울 : 일조각, 1959), pp. 1–2.

1. 초창기 : 1945-1960, 법학-역사학으로부터의 미분화와 외교사 연구의 발아기

정치학과는 미군정기인 1946년에 대학에 설치되었지만[18] 역사학과 법학으로부터의 종속을 청산하지 못했으며, 당시에는 일본 학풍(독일식의 국가학)으로부터의 영향이 지대하였다.[19] 과명만 미국식 정치학과였지 교수들은 식민지 시대에 교육받았던 분들이라 일본학풍이 지배적이었다.[20]

광복직후 설치된 초창기 정치학과에는 정치학 전공 교수가 거의 전무하여 역사학 등에서 정치학 교수를 모셔왔다. 예를 들어 서울대학교 정치학과 교수에 이선근(역사학자, 당시 한성일보 주필)과 이용희(연희전문 문과 출신)를 초빙해 왔다. 연희대학교 정치외교학과에는 1946년 즈음 민병태, 황종률, 신도성, 백찬수, 유동준, 육지수, 신기석, 신동욱 교수 등 정치학 및 법학을 전공한 전문가들이 봉직하고 있었는데, 체계성을 지닌 독자적 학문영역을 뚜렷하게 구축하지 않았으며, 주로 국가학 차원의 교과과정을 운영하였다고 한다.[21] 고

---

18) 한배호, "한국 정치학사-총론," 『한국정치학회 50년사, 1953년-2003년』(서울 : 한국정치학회, 2003), p. 40.

19) 예를 들면 동경대학교의 정치학 전공(국제관계학 전공은 따로 개설되어 있음)은 아직도 법학부에 소속되어 있다.

20) 일제시대에 한국 외교사에 대한 책으로 특기할 만한 것은 李能和, 『朝鮮基督教及外交史』(京城 : 朝鮮基督教彰文社, 昭和 3[1928])가 있다.

21) "연세대학교 정치외교학과 연혁," 『연정동연록』(서울 : 연세대학교 정치외교학과 동창회, 1987), p. iii ; 『연정육십년사』(서울 : 연정60년사편찬위원회, 2004), p. 7.

려대학교 정법대학에는 1946년 8월 31일 현재 유진오, 진승록, 김안진, 이희봉, 이건호, 윤세창, 김상협, 심현상, 박상일, 김용달, 조두석, 김원권, 서임수 등이 교수로 봉직했는데, 이 중 상당수는 법률학과 교수인 것이다.[22]

최초의 본격 대학 외교사 교재는 신기석, 『근세동양외교사』(서울 : 동방문화사, 1948)와 동일인의 『근대외교사』(서울 : 문성당, 1953)이다. 경성대학 법과와 일본 동경대학에서 공부했던 그의 저작은 일본 학풍에 영향을 받았다. 그의 교과서는 생명력이 있어서 매우 오랫동안 널리 읽혔다.[23] 초창기 교수들 중 역사학 전공자들이 있어서 그런지 외교사가 정치학 연구에서 중심적인 위치를 차지했으며,이는 1960년대까지도 그렇게 흔들리지 않았다.

한국정치학회는 1953년 10월 18일 부산 대청동에 소재한 서울대학교 가교사에서 창립되었는데, 이선근 교수(초대 대표 간사)와 조영식, 신기석 교수 등 20여 명이 발기인으로 참여하였다. 학회보는 이 보다 훨씬 뒤인 1959년에 창간되었으며, 제2집은 1967년에 속간되었다.

한국국제정치학회는 1956년 5월 창립되었으며, 초대회장은 외교사 전공의 이용희 서울대 외교학과 교수였다. 1957년 12월에는 제

22) 『고려대학교 60년지』(서울 : 고려대학교, 1965), pp. 263-264.

23) 『近代外交史』, 증보판(서울 : 문성당, 1954) ; 『동양외교사』(서울 : 동국문화사, 1954) ; 『東洋外交史』, 증보판(서울 : 동국문화사, 1955) ; 『新稿 東洋外交史』(서울 : 探求堂, 1978) ; 『외교사』(서울 : 양문사, 1955) ; 『政治學全集 1(4): 外交史』(서울 : 양문사, 1955) ; 『韓末外交史』(서울 : 박영사, 1968). 다른 이들의 교과서로는 姜尙雲, 『近代外交史』(서울 : 민중서관, 1954) 등이 있다.

1차 정기총회를 개최했으며, 1961년 5·16 이후 학회활동을 정지당하기도 했으나 1962년 8월 29일 사회단체등록증을 교부받음으로써 활동을 재개할 수 있었다.[24] 1963년 『국제정치논총』을 창간했다.[25]

2. 한국 외교사 연구의 융성기 : 1960년대, 한국정치학의 독립 모색

1960년대에는 주류인 일본식 학풍에 미국식 흐름이 접목되기 시작했다. 학문도 정권의 향배와 사회적 분위기와 어느 정도 관계가 있었던 시절이었다. 전후복구가 끝나고 새로운 장기적 경제발전의 필요성이 제기되었던 1960년대는 이전의 암울했던 상황을 딛고 일어서서 어느 정도의 활력을 찾게 되는 시기이다. 이 시기 정치학은 학문적으로도 성숙되기 시작했다.

1960년대에 들어와서 근대화가 미국과 제3세계 관계에서 화두로 등장하면서 많은 신진 정치학자들이 미국으로 연수를 다녀오게 되었다. 따라서 1960년대에는 정치학이 역사학과 일본 학풍으로부터 독립하려 했다. 미국에 연수를 다녀오거나 단기 유학을 거친 학자들이 정치-외교학과 교수로 진출하면서 미국의 사회과학적 학풍

---

24) 『한국국제정치학회 50년사 : 1956-2006』(서울 : 한국국제정치학회, 2006), p. 114. 이 책은 『한국국제정치학회 약사 : 1956-1992』(서울 : 한국국제정치학회, 1992)를 토대로 증보한 것이다.

25) http://kaisnet.or.kr/sub_index.html?left=left1&body=about2 (검색일 2002년 12월 10일).

이 이식되는 조짐이 보이기 시작하였던 것이다.[26]

그러나 미국식 학풍이 완전히 뿌리내리기에는 아직 시간이 필요했다. 따라서 역사학에 영향을 받았던 한국 외교사 연구는 정치학 내에서 이전과 같은 비중을 차지했으며 오히려 융성했는데,[27] 다음

---

26) 한국 정치학의 역사를 세대론적으로 조망한 차기벽 교수의 다음과 같은 회고가 유용하다. "한국 정치학은 해방 후 식민지 시대의 유산인 법-제도적 접근에서 출발했습니다. 이러한 방법론으로 법학 등을 전공해 일제 때 공부를 마친 학자들이 한국 정치학의 제1세대라고 할 수 있습니다. 독일식의 국가학적 전통이 일본에 전수된 것이 바로 식민지 조선에 이식되었던 것이지요. 1960년대 초부터 1970년대를 거치면서 1세대 정치학자에게 배운 후 미국에 유학하여 새로운 이론을 수입한 세대가 제2세대라고 할 수 있습니다. 이들은 행태주의의 세례를 받았으며, 근대화론과 발전이론 등을 주로 받아들였습니다. 그런데 이들의 행태주의는 인류학, 사회학, 심리학과 접목된 것이라고 할 수 있습니다. 1970년대 중반부터 1980년대에는 후기 행태주의 시대라고 할 수 있습니다. 행태주의가 미래를 예측하지 못하고 베트남 전쟁과 인종폭동의 문제를 해결하는 데 전혀 기여하고 있지 못했다는 비판에 직면해 미국에서 일어난 후기 행태주의 운동이 바로 한국 학계에 수입되는 데에는 역시 미국에서 공부한 박사들의 역할이 컸습니다. 후기 행태주의자들 중에는 경제학과 접목시켜 정치경제학적 접근을 시도하는 인사들도 있었습니다. 한때 한국 정치학계에 정치경제학적 접근이 일부에서 유행되기도 했지요. 이 시기를 제3세대라고 할 수 있습니다. 제4세대는 1980년대 말부터 1990년대의 탈냉전기의 새로운 경향들을 수입한 세대라고 할 수 있습니다. 세계화-정보화 사회의 분위기에 맞추어 포스트모더니즘과 신제도주의, 공동체 이론 등이 이때 풍미했지요. 저는 1세대와 2세대의 중간쯤인 1.5세대라고 할 수 있지요. 1.5세대의 특징은 아직 독립된 저서를 낼 정도의 역량을 가지지 못하였기에 외국의 권위 있는 책을 번역하는 연구부터 시작했다는 데에 있습니다. 저는 8권의 주목할 만한 저서를 단독으로 번역했습니다. 일본어 번역본이 없는 것을 유난히 택하려고 노력했는데 그 중 6권이 그러했습니다. 요령 없고 우둔한 성격을 보여주는 대목인데, 저는 이러한 성격이 학문을 하는 데에는 큰 도움을 주었다고 생각합니다. 저는 글을 쉽게 쓰지 못해 업적의 수가 그렇게 많지 못합니다. 계몽적 역할을 수행했다는 것도 1.5세대의 또 다른 특징이라고 할 수 있습니다." 이완범, "차기벽 교수와의 인터뷰," 2001년 2월 20일.

27) 물론 이는 상대적으로 융성했다는 말이고, 절대적인 수준에 비추어 보면 오늘의 자료에 기반한 국제정치사 연구에 비하면 그 수준이 높다고 볼 수 없다.

과 같이 '한국 외교사' 관계 교과서가 출간되었던 것이다. 그간 동양외교사의 하부 학문으로서만 존재했던 한국 외교사의 독립을 선언한 격이 되었다.[28]

- 서중석, 『한국정치외교사』(서울 : 신아사, 1961).[29]
- 신국주, "근대한국외교사," (일본법정대학 박사학위 논문, 1964).
- 노계현, 『한국 외교사 연구』(서울 : 해문사, 1967).[30]
- 신기석, 『한말 외교사』(서울 : 박영사, 1968).[31]

1969년 국내에서도 정치학 박사학위가 수여되기 시작했는데, 외교사 부문은 1970년대 중반 이후, 사학박사 외교사 부문은 1980년대에 들어서야 활발하게 수여되었다.[32]

---

28) 물론 박봉양의 『朝鮮外交史概要 上』(서울 : 조선학교도서출판사, 1950)이 출간되기는 했지만 이는 입문서로 사료에 토대한 본격적인 연구서는 아니었다.

29) 서중석 교수의 『극동국제정치사 상(上)』(서울 : 신아사, 1960)도 특기할 만하다.

30) 『韓國外交史硏究』 증판이 甲寅出版社에서 1983년에 간행되었으며, 『韓國外交史論』이 大旺社에서 1984에 간행되었다.

31) 이외에 국사학계의 다음 업적도 한국 외교사와 관련이 있다. 이선근, 『한국사』, 최근세편(철종 말–갑오동학란 직전) (서울 : 을유문화사, 1961) ; 현대편(갑오동학란–경술국치), 1963. 또한 이광린, 『한국 개화사 연구』(서울 : 일조각, 1969)는 외교사 저작은 아니지만 개화기 연구에 있어 하나의 기폭제가 되었다.

32) 洪淳鎬, "한국 외교사–국제관계사 연구의 과제와 전망 : 연구사적 관점에서," 『韓國國際關係史理論 : 時代狀況의 力學構造』(서울 : 大旺社, 1993), p. 107 ; "외교사 연구의 과제와 방향," 『국제정치논총』 제30집 2호(1991), p. 88.

3. 외교사 연구의 쇠퇴기-한국 정치학의 독립기 :
1970-1983, 미국식 학풍의 지배와 외교사 비중의 감소

1970년대 이후에는 미국식 사회과학-정치학에 영향을 받아 외교사 분야는 쇠퇴일로를 걸었다. 귀국 유학생들의 주도로 미국식 사회과학이 완전히 뿌리내리기 시작하였던 것이다. 단순한 연수자가 아닌 학위취득자나 과정이수자가 학계의 주류가 되면서 한국의 정치학은 미국을 모델로 삼아 그 커리큘럼이 재편되기 시작했다.

따라서 외교사 연구의 중심은 정치학계에서 역사학계로 옮아갈 가능성이 있었으나 국사학계도 외교사-대외관계사 연구에 적극적으로 나서지는 않았다. 김경창의 『동양외교사』(서울 : 집문당, 1982)는 이 분야의 포괄적 교과서로 외무고시 준비생들의 요청에 의해 간행된 책이다. 그 이후에도 이런 종류의 책이 출간되었지만 학문의 유행에서는 밀려났다.[33]

특이하게도 '19세기 한국 외교사'에 대한 연구논문(1959-2001년간)들의 경우 국제정치학회의 학회지인 『국제정치논총』보다 한국정치학회의 『한국정치학회보』에 상대적으로 많이 게재되었다는 평가도 있다.[34] 이는 한국국제정치학회의 주역들이 외교사를 그 학문의

---

33) 그는 『근대외교사』(서울 : 好樂社, 1976)을 내기도 했다. 이외에 蔡中默, 『韓國外交史』(서울 : 螢雪出版社, 1986) ; 白京男, 『國際關係史 : 近代 國際社會 形成부터 現代 國際體系 力學까지』(서울 : 法志社, 1987) ; 崔雲祥, 『韓國外交史』(서울 : 명지출판사 1987) ; 성황용, 『근대동양외교사』(서울 : 명지사, 1992) 등이 대표적이다.

34) 김용구, "국제정치학사," 한국정치학회 편, 『韓國政治學五十年史』(서울 : 한국정

본령으로 생각하지 않으면서 중점적으로 연구하고 있지 않음을 반증해 주는 것이 아닐까 한다.

4. 반성기 : 1984-2001, 외교사의 상대적 위축에 따른 내적 반성의 모색

1982년부터 외교사 과목이 외무고시에서 국제정치학에 흡수된 것은 이 분야의 위기를 단적으로 드러내는 사건이었다. 현재는 국제정치학(외교사, 군축안보분야 포함)이 2차 필수과목이다. 이러한 위기가 하나의 배경이 되어 1984년 2월 18일 한국정치외교사학회가 창립되었다.[35] 이 학회의 왕성한 활동에도 불구하고 모든 외교사가가 이 학회에 가입해 있는 것은 아니다. 따라서 거의 모든 외교사가들이 가입해 있는 국제정치학회 외교사 분과에서 외교사 연구의 분위기를 진작시킬 수 있는 대표성이 있다고 할 것이다. 물론 정치외교사학회는 정치학 전공자뿐만 아니라 역사학 전공자가 국제정치학회보다 많이 가입해 있으며, 학제 간 연구에 유리한 조건이라고 할 수 있다. 따라서 양 학회의 협조에 의해 연구가 수행된다면 보다 더 바람직한 시너지 효과를 꾀할 수 있을 것이다.

치학회, 2003), pp. 302-303.

35) 통사로 간행한 한국정치외교사학회 편, 『한국 외교사 I, II』(서울 : 집문당, 1993-1995)가 특기할 만하다.

5. 외교사 연구의 르네상스를 꿈꾸며 : 2000년대 이후

국제정치학회의 외교사(국제정치사) 분과는 1996년 이은호 회장 시절에 부활되었다. 한때 분과가 폐지되는 시련을 겪기도 했다가 2001년 재편되었으며, 2002년 외교사 전공자인 우철구 교수의 국제정치학회 회장 취임으로 이 분과에 강조점을 두는 분위기가 조성되었다. 제2의 융성기를 맞이하였다고 할 것이다. 구대열, 김영호, 유병용 교수의 뒤를 이어 현재는 김기정 교수가 분과의 위원장이다. 다음 절에 열거할 논문발표의 면면을 통해 2000년대의 부흥기 양상을 확인할 수 있을 것이다. 외교사 분과의 독자적인 패널 구성이 단속적(斷續的)으로 이어지는 것은 외교사 연구 활성화를 보여주는 상징이다. 또한 2006년 12월 2일 국제정치학회 설립 50주년을 기념하는 3대 패널 중 '국제정치학 일반' 연구사 조망 패널(다른 패널은 '한국과 국제정치,'[36] '미래의 국제정치')에서 국제정치이론, 국제정치경제와 함께 3대 분야로 선정되었다는 것은 이제 이 분야가 더 이상 주변적인 분야가 아니라는 것을 입증하고 있다. 따라서 이후로도 이 분과는 존속되어야 하며, 분과원들은 물론 타분야 연구자들의 적극적인 참여와 관심이 요청된다고 할 것이다.

---

36) 이 패널의 3개 논문 중 "한국 외교정책 연구," "남북한 관계 연구" 2개 논문도 외교사 분야와 관계가 깊다.

Ⅲ. 발표된 논문을 중심으로 본 외교사 연구현황

전술한 바와 같이 홍순호 교수는 1991년에 연구사적 정리를 행했다.[37] 그의 연구결과를 참조하여 논문발표 현황을 조사하면 다음과 같다. 대상으로 할 글들은 한국을 다룬 외교사 연구뿐만 아니라 다른 나라의 외교사를 다룬 글도 포함할 것이다. 나름대로는 엄밀하게 선택하려 했지만 선택과정에서 주관적으로 제외되는 것도 있으므로 100% 객관화시킬 수는 없다는 점을 부기하고자 한다.

〈표 4-1〉 국내 대학 외교사 분야 정치학-국제관계-역사학 박사학위 수여현황(1969. 2-1989. 2)

연도	학위명	성명	학위논문 제목	수여대학	해당년의 정치학 박사 수여자수 (외교사 전공의 %: 소수점 이하 버림)
1974. 2	정치학	朴在圭	美國의 對亞細亞政策 1941-1945 : 美國외교 전통의 성격에 관한 硏究	경희대	1974년 23명 (8%)
1974. 8	정치학	蔡中默	왜관을 接觸점으로 한 韓日外交교섭사 硏究. 부논문 : ① 近世朝鮮 開國外交史 硏究 外1편	전북대	

37) 洪淳鎬, “한국 외교사-국제관계사연구의 과제와 전망 : 연구사적 관점에서,” 『韓國國際關係史理論 : 時代狀況의 力學構造』(서울 : 大旺社, 1993) ; “외교사 연구의 과제와 방향,” 『국제정치논총』 제30집 2호(1991).

1975. 2	정치학	裵成東	日本의 近代國家 形成過程에 관한 硏究 : 특히 韓日關係의 視角에서(1867-1881)	서울대	12명 (16%)
1975. 2	정치학	林秋山	大韓民國 임시정부에 대한 중화민국의 지원 정책에 관한 연구	경희대	
1979. 2	정치학	朴河一	美國의 中共封鎖에 關한 硏究	전남대	16명 (12%)
1979. 8	정치학	金景昌	「청 · 조종속론」을 위요한 東亞國際關係에 관한 硏究	경희대	
1980. 2	정치학	孫章來	駐韓美地上軍 撤收政策 決定過程에 관한 硏究	동국대	13명 (23%)
1980. 9	정치학	李世基	中蘇 對立의 脈絡속에서 본 韓國戰爭 勃發의 原因에 관한 硏究-스탈린의 戰爭意圖와 毛澤東의 參戰動機를 中心으로	고려대	
1980. 8	정치학	張悳煥	중 · 소 분쟁에 관한 연구 : 세계전략 및 대외정책을 중심으로	경희대	
1980. 9	정치학	成滉鏞	日本의 對韓半島政策硏究 : 한 · 일국교정상화 문제를 중심으로	고려대	
1981. 2	정치학	李在方	美 · 中共 關係改善과 키신저外交	건국대	15명 (20%)
1981. 2	정치학	金明基	한국정부수립 과정에 관한 연구 : 국제연합의 역할을 중심으로	경희대	
1981. 8	정치학	白奉鍾	美國의 對韓軍事政策變化에 關한 硏究	중앙대	
1982. 2	정치학	鄭千九	中共 · 베트남 戰爭의 原因分析	고려대	13명 (23%)
1982. 2	정치학	朴日根	美國의 韓國開國外交	경북대	
1982. 8	정치학	朱誠完	판아프리칸이즘의 硏究 : 1900-1945	경희대	
1983. 2	정치학	李瑛雨	코민테른의 統一戰線에 관한 硏究	영남대	20명 (20%)
1983. 2	정치학	韓鎔源	韓國軍의 創軍過程과 美軍의 役割	고려대	

1983. 8	정치학	崔東熙	蘇聯과 東歐關係의 形成과 再編成 1945-1959	연세대	
1983. 8	정치학	韓相武	平和定着을 위한 美國의 對韓半島 政策에 관한 硏究 : 1945년부터 1980年까지를 中心으로	건국대	
1983. 2	국제관계	金基泰	한국의 베트남전 참전과 한·미관계	한국외대	
1983. 8	동양사	金鐘圓	朝淸交涉史 硏究 : 貿易關係를 中心으로	서강대	
1984. 2	정치학	朴昌熙	戰後 蘇聯의 東歐介入過程과 要因에 관한 硏究	경희대	13명(7%)
1984. 8	사학	李培鎔	舊韓末 列强의 鑛山利權獲得에 대한 硏究	서강대	
1985. 2	정치학	李暎煥	美國의 封鎖政策에 관한 硏究	경북대	16명(37%)
1985. 2	정치학	堅鶴弼	美軍政과 韓國政治發展에 관한 硏究	동아대	
1985. 2	정치학	徐暢護	中·蘇紛爭 硏究 : 中共의 民族共産主義를 中心으로	전남대	
1985. 8	정치학	殷千基	北韓의 對中·蘇外交政策에 관한 硏究(1950-70) : 自主路線의 形成과 展開過程을 中心으로	경희대	
1985. 8	정치학	崔光雄	소련의 北韓政策展開에 關한 硏究	성균관대	
1985. 8	정치학	鄭光湧	美國의 對韓 軍事政策에 관한 硏究 : 카이로 회담부터 한·미 방위조약까지	전북대	
1985. 2	사학	辛勝夏	中國開港期 淸朝의 西洋認識과 그 變化	고려대	
1985. 2	사학	宋炳基	聯美를 위요한 朝淸外交交涉과 그 反響	고려대	
1985. 2	서양사학	金鎭植	커어즌의 印度統治에 대한 一硏究 : 英國의 아시아政策과 관련하여	중앙대	
1986. 2	정치학	朴雄鎭	美國의 初期對日占領政策과 天皇制 파시즘의 解體에 관한 硏究	동아대	25명(8%)

1986.8	정치학	張東一	高麗의 外交政策에 관한 硏究 : 特히 '北進政策'을 中心으로	건국대	
1987.2	정치학	權善弘	東아시아 開港期의 不平等條約 硏究 : '文明基準'의 視角을 중심으로	연세대	25명 (24%)
1987.2	정치학	金泰丸	北韓의 第3世界外交政策에 관한 硏究	경희대	
1987.2	정치학	具宗書	레자時代 이란自主外交의 可能性과 限界 : 1921-1941	고려대	
1987.8	정치학	辛容中	美·蘇의 對韓半島政策, 1943-1948	한양대	
1987.8	정치학	姜光植	國際體係의 勢力管理方案으로서 中立化에 관한 硏究 : 韓半島에의 適用 可能性 模索과의 關聯에서	경희대	
1987.8	정치학	劉哲鍾	韓·日 및 日·蘇 領土紛爭에 關한 硏究 : 獨島와 北方四島 問題를 중심으로	전남대	
1988.2	정치학	李在都	모스크바信託統治協定과 韓半島政治變化에 관한 硏究	동국대	27명 (7%)
1988.2	정치학	陳章哲	소련의 初期 아시아政策形成의 背景과 動機에 관한 硏究	고려대	
1988.2	사학	崔德壽	淸日·露日戰爭期 日本人의 朝鮮論硏究 : 福澤鍮吉·原敬近衛篤를 中心으로	고려대	
1988.2	사학	尹龍爀	高麗對蒙抗爭史硏究	고려대	
1988.8	사학	劉共祚	英國의 中東統治와 팔레스타인 問題 : 팔레스타인 紛爭의 史的分析	중앙대	
1988.8	사학	車勇杰	高麗末·朝鮮前期 對倭 關防史 硏究	충남대	
1989.2	정치학	徐陽重	外蒙古 問題에 關한 中蘇對立과 協商過程 : 中蘇條約의 外蒙古條項을 中心으로	고려대	30명 (6%)
1989.8	정치학	李東炫	韓國 信託統治 硏究	건국대	
1989.8	사학	李貞一	壬辰倭亂 硏究 : 水軍活動, 軍糧供給 및 宣武功臣 策動을 中心으로	중앙대	
1969.2-1989.8			국제관계학 : 1편, 사학 : 10편, 정치외교학 : 39편	총 50편	

〈표 4-2〉 국내 대학 외교사 분야 정치학-국제관계-역사학 박사학위 수여현황(1990. 2-2006. 2)

연도	학위명	성명	학위논문 제목	수여대학	해당년의 정치학 박사 수여자수 (외교사 전공의 %: 소수점 이하 버림)
1990. 2	정치학	劉明喆	韓國中立化論 연구	경북대	1990년 36명(8%)
1990. 8	정치학	嚴泰岩	니카라과, 파나마, 그레나다의 對美外交政策硏究 : 自主外交의 可能性과 限界	고려대	
1990. 8	정치학	全賢俊	北韓의 第三世界에 대한 外交政策 연구	전남대	
1990. 2	사학	孫承喆	朝鮮後期 對日政策의 性格연구	성균관대	
1990. 2	사학	깐수, 무함마드	新羅 · 아랍-이슬람諸國關係史 연구	단국대	
1990. 2	사학	姜聖祚	朝鮮前期 對明公貿易에 關한 연구	인하대	
1991. 8	정치학	丁元述	北韓外交政策의 變遷過程에 관한 연구 : 第3世界外交政策을 중심으로	조선대	1991년 61명(1%)
1991. 2	국제관계	金達鏞	쿠바外交政策 : 對外介入事例에서 나타난 外交政策性格分析	한국외대	
1992. 2	정치학	余康模	蘇聯의 아프리카 外交政策에 관한 연구 : 1956-1982년을 중심으로	경북대	54명(3%)
1992. 2	정치학	李載錫	斥邪衛正論에 關한 연구 : 外勢의 挑戰에 대한 華西學派의 反應을 中心으로	韓國精神文化硏究院	
1992. 2	사학	金相洙	英國의 孤立淸算 外交 : 英日同盟의 成立過程을 중심으로	한양대	
1993. 8	정치학	金基兆	한반도 삼팔선분할과정 재조명 : 미 · 영 · 소와 일본간의 종전전략과 전시외교를 중심으로	국민대	42명(2%)
1994. 2	사학	朴漢男	高麗의 對金外交政策 연구	성균관대	

1994. 8	정치학	李完範	美國의 韓半島 分割線 劃定에 관한 硏究(1944-1945)	연세대	66명(6%)
1994. 8	정치학	權武爀	19세기말 제정러시아의 대한정책	영남대	
1994. 8	정치학	권경희	베트남 외교정책의 성향변화연구, 1975-1990	성신여대	
1994. 8	정치학	Williamson, C.E.	미국의 1970년대 대동북아 전략변동과 한국의 대응	한국정신문화연구원	
1995. 2	정치학	曺龍珍	북한의 對中·蘇 동맹정책 변화에 관한 연구	부산대	57명(1%)
1996. 2	국사학	鄭容郁	1942-47年 美國의 對韓政策과 過渡政府形態 構想	서울대	
1996. 8	정치학	安貞愛	駐韓美軍事顧問團에 관한 연구 : 韓國軍 創軍過程(1945-1950)에서의 役割 및 基能을 중심으로	인하대	63명(1%)
1996. 8	사학	韓文鍾	朝鮮前期 對日外交政策 硏究 : 對馬島와의 關係를 중심으로	전북대	
1997. 2	정치학	廉東龍	國際勢力圈 理論에서 본 淸日 戰爭背景	경북대	63명(4%)
1997. 2	정치학	廉東龍	國際勢力圈 理論에서 본 淸日 戰爭背景	경북대	
1997. 8	정치학	崔正燮	間島문제와 국제 관계	전북대	
1997. 2	사학	具仙姬	開化期 朝鮮의 對淸政策 연구	고려대	
1997. 8	사학	朴仁淑	윌리엄 애플맨 윌리엄스(William Appleman Williams)의 美國 外交史論에 관한 硏究	고려대	
1998. 8	정치학	鄭逸和	美國의 封鎖政策과 越南戰에 관한 硏究 : 脫이데올로기 과정을 중심으로	단국대	61명(1%)
1998. 2	사학	洪性德	十七世紀 朝·日 外交使行 硏究	전북대	
1999. 2	정치학	徐鏞瑄	美國의 韓國戰爭 介入政策에 關한 硏究 : 封鎖政策과 NSC 68을 中心으로	단국대	84명(3%)
1999. 2	정치학	鄭聖姙	소련의 對북한 점령정책에 대한 연구 : 1945. 8-1948	이화여대	
1999. 8	정치학	이부균	한·일 독도영유권 분쟁과 미국의 입장	단국대	

2000. 2	정치학	김재구	스탈린의 韓國戰爭 決定에 關한 硏究 : 전통주의적 해석의 재발견	고려대	69명 (10%)
2000. 2	정치학	남칠우	모택동의 외교노선 연구	건국대	
2000. 2	정치학	김관해	중 · 소 분쟁의 연구 : 1956-1982	건국대	
2000. 2	정치학	이철순	이승만정권기 미국의 대한정책 연구 (1948-1960)	서울대	
2000. 2	정치학	김수암	한국의 근대외교제도 연구 : 외교관서와 상주사절을 중심으로	서울대	
2000. 2	정치학	保坂祐二	일본제국주의의 민족동화정책 분석 : 조선과 만주, 대만을 중심으로	고려대	
2000. 8	정치학	김완태	북한의 대미 외교정책 연구 : '핵외교'를 중심으로	경남대	
2001. 2	정치학	조철호	박정희 핵외교와 한미관계 변화	고려대	58명 (5%)
2001. 2	정치학	박종귀	중국과 미국의 인권분쟁 : 미국의 개입과 중국의 대응	경남대	
2001. 8	정치학	정수용	한국의 베트남전 파병과 한 · 미 동맹체제의 변화	고려대	
2002. 2	정치학	김선숙	한국전쟁의 휴전협상 과정에 관한 연구	동아대	54명 (1%)
2003. 2	정치학	김민석	워싱턴체제의 성립과정과 요인에 관한 연구	고려대	68명 (4%)
2003. 2	정치학	김현일	해양력과 동북아시아의 전쟁 발생 : 1860-1993	연세대	
2003. 8	정치학	박상만	조선조의 개항과정 연구 : 1876-1886	원광대	
2004. 2	정치학	김종우	일본의 대한반도 정책의 지속성과 변화양상에 관한 연구	한국정신문화연구원	58명 (6%)
2004. 8	정치학	황재하	중국 외교노선의 변천과정 연구	건국대	
2004. 8	정치학	서헌주	한미 SOFA예비협상에 관한 연구 : 이승만, 장면 및 박정희정부의 대미SOFA 예비협상 비교연구	고려대	

2004. 8	정치학	박철진	중국의 대 한반도 정책 비교 연구 : 마오쩌뚱, 덩샤오핑, 장쩌민, 후진타오 시대를 중심으로	조선대	
2004. 8	국제관계	차경미	콜롬비아의 한국전 참전에 관한 연구 : 국내요인을 중심으로	한국외대	
2004. 2	사학	한설	레닌(В. И. Ленин)의 전쟁관 연구 : 러일전쟁부터 브레스트-리토프스크 조약까지	고려대	
2004. 8	사학	강호출	코민테른 '조선문제결정서'를 통해 본 조선공산당 운동(1925-1928년)	고려대	
2004. 8	사학	손정숙	한국 근대 주한 미국공사 연구(1883-1905)	이화여대	
2005. 8	정치학	김석용	한국의 대미 외교정책에 관한 연구 : 역대 정권의 외교정책 변화를 중심으로	조선대	62명(1%)
2005. 2	사학	허은	미국의 대한 문화활동과 한국사회의 반응 : 1950년대 미국정부의 문화활동과 지식인의 대미인식을 중심으로	고려대	
2005. 8	사학	박성주	고려 · 조선 견명사 연구	동국대	
2005. 8	사학	이현진	제1공화국기 미국의 대한경제원조정책 연구	이화여대	
2006. 2	정치학	유인석	닉슨 행정부의 주한미군 철수정책 : 안정자 역할과 부분감축	서울대	57명(전기만 ; 3%)
2006. 2	정치학	박호섭	제2차 세계대전 이후 미국 해양전략의 변화와 결정요인	충남대	
2006. 2	사학	박진희	제1공화국의 대일정책과 한일회담 연구	이화여대	
2006. 2	사학	시노하라 히로카타	고구려적 국제질서인식의 성립과 발전 : 4-5세기를 중심으로	고려대	
1990. 2-2006. 2			국제관계학 : 2편, 사학 : 18편, 정치외교학 : 41편	총 61편	

국회도서관 검색 사이트(http://www.nanet.go.kr). 검색일 : 2006. 11. 17.

국내 학계의 정치학 박사학위 수여자 중 외교사 분야의 숫자와 비율을 각 연도별로 정리하면 다음 〈그림 4-1〉과 같다.

〈그림 4-1〉 외교사 분야의 연도별 정치학 박사학위 논문의 편수와 백분율

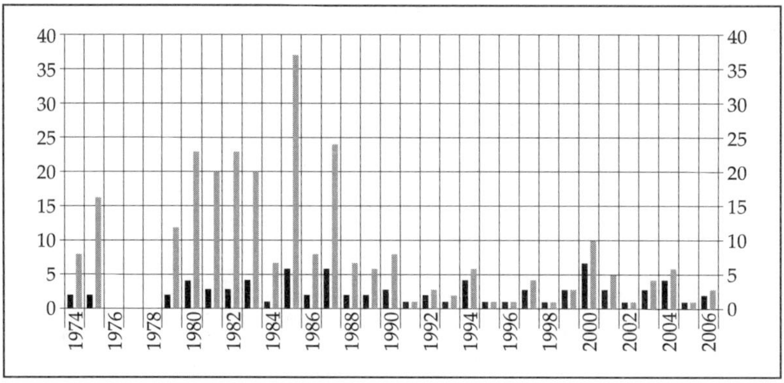

■ : 논문의 편수 ■ : 백분율

1969년부터 1989년까지 31년간 50편에 비하면 1990년부터 2006년까지 17년간 61편은 수치상으로는 증가한 것이다(뒤에서 열거될 석사논문의 경우는 45년간 128편이었던 것이 17년간 107편이 산출되었으므로 역시 증가한 편이다). 그런데 〈그림 4-1〉에서 보는 바와 같이 전체 정치학 박사 중에서 외교사가 차지하는 비중은 1985년을 정점으로 증가했다가 갈수록 감소했다. 그러나 2000년대에 와서는 그 비율이 비교적 유지되고 있는 추세이다. 1970년대와 1980년대 중반경에는 백분율이 두 자리 숫자인 경우가 많았는데 그 이후에는 2000년의 10%를 제외하고는 한 자리 숫자이며, 1%인 경우도 많다. 그렇지만 1979년 이후 국내 정치학계의 외교사 분야 박사학위 수여수가 한 명 이상 배출된 것을 보면 이 분야가 미국식 학문 분위기의 유입 속에서도 완전히 고사하지는 않았음을 알 수 있다. 구미 학계에서 수

여된 박사학위 숫자를 첨가하면 그 수는 배가된다고 할 것이다. 국내 박사학위 논문의 숫자만 가지고 국내 학계의 연구동향의 총체적 모습을 파악하는 것에 한계가 있으므로 국외 학계의 연구동향을 점검할 필요성을 제기하고자 한다. 한편 2004년 이후 역사학계의 대외관계사에 대한 관심은 매우 증가하여 정치학계를 압도한다.

〈표 4-3〉 국내 대학 외교사 분야 정치학 박사학위 수여현황(1945-1989. 2)

연도	성명	학위논문 제목	수여대학	총수여 학위수	외교사 분야
1945-68				619	62
1969-70				100	15
1971				40	1
1972				48	7
1973				49	1
1974				39	2
1975				42	2
1976				48	1
1977				58	4
1978				51	0
1979	남시욱	淸日戰爭以後 니시 · 로젠協定 締結까지의 러시아의 韓半島 政策研究 : 露日間 所謂 韓國問題 交涉經緯를 中心으로	서울대	55	2
	金景昌	「청 · 조종속론」을 위요한 東亞國際關係에 관한 研究	경희대		
1980	이준재	을사보호조약을 위요한 일본에 대한 정치	연세대	68	1
1981	유종선	구한말의 개신교와 국제정치	서울대	95	2
1982	한경수	폴랜드 분할의 사적 고찰	경북대	156	1
1983	이종선	미국외교정책에 있어서 고립주의와 세력균형, 1776-1823	연세대	169	3

1983	서정곤	조미수호 통상조약에 관한 연구	건국대		
	이목희	임시정부의 외교에 관한 연구	서울대		
1984	유진수	일제의 침략과 의병운동에 관한 고찰	동국대	208	5
	윤순갑	갑신정변 전후의 대청-일관계	경북대		
	이중국	신라삼국통일의 정치사적 재해석 : 특히 당태종의 남북분할정책을 중심으로	건국대		
	진정덕	남경조약과 강화도조약에 대한 비교연구	국민대		
	조진현	영국의 대한정책 : 거문도사건을 중심으로	영남대		
1985	정정숙	1941년 영-일외교교섭과정 연구	이화여대	197	3
	김영곤	노 · 일전쟁을 전후한 일본의 대외정책에 관한 연구	국민대		
	권무혁	Robanov-Yamagata 의정서 체결 과정을 중심으로 본 한 · 로관계 연구	영남대		
1986	이미경	일제의 대한 동화정책에 관한 연구 : 황민화정책과 내선일체론을 중심으로	연세대	244	6
	장인성	구한말 조선의 미국관에 관한 고찰 : 1880년대까지의 미국관 형성을 중심으로	서울대		
	조연호	만주사변기의 일본외교정책에 관한 연구	한국외대		
	진형주	1930년대 일본과 구미열강 간의 외교관계가 중 · 일전쟁에 미친 영향에 관하여	이화여대		
	김광수	조선말기의 국제관계연구	조선대		
	이완범	한반도 신탁통치안과 국내정치(1943-1948)	연세대		
1987	김수암	청일전쟁의 원인에 관한 연구	서울대	203	3
	김환국	조선의 구미외교사절제도의 도입에 관한 연구	서울대		
	이명철	1880년대 초기의 개화정책에 관한 연구	한국정신문화연구원		
1988	박상건	청 · 일전쟁 직전의 영국의 극동정책에 관한 고찰	부산대	196	4
	宋義達	第2次 世界大戰 原因論爭에 關한 一硏究 : A.J.P.Taylor의 戰爭原因論과 그 批判을 中心으로	서울대		

1988	김성진	미국의 한국신탁통치구상과정(1941-45)	고려대		
	윤상호	1930-40년대 재중국한인 독립운동의 전개	연세대		
1989	김명섭	분단구조화의 과정에서 본 한국전쟁의 의미	연세대	180	3
	박재권	소련의 對北韓政策(1945. 8-1946. 2) : 北韓 人民政權形成과 관련하여	서울대		
	宋金永	露·日戰爭과 韓國의 中立化 政策에 관한 연구	동아대		
총계				2810	128 (4.5%)

출처 : 국회도서관 편, 『한국박사 및 석사학위 논문 총목록』, 제1권(서울 : 국회도서관, 1969) ; 제2권(서울 : 국회도서관, 1990) ; 洪淳鎬, "한국 외교사-국제관계사 연구의 과제와 전망 : 연구사적 관점에서," 『韓國國際關係史理論 : 時代狀況의 力學構造』, 서울 : 大旺社, 1993, pp. 128-130을 토대로 국회도서관 웹국회도서관 검색 사이트(http://www.nanet.go.kr) 검색일 : 2006. 11. 18을 활용해 재작성. 이 표를 보면 1970년대 이전은 총 수여논문의 10%를 상회할 정도로 외교사 분야의 논문이 생산되다가 1970년대 이후로는 1972년을 제외하고는 급감했음을 알 수 있다. 이러한 감소추세는 지금까지도 이어진다. 또한 총 수여 숫자가 1980년대 들어와서는 급증했으며, 1980년대 중반은 이전 시기의 두 배를 상회할 정도인 200명 내외로 학력 인플레이션이 등장했음을 확인할 수 있다. 2000년의 경우는 451명에 달한다. 이는 특수대학원-전문대학원의 정치학 관계 전공자 수를 포함한 수치이다. 그런데 다음 표에서 보는 바와 같이 이해의 경우 외교사 분야 석사논문이 1편에 불과하다.

〈표 4-4〉 국내 대학 외교사 분야 정치학·국제지역학-국제관계학 석사학위 수여현황(1945-1989. 2)

연도	학위	성명	학위논문 제목	수여대학	해당년의 정치학 석사 수여자수
1990. 2	정치학	金聖大	勢力均衡에 關한 一硏究 : 本質的 原理와 史的實例(1812-1815期間의 歐洲國際政治)를 中心으로	서울대	1990년에 정치학석사 257명

1990. 2	정치학	이재곤	미국의 대한정책에 관한 연구 : 한국전쟁을 중심으로	부산대	
1990. 8	지역학	金奇玉	포크랜드/말비나스 群島 戰爭 勃發原因에 대한 연구 : 아르헨티나 立場에서의 戰爭 勃發原因과 軍政과의 相關關係를 중심으로	한국외대	
1990. 8	지역학	申宗晏	인도네시아의 外交政策에 관한 연구 : 敎導民主主義時期(1957-1965)를 중심으로	한국외대	
1990. 8	정치학	Kim, Hyon Soo	Soviet-American Strategic Rivalry in Northeast Asia in the 1980s	연세대	
1990. 8	정치학	宋申武	South Korea's Northern Policy on China : 1980s	경희대	
1990. 8	정치학	何明燦	美國의 對中國 政策에 관한 연구 : 1970-1980을 중심으로	영남대	
1990. 8	정치학	李芝姸	독 · 소 라팔로 조약에 관한 연구 : 제1차 세계대전후 독일의 대외정책에 미친 영향을 중심으로	이화여대	
1991. 2	정치학	金東喆	오스트리아통일과 독일통일 要因의 比較分析	숭실대	1991년 271명
1991. 2	정치학	최우순	닉슨 행정부의 대중국정치에 관한 연구	조선대	
1991. 2	정치학	金敬俊	美 · 蘇 核戰力 均衡과 兩國의 關係변화 : 1960년대말을 중심으로	건국대	
1991. 2	정치학	서진위	소련의 對아프가니스탄 정책 : 철군 논리 및 과정을 중심으로	연세대	
1991. 2	정치학	趙海東	韓國戰爭 前後 美國의 對韓半島 政策, 1947-1953 : 政策形成過程과 그 論理를 중심으로	연세대	
1991. 2	정치학	Kim, Joon Gi	The Origins of Post-War Korea-U.S. Relations : The Failure of a Centrist Tradition and its Implications, 1945-1948	연세대	
1991. 2	정치학	鄭文華	蘇聯의 對베트남外交關係 : 레닌에서 브레즈네프까지	성신여대	
1991. 2	정치학	李天碩	日本의 對北韓政策 : 70年代와 80年代를 中心으로	영남대	
1991. 2	정치학	陳鍾洙	蘇聯의 對韓半島政策의 持續과 變化 : 고르바초프 執權 以後를 中心으로	경희대	

1991. 2	정치학	南基正	南韓과 日本에서의 美國의 占領政策 비교 연구 : 占領初期(1945-1946. 4) 對政黨政策을 중심으로	서울대	
1991. 8	정치학	李宰龍	고르바쵸프의 對美外交政策에 관한 硏究	한양대	
1991. 8	정치학	金泰恒	蘇聯의 對北韓政策, 1945-1950	한양대	
1992. 2	정치학	尹雄相	임진왜란기 강화 교섭에 관한 연구 : 조선 분할안을 중심으로	건국대	320명
1992. 2	정치학	柳受良	中國國民黨 北伐期의 日本의 對中國外交政策에 대한 연구 : 1926-1927	이화여대	
1992. 2	지역학	趙明鎭	EFTA 4個中立國의 中立政策과 유럽新秩序에서의 位相變化에 관한 연구	한국외대	
1992. 2	정치학	全承球	西獨의 東方政策에 대한 一考察 : 獨逸統一 過程을 中心으로	한국외대	
1992. 8	정치학	李太熙	日本의 對韓借款協商(1981-1983)의 背景과 過程 연구	고려대	
1992. 8	지역학	姜明信	리비아 국가원수 카다피(Muammar al-Qaddafi)의 아랍統合政策 硏究	한국외대	
1992. 8	정치학	金賢珠	蘇聯의 外交政策과 韓半島 關係	충남대	
1993. 2	지역학	金京洙	파라과이戰爭 原因分析	한국외대	302명
1993. 2	지역학	申載錫	EC統合과 新유럽秩序에 대한 전망 : 마스트리히트 조약을 중심으로	한국외대	
1993. 2	정치학	崔秉勳	東北亞秩序와 勢力均衡에 관한 연구	한국외대	
1993. 2	정치학	金泰完	유럽統合過程의 分析과 展望	중앙대	
1993. 2	정치학	廉東龍	러시아의 東進政策과 露·日戰爭	경북대	
1993. 2	정치학	梁成寶	1980년대 중국의 독립자주 외교노선과 미·일과의 대외무역에 관한 상호관계 : 정치경제적 관점에서	건국대	
1993. 2	정치학	權英赫	韓-蘇關係의 歷史的 發展過程 分析	명지대	
1993. 2	정치학	安美貞	韓日協定에 관한 연구 : 成立背景과 內容 중심으로	영남대	
1993. 2	정치학	김성욱	朝鮮과 明과의 외교관계 연구	부산대	
1993. 2	정치학	李浣重	日本의 外交政策決定過程에 관한 연구 : 對韓政策을 중심으로	동국대	

1993. 2	정치학	Delaunay, Sophie	North Korean Isolationism in Foreign Policy : Evolution and Prospects	연세대	
1993. 2	정치학	辛熙卿	이란-이라크 8년 전쟁의 성격고찰 : 전쟁 지연의 원인을 중심으로	고려대	
1993. 8	정치학	陳彦希	中國 開放外交政策의 背景과 展開	충남대	
1993. 8	지역학	Kwon, Taehuey	1060년대 한-일 국교정상화회담에 있어서 주요문제들에 대한 연구	경희대	
1993. 8	지역학	Lopega, Diosdado Balderama	An analysis of the evolution of taiwan's "three no's" policy towards mainland china from 1950 to present : An Analysis of the Evolution of Taiwan's "Three No's" Policy Towards Mainland China from 1950 to Present	경희대	
1993. 8	정치학	Kim, David Byungchul	North Korea's Diplomacy with Japan toward Normalization, 1990-1993	연세대	
1993. 8	정치학	李洙英	Korean-Russian Relations 1894-1898 : with special emphasis on the activities of Russian diplomats in Korea	연세대	
1994. 2	정치학	金在燮	帝政 러시아의 대한반도정책 연구 : 朝露修交에서 露日戰爭 기간 동북아정책 변화와 관련하여	경성대	325명
1994. 2	정치학	金珉石	캄보디아 평화과정에 나타난 파벌 갈등과 국제 갈등 연구 : 파리평화협정 체결 전후를 중심으로, 1978-1993	서강대	
1994. 2	정치학	黃允德	북한의 비동맹권 외교추이와 탈냉전후 동향 硏究 : 쇠락한 비동맹권 외교집착의 요인분석	고려대	
1994. 2	정치학	李美貞	미국의 패권적 영향력 변화에 관한 연구	중앙대	
1994. 2	정치학	閔春吉	중국의 대 한반도 외교정책 기조변화와 한 · 중수교	동국대	
1994. 2	정치학	方東哲	미국의 중국 공산정권 봉쇄정책 : 닉슨독트린 이전까지를 중심으로	경북대	
1994. 2	지역학	文勝鉉	인도네시아 · 말레이시아 양국의 대결정책(1962-1966)에 관한 연구	한국외대	

1994. 2	지역학	李浚榮	미국의 걸프전 개입에 관한 연구 : 개입의 역사적 성격과 동기분석을 중심으로	한국외대	
1994. 8	정치학	홍인섭	대미 국교단절후 대만의 대외관계	연세대	
1994. 8	정치학	李瀅雨	중국 실용주의 외교의 형성과정과 실천	서강대	
1994. 8	지역학	吳圭烈	中國의 對韓 國交正常化 過程 硏究	한국외대	
1994. 8	지역학	金文京	舊소련의 中央아시아 强占과 무슬림 抵抗運動 : 바스마치운동(1917-1927)을 중심으로	한국외대	
1994. 8	정치학	金應彬	분쟁의 기원 연구 : 이란 · 이라크 전쟁을 사례로	한국외대	
1994. 8	정치학	李淳培	美國의 對韓 人權外交政策에 관한 硏究 : Carter · Reagan행정부를 중심으로	한국외대	
1994. 8	정치학	李鍾天	소련의 중동진출에 관한 연구 : 60-70년대 시기를 중심으로	고려대	
1994. 8	정치학	李禧珍	워싱턴 체제의 실패원인 분석	이화여대	
1994. 8	정치학	金正旲	19세기 후반 문호개방기의 동아시아 국제관계의 특성에 관한 연구	인하대	
1994. 8	정치학	全圭善	國際紛爭의 평화적 해결에 관한 연구 : UN PKO(平和維持活動)의 사례를 중심으로	단국대	
1994. 8	정치학	鄭俊基	한반도 분할을 통해서 본 미국의 對韓政策	경북대	
1994. 8	정치학	曺斗鎭	개항기 朝 · 日 양국의 근대화 성패 연구 : 외압과 대응양식을 중심으로	경북대	
1995. 2	정치학	趙漢吉	청 · 일전쟁시 일본의 외교정책결정 과정에 관한 연구 : Richard C. Snyder의 분석 모델을 중심으로	경남대	346명
1995. 2	지역학	洪昌亨	사바(Sabah) 영유권 분쟁에 관한 연구	한국외대	
1995. 2	지역학	金相喆	폴란드내 소수독일인에 대한 독일연방공화국의 대외문화정책(1945-1992)	한국외대	
1995. 2	정치학	李寶賢	일본 · 북한 수교교섭과정 연구 : 일본의 대북한정책 결정과정을 중심으로	고려대	
1995. 2	정치학	金鍾倫	淸日紛糾에 직면한 한국	한남대	
1995. 2	정치학	Lee, Hong Gap	Korean-American relations in the changing post-cold war era	연세대	

1995. 2	정치학	權英珠	베트남 신외교 정책 분석	성균관대	
1995. 2	정치학	陳文寬	1988년 이후 대만 정부의 '실용외교'에 관한 연구	성균관대	
1995. 8	정치학	Kim, Jang Ho	Prisoners of containment : the U. S. China policy and the Sino-Soviet dispute, 1945-1972	연세대	
1996. 2	정치학	배충수	보스니아 내전의 발발과 기원 : 족(ethnie)의 민족(nation)화를 중심으로	고려대	299명
1996. 2	정치학	金秀杰	호메이니(Khomeni)外交政策 : 1979-1989년 사이의 사례분석을 중심으로	서강대	
1996. 2	정치학	Kim, Diniel Suro	Sino-US relations in the post cold war context : The Dynamics of politics, security, and economics	연세대	
1996. 2	지역학	全秀貞	트랜실바니아의 헝가리 少數民族問題 : 헝가리 · 루마니아의 葛藤關係를 中心으로	한국외대	
1996. 2	지역학	黃善惠	라인란트를 둘러 싼 독-프의 이해관계와 유럽통합 : 1945년 부터 1963년 독-프 협력조약 체결까지	한국외대	
1996. 2	정치학	趙東濬	國際通貨體制에 관한 美-佛 論爭 硏究, 1963-1968	서울대	
1996. 8	정치학	김장순	워싱턴체제(1921-1931)의 안정성 및 변동요인 연구	연세대	
1996. 8	정치학	鄭忠熙	脫冷戰 時期 中國의 對美政策에 對한 硏究 : 변화와 연속성을 중심으로	고려대	
1997. 2	정치학	崔斗植	日本의 獨島와 尖閣列島 領有權主張에 대한 비교연구	한국외대	393명
1997. 2	정치학	Kim, HyunWook	Post-Cold War and US-China relation : issues & problems in a changing context	연세대	
1997. 8	지역학	黃泰淵	北韓과 周邊 4强間의 關係變化 樣相 硏究	한국외대	
1997. 8	정치학	Shim, Woo Cheol	Russo-Korean relations in the post cold war era	연세대	
1997. 8	정치학	Mun, Kwinam	Nixon's retrenchment policy and its effects on Korean-Japanese relations	연세대	

1997. 8	지역학	黃美蘭	1990年代 中國의 對韓半島 政策과 展望	성균관대	
1998. 2	정치학	박지영	한국 북방정책과 남북한 관계(1988-1992) : 한국 외교정책과 대북정책의 연계성을 중심으로	연세대	378명
1998. 2	정치학	Shin, Se Young	South Korea's foreign policy during the Vietnam war : A Study of Korea-U. S. relations	연세대	
1998. 2	정치학	강주현	阿片戰爭 硏究(1840-1842) : 中國, 英國의 利害關係와 葛藤處理過程을 中心으로	이화여대	
1998. 8	정치학	全泰建	미국의 대 한반도정책 연구(1947-1997) : 개입의 변화과정을 중심으로	한국외대	
1999. 2	정치학	Burke, Christopher	China's Bilateral Relations with the Two Koreas : Maintaining Stability in Times of Change	연세대	433명
1999. 8	정치학	서주협	중국의 동남아시아 정책(1949-1972) : 중 · 미, 중 · 소 관계의 변화를 중심으로	경북대	
1999. 8	정치학	신승준	이승만과 1950년대 후반기의 한일회담	서울대	
2000. 2	정치학	김윤태	러시아의 대 한반도 정책변화 양상에 관한 연구 : 고르바쵸프, 옐친 시대를 중심으로	한국외대	451명
2001. 2	정치학	이택희	고종의 아관파천과 러시아의 조선정책	동아대	429명
2001. 2	정치학	홍은하	1880년-1905년 한국의 균세론 수용과 균세적 대외정책 연구	이화여대	
2001. 2	정치학	오유성	동북아시아 지역국제체제 변동 연구 : 역외 · 역내세력간 세력전이를 중심으로, 1842-1992	연세대	
2001. 2	정치학	배종찬	Sino-North Korean Relations in the 1990s : Chinese Response to North Korean Crisis	서울대	
2001. 2	정치학	김태욱	영 · 일 동맹의 형성요인에 관한 연구	고려대	413명
2001. 2	정치학	김신혜	태평양전쟁의 발발원인에 관한 연구	고려대	
2002. 8	지역학	김정원	U. S policy on Pueblo crisis in 1968 : focusing on policy-making process	서울대	
2003. 2	국제관계	이헌영	한 · 중 수교이후 중국의 대한반도 정책	충북대	378명
2003. 2	정치학	양한석	탈냉전기 중국의 대한반도정책	동의대	

2003. 2	정치학	김연광	청일전쟁과 러일전쟁기 한반도의 국제환경변화 : 전쟁개전의 구조와 전쟁회피노력을 중심으로	한국정신문화연구원	
2003. 2	정치학	김어진	문명 표준으로서의 두발 양식 : 1895년 조선 단발령의 국제정치	서울대	
2004. 2	정치학	임성희	청일전쟁 전후 청국내 청류의 대외인식	이화여대	
2004. 2	정치학	월케르 쉐브넴	박정희 행정부 기간 한미외교관계 : 베트남전쟁을 중심으로	고려대	327명
2004. 8	국제관계	박승준	한 · 미 외교의 미 · 중 외교에 대한 종속성 연구 : 닉슨 · 키신저와 모택동 · 주은래 사이의 1971-1972년 비밀 대화록을 중심으로	고려대 정책과학대학원	
2004. 8	정치학	임영신	키신저 외교정책 신념체계의 변화와 지속성에 관한 연구 : 냉전시기와 탈냉전시기의 비교를 중심으로	경희대	
2005. 2	정치학	장세영	태평양전쟁기 미국 전략첩보국(OSS)의 대한반도 정보전	서울대	302명
2005. 2	정치학	홍지연	19세기말 한국 화폐제도개혁의 국제정치	서울대	
2005. 2	정치학	김보연	1902년 제1차 영일동맹 체결 원인과 의미에 관한 연구 : 영 제국 세계 전략의 지역적 전개로서의 의미	서울대	
2005. 2	정치학	키타무라 카오루	전후 미국의 대일본 · 대한국 점령정책의 비교 : 좌익정책을 중심으로	한양대	
2005. 2	정치학	이상민	미국 대외정책사의 개입주의에 관한 연구 : 이데올로기와 개입의 상관관계를 중심으로	성균관대	
2005. 8	정치학	송한욱	제2차 세계대전에서 미국의 유럽 개입 연구 : 방어적 · 공격적 현실주의의 이론 검증	서강대	
2006. 2	정치학	오태현	NATO 형성을 둘러싼 영국과 프랑스의 대미 안보외교정책 : 1945-1949	서울대	185명(전기 졸업생)
2006. 2	정치학	박시내	러일전쟁 이후 동아시아 세력균형 재편과 미국의 역할	이화여대	
1990. 2-2006. 2			정치외교(국제관계)학 : 88편, 지역학 : 19편	총 107편	

〈표 4-5〉『한국정치학회보』에 발표된 외교사 분야 논문(1959-2006)

연도	발행호	연구자	연구제목
1959	1집	申基碩	大院君의 拘致 釋回 : 淸國의 對韓干涉의 一節
		姜尙雲	威化島 回軍 以後의 政治外交史 硏究
1969	3집	秋憲樹	韓國獨立運動을 통해서 본 自主意識 : 中·日戰爭과 韓·日 軍事協定을 중심으로
1971	4집	김경창	독-소개전에 따른 일제의 대소정책결정과정
1972	6집	金俊熙	핀란드의 對外政策, 1944-1971
		裵成東	開港直前의 韓日關係, 1868-1874
1973	7집	김경창	조선속방론이 근대극동국제관계에 미친 영향
		서중석	미국의 대극동정책(1900-1905)
1974	8집	蔡中默	倭館을 接觸點으로 한 韓·日 外交交涉史 硏究 : 1865年 日本明治維新부터 1875年 雲揚艦의 江華侵攻直前까지
1975	9집	김경창	청국의 대한종주권강화와 한로비밀협정 시말
1976	10집	김달중	1880년대 한국국내정치와 외교정책
		오기평	개항 100년, 한반도 중립화안의 역사적 논거의 분석
1977	11집	박일근	한미수호조약에서 본 미·중의 대한외교정책 : 고종의 비밀외교를 중심으로
1980	14집	신희석	만몽권익을 둘러싼 일·미관계의 상극
1982	16집	정동귀	20세기 초두에 있어서의 미국의 대한정책과 한국의 대응 : 「태프트·桂중심으로」
1983	17집	鄭東貴	舊韓末의 對美國態度의 한 가지 類型
1986	20집 1호	韓明華	韓美關係에 關한 政治經濟的 接近
1987	21집 2호	申福龍	韓國戰爭 休戰 協定의 秘密協商에 관한 硏究 : 美國의 역할을 중심으로
		李炯喆	미국국무성의 한국신탁통치계획 ; 1942-1945
1988	22집 2호	김영명	한국의 정치변동과 미국 : 국가와 정권의 변모에 미친 미국의 영향
1989	23집 1호	金泳植	韓國獨立問題의 輿論과 Roosevelt Idea : 韓半島 分斷의 歷史的 考察
1993	27집 2호 (상)	신복룡	한국 신탁통치의 연구 : 미국의 구도와 변질을 중심으로

1995	29집 1호	이완범	미국의 38선 획정과정과 그 정치적 의도-1945년 8월 10일-15일-
1996	30집 1호	이완범	필리핀 혁명과 미국, 1896-1902
		권기수, 김봉석	1990년대 중국의 대한반도정책
	30집 2호	최동주	한국의 베트남 전쟁 참전 동기에 관한 재고찰
		안외순	고종초기(1864-1873)의 대외인식 변화와 친정 : 遺淸回還使 召見을 중심으로
	30집 3호	전동진	냉전이후 시대 프랑스의 대NATO 접근과 유럽안보
		신복룡	한국전쟁의 기원 : 김일성의 개전의지를 중심으로
		황의서	해방 후 좌우합작운동과 미국의 대한정책 : 합작운동의 결과적인 실패와 관련하여
1997	31집 3호	김영호	한국전쟁 원인의 국제정치적 재해석 : 스탈린의 롤백이론
1998	32집 4호	이은구	민주화 이후 동유럽 소수민족문제와 민족정치-트란실바니아 지역을 중심으로-
1999	33집 1호	김태기	1950년대 초 미국의 對韓 외교정책 : 대일강화조약에서의 한국의 배제 및 제1차 한일회담에 대한 미국의 정치적 입장을 중심으로
	33집 2호	윤태영	한미 동맹체제하에서 한국의 대북한 위기관리, 1968-1983
	33집 3호	남궁곤	동사이아 평화체제에 관한 연구 : 조선사행록을 통해 본 18세기 조공체제
2000	34집 2호	김수암	세계관 충돌과 1880년대 조선의 근대외교제도 수용 : 외무부서를 중심으로
	34집 3호	박홍영	일본배상외교 정책의 특징과 전략 : 베트남 공화국의 전후배상(1952-1965)사례를 중심으로
2001	35집 1호	김계동	한반도 분단 · 전쟁에 대한 주변국의 정책 : 세력균형이론을 분석틀로
	35집 2호	김영호	탈냉전기 냉전 기원의 새로운 해석에 관한 연구
	35집 3호	김학노	마스트리히트 사회정책협정 형성과정 : 구성주의적 신기능주의 설명
	35집 4호	박홍규	17세기 德川일본에 있어서의 華夷문제 : 중국, 조선과의 비교관점에서

2001	35집 4호	전동진	냉전이후시대 프랑스의 대아프리카 협력정책의 변화와 지속
2002	36집 2호	홍완석	쿠릴 4도 분쟁 영속화 요인 고찰
		박홍영	일본경제외교의 특징 : 베트남전쟁기(1965-1975) 대미관계 사례검토
	36집 3호	류상영	한국의 경제개발과 1960년대 한미관계 : 중층적 메카니즘
2003	37집 2호	김명섭	프랑스의 문화외교 : 미테랑 대통령 집권기(1981-1995)를 중심으로
	37집 3호	우승지	냉전 시기 한국-일본 협력의 퍼즐 : 불개입가설 대 개입-연합정치가설
	37집 4호	구대열	THE BRITISH POLICY TOWARD KOREA DURING WORLD WAR Ⅱ : RESTORATION OF THE EMPIRE AND THE KOREAN QUESTION
2004	38집 3호	김재천	민주 평화론(democratic peace theory)과 비밀전쟁(covert war) : 미국의 대(對) 칠레 비밀전쟁 연구를 중심으로
2005	39집 4호	구대열	A Damocles sword? : Korean responses to the Russo-Japanese War
		윤영미	An analysis of the main difficulties for Russian transfer ownership of the Kuril islands to Japan in the post Soviet period
		최아진	Power of ideas or ideas of power : Wilson's idea, U.S. power, and a new world order after World War I
2006	40집1호	박홍서	신현실주의 이론을 통한 중국의 대한반도 군사개입 연구 : 1592년, 1627년, 1894년, 그리고 1950년 사례를 중심으로
1959-2006			총 : 50편

〈표 4-6〉『국제정치논총』에 발표된 외교사 분야 논문(1963-2006)

연도	발행호	연구자	연구제목
1963	1집	박준규	한말의 대외관계 (1880년대의 열국의 대한정책을 중심으로)
1964	2집	이선근	한일관계의 역사적 비교(일제의 침략정책과 근대화문제를 중심으로)

1964	3집	박준규	한일관계의 국제정치적 배경 : 문제의 제기
		손제석	The United States and the Opening of Korea
1966	6집	박봉식	미국의 외교정책과 한국민족주의
1970	10집	전정환	로일전쟁과 구미열강
		김의환	한말 마산포 사건
1971	11집	문희수	L'Introduction à l'Etude des Relations Internationales en France : Object-Méthode Théorie
		김용구	일본소재한국 외교사관계 주요미간 문서목록
1976	16집	신희석	근대일본의 대외정책결정기구와 외교의 일원화 : 임시외교조사위원회(1917-22)를 중심으로
1977	17집	박충석	한국사에 있어서의 국제질서 관념에 관한 소고
1980	20집	신희석	일로강화교섭의 국제정치역학 : 교섭과정(1905년)에서 표출된 미국의 중개를 중심으로
1982	22집	동덕모	The Korean-American Treaty of 1882 and U.S Far Eastern Policy
		이원설	American Decisions on the Korean Provisional Government, 1945
		오기창	The Evolution of U.S. Korean Relations in the Cold War Era
1983	23집	양대현	한국휴전회담과 미국의 대한 정책 : 협상전략을 중심으로
		홍순호	한 · 독수교 100년 관계사연구
		구대열	Britain in Korea 1919-1920 : Human Rights Diplomacy of Britain During the March First Movement
		라종일	Political Settlement in Korea : The British Vies and Policies With regard to the Internal Political Arrangements in Korea in the Autumn of 1950
1984	24집 1호	김학준	Sino-North Korean Relations, 1945-1984 : With Emphasis Upon North Korea's Position in Sino-Soviet Conflicts
		김철범	U.S. Withdrawal Decision from Korea, 1945-1949 : Bureaucratic Perspectives
1985	25집	溫暢一	美國의 對韓 安保介入의 基本態勢, 1945-1953

1986	26집 1호	申基碩	韓日通交와 對馬島
		李昌訓	두 帝國主義사이에서 : 露日紛糾에 직면한 韓國, 1895-1910
	26집 2호	朴俊英	越南參戰과 韓國
		金成柱	美 · 中 · 蘇의 三角관계와 東南아시아의 安保(1975-1984)
1989	29집 1호	구대열	일제 식민지 시기 한반도의 국제관계 : 英 · 日 관계와 영국의 對韓 인식을 중심으로
1990	30집 1호	이홍표	鄧小平시대의 한 · 중관계 : 변화추이와 전망
		김기정	세계체제의 구조적 조건과 외교정책 : 1901-1905년간의 미국의 대한정책 분석을 위한 이론적 모색
	30집 2호	홍순호	外交史硏究의 課題와 方向
		金秀南	韓國戰爭期間中 美國의 文民統制 : 트루만과 맥아더의 關係
2000	40집 3호	기광서	소련의 한국전 개입과정
		채규철	한국전쟁의 기원에 관한 연구 : 한국인의 성격적, 심리적 특성을 중심으로
	40집 4호	김수암	조선의 근대사절제도 수용 : 공사의 서울주재와 전권위임을 중심으로
2001	41집 2호	김일영	5 · 16 군사쿠데타, 군정 그리고 미국
	41집 4호	유미림	조선 후기의 대중국인식 : 숭명과 반청, 그 이념과 실제
2002	42집 3호	마상윤	근대화 이데올로기와 미국의 대한 정책 : 케네디 행정부와 5 · 16 쿠데타
	42집 4호	이완범	한반도 분할의 국제정치학 : 19세기말-20세기 초 열강간의 논의를 중심으로
2003	43집 1호	김명섭	한국전쟁이 냉전체제의 구성에 미친 영향
		이철순	한국전쟁 이전 미국의 한국의 가치에 대한 평가
	43집 2호	정용화	전환기 자주외교의 개념과 조건 : 19세기말 조선의 대청외교의 이론적 고찰
		이미경	국제환경의 변화와 북한의 자주노선 정립 : 1960년대 시기를 중심으로
	43집 4호	남궁곤	동아시아 전통적 국제질서의 구성주의적 이해

2004	44집 1호	남광규	신탁합의를 전후한 미 · 소 · 중의 입장과 임정의 반탁 민족자주노선의 한계 : 1945. 12–1946. 1 기간의 국제협의와 임정의 대응을 중심으로
		김용욱	한국역사에 있어 전쟁피로자 · 피납자의 송환문제 : 임진 · 정유왜란, 정묘 · 병자호란, 6 · 25전쟁의 사례를 중심으로
	44집 2호	홍석률	1970년대 전반 북미관계 : 남북대화, 미중관계 개선과의 관련 하에서
	44집 3호	진시원	동아시아 철도 네트워크의 기원과 역사 : 청일전쟁에서 태평양전쟁까지
	44집 4호	박현모	세도정치기(1800–1863) 조선의 대외정책 연구
2005	45집 2호	김명섭	서유럽의 통합과 동아시아의 분절 : 냉전초기 미국의 지정전략을 중심으로
	45집 3호	이재훈	1949–50년 중국인민해방군 내 조선인부대의 '입북'에 대한 북 · 중 · 소 3국의 입장
2005	45집 4호	강성학	용과 사무라이의 결투 : 중(청)일 전쟁(1894–95)의 군사전략적 평가
		구대열	"자유주의" 열강과 해방 한국, 1945–1950
2006	46집 1호	정용화	근대한국의 동아시아 지역 인식과 지역질서 구상
1963–2006			총 : 71편

『한국정치학회보』에 게재된 논문 편수를 조망해 보면 그 점유율 면에서 창간 이래로 계속 하강하고 있으며, 1970년대 말부터 1990년까지는 전통적 접근을 견지한 외교사 논문이 별로 보이지 않는다. 또한 1990년대에는 그 비중이 감소되었다가 2000년대에는 회복추세에 있다. 『국제정치논총』은 『한국정치학회보』처럼 일시에 떨어지지는 않았으며, 그 비중 면에서 1980년까지는 중요한 위상을 차지했다. 그 이후에는 정체되었다가 1999년 이후는 역시 증가했다. 『한국정치학회보』(1959–2006 48년간 50편) 보다 『국제정치논총』(1963–2006 44년간

71편)이 그 논문 편수에서 많다. 『한국정치외교사논총』의 경우는 비교적 외교사 분야의 명맥을 이어오고 있다.

〈표 4-7〉『한국정치외교사[학회]논총』에 발표된 외교사 분야 논문(1984-2006)

연도	발행호	연구자	연구논문 제목
1984	1집	W. 라이퍼	묄렌도르트가 본 갑신정변
		신국주	갑신정변에 대한 재평가 1 : 갑신정변은 타율적 사건이었다
		박일근	갑신정변에 대한 재평가 2 : 갑신정변은 자율적 사건이었다
		김경창	갑신정변의 선후처리를 위한 청일간의 외교교섭 시말
1985	2집	김운태	조선조의 주권상실과 열강관계
		홍순옥	대한민국 임시정부의 대중국외교
		이우진	독립운동에 대한 미국의 태도 : 루즈벨트의 신탁통치구상을 중심으로
		신승권	독립운동과 한로관계
		구대열	영국과 대한정책
		홍순호	독립운동과 한불관계
		최종고	독립운동과 한독관계
		한흥수	결론
1986	3집	최석우	한불조약의 체결과정
		박일근	한불조약 체결과정에 대한 연구
		한여수	주불공사관 설치과정
		김영식	대한제국의 대불외교관계
		알랭	고종재위기간의 불한관계
		이창훈	20세기 초 프랑스의 대한정책
		이우진	임정의 파리 강화회의외교
		최종고	법학을 통한 한불관계 100년
		홍순호	한불관계 100년의 회고와 전망
1987	4집	유근호	한말대외관계의 특질

1989	5집	김경수	한국전에서의 인도의 역할
1990	6집	홍순호	북방관계연구의 방법론적 시론
		박일근	청일전쟁 전 한국의 북방관계
		문희수	청일전쟁과 한국의 북방관계(1894-1899)
1990	6집	홍순호	북방관계연구의 방법론적 시론
		박일근	청일전쟁 전 한국의 북방관계
		문희수	청일전쟁과 한국의 북방관계 (1894-1899)
		펜들러	19C와 20C 전환기의 한국에 관한 오스트리아-헝가리 외교자료
		우철구	로-일전쟁 전 한국의 북방관계(1898-1903)
		이창훈	로-일전쟁과 한국의 북방관계(1898-1903)
		김영식	일제하에서의 북방관계(1910-1945)
		胡春惠	간도의 한국인이 중국의 내정-외교상 조성한 어려움
	7집	홍순호	한반도 분단문제 및 중립화론의 역사적 변천과정 : 조선왕조시대부터 한국전쟁 휴전까지(1392-1953)
		홍순호	갈등의 극복과 그 전망
1993	8집	송인재	한국 정치학에 있어서의 역사적 접근의 현황과 방향-제6장 한국 외교사연구의 현황과 자료
		홍순호	한국 정치학에 있어서의 역사적 접근의 현황과 방향-제7장 한국 외교사의 연구방법과 방향
	9집	김성주	한국 외교사 연구방법의 제문제
		홍순호	개항전의 대외관계
		채중묵	개국외교 : 조 · 일수호조약
		최동희	1880년대 조선의 문제와 구미열강과의 외교관계
		문희수	한반도에 있어서의 청의 진출(1882-1885)
		신승권	1880년대의 조 · 청 · 러 관계
		신복룡	갑오농민혁명과 청일전쟁
		이창훈	청일전쟁 후 한국문제를 둘러싼 국제관계(1895-1898)
		신용하	한반도에서의 열강의 이권획득 외교
		이우진	러 · 일전쟁과 한국문제

<table>
<tr><td rowspan="4">1994</td><td rowspan="4">10집</td><td>이창훈</td><td>러일전쟁후 동북아 신질서 형성과 한국의 대응(1905-1910)</td></tr>
<tr><td>이달순</td><td>일본의 한국통치(1910-1919)-독립외교자료의 진실성 해부-</td></tr>
<tr><td>홍순호</td><td>임시정부의 외교활동(1919-1945)</td></tr>
<tr><td>김창순</td><td>한국공산주의자들의 대코민테른 외교</td></tr>
<tr><td rowspan="4"></td><td rowspan="4"></td><td>이동현</td><td>연합국의 전시외교와 한국</td></tr>
<tr><td>심지연</td><td>미군정기의 비교</td></tr>
<tr><td>고휘주</td><td>제1공화국의 대외정책</td></tr>
<tr><td>이택휘</td><td>제2공화국의 대외정책</td></tr>
<tr><td rowspan="6">1995</td><td rowspan="6">11집</td><td>문희수</td><td>조선의 위기(1894-1895)</td></tr>
<tr><td>신국주</td><td>갑오내정개혁에 관한 재평가-일본이 결정한 내섭사건이었다.</td></tr>
<tr><td>김영작</td><td>김옥균 암살사건과 韓·淸·日 관계-기존 학설에 대한 비판적 재점검</td></tr>
<tr><td>김경창</td><td>1890년대의 국제적 환경</td></tr>
<tr><td>박일근</td><td>영국의 극동정책을 중심으로</td></tr>
<tr><td>한상일</td><td>동학과 일본 우익 : 천우협과의 제휴에 관한 고찰</td></tr>
<tr><td rowspan="8">1996</td><td rowspan="2">13집</td><td>박문서</td><td>냉전구조와 한반도</td></tr>
<tr><td>김성주</td><td>핵과 한반도 : 과거, 현재 그리고 남북한의 선택</td></tr>
<tr><td rowspan="6">14집</td><td>이창훈</td><td>대마도와 한일외교관계</td></tr>
<tr><td>홍순호</td><td>정한론-근대 일본의 침략사상과 조선정벌정책-</td></tr>
<tr><td>이민원</td><td>露·日의 대립과 고종의 아관파천-을미사변 이후의 조선상황을 중심으로</td></tr>
<tr><td>유병룡</td><td>대한민국 임시정부의 외교와 열강의 반응</td></tr>
<tr><td>이일걸</td><td>간도분쟁과 국제문제</td></tr>
<tr><td>이완범</td><td>소련의 대일전 참전과 38선 수락-1942-1945-</td></tr>
<tr><td rowspan="4">1997</td><td>15집</td><td colspan="2">없음</td></tr>
<tr><td rowspan="3">16집</td><td>서주석</td><td>한국전쟁의 기원과 원인-냉전체제 후의 재조명</td></tr>
<tr><td>신복룡</td><td>한국전쟁의 휴전-회담전야의 당사국의 이해관계를 중심으로</td></tr>
<tr><td>김영식</td><td>제네바회의와 냉전체제</td></tr>
</table>

연도	집	저자	제목
1997	17집	없음	
1998	18집	신국주	명성황후시해사건에 대한 재평가
		김려호	명성황후의 최후 재고
		보니 오	명성황후시해사건과 미국의 대조선 정책
		존 베리만	민비시해와 영국의 대조선정책
1998		문희수	국제적 전후 관계에 있어서 을미사변
		박 벨라 보리소브나	러시아 공사관에서의 375일
		신승권	아관파천과 러시아의 동아세아 정책
		김경창	국왕의 로관파천에서 환궁까지의 일로교섭시말
		문희수	국제적 전후 관계에 있어서의 아관파천
		장-끌로드 알렝	아관파천기의 프랑스(1896-1897) : 프랑스의 국제정치 위상과 대한정책
		최종석	미국과 고종황제의 1896년 아관파천
	19집	박동삼	1940년대의 남북관계 : 미 · 소의 분할점령과 남북관계
		김 게르만	10월 혁명과 재소한인
		유병용	한국독립운동과 한 · 러관계
1999	20집	없음	
2000	21집	없음	
	22집	없음	
2002	23집	없음	
	24집 1호	최동희	조선과 청의 조공관계 연구
		김현	미 · 일동맹 결성의 외교사적 분석
		이미경	미 · 소가 치른 한국전 : 제한적 개입과 그 함의
		전상숙	일제 전향정책의 성격 : 본국과 식민지 한국의 비교
		문희수	국제 관계에 있어서의 청일전쟁(1894-1895)에 관한 지도와 통계
2003	25집 1호	이완범	동북아냉전의 원초적 전개과정 : 소련의 대일전참전문제를 둘러싼 미 · 소간의 협상과정을 중심으로, 1941년 12월-1945년 2월
		김영호	한국전쟁과 케난의 국제정치관에 관한 연구

2003	25집 1호	김수암	1870년대 조선의 대일관 : 교린질서와 만국공법질서의 충돌
		이미경	북한의 역사서술 속의 대미인식의 특징과 함의
2004	25집 2호	김영호	외교사와 국제정치이론 사이의 학제간 연구의 쟁점과 과제 : 탈냉전기 미국의 대논쟁에 관한 연구
2004	26집 1호	신욱희	이승만의 역할인식과 1950년대 후반의 한미관계
		우승지	남북화해와 한미동맹관계의 이해, 1969-1973
		전재성	1965년 한일국교정상화와 베트남 파병을 둘러싼 미국의 대한(對韓)외교정책
		이혜정	한미동맹 기원의 재조명 : 한미 상호방위조약의 발효는 왜 연기되었는가?
		전상숙	제1차 세계대전 이후 국제질서의 재편과 민족 지도자들의 대외 인식
2005	26집 2호	문희수	國際 關係에 있어서 淸日 戰爭(1894-1895)에 관한 圖表와 統計
		최성철-홍용표	냉전기 북한과 서유럽의 갈등과 협력
		이우진	러일전쟁과 데오도어 루스벨트 미국 대통령의 대 한국 정책
		정상천	일제 강점기(1910-1945) 동안의 한국독립운동에 대한 프랑스 정부의 정책
	27집 1호	서현주	케네디 행정부와 박정희 정권의 주둔군지위협정(SOFA) 협상개시를 둘러싼 갈등 분석, 1961-62
2006	27집 2호	정용화	조선의 조공체제 인식과 활용
		이혜정	미국의 베트남 전쟁
1992-2006			총 : 106편

IV. 2000년대 주요 연구자 그룹과 연구자

학술진흥재단 연구자 검색에서 2006년 11월 26일 외교사/외교학사 분야 관련 전공자들을 조회한 결과 다음과 같이 87명의 연구자(무순)들이 검색되었다(참고로 국제정치사라는 전공분야는 학술진흥재단에 분류되어 있지 않음). 전공외 심사가능 분야 중 외교사/외교학사를 선택한 사람을 포괄하고 있어서 이들이 모두 한국 외교사 전공자는 아니지만 외교사 연구와 전혀 관계없는 명단은 아닐 것이라 생각하여 다음과 같이 출생년도 순으로 열거해 보았다(한편 참고로 국제관계사[역사학] 관련자들은 137명으로 역사학 분야의 국제관계사 전공자가 정치학 분야의 외교사 전공자보다 더 많았다. 이는 전체 역사학자[국사, 동양사, 서양사 포함]가 전체 정치학자보다 많은 것을 반영하고 있는 것은 아닐까 한다).

출생년도	성 명	소 속	직 위	전공분야
31	김기조	외교안보연구원	명예교수	외교사/외교학사
37	김용구	한림대학교	교수	외교사/외교학사
40	유철종	전북대학교	교수	외교사/외교학사
42	우철구	영남대학교	교수	외교사/외교학사
43	최동희	강원대학교	교수	외교사/외교학사
45	구대열	이화여자대학교	교수	외교사/외교학사
45	권무수	국민대학교	교수	외교사/외교학사
45	홍순남	한국외국어대학교	교수	외교사/외교학사
46	장공자	충북대학교	교수	외교사/외교학사
47	김영애	한국외국어대학교	교수	태국어문학
47	서기준	조선대학교	교수	외교사/외교학사
49	김상규	건국대학교	교수	국제기구/조직
50	김관태	국제평화대학원대학교	교수	정치학사/정치사

50	진장철	강원대학교	교수	외교사/외교학사
51	김덕중	경기대학교	부교수	외교/안보/통일
53	권선홍	부산외국어대학교	교수	외교사/외교학사
53	이주천	원광대학교	교수	미국사
53	총성의	성신여자대학교	교수	외교사/외교학사
55	김남균	평택대학교	부교수	미국사
55	염동용	부경대학교	강사	외교사/외교학사
56	이규태	관동대학교	교수	중국
56	이종광	계명대학교	교수	국제관계/협력
56	최정수	한양대학교	강사	미국사
57	박건영	가톨릭대학교	부교수	국제관계/협력
57	장인성	서울대학교	부교수	지역정치
58	황인수			국제관계/협력
59	권오신	강원대학교	교수	서양현대사
59	김영호	성신여자대학교	부교수	국제관계/협력
59	안정애	인하대학교	연구원	외교정책
59	이정호	부경대학교	조교수	외교사/외교학사
59	홍현익	세종연구소	연구원	외교정책
60	김일영	성균관대학교	교수	한국정치사
60	박래식	단국대학교	강사	서양현대사
60	유호근	극동문제연구소	연구위원	국제정치
60	이영관	순천향대학교	부교수	서양현대사
60	이현휘	가톨릭대학교	강의교수	정치외교학
60	정옥임	선문대학교	조교수	외교/안보/통일
61	현대송	東京大學	조교수	국제관계/협력
62	김수암	통일연구원	연구위원	외교사/외교학사
62	김준섭	국방대학교	부교수	지역정치
62	이철순	부산대학교	조교수	한국정치사
62	진유정	동국대학교	강사	국제관계/협력
63	김명섭	연세대학교	부교수	외교/안보/통일
63	박서령	극동문제연구소	전임연구원	외교정책
63	원재연	서울대학교	강사	한국사
63	이현경	경인교육대학교	강사	국제관계/협력
63	이혜정	중앙대학교	조교수	외교사/외교학사
63	정상천	외교통상부	공무원	국제관계사(역사학)
64	강규형	명지대학교	부교수	국제관계사(역사학)
64	김종헌	건국대학교	강사	지역정치
64	김춘식	포항공과대학교	전임연구원	독일사

64	김현철	서울대학교	연구원	외교사/외교학사
64	이수형	행정자치부		정치외교학
64	조윤영	중앙대학교	조교수	국제관계/협력
64	최덕규	고구려연구재단	연구위원	러시아사
64	하영일	한림대학교	강사	국제관계사(역사학)
64	홍용표	한양대학교	조교수	외교/안보/통일
65	강상규	서울대학교	선임연구원	동양정치사상
65	김승렬	경상대학교	조교수	서양현대사
65	김재천	서강대학교	조교수	외교/안보/통일
65	박현모	한국학중앙연구원	연구교수	정치사상
65	윤영미	평택대학교	전임강사	지역정치
65	이선필	한국외국어대학교	강사	국제관계/협력
65	최동주	숙명여자대학교	부교수	국제관계/협력
66	강윤희	국민대학교	조교수	지역정치
66	김지영	한국외국어대학교	강사	동유럽사
66	이용권	한림대학교	연구원	러시아
66	정영숙	전북대학교	공무원	국제관계/협력
67	마상윤	가톨릭대학교	조교수	외교정책
67	문유미	서울대학교	선임연구원	한국근대사
67	박인휘	이화여자대학교	조교수	외교/안보/통일
67	조진구	고려대학교	강사	외교사/외교학사
67	Jean S. Kang (강지현)	이화여자대학교	전임강사	국제관계사(역사학)
68	은정태	서울대학교	강사	한국근대사
69	김준석	서울대학교	강사	정치권력/정치과정
69	박성우	중앙대학교	조교수	정치철학
69	오일환	한국학중앙연구원	강사	국제정치
70	이근욱	서강대학교	조교수	외교/안보/통일
70	전가림	호서대학교	전임강사	국제정치경제
71	김홍길	전남대학교	전임연구원	지역정치
72	강동국	東京大學	공무원	외교사/외교학사
72	김숙현	東京大學	공무원	외교사/외교학사
72	한성민	동국대학교	대학원생	한국근대사
73	정근주	早稻田大學	강사	외교사/외교학사
73	황지환	서울대학교	강사	외교/안보/통일
77	이동민	연세대학교	공무원	외교사/외교학사
83	문은주	한국외국어대학교	공무원	외교사/외교학사

앞 분들 중 외교사/외교학사를 제1의 전공으로 선택한 분들만 추리면 다음과 같다.

31	김기조	외교안보연구원	명예교수	외교사/외교학사
37	김용구	한림대학교	교수	외교사/외교학사
40	유철종	전북대학교	교수	외교사/외교학사
42	우철구	영남대학교	교수	외교사/외교학사
43	최동희	강원대학교	교수	외교사/외교학사
45	구대열	이화여자대학교	교수	외교사/외교학사
45	권무수	국민대학교	교수	외교사/외교학사
45	홍순남	한국외국어대학교	교수	외교사/외교학사
46	장공자	충북대학교	교수	외교사/외교학사[38]
47	서기준	조선대학교	교수	외교사/외교학사
50	진장철	강원대학교	교수	외교사/외교학사
53	권선홍	부산외국어대학교	교수	외교사/외교학사
53	홍성의	성신여자대학교	교수	외교사/외교학사
55	염동용	부경대학교	강사	외교사/외교학사
59	이정호	부경대학교	조교수	외교사/외교학사
62	김수암	통일연구원	연구위원	외교사/외교학사
63	이혜정	중앙대학교	조교수	외교사/외교학사
64	김현철	서울대학교	연구원	외교사/외교학사
67	조진구	고려대학교	강사	외교사/외교학사
72	강동국	東京大學	공무원	외교사/외교학사
72	김숙현	東京大學	공무원	외교사/외교학사
73	정근주	早稻田大學	강사	외교사/외교학사
77	이동민	연세대학교	공무원	외교사/외교학사
83	문은주	한국외국어대학교	공무원	외교사/외교학사

다음은 학술진흥재단에 등재되지 않는 원로분들까지 포함할 수 있는 한국정치학회 회원주소록, 2005년판에서 외교사 관계 전공

38) 그녀는 1979년 대만 (중국)문화대학에서 "1876-1894년 조선을 둘러싼 중일외교 연구"라는 제목으로 박사학위를 받은 외교사 연구자이다.

자를 가나다순으로 추리면 다음과 같다.

강상규	서울대학교	강사	조선정치외교사/동아시아국제관계사
구대열	이화여자대학교	교수	외교사/국제정치
권무혁	영남대학교	연구원	국제정치(외교사)
김경창	경희대학교	명예교수	세계정치외교사
김기조	외교안보연구원	명예교수	정치외교사
김수암	통일연구원	부연구위원	북한인권 외교사
김승호	연세대학교	특별초빙교수	외교 · 국제관계사
김지영	한국외국어대학교	대우교수	외교사(헝가리)
김태기	호남대학교	교수	외교정책/외교사
마상윤	가톨릭대학교	교수	미국외교정책/한-미관계사
서기준	조선대학교	교수	외교사
신국주	동국대학교	명예교수	한국 외교사/정치사
오충근	일본 제경대	교수	국제정치사
이달순	수원대학교	교수/퇴직	한국정치외교사
이우진	중앙대학교	교수	외교사/동남아정치
이웅현	고려대학교	연구위원	러시아외교정책/외교사
이재석	인천대학교	교수	한국정치-외교-사상사
장공자	충북대학교	교수	중국정치외교사
정미령	이화여자대학교		미국외교사
정용화	연세대학교	연구교수	정치사상/외교사
진유정	동국대학교	강사	국제관계이론/국제관계사
최동희	강원대학교	교수	한국외교정책(외교사)
황인수	경희대학교	강사	외교정책/외교사

준회원 포함 한국정치학회 회원 1871명[39] 중 23명(1.2%)이 외교사 전공자이다(한편 한국정치사 전공자는 22명[1.17%]이다[40]). 국제정치

39) 2006년 4월 기준으로 한국국제정치학회 총 회원은 1,570명(정회원 1,470명, 특별회원 17명, 준회원 23명, 기관회원 60곳)이었는데 2006년 11월 회비 5년 이상 미납자 261명의 회원자격을 일시정지한 결과 총 회원은 1,377명(정회원 1,276명, 특별회원 17명, 준회원 26명, 기관회원 58곳)이다.

40) 다음은 그 명단이다.

라고 자신을 규정한 연구자 중 외교사 관련 전공자가 상당할 것으로 판단된다.

이를 참고로 2000년대의 주요 연구자 그룹을 주관적으로 점검해 보고자 한다. 위의 명단에 나와 있지 않은 사람들이 더 많은데, 외교사 전공으로의 자기 동일화가 이 분야를 주류로 간주하지 않는

김수자	서강대학교	연구원	한국현대정치사
김연민	용인대학교	강사	한국정치사 한국정치사상
김혜승	이화여자대학교	연구원	정치사 한국정치
김혜진	성공회대학교	강사	한국정치현대사
손학규	전 경기도 지사	한국정치	정치사
신국주	동국대학교	명예교수	한국 외교사-정치사
신복룡	건국대학교	교수	한국정치사
안외순	이화여자대학교	강사	한국정치사 정치사상
유근호	성신여자대학교	명예교수	동아시아정치사
유병용	한국학중앙연구원	교수	한국정치사
윤진헌	민주평화통일자문회의	상임위원	한국정치론 한국근현대사
이달순	수원대학교	교수/퇴직	한국정치외교사
이동현	오마이뉴스	부사장	한국정치-정치사
이병갑	안동대학교	교수	행정학 한국정치사
이인수	연세대학교	고문	정치사 정치사상
이재석	인천대학교	교수	한국정치-외교-사상사
이철순	부산대학교	교수	한국정치사
임경희	영남대학교	강사	한국정치사
임채완	전남대학교	교수	정치사 한국정치
조휘각	인천대학교	교수	한국정치-정치사
차남희	이화여자대학교	교수	정치사 정치변동론
허만호	경북대학교	교수	한국정치사 남북한관계론

위 22명 명단 중 한편 한국정치사라고 적시한 경우는 7명에 불과하지만 한국현대정치사 한국 외교사-정치사 등 한국 정치사로 간주될 수 있는 부분까지 포함하

미국식 국제정치학의 과거 경향에 비추어 큰 도움이 되지 않았으므로 그렇게 하지 않았던 경향을 반영하는 것은 아닌가 한다.

구한말 외교사 연구를 중점 테마로 외교사 연구의 르네상스와 '국제정치학 바로 세우기'를 꿈꾸는 서울대 외교학과 이용희(작고)-(노재봉)-김용구-하영선 그룹의 역할은 매우 돋보인다. 이용희 교수는 『근세한국외교문서총목』(외국편, 서울 : 국회도서관, 1966)을 편집했으며, 이러한 '자료 중시주의' 학풍을 이은 김용구 교수는 『중-소국제법이론 및 러시아-소련의 한말외교사문헌목록』(서울 : 서울대출판부, 1979)를 편집했다. 그는 『세계외교사』 전2권(서울 : 서울대학교 출판부, 1990)을 편집하면서 말미에 '주요 문헌'란을 배치하여 1차자료 소개와 해제에 주력했다.[41] 그와 하영선 교수[42]의 공동 프로젝트는

면 16명이다. 이는 1997년 말 주소록을 기준으로 계산한 신복룡, "한국 정치사 연구 100년의 회고와 과제," 『정치논총』 34(2000년 1월), p. 17에는 한국 정치사를 전공한다고 기록한 연구자가 12명(0.81%)라고 한 것에 비하면 약간의 수가 증가했다. 16명 기준으로 0.85%에서 1997년의 0.81%로 증가했다. 그간 회원수(1,462명가량에서 1,871명으로)는 증가했는데, 이는 준회원의 숫자 포함과 회비 미납회원 정리를 감안하더라도 회원수가 꾸준히 증가하고 있음을 보여주는 것이다.

41) 그는 『韓日外交未刊極秘史料叢書 : 解題 · 目錄』(서울 : 亞細亞文化社, 1995)를 출간했으며, 동명의 자료집 50권을 간행했다. 1-30권은 1995년에 31-50권은 1996년에 출간되었다.

42) 그는 1979년 미국 시애틀 소재 워싱턴 대학교(University of Washington)에서 "Nuclearization of Small States and World Order : The Case of Korea"라는 제목으로 박사학위를 받았다. 이 논문은 1983년 서울대학교 출판부에서 Nuclear Proliferation, *World Order and Korea*라는 제목으로 출간되었다. 또한 이 논문의 번역본과 1980년대에 쓴 글들을 모아서 『한반도 핵무기와 세계질서』(서울 : 나남, 1991)로 출간했다. 한편 그는 "새로운 국제정치이론을 찾아서 : 세계질서 연구를 중심으로," 『국제정치논총』 20(1980년 12월), pp. 3-13 ; "새로운 국제정치이론을 찾아서 : 평화연구를 중심으로," 『국제정치논총』 21(1981년 12월), pp. 3-11 ; "韓國外交政策

한국 외교사 학계에 신선한 충격을 주었으며, 두 교수가 공편한 『한국 외교사 연구 : 기본사료 · 문헌해제』(서울 : 나남출판, 1996)와 김용구 교수가 정년퇴임을 즈음하여 간행한 『세계관 충돌과 한말 외교사 : 1866-1882』(서울 : 문학과지성사, 2001)는 이후 이 그룹의 행보를 주목하게 되는 역작이라고 아니 할 수 없다.[43] 서울대 외교학과 그룹은 역사와 이론의 만남을 통해 한국적 국제정치학을 정립하려 하고 있으며, '외교학과' 라는 과명에 부합되게 초창기부터 외교사 연구에 꾸준하게 정진하고 있다.[44] 하영선 지도 학생들은 1980년대에 한국전쟁

分析틀의 模索," 『국제정치논총』, 제28집 2호(1989년 3월), pp. 3-15를 발표할 정도로 국제정치이론을 소개하고 한국화하는 데 노력했다. 하영선 교수는 『한반도의 전쟁과 평화 : 군사적 긴장의 구조』(서울 : 청계연구소, 1989)를 간행했다. 서울대 외교학과에서 배출된 후학들의 석사학위 논문을 묶어서 『한국전쟁의 새로운 접근 : 전통주의와 수정주의를 넘어서』(서울 : 나남, 1990)를 편집했다. 또한 『한국과 일본 : 새로운 만남을 위한 역사인식』(서울 : 나남출판, 1997) ; 『현대 국제정치이론』(서울 : 나남, 1991, 초판 ; 사회비평사, 1995) 개정판을 편집하였다. 한편 국제정치학회의 기획물로서 李相禹 교수와 함께 『현대 국제정치학』(서울 : 나남, 1992)을 공편했으며, 1994년에 개정판을 간행했다. 『한반도 군비경쟁의 재인식 : 전쟁에서 평화로』(부천 : 인간사랑, 1988)라는 편저도 있다. 포스트모던 시대의 『탈근대 지구정치학』(서울 : 나남, 1993)을 편집하기도 했다. 또한 『國際化와 世界化 : 韓國 · 中國 · 日本』(서울 : 집문당, 2000)에 공저자로 참여했다.

43) 그는 1964년 서울대 대학원에서 "J. J. Rousseau의 平和思想"으로 석사학위를 받았으며, "소련 국제법 이론에 있어서의 평화공존 원칙과 사회주의적 국제주의 원칙에 관한 역사적 연구"로 1979년 서울대 대학원에서 박사학위를 받았다. 따라서 그의 전공한 자리에는 러시아 국제법이 있다. 『蘇聯國際法理論硏究』(서울 : 一志社, 1979)를 펴냈고, V. E. Grabar의 『러시아 國際法史』(서울 : 博英社, 1982)를 번역했으며, 『러시아 국제법』(서울 : 서울대학교출판부, 1994)과 『러시아 國際法學의 傳統』(서울 : 集文堂, 1996)을 출간했다. 그의 세계 외교사에 대한 다양한 관심은 『세계관 충돌의 국제정치학 : 동양 禮와 서양 公法』(서울 : 나남출판, 1997) ; 『춤추는 회의 : 비엔나회의 외교』(서울 : 나남출판, 1997)에 드러난다.

44) 이 그룹에 속하면서 프랑스에서 박사학위를 받은 金泳植 교수의 저서 『韓半島 問

연구에서 주목할 만한 성과를 내놓다가[45] 1990년대에는 19세기 한국 연구로 그 방향을 전환하였다.[46]

구대열 교수의 『한국국제관계사연구』 전2권(서울 : 역사비평사, 1995)은 역작이다. 그는 일제시대 이후부터 해방직후까지의 국제관계사를 다양한 1차자료를 치밀하게 활용하여 내놓았다. 2000년대 그의 활약이 계속되었다.

우철구 교수[47] 등의 프랑스 유학그룹의 역할도 주목된다. 이기

題의 歷史的 性格 : 現代韓國外交史, 1920-2000』(파주 : 한국학술정보, 2004)도 특기할 만하다. 이는 1993년도 대왕사 발간 저서의 범위(1920-1980)를 2000년까지로 증보한 것이다.

45) 전통주의와 수정주의의 대립 속에서 중간적 입장을 대변하는 학자들은 후기 수정주의(post-revisionism, 이를 후기 수정주의로 번역하지 말고 탈수정주의로 번역하자는 학자들도 있다. 이들은 냉전후 시대(post Cold War era)를 탈냉전기로 부르지 후기 냉전기로 부르지 않는다고 주장한다. 대개 이들은 post-revisionism의 수정주의에 대한 연속성을 단절로 보는 전통주의의 계승자이다)적 입장을 도입하기 시작했다. 하영선 교수는 서울대학교 외교학과에서 자신의 지도를 받은 석사 논문들을 중심으로 『한국전쟁의 새로운 접근 : 전통주의와 수정주의를 넘어서』(서울 : 나남, 1990)라는 편저를 간행했는데 그 목차는 다음과 같다. 안병길, "한국의 세계체제 편입에 관한 연구 : 1945-1946년을 중심으로" ; 전진호, "이승만의 단정노선에 관한 연구" ; 하영선, "냉전과 한국" ; 이원덕, "주한미군 철수에 관한 연구" ; 최광녕, "한국전쟁의 원인에 관한 연구" ; 서주석, "한국전쟁의 전개과정 연구 : 미국의 전쟁제한 정책 결정과정과 그 원인을 중심으로" ; 채용기, "한국전쟁의 종전에 관한 연구" ; 하영선, "북한의 한국전쟁해석."

46) 그 결과 김현철("박영효의 〈근대국가 구상〉에 관한 연구 : 개화기 문명개화론자에 나타난 전통과 근대를 중심으로," 1999), 김수암("한국의 근대외교제도 연구 : 외교관서와 상주사절을 중심으로," 2000), 정용화("유길준의 정치사상 연구 : 전통에서 근대로의 복합적 이행," 1998) 등의 박사논문이 산출되었다.

47) 禹澈九 교수는 "釜山租界를 中心으로 본 朝日關係 : 日本의 土地擴大 過程을 中心으로"라는 제목으로 1967년에 고려대학교 대학원 정치학과에서 석사학위를 수여받은 후 프랑스에서 박사학위를 취득하고 『19世紀 列强과 韓半島』(서울 : 法文

택, 홍순호, 문희수,[48] 이창훈, 허만호,[49] 김명섭 교수[50] 등이 이에 속한다. 이들은 국제관계사가 다른 나라보다 상대적으로 강한 지적 분위기에서 교육받았으므로 외교사 연구에 남다른 애정을 가지고 있다고 할 것이다.

프랑스와 같은 유럽이면서 또 다른 특색을 간직하고 있는 영국

社, 1999)라는 책을 간행하였다.

48) 文熙洙 교수는 1967년 서울대 대학원에서 "Montesquieu 國際政治思想"으로 석사학위를 받았다. 청일전쟁 연구에 권위를 인정받고 있는 문 교수는 최근 서원대학교 사회과학연구소에서 간행하는 저널 등에 다음과 같은 글을 연속 게재하였다. "國際 關係에 있어서 淸日 戰爭(1894-1895)에 關한 地圖와 統計," 『한국정치외교사논총』 제24집 1호(2002년 8월), pp. 289-344 ; "國際關係에 있어서 淸日戰爭(1894-1895)에 關한 硏究," 『西原大社會科學硏究』 14(2001년 2월), pp. 197-235 ; "國際關係에 있어서 淸日戰爭(1894-1895)에 關한 史料," 『西原大社會科學硏究』 13(2000년 2월), pp. 147-164 ; "1895年 淸·日 平和 後 國際關係," 『西原大社會科學硏究』 12(1999년 2월), pp. 127-162 ; "1894年 淸·日戰爭 前 國際關係," 『西原大社會科學硏究』 11(1998년 2월), pp. 89-118 ; "國際的 前後 關係에 있어서 俄館 事變 : 1895-1896," 『西原大社會科學硏究』 10(1997년 2월), pp. 55-74 ; "한반도에 있어서 청의 진출(1882-1885)," 『西原大社會科學硏究』 7(1994년 1월), pp. 1-19.

49) Man-Ho Heo, "La Constance de l'Unite Nationale Coreenne : essai d'une nouvelle interprétation de la guerre de Corée"(한민족의 단일성의 지속성 : 한국전쟁의 새로운 해석을 위한 한 시론), Ph. D. Thesis, École des Hautes Études en Sciences Sociales, 1988 ; 허만호, "한민족의 단일성의 지속성 : 한국전쟁에 대한 새로운 한 해석," 『한국정치학회보』 제23집 1호(1989) ; 허만호, "6·25 전쟁의 국내적 요인 : 국가건설 과정에서의 폭력의 심화," 한국국제정치학회 학술회의 : 6·25 전쟁의 재조명 : 전쟁의 원인, 수행과정 및 결과, 한국국제정치학회-동북아전략연구소 공동주최 학술회의 발표문, 1999년 6월 17일 등이 있다.

50) 그는 "INTEGRER POUR REGNER : La stratégie globale de l'administration Truman et l'origine de la régionalisation tripolaire"(통합과 지배 : 트루만 행정부의 세계전략과 삼각적 지역체제의 기원)라는 제목으로 프랑스 ParisI-Pantheon Sorbonn 대학에서 1996년 6월 박사학위를 받은 이래로 르누뱅(Pierre Renouvin)과 뒤로젤(Jean-

유학그룹도 특기할 만하다. 나종일,[51] 김계동,[52] 홍용표,[53] 마상윤[54] 교수 등이 한국전쟁 관계 국제정치사 연구를 주도하고 있다.

현대 국제정치사에 관련해서 보면 김학준 교수의 『한국문제와 국제정치』(서울 : 박영사, 1975) (이후 1999년까지 수차례 개정판 발간)는 계몽적 역작이라고 할 것이다. 1970년대 말 이후 많은 연구자들이 그

Baptiste Duroselle)의 국제관계사 학풍을 이어받아 한국의 국제관계사를 꽃피우려고 왕성한 활동을 하고 있다. 그의 글은 전술한 바와 같이 『한국정치학회보』 37집 2호와 3호(2003)와 『국제정치논총』 36집 2호(1996), 40집 3호(2000), 43집 1호(2003), 45집 2호(2005) 등에 실려 있다.

51) 라종일 교수는 1972년 영국 Cambridge University에서 박사학위 논문 "Britain and the Korean War, 1950−1954"를 작성했다. 그는 영국 외무성의 비밀문서를 광범위하게 활용하여 한국전쟁의 발발에서부터 1954년 제네바 회담까지를 다루었다. 그는 이후에도 주로 한국전쟁을 영국 혹은 영미관계와 연결시키는 저작들을 양산했다. 그외에 다음과 같은 저작들이 특기할 만하다. "한국동란과 영국," 『군사』(1983년 7월) ; "Political Settlement in Korea : The British Views and Policies with regard to the Internal Political Arrangements in Korea in the Autumn of 1950," 『국제정치논총』 제23집(1983) ; "Political Settlement in Korea : British Views and Policies, Autumn 1950," James Cotton and Ian Nearly, eds., *The Korean War in History*(Manchester, GB : Manchester University Press, 1989) ; "Special Relationship at War : The Anglo−American Relationship during the Korean War," *Korea and World Affairs*, Vol. VIII, No. 2 (Summer 1984) ; 라종일 편, 『증언으로 본 한국전쟁』(서울 : 예진, 1991).

52) 그는 1988년 영국 옥스퍼드 대학교에서 받은 박사학위 논문("Western Intervention in Korea, 1950−1954")을 증보하여 *Foreign Intervention in Korea*, Aldershot, England : Dartmouth Publishing Company, 1993을 간행했다. 또한 1990년에 서울대 출판부에서 『한반도의 분단과 전쟁 : 민족분열과 국제개입 갈등』을 간행했다.

53) 그는 1996년 영국 옥스퍼드 대학교에서 로스마리 풋(Rosemary Foot) 교수의 지도 아래 작성한 박사학위 논문("State Security and Regime Security : The Security Policy of South Korea Under President Syngman Rhee, 1953−1960")을 증보하여 *State Security and Regime Security : President Syngman Rhee and the Insecurity Dilemma in South Korea*(London : Macmillan, 2000)라는 저서를 간행했다.

54) 그는 2002년 영국 옥스퍼드 대학교에서 로스마리 풋(Rosemary Foot) 교수의 지도

의 책에 계몽되어 해방전후사 등을 연구하게 되었다. 그는 한국정치학회 50년에 유념하여 별도의 한국정치학회 역사를 기획했다.

신복룡 교수는 고대부터 현대까지의 정치-외교사를 망라하는 저작을 끊임없이 내놓은 학자이다. 삼국시대부터 구한말 외교관의 기록, 현대의 분단사까지 자료에 대한 폭넓고 깊은 지식에 기반하여 중후한 연구를 산출하고 있다. 그의 관심 분야는 너무 광범위하고, 저작은 열거하기가 힘이 들 정도로 방대하다.[55]

아래 작성한 박사학위 논문 "Dealing with Authoritarianism : US Policy Towards South Korean Governments, 1960-1968"를 작성했다.

55) 주요 저서와 역서만 열거하면 다음과 같다. 『(신복룡 교수의) 이방인이 본 조선 다시 읽기』(서울 : 풀빛, 2002) ; 에드가 스노우 저, 신복룡 역주, 『모택동 자전』(서울 : 평민사, 2001) ; 『한국사 새로 보기 : 아무도 의심하지 않았던 역사의 진실』(서울 : 풀빛 2001) ; 『한국 분단사 연구 : 1943-1953』(서울 : 한울 2001) ; H. B. 드레이크 저, 신복룡 · 장우영 공역주, 『일제시대의 조선 생활상』(서울 : 집문당 2000) ; E. J. 오페르트 저, 신복룡 · 장우영 공역주, 『금단의 나라 조선』(서울 : 집문당 2000) ; I. B. 비숍 저, 신복룡 역주, 『조선과 그 이웃나라들』(서울 : 집문당, 2000) ; S. 베리만 저, 신복룡 · 변영욱 공역주, 『한국의 야생동물지』(서울 : 집문당 1999) ; W. F. 샌즈 저, 신복룡 역주, 『조선 비망록』(집문당 1999) ; W. R. 칼스 저, 신복룡 역주, 『조선풍물지』(집문당, 1999) ; L. H. 언더우드 저, 신복룡 · 최수근 공역주, 『상투의 나라』(집문당, 1999) ; H. 하멜 저, 신복룡 역주, 『하멜 표류기』(서울 : 집문당, 1999) ; E. G. 켐프 저, 신복룡 역주, 『조선의 모습 : 한국의 아동생활』, E. 와그너 저, 신복룡 역주, 집문당 1999 ; G. W. 길모어 저, 신복룡 역주, 『서울 풍물지』(집문당, 1999) ; 『한국의 정치사상가 : 전기정치학을 위한 시론』(집문당, 1999) ; H. 니콜슨 경 저, 신복룡 역, 『외교론』 중판(평민사 1998) ; H. 니콜슨 경 저, 신복룡 역, 『외교론』(평민사, 1979) ; 『한국 정치사상사』(나남출판 1997) ; 『전봉준 평전』(지식산업사, 1996) ; 신복룡 · 김원덕 공역, 『한국 분단보고서』(상, 하) (풀빛, 1992) ; 圓 仁 著, 신복룡 역, 『入唐求法巡禮行記』(정신세계사, 1991) ; C. E. Merriam 저, 신복룡 역, 청아출판사, 『정치권력론』(1987) ; 『한말 개화사상 연구』(평민사, 1987) ; Owen N. Denny 著, 申福龍 · 崔水根 共譯, 『데니 文書/뮐렌도르프 文書』, Paul Georg von Moellendorff, Rosalie von Moellendorff 공저, 申福龍 · 金雲卿 共譯, 평민사, 1987 ;

미국에서 정치학 박사를 받은 학자 중 외교정책연구자 겸 외교사가인 김기정 교수는 꼭 언급되어야 한다.[56] 일찍이 동주 선생의 제자 노재봉 교수가 프랑스 국제관계사의 대가 뒤로젤의 책 『구주외교사』를 번역했지만 그는 본디 한국 외교사의 전공자는 아니었다. 따라서 김기정 교수가 미국식 국제정치학과 한국 외교사를 본격적

Horace N. Allen 저, 신복룡 역, 『朝鮮見聞記』(평민사, 1986) ; 『동학사상과 한국민족주의』(평민서당, 1985) ; Edgar Snow 저, 신복룡 역, 『毛澤東自傳』(평민사, 1985) ; F. A. McKenzie 著, 신복룡 역, 『大韓帝國의 悲劇』(평민사, 1985) ; William E. Griffis 저, 신복룡 역, 『隱者의 나라 韓國』(평민사, 1985) ; 趙在瓘 著, 신복룡 역, 『共産主義의 幹部制度 硏究 : 中共과 北韓의 분석적 비판』(평민사, 1985) ; 『東學思想과 甲午農民革命』(평민사, 1985) ; Leon p. Baradat 저, 신복룡 외 역, 『現代政治思想』(평민사, 1984) ; Homer B. Hulbert 저, 신복룡 역, 『大韓帝國 滅亡史』(평민사, 1984) ; 『大同團實記』(養英閣, 1982) ; Isaiah Berlin 저, 신복룡 역, 『칼 마르크스 : 그의 생애, 그의 시대』(평민사, 1982) ; E. 펜체프 저, 신복룡 역, 『가난에 대하여』(평민사, 1980) ; E. 펜체프 저, 신복룡 역, 『공해 : 묵시록의 4기사』(평민사, 1980) ; 『동학사상과 한국민족주의』(평민사, 1978) ; W. E. 그리피스 저, 신복룡 역주, 『隱者의 나라 韓國』, Ⅰ-Ⅲ(探求堂, 1976) ; F. A. 맥켄지 원저, 신복룡 역주, 『大韓帝國의 悲劇』(探求堂, 1974) ; 『東學黨硏究』(探求堂, 1973).

56) 그는 "Structural Conditions of the World-System and Foreign Policy-Making : A Study of United States Foreign Policy Toward Korea, 1901-1905"라는 제목으로 미국 University of Connecticut에서 1989년 5월에 박사학위를 받았으며, Lloyd Jensen 저, 『외교정책의 이해』(서울 : 평민사, 1994)를 번역했다. 주요 저술은 다음과 같다. "세계체제의 구조적 조건과 외교정책 : 1901-1905년간의 미국의 대한정책 분석을 위한 이론적 모색," 『국제정치논총』 제30집 1호(1990), pp. 331-352 ; "1901-1905年間의 美國의 對韓政策硏究 Ⅰ : 데오도르 루스벨트(Theodore Roosevelt)의 世界觀의 分析을 中心으로," 『延世大東方學志』 66(1990년 6월), pp. 179-220 ; "1901-1905年間의 美國의 對韓政策 硏究 Ⅱ : 大統領과 國務省 官僚들의 役割의 比較分析," 『延世大東方學誌』 80(1993년 8월), pp. 53-86 ; "Theodore Roosevelt and Korea : His Personal Diplomacy and American Foreign Policy Toward Korea, 1904-1905," *Korea Observer* Vol. 21 No. 2(Summer 1990), pp. 179-197 ; "Multicentricity of the World-System and Structural Perspective on East Asian Diplomatic

으로 접목시킨 선구적 학자라고 할 것이다. 그는 한국 국제정치학의 한국적 패러다임의 모색을 주창하였으며, 충분한 사례연구를 통한 개념화와 이에 기초한 이론적 탐구를 그 방향으로 제시하였다.[57] 외교정책과 외교사를 접목시킬 것을 주장하기도 하였으며,[58] 역사구조

History, 1870s–1890s," 『延世大社會科學硏究』 2(1990년 12월), pp. 139–162 ; "세계체제의 구조변동과 19세기 후반기의 동양외교사," 『한국과 국제정치』 제7권 1호(1991), pp. 161–193 ; "미국 문호개방정책의 등장배경과 사적 의미," 정해 김일평 교수 회갑기념논총 간행위원회 편, 『한반도와 전환기 국제정치』(서울 : 동위원회, 1991), pp. 247–267 ; "19세기 후반기 제국주의와 동아시아," 한국역사연구회 편, 『1894년 농민전쟁연구 3 : 농민전쟁의 정치사상적 배경』(서울 : 역사비평사, 1993), pp. 9–30 ; "Theodore Roosevelt's Image of the World and U.S Foreign Policy toward Korea, 1901–1905," *Korea Journal* Vol. 35 No. 4 (December 1995), pp. 39–53 ; "20세기 초 미국의 군부와 대한정책," 『延世大東西硏究』 7(1995년 12월), pp. 103–132 ; "Officials in the State Department and U.S. Korean Policy, 1903–1905," *Korea Observer* Vol. 27 No. 1 (Spring 1996), pp. 23–52 ; "19세기 세계질서의 본질과 동북아 3국의 편입," 『東北亞』 제3권 1호(1996년 7월), pp. 7–31 ; "동북아 국제정치질서의 역사구조적 접근 : 19세기 후반기와 20세기 후반기를 중심으로," 이기택 외, 『전환기의 국제정치이론과 한반도』(서울 : 일신사, 1996년 9월), pp. 159–198 ; "20세기 초 동북아 국제정치의 불안정과 구조변동 : 만주위기와 영일동맹의 형성," 『延世行政論叢』 23(1998년 5월), pp. 27–48 ; 김기정, "외교정책이론과 외교사 연구 : 학제 간 연구의 현황과 전망," 김달중 편, 『외교정책의 이론과 이해』(서울 : 오름, 1998), pp. 67–91 ; "전쟁직전 미국의 대한반도 정책," 한국정신문화연구원 현대사연구소 편, 『한국 현대사의 재인식 3 : 한국전쟁 직전의 한국사회연구』(서울 : 오름, 1998), pp. 21–52 ; "The Road to Colonization : Korea Under Imperialism, 1897–1910," *Korea Journal* Vol. 38 No. 4 (Winter 1998), pp. 36–64 ; "동아시아 국제정치의 역사 기행," 연세대학교 출판부 편, 『사회과학의 이해』(서울 : 연세대학교 출판부, 2000), pp. 75–85 등의 논문과 『미국의 동아시아 개입의 역사적 원형과 20세기 초 한미관계 연구』(서울 : 문학과 지성사, 2003)을 발표했다.

57) 김기정, "국제정치학과 한국 외교사 연구," 『한국정치외교사학회보』 제56호(2003), pp. 2–3.

58) 김기정, "외교정책이론과 외교사 연구 : 학제간 연구의 현황과 전망," 김달중 편, 『외교정책의 이론과 이해』(서울 : 오름, 1998), pp. 67–91.

적 접근을 채택할 것을 제안하였다.[59] 또한 성신여대 김영호 교수도 서울대 외교학과 그룹으로서 이론과 외교사를 접목시키려는 경향의 몇 안 되는 중진학자이다.[60] 서울대 외교학과 그룹 중 이혜정,[61] 우승지 교수[62] 등도 주목할 수 있고[63] 서울대 정치학과 그룹 중 이철순 교수[64]의 업적도 반드시 주목해야 한다. 또한 『카멜레온과 시지프스 : 변천하는 국제질서와 한국의 안보』(서울 : 나남출판사, 1995)로 1995년도 국제정치학회 학술장려상을 수상한 고려대학교 강성학 교수는 중견학자로 『시베리아 횡단열차와 사무라이 : 러일전쟁의 외교와 군사전략』(서울 : 고려대학교 출판부, 1999) 등을 간행하는 등 한국을 둘러싼 국제정치 문제를 천착하면서 정력적으로 활동하고 있다.[65] 한편

---

59) 김기정, "동북아 국제정치질서의 역사구조적 접근 : 19세기 후반기와 20세기 후반기를 중심으로," 이기택 외, 『전환기의 국제정치이론과 한반도』(서울 : 일신사, 1996년 9월), pp. 159-198.

60) 이에 대해서는 그의 "외교사와 국제정치이론 사이의 학제 간 연구의 쟁점과 과제 : 탈냉전기 미국의 대논쟁에 관한 연구," 『한국정치외교사논총』 제25집 제2호(2004)에 자세히 나와 있다.

61) 미국 Northwestern University에서 1998년 "The Making of American Hegemony from the Great Depression to the Korean War"(2000년 서울대 출판부에서 같은 이름으로 출판)으로 박사논문을 받은 이래 미국 외교사, 한미관계 등을 연구하고 있다.

62) 미국 Indiana University at Bloomington에서 William R. Thompson 교수의 지도로 2001년에 "The Politics of Asymmetrical Triangles : Cooperation and Conflict in Northeast Asia"라는 제목으로 박사학위를 받은 그는 냉전시기 한 · 미 · 일관계 등 동북아지역, 남북관계에 관심이 있다.

63) 이외에 아카이브 리서치를 통해 이승만 시기의 한미관계, 외교정책에 대한 무게 있는 글을 쓰는 신욱희 교수도 주목해야 한다.

64) 2000년 서강대학교 정치학과에서 이정복 교수의 지도로 "이승만 정권기 미국의 대한정책 연구(1948-1960)"라는 주제로 박사학위를 받은 그는 한미관계 등에 관심이 있다.

65) 그의 1981년도 Northern Illinois University 학위 논문(지도교수 Lawrence S.

역사학자이면서 국제정치학계와 교류하고 있는 홍석률, 강규형 교수 등도 외교사 연구의 큰 재목들이다.

V. 맺음말 : 부흥을 위한 오늘의 과제와 전망

지금까지 외교사 연구의 궤적을 1960년대 융성기와 1970-1980년대 중반 쇠퇴기, 1990년대 반성기, 2000년대 이후 부흥기로 그려 보았다. 그런데 현재의 부흥 분위기가 그렇게 고양되어 있지는 않다(국사학계는 현대 한국 외교사 전공 신진 연구자들이 많이 배출되고 있음에 비해 정치학계는 그렇지 못하다. 국사학계의 전공자들을 포용하고 학제 간 협력을 꾀한다면 부흥의 분위기가 한층 고양될 수 있을 것이다). 또한 쇠퇴했을 당시에도 명맥은 유지하고 있었다. 따라서 궤적의 사이클은 완만한 커브를 그리고 있다 할 것이다.

2006년 12월 2일 국제정치학회 50주년을 위한 기념 회고와 전망 논문 발표에 외교사 분야가 단독 논문을 발표할 정도로 학회 내에서 이 분야 연구의 성과를 인정하는 분위기이다. 이러한 부흥의 분위기를 지속시키기 위해서는 내적 반성이 필요하다. 따라서 다음 몇 가지 과제를 제시하는 것이 의미 있을 것이다.

Finkelstein)은 "Impact of the Russo-Japanese War on the Northeast Asian Regional Subsystem : The War's Causes, Outcome and Aftermath"이다.

1. 별도의 학회구성 및 독립된 학술지의 발간

역사학계의 대외관계(교섭)사 전공자를 망라한 별도의 외교사 학회를 만들든지 아니면 국제정치학회 외교사 분과를 강화하여 독립된 저널의 간행이 필요하다. 미국의 Diplomatic History와 같은 이 분야만의 저널이 국내에는 없기 때문이다. 새 학회를 꾸리기보다 권위 있는 학회의 분과로서 활동하는 것도 한 방법이기는 하다. 외교사 분과의 구성원이 활발하게 활동한다면 집행부의 교체 속에서도 분과의 영속성을 보장받을 수 있을 것이다. 또한 국제정치학회 내의 독립 저널 발간도 대안이 될 수 있다.

2. 기본사료의 정리 및 발간 필요성

외교사 연구의 중심은 역시 사료이다. 다른 국제정치학 분야와 구별하면서 외교사 연구의 특장을 부각시킬 수 있는 것은 역시 기본 사료의 검토와 사료의 끊임없는 발굴이다. 그렇다면 연구의 저변확대를 위해 학부생들도 볼 수 있는 기본 사료집을 우선 발간해야 할 필요성이 있다. 전술한 바와 같이 『한국 외교사 연구 : 기본사료 · 문헌해제』가 이미 나왔으며, 다소 학문적이다. 해방 후의 자료를 중심으로 한국역사정치연구회(편), 『사료로 본 한국의 정치와 외교』(서울: 성신여자대학교 출판부, 2005)를 간행했으나 아직 만족할 만한 수준은 아니다.

3. 탈냉전기 다국사료교차분석의 분위기에 부응할 수 있는 『한국 외교사 자료 가이드 맵』(가칭)의 출간

이 가이드가 출간된다면 주로 한국전쟁 연구자들에게 논의되는 다국사료교차분석[66]이 외교사 모든 영역으로 확대될 수 있을 것이다. 김용구 교수와 홍순호 교수 등이 이러한 문제를 일찍부터 제기했지만 구한말 등에 치우친 편이며, 탈냉전기 현대사 연구에서 다국사료교차분석은 하나의 거역할 수 없는 경향이라고 할 것이다. 따라서 이를 효과적으로 수행할 수 있는 가이드 맵을 만들어서 중복 검색과 예산낭비를 방지해야 할 것이다. 이렇게 하여 자료에 기반한 튼실한 연구가 생산될 수 있을 것이다.

4. 통치사료 중 외교사 부분의 정리

흔히 우리는 우리의 자료에 의존하지 않고 외국의 사료를 통해 한국 외교사를 연구한다. 구한말의 상황과 해방전후의 상황들이 모두 외세의 압도적 규정력이 작용하는 시기라서 어쩔 수 없다지만 현

---

66) 이완범, “한국전쟁 연구 50년과 과제,” 『경제와 사회』 제46호(2000년 여름), pp. 8-29. 한국전쟁 연구는 외교사 연구의 주요한 하위 분야이기는 하지만 모든 한국전쟁 연구가 외교사 연구일 수는 없다. 따라서 주요한 한국전쟁 연구자들이 이 글에서는 편의상 제외되었는데 죄송한 마음 금할 길 없으며, 이에 대해서는 위의 글을 참조할 수 있을 것이다.

재의 상황은 그때와는 다소 다르다고 할 것이다. 따라서 외교문서의 소실을 막기 위해서도 우리의 문서를 주목하고 정리 · 열람할 필요가 있다.

김대중 정권의 통치사료 이관문제가 쟁점이 된 후 한국 최고 지도자의 통치사료에 대한 관심이 높아졌던 것은 바람직한 현상이다. 『이화장 문서』라든가 정부기록보존소 문서 중 통치사료 중에서 외교사 부분을 정리하여 "한국자료는 없어서 외국의 문서고를 뒤지는 것이 필수적이다"는 인상을 불식시켜야 한다. 이러한 정리는 『조선왕조실록』과 『승정원일기』를 편집한 우리 민족의 자료보존 전통을 오늘에 되살리고 맥을 잇는 필수적인 작업이다. 또한 대한민국 외무부의 자료들도 정리하여 비밀문서도 공개될 수 있도록 독려해야 할 것이다.

우리의 전통시대에 외교문서집이 편찬되었음을 주목할 수 있다. 우리는 외교사료 편찬의 전통이 있었던 문화민족이었다.[67] 그것은 정조 8년(1784년) 왕명으로 편찬작업을 시작하여 정조 12년(1788년)에 완성된 『동문휘고(同文彙考)』이다. 이 책은 초편(初編) 129권 60책과 속편(續編) 36책으로 구성되어 있는데, 초편은 인조 때부터 1786년까지 조선과 중국 사이의 문서인 원편(原編)과 별편(別編), 연행사들의 문견록인 보편(補編), 그리고 일본과의 문서인 부편(附編)으로 나뉘어 있다. 속편은 초편이 완성된 이후 매 3년마다 그동안에 있었

67) 김용구, "새로운 외교사 연구를 위하여," 『한국국제정치학회 학회소식』 제104호(2002년 10월 30일), p. 3. 미국이 편집한 외교문서 공간자료집 Foreign Relations of the United States만 있는 것은 아니다. 이 자료집의 19세기 것은 미국 의회가 편집했으며, 20세기 들어와서 국무부가 펴냈다.

던 사대-교린 문서들을 보완하려 한 것인데, 1787년부터 고종 18년(1881년)까지 90여 년에 걸친 시기를 포괄한다.[68] 동문이라는 말이 상징하듯 한자를 사용하는 국가를 동일한 문화권으로 상정해 이들 국가(청과 일본)와 주고받은 조선 후기의 대외관계 문서를 집대성한 것이다. 다만 속편에는 '양박청형(洋船情形)'이라 하여 고종 때부터 연안에 출몰한 서양 선박에 관한 문서를 첨부하고 있어[69] 19세기 후반부터 서양과의 관계가 주요 문제로 등장하고 있음을 확인할 수 있다. 주로 외교내용에 따라 항목을 구성한 뒤 항목별로 관련 문서를 시기순으로 정리했다. 이외에도 대청(對淸) · 대일본(對日本) 관계를 다룬 『교사촬요(攷事撮要)』 · 『통문관지(通文館志)』 · 『증정교린지(增正交隣志)』 등의 서적도 있다. 그런데 『동문휘고』의 방대한 규모와 교섭 문서의 원안(原案)을 집성한 사실을 고려하면 다른 유서(類書)보다 탁월한 자료적 가치를 가진다. 『동문휘고』는 명실상부한 우리의 책으로 조선 후기 대외관계를 살피는 데 필수적인 자료이다. 따라서 이러한 전통을 계승하여 한글 외교문서집을 정기적으로 편찬하는 데 국가가 나서야 한다.

---

68) 韓國史料叢書 제24편으로 國史編纂委員會에서 1978년 영인 · 간행하였다.

69) 제61책 原編에 '洋船情形으로 淸에 대한 洋情報告' 항목이 나온다. 洋船情形은 開港 이전의 서양과의 접촉과 그 情形에 관하여 中國에 보낸 奏 · 咨 등의 문서를 수록한 것으로 1866-1879년의 것이다. 이 시기의 대외 접촉관계를 살필 수 있는 자료이다.

5. 동북아 전쟁사

전쟁은 한국 외교사 연구자들의 주요한 연구영역이다. 그런데 1950년 발발한 한국전쟁뿐만 아니라 한국에서 일어난 모든 전쟁들에 대한 체계적 관심을 외교사가들이 가지는 것은 당연하다. 임진왜란을 국제전쟁으로 조망한다든가[70] 청일전쟁이나 러일전쟁과 같은

---

70) 최근 사학계에 탈민족주의적 경향이 대두됨에 따라 이 전쟁을 동아시아 3국이 개입한 국제전쟁으로 해석하려는 경향이 나타나고 있다. 일본의 한 교사는 "임진왜란이 조선과 일본, 명 동아시아 3국이 휘말려든 국제전쟁"이라고 서술했으며["도요토미 히데요시의 조선침략," 전국역사교사모임-역사교육자협의회 공편, 『마주보는 한일사』, 2(서울 : 사계절, 2006)], 한국에서 열린 한 국제 세미나에서는 그 명칭에 대한 반성[김자현 교수는 "임진왜란을 연구하는 이유," 임진왜란 : 조일전쟁에서 동아시아 삼국전쟁으로, 서강대 국제한국학센터-한산대첩기념사업회 국제학술회의, 경남 통영 마리나리조트 회의실, 2006년 6월 19일라는 기조연설을 통해 임진왜란은 동아시아사에서 획기적인 사건임에도 전쟁을 칭하는 '공용어' 조차 아직 없는 실정이라고 비판했다. 한국에선 '임진년에 일본인들이 일으킨 난리'라는 뜻의 '임진왜란'으로, 일본에서는 '히데요시의 조선 침략'으로, 중국에서는 조선을 구해주었다는 뜻의 '위안차오셴(援朝鮮)' [抗倭援朝 ; 인용자 첨가, 후술함]으로 불리고 있다는 것이다. 그녀는 임진왜란 연구의 '정치화'를 지양하고 사실에 기초한 연구를 통한 임진왜란의 '역사화'를 강조했다. 한편 나카야마 도미히로 "일본사 교과서에 보이는 한국-근세편," 한 · 일 교과서 세미나 : 고등학교 역사교과서에 나타난 양국의 상호인식, 주최 : 한국학중앙연구원, 2006년 7월 24일, p. 15에는 채택률이 그렇게 높지 않은 한 일본 고등학교 일본사 B 교과서에 '임진왜란과 정유왜란[한국에서는 정유재란이라고 함 ; 인용자 첨가]'이라는 한국식 표현과 '분로쿠 · 게이초노에키' (文祿 · 慶長の役 : 문록 · 경장은 일본왕의 연호이고 역은 전쟁이란 뜻)라는 일본식 표현이 동시에 실렸는데, 이는 "역사인식의 공유를 지향한 것"이라고 해석되었다. 그러나 가장 많이 채택되고 있는 교과서에는 한국식 명칭이 실리지 않았다]에서부터 시작해 이 전쟁을 동아시아라는 확장된 공간의 차원에서, 그리고 16세기에서 현대에 이르는 통시적 차원에서

국제적인 전쟁에 대한 연구와 토론이 국내학계에서 활발하게 전개되었는지는 아직 확인되지 않고 있다. 문희수 교수와 이창훈 교수, 우철구 교수, 신승권 교수 등이 활발하게 활동했지만 조직화의 수준은 미흡하다고 할 것이다. 러일전쟁 국제학술회의가 "포츠머스 조약과 동북아 평화의 과거, 현재 및 미래"를 주제로 2005년 11월 17일 아셈연구원(회장 이창훈 교수)에서 열렸던 것도 이러한 연구를 조직화하려는 시도이다. 또한 명지대학교 국제한국학연구소가 편집한 『러일전쟁과 동북아의 변화』(서울 : 선인, 2005)도 의미 있는 시도이다.[71]

'한국에서 일어났던 전쟁'을 체계적으로 연구하여 왜 한반도가 전쟁터가 되었는지를 검토하는 것도 의미 있을 것이다. 육군사관학교 전사학과의 온창일 교수(『한민족전쟁사』, 서울 : 집문당, 2001)나 한국역사연구회(『한국 역사 속의 전쟁』, 서울 : 청년사, 1997) 등에서 이미 관심을 가져왔으나[72] 국가 간 전쟁연구는 역시 국제정치학자나 외교사

접근할 것이 제안되었다. "임진왜란은 東亞 3국전쟁이다," 《경향신문》, 2006년 6월 15일. 그렇지만 아직 한국학계는 전반적으로 이러한 국제전적 조망을 적극적으로 수용하고 있지는 못하다.

71) 목차는 다음과 같다.
책을 펴내며–100년 후 돌아본 러일전쟁의 의미 : 이인호
1. 다모클레스의 칼? – 러일전쟁에 대한 한국의 인식과 대응 : 구대열
2. 한국보호 문제를 둘러싼 러일의 대립 – 헤이그 밀사사건을 중심으로 : 석화정
3. 러일전쟁 전후 한국인들의 일본관 : 김현철
4. 조러연합군과 러일전쟁 전후 군사협력 – 기원, 구상, 시도 : 심헌용
5. 대한제국의 모델로서의 러시아 : 허동현
6. 윌라드 스트레이트의 뉴프론티어 – 20세기 초 미국의 만주정책 : 정성화
7. 러일전쟁 이후 간도영유권 문제의 처리 : 노영돈

72) 이외에도 다음의 업적이 있다. 이기훈, 『전쟁으로 보는 한국역사』, 서울 : 지성사, 1997 ; 국방군사연구소 편, 『한민족전쟁통사 I–IV』(서울 : 국방군사연구소, 1996–

가들이 해야 할 주요 대상이다. 따라서 한국의 전쟁사에 대한 통사의 발간이나 '한국의 전쟁연구'를 중점 테마로 제기할 수 있을 것이다.[73]

또한 한국에서 일어난 전쟁이 거의 동북아 전쟁이었던 것을 염두에 둘 필요가 있다. 이런 맥락에서 2006년에 역사학회에서 편집하고 일조각에서 발간한 『전쟁과 동북아의 국제질서』는 매우 의미 있는 기획이다.[74] 여기에다가 한국평화학회에서 최근 발간한 문정인-

---

1997) ; 이재 외, 『한민족전쟁사총론』(서울 : 교학연구사, 1988) ; 3사관학교국사교재편찬회 편, 『국난극복사』(서울 : 공학사, 1979) ; 이선근, 『한민족의 국난극복사』(서울 : 휘문출판사, 1978) ; 이선근, 『민족의 위란과 극복』(서울 : 심산문화사, 1995) ; 이재범 외, 『한반도의 외국군주둔사』(서울 : 중심, 2001).

73) 한국-동양정치사상사학회가 동아일보 화정평화재단-21세기평화연구소의 지원을 받아 2006년 10월 25일 개최한 국제학술회의 "한국사의 전쟁과 평화 : 그 정치사상사적 조망"은 임진왜란, 독립전쟁, 한국전쟁 등을 조망한 "한국의 전쟁과 평화사상"을 비롯해 유럽, 중국, 일본(무사도)의 전쟁을 조망한 "동서양의 전쟁과 평화사상," 중일전쟁기 종군문학, 전쟁의 낭만적 이상화, 온라인 게임의 전쟁코드를 조망한 "전쟁과 문화" 패널로 나뉘어 진행되었다. 국제정치학자가 아닌 정치사상 전공자들의 주최로 이루어진 학제 간 연구였다는 점에서 참신했다.

74) 목차는 다음과 같다.

총론 동북아 국제질서 속의 한국사 : 조병한
제1부 전쟁과 전근대의 동북아 국제질서
제1장 7세기 동북아시아 국제질서의 변동과 전쟁 : 임기환
제2장 나 · 당전쟁과 나 · 일 관계 : 노태돈
제3장 11세기 후반-12세기 전반 동북아시아 국제정세와 고려 : 채웅석
제4장 14세기 후반 원 · 명 교체와 한반도 : 이익주
제5장 15 · 16세기 일본의 전국시대와 도요토미 정권-'임진왜란'의 재검토 : 박수철
제6장 정묘 · 병자호란과 동아시아 질서 : 한명기
제2부 전쟁과 근현대의 동북아 국제질서
제1장 19세기 서구적 세계체계와 동북아 질서 재편 : 조병한
제2장 일본의 동아시아 질서 재구축과 청일전쟁-청일조약 개정 외교를 중심으로 : 최석완

김명섭(공편), 『동아시아의 전쟁과 평화』(서울 : 연세대학교 출판부, 2006)도 특기할 만하다.[75] 이와 같이 일국사-국사의 영역을 넘어선 동북아-동아시아에 대한 논의가 일고 있다. 한쪽에서는 동북아 국가가 역사전쟁을 벌이는 와중에 한편에서는 탈민족적 정서가 정치학계는 물론 역사학계에서도 이미 널리 퍼져 있는 것이다.

제3장 러일전쟁과 동아시아 국제질서 : 조명철
제4장 제1차 세계대전과 국제질서의 재편성 : 정상수
제5장 동아협동체에서 대동아공영권으로 : 임성모
제6장 6·25전쟁기 미·중관계 : 정용욱
제7장 동서냉전체제와 한국전쟁-한국 분단체제·동북아 질서의 재편을 중심으로 : 정병준

75) 목차는 다음과 같다.
서장 동아시아의 전쟁과 평화 서설 : 문정인
제1장 동양의 전쟁 : 김재창
제2장 아편전쟁 : 권선홍
제3장 청일전쟁 : 김현철
제4장 러일전쟁 : 석화정
제5장 아시아-태평양전쟁 : 김명섭
제6장 한국의 6·25전쟁 : 김영호
제7장 베트남전쟁 : 홍규덕
제8장 중국의 전쟁관과 평화 : 황병무
제9장 중국-대만 간 전쟁위협과 평화 : 문흥호
제10장 일본의 전쟁관과 평화 : 박영준
제11장 남북한 간 전쟁위협과 평화 : 전재성
제12장 ASEAN 국가들 간 전쟁위협과 평화 : 봉영식
제13장 동아시아의 미래전 : 이상현
제14장 동아시아 평화체제의 모색 : 한용섭

6. 학제 간(interdisciplinary) 연구 수행

학문의 벽을 허무는 것이 하나의 화두로 등장한지 오래이다. 21세기 학문에 있어 이러한 경향은 더욱 가속화될 것으로 전망된다. 따라서 국사학계나 다른 사회과학과의 협동연구가 필요하다고 할 것이다.

2003년 한국국제정치학회 외교사 분과위원회는 Colin Elman & Miriam F. Elman, eds., *Bridges and Boundaries*, Cambridge, MA. : MIT Press, 2001를 중점적으로 점검하여 하영선-김영호-김명섭(공편)으로 『한국 외교사와 국제정치학』(서울 : 성신여대출판부, 2005)을 간행했다. 전체 저자 13명 중 역사학자 3인이 참여한 것이 하나의 학제적 시도였다고 할 것이다.

7. 방법론 혁신

외국에서 수입된 방법론을 우리나라의 현실에 맞게 수정하여 한국의 국제정치학이 바로 설 수 있는 기반이 구축되어야 할 것이다. 2002년 12월 13일 한국국제정치학회 연례학술회의 외교사 분과 토론에서 '국제정치학의 한국적 패러다임의 모색' 이라는 과제가 제기되었다는 데에서 국제관계사 연구에서도 다양한 방법론에 관한 토론이 시급함을 알 수 있을 것이다.

이 글의 모두에서 언급한 이론과 역사의 만남도 방법론 개발과 연결되는 과제이다. 그런데 2006년 10월 28일 서울대학교 외교학과 50주년 기념 학술회의에서 함택영 교수는 "한국 국제정치이론의 발전과 반성 : 이론과 역사의 만남"에서 한국 국제정치학의 발전수준에 대해 완제품 수입기→수입대체기→수출기로 접어들었다고 평가했다. 반면 같은 자리에서 김태현 교수는 "한국적 국제정치이론 개발을 위한 과제"라는 글을 통해 한국 국제정치학자들이 이론은커녕 개념도 개발하지 못했으며 제대로 소개도 못했다고 비판했다.

한국 외교사가 중 미국에 영향받은 인사들은 이론과 결합해야 진정한 국제정치사가 될 수 있다고 주장하지만 과연 그것이 가능한 것인지, 과연 한국적 국제정치학, 한국적 외교사가 필요한지 성찰할 필요가 있다. 세계 각국의 국제정치학이 모두 달라야 할 필요는 없다. 보편적 국제정치학, 보편적 외교사를 지향하는 것에 문제를 제기하는 것은 구시대적인 닫힌 민족주의 이데올로기의 반영일 가능성도 있다. 또한 외교사의 중요한 방법인 역사적 접근이라는 것이 특정한 이론에 대한 강조보다는 사실을 강조하며 사실을 입증할 수 있는 원사료를 강조하므로 이론보다는 사료에 승부하는 접근도 가능할 것이라고 사료된다.

참.고.문.헌

김명섭. "제국정치학과 국제정치학 : 한국적 국제정치학을 위한 모색." 『세계정치연구』 제1권 제1호(2001).

김봉진. "근대 국제정치관의 동양적 수용." 이상우-하영선 공편, 『현대국제정치학』. 서울 : 나남, 1996.

김석우. "국제정치경제연구의 현황과 전망." 1999년도 한국정치학회 추계학술회의 : 한국정치학 50년의 현황과 과제, 발표논문 ; 한국정치학회 편. 『21세기 국제관계연구의 쟁점과 과제』. 서울 : 박영사, 1999.

______. "한국국제정치학의 회고와 전망 : 국제정치경제의 발전과정과 특성분석." 2006 한국국제정치학회 연례학술회의 발표논문, 2006년 12월 2일.

김성주. "한국 외교사 연구방법의 제 문제." 한국정치외교사학회 편. 『한국외교사』 1. 서울 : 대왕사, 1993.

김수암. "조선의 '만국공법' 수용과 1880년대 국제관계 : 조청 '속방관계'의 영향을 중심으로." 하영선-김영호-김명섭 공편. 『한국 외교사와 국제정치학』. 서울 : 성신여대출판부, 2005.

김용구. 『세계관 충돌의 국제정치학』. 서울 : 나남출판, 1997.

______. 『외교사란 무엇인가』. 인천 : 도서출판 원, 2002.

뒤로젤, J. B. 노재봉 역. 『구미외교사』. 서울 : 박영사, 1976.

兪吉濬. 『西遊見聞』. 東京 : 文詢社, 1895.

윤근식. "사회비판적인 정치분석과 한국정치학." 『한국정치학학보』 제13집(1979).

이기택. 『국제정치사』. 서울 : 일신사, 1983.

李能和. 『朝鮮基督敎及外交史』. 京城 : 朝鮮基督敎彰文社, 昭和 3[1928].

이선근. "창간사." 『정치학 : 한국정치학회보』 창간호. 서울 : 일조각, 1959.

전상인. "국제정치학을 위한 역사사회학적 비전." 김달중-박상섭-황병무 공편. 『국제정치학의 새로운 영역과 쟁점』. 서울 : 나남출판, 1995.

정용화. "유길준의 정치사상 연구 : 전통에서 근대로의 복합적 이행." 박사학위논문. 서울대 외교학과, 1998.

______. 『문명의 정치사상 : 유길준과 근대한국』. 서울 : 문학과 지성사, 2004.

하영선-김영호. "머리말." 하영선-김영호-김명섭 공편. 『한국 외교사와 국제정치학』. 서울 : 성신여대출판부, 2005.

『한국국제정치학회 50년사 : 1956-2006』. 서울 : 한국국제정치학회, 2006.

『한국국제정치학회 약사 : 1956-1992』. 서울 : 한국국제정치학회, 1992.

한동구. "외교사 연구의 정립과 과제." 『현상과 인식』 제27권 4호(2003년 겨울).

한배호. "한국정치학사-총론." 『한국정치학회 50년사, 1953-2003』. 서울 : 한국정치학회, 2003.

______. "國際關係史硏究의 方法論." 『韓國國際關係史理論 : 時代狀況의 力學構造』. 서울 : 大旺社, 1993

홍순호. "외교사연구의 과제와 방향." 『국제정치논총』 제30집 2호(1991).

______. "한국 외교사-국제관계사연구의 과제와 전망 : 연구사적 관점에서." 『韓國國際關係史理論 : 時代狀況의 力學構造』. 서울 : 大旺社, 1993.

______. "韓國外交史의 硏究方法과 方向." 韓國政治外交史學會 편. 『韓國政治學에 있어서의 歷史的 接近의 現況과 方向』. 서울 : 大旺社, 1993.

Renouvin, Pierre et Jean-Baptiste Duroselle. *Introduction à l'Histoire des Relations Internationales*, Paris : Librairie Armand Colin, 1964 ; 李基鐸 譯. 『國際政治史理論』, 서울 : 博英社, 1987.

Schroeder, Paul W. "International History : Why Historians Do It Differently than Political Scientists." Colin Elman & Miriam F. Elman, eds., *Bridges and Boundaries*. Cambridge, MA. : MIT Press, 2001.

5. 한국 국제정치경제학의 발전과정과 특성에 관한 연구

김석우(서울시립대학교)

I. 머리말

이 글은 지난 50년간 한국 내 국제정치경제학의 발전과정을 추적하고 정리하는 것을 주요 목적으로 한다. 엄밀히 말하면, 국제정치경제학이 한국에 도입된 1970년대 후반 이후 발표된 국제정치경제 관련 주요 논문들을 연대별, 연구자별, 주제별, 연구방법론별 등으로 구분하여 정리 · 분석하고, 이들 논문들이 어떤 특징을 보이고 있는가를 요약 · 분석하는 글이다. 이를 통하여 한국 국제정치경제가 걸어온 길을 되돌아보고, 문제점을 지적하고, 앞으로 어떤 방향을 모색해야 하는가를 제시하려고 한다.

한 국가의 학문 발전과정, 특히 학문적으로 뒤떨어진 국가의 학문 발전과정은 다른 국가의 유사 학문 분야의 발전과정에 영향을 받을 수밖에 없다. 특히 한국과 마찬가지로 외국 학위를 취득한 연구자들 중심으로 학문이 발전되는 상황 속에서는 이러한 특징이 두드러지게 마련이다. 한국의 국제정치학, 특히 국제정치경제학 역시 미국 내 국제정치학과 국제정치경제학의 발전과정에 상당한 영향을 받은 것이 사실이다. 뒤에서 다시 자세히 지적하겠지만, 한국 내 국제정치경제학의 발전은 미국에서 발전된 국제정치경제학의 여러 이론들을 소개하고, 비교하고, 비판하는 연구가 주류를 차지하고 있는 것이 사실이다.

그렇다면 이러한 학문적 발전과정은 바람직하다고 할 수 있겠는가? 한 부류의 학자들은 한국의 학문적 정체성(identity)을 주장하면서, 이러한 과정이 특정 학문 도입시기에는 필요할지라도 학문적 발전이 상당히 이루어진 상황에서는 독창적이고 한국적 문제와 인식을 가진 우리만의 학문을 발전시킬 필요가 있다고 주장할 것이다. 이러한 주장을 받아들이는 학자들은 특정 국가가 보유하고 있는 역사적 상황, 국제체제 내 위치, 지정학적 위치, 이데올로기, 정치와 경제의 발전수준 등 많은 부분에서 다른 국가들과 차별성을 보이는 국가의 학문적 특성은 다른 국가들과 달라야 한다고 주장할 것이다. 이러한 학문적 인식을 바탕으로 한국 국제정치학계 내에서도 과거 적어도 몇 번은 한국식 국제정치학을 추구하는 움직임이 있었고, 현재도 이런 문제의식을 가진 많은 학자들이 있다.

특히 한국에서는 정치학의 대미편향성에 대한 지적이 수차례 있었다.[1] 언어의 문제, 한국 학자들의 유학유형, 이 현상에 의한 일종의 경로의존성, 미국 정치학의 수적 우세 등에 의하여 한국의 정치학이 대미 편향성을 보이고 있는 것이 사실이다. 대미편향적 학문

발전은 한국이 처한 문제를 해결하는 데 별 도움이 되지 못한다는 주장도 있을 수 있고, 또한 학문적 정체성뿐만 아니라 문제의식의 정체성에도 심각한 장애를 일으킬 수 있다는 주장도 존재한다.[2]

반면에 다른 부류의 학자들은 이러한 학문적 답습과정이 반드시 필요한 작업일 뿐만 아니라 바람직한 것이기도 하다고 주장할지도 모른다. 이들에 따르면 학문적 발전수준이 높은 국가들에서 개발된 이론들은 개념, 방법론, 이론적 틀 등에서 더 정교하기 때문에 이들에 대한 학습과정은 반드시 필요하다고 주장할 것이다. 또한 학문적 저발전의 원인이 되고 있는 연구인력과 연구재원의 한계, 국가의 역량에 비추어진 연구관심의 한계, 방법론적 저발전 등을 단기간에 극복할 수 없다는 현실적 상황을 고려할 때, 당분간 선진학문의 도입과 답습은 필요하다고 주장할 것이다. 또한 학문적으로 가장 발전된 국가의 학문을 답습하는 것은 한국 정치학의 경쟁력을 제고시키는 일이기 때문에 바람직한 일이라고 주장할지도 모른다.

이러한 두 주장 간의 차이는 학문과 이론이 가져야 할 속성 중 어떤 것을 더 강조하는가에 의해서도 설명될 수 있다. 일반적으로 학문과 이론이 가져야 할 속성들로는 일반성(generalizability), 정확성(preciseness), 단순성(simplicity) 등이 지적되고 있다.[3] 일반성이란 시대와

---

1) 예를 들면, 김호진, "한국정치학의 정체성 확립을 위하여," 『한국정치학회보』 제28집 1호(1994) ; 이상환, 『한국정치학회보』와 『국제정치논총』에 대한 비교연구 : 분석과 평가–『미국정치학회보』에 대한 분석과 그 평가기준을 토대로," 『국제정치논총』 제38집 1호(1998) ; 김운태, "21세기 한국 정치연구의 회고와 전망," 『한국정치학회보』 제34집 3호(2000) 등 참조.

2) 예를 들면 김명섭, "제국정치학과 국제정치학 : 한국적 국제정치학을 위한 모색," 『세계정치연구』 제1권 1호(21세기세계정치연구원, 2001) 참조.

지역에 상관없이 적용될 수 있는 이론의 특성을 의미한다. 예를 들면, 소비자와 기업의 합리적 행위를 설명하는 수요이론과 공급이론은 소비자와 기업이 존재하는 시대와 장소에 상관없이 모두 적용될 수 있는 이론이어서 그 일반성이 매우 뛰어난 이론이라 할 수 있다. 국제정치경제 내에서는 예를 들면 국가 간 협력 가능성과 이에 따른 레짐 형성의 가능성을 주장하는 자유주의 시각에 따른 이론들이 일반화를 추구하는 이론이라고 할 수 있다.

정확성은 행위자의 행태를 얼마나 정확히 설명하고 있는가의 문제이다. 예를 들면 국가의 국제정치경제 관련 외교정책을 얼마나 잘 기술하고 설명하는가의 문제이다. 한 국가의 외교정책을 잘 설명하기 위해서는 그 국가가 처한 상황, 발전수준, 국가의 역할, 기술수준, 국내 의사결정 과정과 제도의 특성 등 상당히 많은 사안들에 대한 기술과 설명이 필요하다. 일반적으로 정확성이 뛰어난 이론은 일반성이 낮다. 왜냐하면 "같은" 상황에 처한 국가들은 많지 않고, 또한 국내적 유사성이 높은 국가들 역시 많지 않기 때문이다. 따라서 한 국가 혹은 소수 국가의 행위를 매우 정확하게 설명하고 있는 이론은 다른 국가 혹은 다른 국가군의 행위를 정확하게 설명하지 못한다. 예를 들면, 국제정치경제학 분야에서 개발된 발전국가론은 강성국가의 특성을 보이는 동아시아 국가들의 발전과정을 설명하는 데 있어서 그 유용성을 발견할 수는 있지만, 약성국가의 특성을 보이는 다른 국가들의 발전과정을 설명하기는 어렵다.[4]

---

3) Gary King et al., *Designing Social Inquiry : Scientific Inference in Qualitative Research* (Princeton : Princeton University Press, 1994).

단순성은 얼마나 많은 설명변수(혹은 독립변수)를 동원하여 관심의 대상이 되는 사건이나 현상을 설명할 수 있는가에 관한 것이다. 물론 단순성이 높은 이론은 매우 적은 설명변수로 관심대상인 사건과 현상을 설명한다. 국제정치경제 분야에서 단순성이 매우 높은 이론들은 국제체제적 변수를 동원하는 이론들로서 예를 들면 패권안정이론과 세계체제론을 들 수 있다. 패권안정이론은 국제체제 내 힘의 분배라는 설명변수 하나만으로 국제경제체제의 안정성과 자유성을 설명하려고 하는 이론이다. 세계체제론 역시 핵심국가군과 주변국가군의 양자 간 관계로서 국제경제 내 착취와 종속의 문제를 설명하려는 이론이다. 이러한 이론들은 단순성이 매우 뛰어나고 대부분 일반성도 높은 것이 사실이지만 정확성은 상당히 떨어진다고 할 수 있다.[5]

이러한 이론적 속성을 볼 때, 학문의 독창적 발전을 주장하는 학자들은 학문의 정확성을 주로 강조한다고 할 수 있다. 반면에 선진학문의 도입과 소개, 그리고 적용을 주장하는 학자들은 학문의 일반성을 강조한다고 할 수 있다.[6] 따라서 이들의 논쟁은 해결될 수 있는 문

---

4) Alice Amsden, *Asia's Next Giant : South Korea and Late Industrialization*(New York : Oxford University, 1989), Meredity Woo-Cumings, ed., *The Developmental State* (Ithaca : Cornell University Press, 1999) 참조.

5) Robert Gilpin, *U.S. Power and the Multinational Corporation : The Political Economy of Foreign Direct Investment*(New York : Basic Books, 1975), Stephen D. Krasner, "State Power and the Structure of International Trade," *World Politics* 28-3(April, 1976), 317-347, Robert O. Keohane, *After Hegemony : Cooperation and Discord in the World Political Economy*(Princeton : Princeton University Press, 1984), Immanuel Wallerstein, *The Modern World-System I*(New York : Academic Press, Inc., 1974) 등 참조.

6) 이 문제에 대한 기존의 분석은 주로 '보편성'과 '특수성' 간의 경쟁 혹은 '주체성'

제가 아니다. 왜냐하면, 위에서 지적했듯이 일반성과 정확성은 학문과 이론이 가져야 할 속성이고, 이 중 어느 가치가 더 중요한 가치라고 주장하기 어렵기 때문이다. 따라서 이 논쟁에 관해서는 절충주의적 시각을 채택할 수밖에 없다고 판단된다. 즉 선진학문의 도입과 소개, 그리고 비판의 과정은 반드시 필요하고, 이러한 과정을 통한 학문 축적을 바탕으로 독창적 이론과 학문체제를 개발해야 하는 것이다.

따라서 이 논문에서는 한국의 국제정치경제 발전이 초기의 선진학문 도입과 소개시대를 거쳐서, 점차 독창적 연구와 기존 이론에 대한 건설적 비판이 많아졌을 것이라는 추측을 바탕으로 기존 관련 논문들에 대한 분석을 시도할 것이다. 이 논문은 다음과 같이 구성되어 있다. 두 번째 장에서는 과거에 이 논문과 비슷한 작업을 한 논문들이 지적한 한국 내 국제정치경제의 특성과 문제점 등에 대하여 다시 논의할 것이다. 세 번째 장에서는 한국 내 국제정치경제학 발전과정과 특성에 관한 몇 가지 예상을 시도할 것이다. 네 번째 장에서는 한국 내 국제정치경제 관련 주요 논문 100편을 대상으로 빈도분석, 교차분석을 시도하여 이 논문들이 어떤 특성을 보이고 있는지를 분석하고 설명할 것이다. 마지막 장에서는 한국 국제정치경제가 가야 할 방향성을 간략하게 제시할 것이다.

과 '국제표준' 간의 경쟁 등으로 표출되었다. 즉 한국 내 국제정치학의 정체성을 찾는 과정에서 보편적 이론의 도입과 적용, 그리고 한국 특수상황을 반영한 이론의 도출과 검증 등의 경쟁형태로 설명되어졌다 : 김명섭(2001) ; 전재성, "향후 한국 국제정치학의 과제들," 한국국제정치학회 연례학술회의 논문집(2006), 그리고 민병원, "국제정치이론 : 한국적 이론을 위한 성찰, 재성찰, 실천, 그리고 제안," 한국국제정치학회 연례학술회의 논문집(2006) 등 참조.

II. 한국 국제정치경제학에 대한 기존 평가

한국 국제정치경제학의 발전과정을 회고하는 몇 개의 논문이 이미 존재하고 있다. 이들은 주로 한국 내 국제정치경제의 발전과정을 소개하고, 이 분야 관련 논문들을 간략히 소개하며, 문제점을 지적하는 방식으로 되어 있다.[7] 이 논문들의 평가에 의하면 한국 내 국제정치경제학은 1979년 박경서 교수가 「국제정치경제의 이론과 실제」라는 논문을 발표한 후 주로 미국에서 개발된 이론들을 도입, 소개, 적용, 비판하는 형식을 띠어왔다. 특히 1980년대와 1990년대에는 종속이론, 상호의존론, 패권안정이론, 발전국가론 등을 소개하고, 비판하고, 적용하는 논문들이 주를 이루었다.

1987년 박상섭은 한국 국제정치학의 문제점으로 대미편중 성향, 서구 이론의 무비판적 수용, 독자적 문제의 설정작업 부족, 그리고 비판적 이론의 부족 등을 지적하였다. 1999년 김석우는 한국 국제정치경제학을 회고하면서 한국 국제정치경제학의 특성으로 인용 중심 논문 집필, 방법론적 저발전, 미국 중심의 지역적 편중, 국제통상 중심의 사안적 편중 등을 지적하였다. 2000년 이호철은 한국 국제정치경제학을 평가하면서 20년간 상당한 학문적 축적과 발전이

---

7) 박상섭, "한국 국제정치학 40년-현황, 방향 및 가능성," 『한국정치학회보』 21집 2호(1987) ; 김석우, "국제정치경제 연구의 현황과 전망," 한국정치학회 편, 『21세기 국제관계연구의 쟁점과 과제』(서울 : 박영사, 1999) ; 이호철, "한국정치학에서 정치경제연구의 쟁점과 과제," 『한국정치학회보』 제34집 1호(2000) 참조.

있었다고 평가하면서도 한국 시각과 이론이 부족한 것이 가장 큰 문제의 하나라고 지적하고 있다.

이러한 세 저자의 평가를 종합하면 한국 국제정치경제학은 서구 이론의 도입과 소개 중심, 대미편중 성향, 방법론적 저발전, 그리고 한국식 연구의 부족과 문제의식 부족 등의 특성과 문제점을 가지고 있다고 할 수 있다. 그러나 이러한 특성과 문제점은 시간이 지나면서 학문적 축적과 발전이 이루어지고, 연구인력과 재원이 증가하면서 차츰 변하고 있으리라 기대할 수 있다. 이러한 기대는 다음 장에서 자세히 다루어지고 있다.

Ⅲ. 국제정치경제 관련 논문들의 특성에 대한 예상

Ⅱ절에서 지적한 한국 국제정치경제학의 현황과 문제점을 기반으로 우리는 한국 국제정치경제 분야의 학문적 발전과 변화에 관한 몇 가지 예상을 시도할 수 있다. 이 예상들이 명확히 가설의 형태를 띠고 있지는 않지만, 어떻든 발전과정에 관한 예상을 해보고 이러한 예상이 옳은지 그른지에 관한 경험적 분석을 시도할 수 있을 것이다. 이러한 예상은 상식에 기반을 두고 있다. 위에서 지적하였듯이 일반성과 정확성 모두가 학문과 이론이 지녀야 할 속성이라면, 우리는 학문의 발전과정은 다른 국가들에서 개발된 이론의 도입, 소개, 적용, 독자적 이론 개발 등의 순서를 밟았을 것으로 예상할 수

있다. 또한 미국중심적 사고와 연구에서 다른 지역으로의 관심 확대에 따른 연구의 증가를 예상할 수 있다. 그리고 방법론에서의 발전도 예상할 수 있다. 이러한 상식을 근거로 지난 30여 년간 발표된 국제정치경제 분야 논문들에 대하여 다음과 같은 몇 가지 예상이 가능하다.

첫째로, 논문의 수는 시간이 지남에 따라서 많아졌을 것이다. 이러한 기대는 몇 가지 요인에 기인하는데, 예를 들면 연구인력의 증가와 한국경제의 성장, 그리고 몇몇 주요 현상과 사건을 들 수 있다. 연구인력의 증가는 새로이 박사학위를 취득한 정치학자의 수가 늘어나는 추세라는 점을 고려하면 당연하다고 할 수 있다. 한국 경제가 성장하고 경제의 중요성이 증대되면서 정치경제 분야에 대한 연구 역시 증가할 것으로 기대할 수 있다. 또한 무역분쟁 사례의 증가, 외환위기, 지역협력체 가입 등의 현상들을 고려할 때, 이 분야에 대한 연구는 확대되어 왔을 것이라고 예상할 수 있다.

둘째로, 국제정치경제 내에서도 연구 사안의 확대를 예상할 수 있다. 이러한 기대를 가능하게 하는 두 가지 요인을 지적할 수 있다. 하나는 무역문제에 많은 논문들이 집중되었었기 때문에 이 문제에 대한 새로운 이론, 사례와 제안 등에서 한계를 보일 가능성이 크다는 점이다. 따라서 기존 연구자들에 의한 다른 사안으로의 관심 확대를 기대할 수도 있고, 또한 무역 외 사안들을 전공으로 한 신규 연구자들의 유입에 의한 관심 확대를 기대할 수도 있을 것이다. 다른 하나의 요인은 한국경제의 성장과 위기를 지적할 수 있다. 한국 경제가 성장하면서 투자, 지역협력 등에서도 국제적 참여가 확대되고 있다는 점을 고려할 수 있고, 또한 외환위기와 같이 한국경제의 위기로 인한 관심 확대를 고려할 수도 있다.

셋째로, 지역적 관심의 확대를 예상할 수 있다. 미국중심적 이론들의 소개와 미국의 대외무역정책, 미국의 협상사례 등에 많은 관심을 보였던 것이 사실인데, 다른 지역과 국가들에 대한 연구가 많아졌을 것이라고 기대할 수 있다. 이러한 기대를 가능하게 하는 세 가지 요인을 지적할 수 있다. 하나는 미국 패권 지위의 상대적 약화에 따른 관심의 저하를 지적할 수 있다. 또 하나는 이와 연관하여 한국의 대미의존도가 낮아지고 다른 국가들과의 경제관계가 심화·확대되면서 타지역과 국가들에 대한 관심이 증가했을 것이라고 기대할 수 있다. 다른 하나의 요인은 미국 외 지역에서 학위를 취득한 연구인력이 증가하면서 이들에 의한 연구는 미국 외의 사안들을 취급했을 가능성이 크기 때문이다.

넷째로, 연구방법론에서의 기법 확대를 예상할 수 있다. 과거 이론 소개와 비판에 초점을 맞추었던 연구들에서 다양한 형태의 이론을 개발하고, 가설을 수립하고, 이를 검증하는 형태의 논문들이 많이 출판되었을 것으로 예상할 수 있다. 이러한 예상은 두 가지 요인에 근거한다. 하나는 한국 내 국제정치경제 관련 논문을 발표한 학자들 중 대부분의 학자들이 미국 학위를 취득한 학자들이고, 이들은 미국 내 학문발전 유형에 영향을 받을 수밖에 없다. 따라서 미국 내 국제정치경제 관련 전문 학술지들에 발표되는 국제정치경제 관련 논문들의 대부분이 통계적 기법을 활용한 논문들이라는 점을 고려할 때, 한국 내에서도 이러한 현상을 예상할 수 있다. 또 다른 이유는 과거에는 한국에서 자료수집과 분석이 매우 어려운 것이 사실이었지만, 현재는 여러 형태의 통로를 통하여 자료수집과 분석이 용이해진 것이 사실이다. 따라서 상대적으로 용이하게 얻을 수 있는 자료들을 근거로한 분석들이 많아졌을 것으로 기대할 수 있다.

다섯째로, 위에서 지적한 것과 연관하여 새로운 시각의 제시와 이렇게 제시된 이론들에 대한 검증을 하는 논문들이 많아졌을 것으로 예상할 수 있다. 즉 기존 이론의 단순 소개와 비판, 기존 이론들에 대한 비교 소개, 그리고 기존 이론의 사례적용 등에서 벗어나 새로운 시각을 제시하고 이론을 과학적으로 검증하는 형태의 논문들이 많아졌을 것으로 예상할 수 있다.

IV. 국제정치경제 관련 주요 논문들에 대한 분석

1. 데이터 베이스의 구축

이 논문의 분석대상이 되는 논문은 모두 100개이다. 이 논문들은 모두 『국제정치논총』과 『한국정치학회보』에 게재된 논문들이다. 1990년대와 2000년대에 들어서면서 다른 전문 학술지들에 게재되는 국제정치경제 관련 논문 수가 많아진 것도 사실이지만, 이 연구는 한국내 정치학 관련 두 대표 학술지인 『국제정치논총』과 『한국정치학회보』로 분석의 범위를 한정하려고 한다. 이 100개의 논문들은 모두 '국제정치경제' 관련 논문들이다. '비교정치경제' 와 '국제정치경제' 의 경계가 모호한 것이 사실이지만 어떻든 국제체제 변수가 국내정책에 영향을 끼치고, 아니면 국내정책이 국제체제에 영향을 끼치는 방식으로, 국제체제 변수가 논의에 포함된 논문들을 '국제정치경제' 분야로 정의하였다.

이렇게 선정된 100편의 논문들에 대한 데이터 베이스(data base)는 저자, 저자의 박사학위 수여국, 논문집명, 연도, 논문이 취급하고 있는 사안, 연구대상 지역, 적용방법론, 그리고 논문의 특징이라는 변수들로 구별되어 구축되었다. 이 데이터 베이스를 기반으로 빈도분석과 교차분석을 시도하였다. 이 분석을 바탕으로 Ⅱ절에서 시도한 한국 국제정치경제 발전과정에 관한 예상들과 실제 변화과정을 비교하였다.

2. 빈도분석

위에서 예상한 연구동향을 살펴보기 전에 이 글에서 분석하고 있는 국제정치경제와 관련된 논문들에 대한 간단한 설명을 하면 다음과 같다. 1979년 한국정치학회 특별 기획논문집에 박경서의 논문이 게재되어 국제정치경제에 대한 학술논문이 학계에 등장한 이후 2006년 여름까지 100편의 논문이 『한국정치학회보』와 『국제정치논총』에 게재되었다. 이 100편의 논문 중 『한국정치학회보』에 44편, 그리고 『국제정치논총』에 56편의 논문이 게재되었다.

이 100편의 논문은 모두 66명의 학자들에 의해서 집필되었다. 이 66명의 학자들을 논문 게재 편수에 따라 분류하면 다음의 표와 같다.

〈표 5-1〉 논문 게재 편수에 따른 연구자 정보

논문 게재 편수	연구자
5편	2명의 연구자
4편	3명의 연구자
3편	4명의 연구자
2편	10명의 연구자
1편	57명의 연구자
합계 100편	

66명의 연구자들 중 확인할 수 없었던 3명의 연구자를 제외하고 이들의 박사학위 취득 국가를 살펴보면 다음과 같다.

〈표 5-2〉 국제정치경제 관련 연구자들의 박사학위 취득 국가

박사학위 취득 국가	연구자수(명)	연구논문수
미국	42	67
한국	13	18
독일	3	7
영국	3	3
프랑스	1	1
캐나다	1	1
알 수 없음	3	3
합계	66	100

이 표에 따르면, 미국에서 박사학위를 취득한 연구자의 수가 전체 연구자의 63.6%를 차지하고 있고, 이들에 의한 논문 게재수가 전체 논문수의 67%를 차지하고 있어서 한국 내 국제정치경제 연구에

있어서 미국 박사학위 취득자들에 의한 연구가 대부분을 차지하고 있음을 알 수 있다. 다른 하나 특징적인 것은 한국 내 많은 연구자들이 일본에서 학위를 취득하고 활동하고 있는데, 이들에 의한 국제정치경제 관련 논문이 한 편도 없다는 것이다. 물론 이 글의 분석범위를 두 개의 전문 학술지로만 한정한 요인도 있겠지만, 일본의 국제경제에서의 위상을 고려하면 특이한 점이라 판단된다.

위에서 설명한 학문경향에 대한 예상들에 대한 분석을 하면 다음과 같다. 우선 이 글에서 우리는 여러 요인들에 근거하여 국제정치경제 관련 논문들이 시간이 지남에 따라 증가하였을 것이라고 예상하였다. 이 예상은 다음과 같은 자료에 의하여 증명되고 있다. 시대별 논문 게재수를 살펴보면 다음과 같다.

〈표 5-3〉 연대별 논문 게재수

연대	논문 게재수
1970년대(1971-1980)	1
1980년대(1971-1980)	15
1990년대(1971-1980)	40
2001-현재	44
합계	100

이 글에서 분석하고 있는 100개의 논문은 사안별로 분리되었다. 사안은 모두 8개의 카테고리로 분류되었는데, 이 8개의 카테고리는 일반이론, 세계화, 무역, 통화금융, 지역주의, 국제경제기구, 그리고 기타를 포함하고 있다. 물론 이보다 더 세밀한 분류가 가능하겠지만,

국제정치경제 관련 교과서들에서 일반적으로 분류하고 있는 형태를 따랐다.[8] 『한국정치학회보』와 『국제정치논총』에 게재된 국제정치경제 관련 논문들을 사안별로 정리하면 다음과 같다.

〈표 5-4〉 사안별 논문 게재수

국제정치경계 사안	논문 게재수
일반이론	26
세계화	2
무역	24
통화금융	14
투자	2
지역주의	21
국제경제기구	6
기타	5
합계	100

사안별 분류에 따르면 일반이론에 대한 소개와 비판, 비교 등의 논문이 가장 많고, 사안별로는 무역이 가장 많고 그 다음으로 지역주의에 관한 논문이었다. 특징적인 것은 세계화와 투자에 관한 논문 수가 상대적으로 매우 적다는 것이다. 1990년대 이후 많은 논문들에서 세계화 혹은 지구화 현상을 언급하고 설명하고 있기는 하지만,

---

8) 예를 들면, Robert Gilpin, *The Challenge of Global Capitalism : The World Economy in the 21st Century*(Princeton : Princeton University Press, 2000)와 Robert Gilpin, *Global Political Economy : Understanding The International Economic Order*(Princeton : Princeton University Press, 2001) 참조.

이 현상과 문제 자체에 관한 심도깊은 논문은 매우 적은 것이 사실이다. 또한 1997년 외환위기 이후 한국의 핵심 경제발전 전략과 현상 중 하나가 해외투자의 유치 확대와 한국기업들의 해외진출이라는 점을 고려할 때 이 사안에 대한 논문 수는 너무 적다는 느낌이다.

이 글의 분석대상이 되고 있는 100편의 논문들을 사안별로 자세히 구분해 보면 다음과 같다. 특히 무역, 통화금융, 투자와 지역주의 사안에 포함되는 논문들은 상대적으로 명확할 수 있지만, 일반이론, 세계화와 국제경제기구, 그리고 기타로 구분된 논문들에 대해서는 명확한 기준을 적용하는 것이 상대적으로 어렵다고 할 수 있어서 이 논문들에 대한 간략한 소개가 필요하다고 판단된다.

일반이론으로 분류된 논문들은 주로 외국에서 개발된 이론들을 소개 · 비판 · 비교하고, 때로는 몇몇 사례에 적용하는 논문들을 포함한다. 한국 내 국제정치경제 분야에서는 특히 종속이론, 상호의존론, 패권안정이론, 동아시아 발전이론 등을 소개하고 비판하는 논문들이 다수 존재하고 있다. 종속이론에 대한 논의는 주로 1980년대에 등장하고 있는데, 예를 들면 유영준은 근대화 이론과 종속이론을 비교 설명하면서 종속이론의 학문적 공헌에 대하여 논의하고 있고, 김호진 역시 근대화 이론과 종속이론을 비교 설명하면서 종속이론 내 세부이론인 종속적 저발전론, 부등가 교환론, 종속적 발전론 등을 설명하고 있다. 하경근은 1970년대에 등장한 신국제경제질서에 대한 논의를 근거로 바람직한 경제체제에 관한 논의를 전개하고 있고, 염홍철은 종속이론 내 온건시각과 급진시각을 비교 설명하고 있다.[9]

상호의존론에 대한 소개와 적용 역시 1980년대와 1990년대 초반에 주로 이루어졌는데, 예를 들면 김진철은 현실주의와 상호의존론을 비교 설명하고 있고, 한명화는 현실주의, 종속이론, 상호의존론을 한미관계에 적용시켜 비교 설명하고 있다. 김재철은 상호의존의 확대가 국가성의 약화를 초래한다는 주장을 논의하면서 이에 대한 반박사례로서 중국의 사례를 들고 있다.

패권안정이론에 대한 논의는 주로 1980년대 말과 1990년대에 이루어졌다. 문정인은 패권적 안정의 쇠퇴와 상호의존의 증대라는 현상을 소개하면서 상호의존론의 문제점을 지적하고 있다. 김유은은 국제레짐의 형성을 설명하면서 패권안정이론과 반복게임이론을 비교 분석하고 있고, 이호철은 국제레짐의 형성, 특히 세계무역기구 체제의 형성을 패권안정이론, 합리적 선택, 그리고 소수에 의한 '과두안정'이라는 세 가지 대안 시각으로 설명하고 있다. 강근형은 패권안정이론, 강대국 쇠퇴론과 장주기이론으로 구성되는 '패권이론'의 내용을 소개하고 그 개선방안을 제시하고 있으며, 김욱은 공공재 이론을 기초로 패권안정이론을 분석하고 있다.[10]

또 다른 주요 이론적 논의는 동아시아 발전모델에서 찾을 수 있다. 이에 대한 논의는 주로 1980년대 말과 1990년대에 이루어졌는

---

9) 유영준, "종속이론의 몇 가지 이론적 특성에 관한 고찰," 『한국정치학회보』 제15집(1981) ; 김호진, "종속이론의 비판적 고찰," 『한국정치학회보』 제18집(1984) ; 하경근, "신국제질서와 제3세계," 『국제정치논총』 제22집(1982) ; 염홍철, "국제정치경제 : 종속의 시각," 『국제정치논총』 제27집 2호(1987).

10) 김진철, "국제적 상호의존 관계의 이론적 접근," 『한국정치학회보』 제16집(1982) ; 김진철, "상호의존론," 『국제정치논총』 제27집 2호(1987) ; 한명화, "한미관계에 관한 정치경제학적 접근," 『한국정치학회보』 제20집 1호(1986) ; 김재철, "상호의존의 증대와 국가의 역할 : 중국의 대외개방의 경우," 『한국정치학회보』 제28집 1호(1994).

데, 이 논의의 핵심 내용인 동아시아 국가들의 역할, 특히 수출주도형 산업정책, 국가의 시장개입과 특정 발전전략의 채택 등에 관한 국내적 · 국제적 요인들을 분석하는 논문들이 주를 이루고 있다.[11]

이러한 주요 이론들 이외에도 몇몇 논문들이 학문적 관심을 일으키고 있는데, 특히 박건영의 신중상주의 이론의 검토와 소개, 최영종의 법제화 논의에 대한 소개, 류상영 · 이승주의 안익형 발전모델(flying geese model)에 대한 논의와 한일관계에의 적용, 조찬수의 "내장된 자유주의(embedded liberalism)"의 국내정치적 · 제도적 조건에 관한 논의, 그리고 구갑우의 비판이론에 근거한 구성주의 이론의 비판 등은 주목할 만한 논문들이라 판단된다. 이러한 논문들의 대부분은 2000년대에 등장한 논문들로서, 한국 내 국제정치이론의 일반이론이 그 범위를 넓혀가고 있음을 증명해 주는 것이라 할 수 있다.[12]

사안별 분류에서 세계화로 분류된 논문은 두 편이다. 한 편은 김

---

11) 김석준, "국가능력과 산업화정책의 변동 : 한국과 대만의 비교," 『한국정치학회보』 제23집 2호(1989) ; 김형국, "산업구조조정과 국가능력 : 자동차산업 사례연구," 『한국정치학회보』 제23집 2호(1989) ; 구범모 · 백종국, "한국의 후발산업화 연구에 관한 문헌비평," 『한국정치학회보』 제24집 1호(1990) ; 마인섭, "자본주의적 발전과 민주화 : 한국 산업화의 단계, 계급구조와 국가," 『한국정치학회보』 제26집 2호(1992) ; 이종찬, "동아시아 정치경제이론들에 대한 비판적 고찰 : 신제도주의 이론을 중심으로," 『한국정치학회보』 제29집 4호(1995).

12) 박건영, "국제정치경제학의 이론화를 위한 시론 : 수정-중상주의," 『국제정치논총』 제32집 2호(1992) ; 최영종, "국제 제도화의 동인에 관한 연구 : 일-미 경제관계를 중심으로," 『국제정치논총』 제41집 1호(2001) ; 류상영 · 이승주, "탈냉전기 한일 경제관계와 플라잉 기즈 모델," 『국제정치논총』 제43집 2호(2003) ; 조찬수, "전후 국제경제질서의 국내정치적 기반 : 내장된 자유주의에 대한 하나의 역사제도주의적 설명," 『한국정치학회보』 제37집 2호(2003) ; 구갑우, "국제정치경제(학)와 비판이론 : 존재론과 인식론을 중심으로," 『한국정치학회보』 제38집 2호(2004).

진영에 의한 논문으로서, 김진영은 세계화 현상은 신그람시안(neo-Gramscian)적 개념을 통해 헤게모니 구조 형성과정의 관점으로 분석하고 있다. 다른 하나의 논문은 박사명의 논문으로서, 박사명은 세계화가 동남아시아에 끼치는 영향을 분석하고 있고, 또한 동남아시아 국가들이 세계화 현상에 어떻게 대응하고 있는가를 비교 분석하고 있다.[13]

사안별 분류에서 국제경제기구로 분류된 논문은 모두 6개이다. 이 중 4편의 논문은 문돈에 의해서 집필되었는데, 문돈은 세계무역기구(World Trade Organization) 내 분쟁해결제도에 관한 여러 측면의 논의를 소개하고 있고, 자신의 주장을 전개하고 있다. 예를 들면, 문돈은 법제화 현상으로서 분쟁해결제도의 형성을 설명하기도 하고, 또한 위험감소와 위험창출이라는 개념을 적용하여 분쟁해결제도를 설명하려고 시도하고 있다. 문돈은 또한 거래비용(transaction costs) 감소를 핵심으로 하는 합리적 제도주의의 입장에서 WTO 분쟁해결기구를 분석하고 있다. 다른 두 편의 논문 중 한 편은 구갑우에 의해 집필되었는데, 구갑우는 GATT내 지역주의 조항의 기원을 분석하고 있고, 다른 한 편인 정진영의 논문은 WTO 내 국민 대우원칙이 국가주권에 어떤 영향을 끼치는가를 논의하고 있다.[14]

---

13) 김진영, "세계화(Globalization)와 헤게모니," 『한국정치학회보』 제32집 1호(1998) ; 박사명, "세계화와 동남아 : 도전과 응전," 『한국정치학회보』 제34집 4호(2000).

14) 문돈, "국제 법제화 현상과 법제화된 분쟁해결기제 : 그 원인과 효과에 대한 고찰," 『국제정치논총』 제43집 2호(2003) ; 문돈, "WTO 분쟁 해결제도 변화의 정치협상 분석 : 제도의 분배적 효과를 둘러싼 국가 간 협상을 중심으로," 『한국정치학회보』 제38집 5호(2002) ; 문돈, "WTO 분쟁해결제도의 효율성 상승효과 : 10년간 분쟁해결제도에 대한 평가," 『국제정치논총』 제46집 3호(2006) ; 구갑우, "세계무역기

사안별 분류에서 '기타'로 분류된 논문은 모두 5편이다. 이 논문들 중 김호섭은 일본의 대한국 차관문제를 이슈로 취급하고 있고, 박건영은 개발도상국의 군사비 지출에 관한 국제정치경제적 해석을 시도하고 있다. 다른 세 편의 논문은 모두 기술표준과 지적재산권에 관한 논문들이다. 조화순은 IMT-2000과 관련된 기술표준정책에 관한 국제정치경제적 해석을 시도하고 있고, 김상배는 지적재산권과 컴퓨터 기술표준 설정과 관련된 사안들과 사례들에 대한 세계정치경제적 분석을 시도하고 있다.[15]

위에서 언급하였듯이 무역, 통화금융, 투자, 그리고 지역주의에 대한 논문들은 상대적으로 명확히 분류할 수 있어서 이 논문들이 어떻게 분류되었는지에 대한 자세한 설명은 이 글에서 취급하지 않으려고 한다. 다만 이 사안들에 대한 논문들이 시대적으로 어떤 변화 추세를 보이고 있는가는 이 논문의 뒷부분에서 소개하려고 한다.

다음으로는 이 글에서 분석하고 있는 논문들을 연구대상 지역별로 분류하였다. 연구대상 지역은 특정 국가와 지역을 혼용하여 분류하였다. 그 이유는 한국과 미국을 연구하고 있는 논문들을 분류하

구 지역주의 조항의 기원 : 국제경제법 형성의 정치경제," 『국제정치논총』 제41집 1호(2001) ; 정진영, "WTO 내국민대우 원칙과 국가의 규제주권," 『국제정치논총』 제46집 2호(2006).

15) 김호섭, "일본의 대한국 정부차관의 정치경제학적 시각," 『한국정치학회보』 제21집 1호(1987) ; 박건영, "개발도상국에 있어서 군사비 지출의 경제적 효과 : 국제정치경제적 접근의 한국 적용," 『국제정치논총』 제31집(1991) ; 조화순, "IMT-2000 기술표준정책의 정치경제," 『국제정치논총』 제43집 1호(2003) ; 김상배, "지적재산권의 세계정치경제 : 미-일 마이크로프로세서 분쟁을 중심으로," 『국제정치논총』 제42집 2호(2002) ; 김상배, "트론(TRON)의 세계정치경제 : 일본형 컴퓨터표준의 좌절과 유비쿼터스 담론의 기원," 『국제정치논총』 제44집 3호(2004).

기 위해서였다. 반면에 아시아와 유럽의 카테고리는 이 지역에 있는 국가들을 모두 분류하기에는 국가수가 너무 많다는 점을 고려하였다. 이 논문에서 분석하고 있는 논문들을 연구대상 지역별로 분류하면 다음과 같다.

〈표 5-5〉 연구대상 지역별 논문 게재수

연구대상 국가 혹은 지역	논문 게재수
한국	16
미국	15
아시아	24
유럽	10
기타	2
없음	33
합계	100

이 표에 의하면 아시아지역을 연구대상으로 한 논문이 가장 많았다. 그리고 한국을 포함할 경우 연구대상이 특정 지역이었던 논문 67편 중 모두 40편의 논문이 한국과 아시아를 연구대상으로 하고 있어서 그 구성이 60%에 이르고 있다. 그 다음으로 미국과 유럽지역을 대상으로 한 연구논문이 많았다. 반면에 위에서 분류한 한국, 아시아, 미국, 유럽을 제외한 지역을 연구대상으로 하고 있는 논문은 불과 2편에 불과하여 너무 낮은 분포를 보이고 있다.

이 글에서 분석하고 있는 100편의 논문들을 이 논문들이 적용하고 있는 방법론에 근거하여 분류하였다. 이 글에서 방법론은 네 가지 카테고리로 분류하였는데, 이들은 리뷰, 사례연구, 비교연구, 통

〈표 5-6〉 연구방법별 논문 게재수

연구방법	논문 게재수
리뷰	43
사례연구	45
비교연구	2
통계적 기법	10
합계	100

계적 기법이다. 기존 이론들에 대한 소개, 비교와 비판을 하고 있는 논문들은 리뷰로 분류하였고, 한 국가 혹은 지역, 혹은 한 사례를 연구대상으로 하여 분석하고 있는 논문은 사례연구로 분류하였으며, 두 개 이상의 사례를 비교적 관점에서 분석하고 있는 논문은 비교연구로 분류하였고, 상관관계 분석, 회귀분석 등을 사용한 논문들은 통계적 기법으로 분류하였다. 이 논문에서 분석하고 있는 논문들을 적용방법별로 분류하면 앞의 표와 같다.

이 표에 나타난 연구방법별 논문 게재 분포의 특징은 비교연구와 통계적 기법을 적용한 논문 수가 매우 적다는 것이다. 그리고 기존 이론의 단순 소개, 비교, 그리고 비판을 하고 있는 논문이 상당히 많다는 것이다.

이 논문에서 분석하고 있는 100편의 논문들의 핵심내용을 근거로 한 특징들을 바탕으로 논문들을 분류하였다. 이 특징들로 네 가지를 분류하였는데, 그들은 이론 소개와 비교, 비평력이 있는 비판, 이론 검증, 그리고 새로운 시각의 제시이다. 이러한 분류에 대한 논쟁이 있을 수 있는데, 우리는 이론의 단순 소개와 비교, 기존 이론의 사례 적용 등의 특징을 가지고 있는 논문들은 이론 소개와 비교로 분류하였다. 비평력 있는 비판은 기존의 시각을 새로운 시각과 비교하면서 장단점을 지적하고, 기존 이론의 한계를 지적하고, 새로운 시각의 우월성을 주장하는 논문의 형식을 뜻한다. 이론 검증은 기존의 이론들과 연구자들이 기존 이론을 근거로 구성한 가설들을 경험적으로 검증하는 논문들을 의미한다. 마지막으로 새로운 시각의 제시는 연구자가 기존에 없었던 새로운 시각을 제시하는 논문을 의미한다. 이 논문에서 분석하고 있는 논문들을 이러한 특징으로 분류하면 다음과 같다.

〈표 5-7〉 특징별 논문 게재수

논문의 특징	논문 게재수
이론소개와 비교	78
비평력있는 비판	6
이론검증	14
새로운 시각 제시	2
합계	100

이 표에 나타난 결과를 보면 대부분의 논문들은 기존 이론들을 소개하거나 비교하고, 기존 이론들을 특정 사례에 적용하는 형태를 보이고 있다. 상대적으로 비평력 있는 비판을 하고 있는 논문이나 새로운 시각을 제시하고 있는 논문의 수는 매우 적다.

3. 교차분석

이 항에서 우리는 변수 간의 교차분석을 통하여 위에서 우리가 예상한 추세가 나타나는지를 검증해 보려고 한다. 이러한 분석을 위하여 작성된 데이터 베이스의 변수들이 명목변수의 성격을 띠고 있기 때문에 교차분석에서의 통계적 유의미성을 판단하기 위하여 카이 제곱값과 람다값을 사용하였다.

첫째로, 연대별로 연구 사안에서 어떤 변화가 있었는지를 분석하기 위하여 우리는 다음과 같은 교차분석을 실시하였다. 이 분석에서 우리는 사안의 확대가 이루어졌을 것이라고 기대하였다. 특히 1980년대 이론 소개와 무역사안에 관한 논문들이 많았던 반면에 1990년대에 오면서 다른 사안을 다루는 논문들이 많아졌을 것이라고 기대하였다.

〈표 5-8〉 연대별 연구사안의 변화

연대	연구사안								
	일반이론	세계화	무역	통화금융	투자	지역주의	경제기구	기타	합계
1970년대	1	0	0	0	0	0	0	0	1
1980년대	11	0	2	0	1	0	0	1	15
1990년대	10	2	13	8	1	5	0	1	40
2001–06	4	0	9	6	0	16	6	3	44
합계	26	2	24	14	2	21	6	5	100
카이 제곱값 : 46.37 (유의확률 : 0.000), 람다값 : 0.238 (유의확률 : 0.005)									

이 표를 보면 1980년대에 가장 많은 비율을 차지했던 사안은 일반이론이다. 1990년대에는 무역사안이 가장 많은 논문 비율을 차지하였고, 일반이론과 통화금융에 관한 논문들이 그 뒤를 잇고 있다. 2001-2006년의 기간 동안에, 가장 많은 논문 비율을 차지한 사안은 지역주의 사안이고, 무역이 그 뒤를 잇고 있다. 이처럼 시대에 따라서 학자들의 관심은 변화했다고 할 수 있다. 1980년대까지 국제정치경제 분야가 발전 초기에 있었던 시기에는 일반이론의 소개와 비교 등을 주제로 하는 논문이 주류를 이루었다. 1990년대에는 무역에 관한 논의가 많았고, 1997-1998년 외환위기의 영향으로 통화금융에 대한 논문들이 여러편 게재되었다. 21세기에 들어서서 가장 많은 관심을 끈 국제정치경제 사안은 지역주의이다. 유럽통합의 심화와 확대, 다른 지역으로의 지역주의 확산, 한국의 FTA 정책 등에 대한 관심이 증가한 것이다. 또 하나 특징적인 것은 국제경제기구 내의 문제를 다루는 여러 편의 논문이 등장한 것이다. 이러한 변화의 추세는 년대에 따라서 사안이 변화했다는 것이 통계적으로 유의미하다는 수치로 나타나고 있다.

둘째로, 연대별로 연구대상 지역에서 어떤 변화가 있었는지를 분석하기 위하여 우리는 다음과 같은 교차분석을 시도하였다. 이 분석에서 우리는 미국중심의 연구에서 타지역으로의 연구대상 지역의 확대가 있었을 것이라고 예상하였다. 상대적으로 미국의 패권이 약화되고, 연구인력의 다양성이 증가하면서 이러한 현상이 발생할 것이라고 예상하였다.

〈표 5-9〉 연대별 연구대상 지역의 변화

연대	지역						
	한국	아시아	미국	유럽	기타	없음	합계
1970년대	0	0	0	0	0	1	1
1980년대	4	2	2	0	0	7	15
1990년대	5	10	8	3	2	12	40
2001-06	7	12	5	7	0	13	44
합계	16	24	15	10	2	33	100
카이 제곱값 : 12.79(유의확률 : 0.618), 람다값 : 0.041(유의확률 : 0.193)							

이 표에 의하면 연구의 대상으로 아시아 지역이 가장 많았고, 그 다음이 한국이었다. 어떤 특정 지역을 연구대상으로 하고 있는 논문 67개중 이 두 지역을 연구대상으로 하고 있는 논문이 모두 40개로서, 약 60%를 차지하고 있다. 위 표에 나타난 교차분석의 결과 중 하나의 특징은 1990년대와 2000년대를 비교할 때, 미국 연구의 수는 감소하였고, 유럽지역의 연구는 증가하였다는 것이다. 이 결과는 위에서 지적하였듯이 지역주의의 확대 현상과 유럽지역 학위 취득 연구자 수의 증가에 따른 것으로 판단할 수 있다. 그러나 위 표에 보고한 교차분석은 연대별 지역연구의 변화가 통계적으로 유의미하지 않다는 것을 보여주고 있다. 즉 연대별 연구대상 지역은 큰 차이를 보이고 있지 않다는 것이다.

셋째로, 우리는 시간이 지남에 따라서 연구방법론에서의 변화를 예상하였다. 국제정치경제 분야의 도입 시기에는 기존이론을 소개하고 비교하는 형태의 논문이 대부분이었을 것이지만, 시간이 지남에 따라서 연구역량이 강화되고 새로운 연구방법들이 도입되면서 연구방법에서도 변화가 있었을 것으로 예상하였다. 시대별 연구방법은 다음과 같은 분포를 보이고 있다.

〈표 5-10〉 연대별 연구방법론의 변화

연대	방법론				
	리뷰	사례연구	비교연구	통계적 기법	합계
1970년대	1	0	0	0	1
1980년대	8	5	1	1	15
1990년대	16	16	0	8	40
2001-06	18	24	1	1	44
합계	43	45	2	10	100
카이 제곱값 : 12.64(유의확률 : 0.180), 람다값 : 0.099(유의확률 : 0.041)					

이 표에 나타난 연대와 방법론간의 교차분석을 보면, 국제정치경제 연구분야에서 연구자들이 가장 많이 사용했던 연구방법론은 사례연구였고, 그 다음으로 리뷰였다. 상대적으로 비교연구와 통계적 기법의 사용은 상당히 적었다. 이 표에 나타난 하나의 특징은 기존 이론들을 리뷰하는 형태의 논문들의 분포는 1980년대에 과반이 넘다가 1990년대와 2000년대에는 40%가량으로 줄어든 반면, 사례연구의 분포는 꾸준히 증가하였다. 다른 하나의 특징은 1990년대 통계적 기법을 사용한 논문들이 많이 등장하다가 2000년대에 들어오면서 이 방법론의 사용이 급격히 줄었다는 것이다. 앞 표의 교차분석 결과는 통계적 무의미성과 유의미성 중간에 있다고 할 수 있다. 따라서 연대별 연구방법론 변화가 어느 정도의 차이는 있다고 할 수 있다.

넷째로, 우리는 국제정치경제 연구의 특징이 변화했을 것이라고 예상하였다. 즉, 연구방법론이 다양해지고, 연구대상 지역이 확대되고, 연구대상 사안이 다양해지면서, 과거에 단순히 기존이론을 소개, 비교하는 형태에서, 새로운 시각을 제시하거나, 가설수립을 하고 이론을 검증하거나, 혹은 기존이론들에 대한 건설적 비판을 하고 대안을 제시하는 형태의 특징을 지닌 논문들이 더 많이 등장했을 것이라고 예상하였다. 다음 표는 연대별 연구특징의 변화를 나타내는 것이다.

〈표 5-11〉 연대별 연구특징의 변화

연대	연구특징				
	리뷰	새로운 시각	이론검증	비판	합계
1970년대	1	0	0	0	1
1980년대	12	0	2	1	15
1990년대	30	0	9	1	40
2001–06	35	2	3	4	44
합계	78	2	14	6	100
카이 제곱값 : 8.093(유의확률 : 0.525), 람다값 : 0.079(유의확률 : 0.079)					

이 표에 나타난 연대별 연구특징의 변화에서 가장 특징적인 점은 기존이론의 소개와 비교를 하는 특징을 지닌 논문들이 연대와 상관없이 압도적 다수를 차지하고 있다는 것이다. 반면에 새로운 시각을 제시하거나, 이론을 과학적으로 검증하고, 건설적 비판을 하는 논문은 상대적으로 너무 적다는 점이다. 다만 건설적 비판을 하는 연구 특징을 지닌 논문의 수가 2000년대에 들어와서 증가하고 있어

서 연구특징의 변화가 기대되고 있다. 이론검증을 특징으로 하고 있는 논문들이 1990년대에 많았던 것은 이 시기에 통계적 기법을 사용한 논문들이 많았고, 이 논문들의 대부분은 가설을 설정하고 이를 통계적으로 검증하는 형태를 띠고 있었기 때문이라고 판단된다. 연대별로 리뷰가 차지하고 있는 분포에서 별 변화를 보이고 있지 않기 때문에, 이 교차분석의 결과는 통계적 유의미성을 보이고 있지 않다. 즉, 연대별로 연구특징의 변화가 별로 없음을 나타내는 것이다.

4. 기타 분석

여기에서는 부가적으로 두 가지의 다른 교차분석을 시도하려고 한다. 두 가지의 교차분석은 연구자 학위취득 국가와 연구주제와 방법론에서의 차이가 있는가를 분석하기 위해서이다.

이 표에 나타난 특징을 보면, 미국에서 박사학위를 취득한 연구자들에 의한 국제정치연구는 모든 연구사안에 분포되어있다. 이는 미국학위 취득자의 수도 압도적으로 많고, 이들에 의한 출판수도 압도적으로 많다는 것에도 기인하는 것이라 판단한다. 어떻든 이들에 의한 연구는 사안별로 다양하에 분포되어 있음을 알 수 있다. 미국학위 취득을 제외하고 상대적으로 많은 연구자수와 출판수를 가지고 있는 한국학위 취득자들에 의한 연구는 주로 일반이론에 집중되어 있다. 그리고 다른 특징 중 하나는 독일, 영국, 프랑스 학위 취득 연구자들의 연구는 총 11편의 논문 중 7편이 지역주의에 관한 연구라는 특징을 보이고 있다. 이는 역시 통합과 지역주의의 선두주자인

〈표 5-12〉 연구자 학위취득 국가와 연구사안

학위취득 국가	연구사안								
	일반이론	세계화	무역	통화금융	투자	지역주의	경제기구	기타	합계
미국	11	2	22	9	1	12	5	5	67
한국	12	0	1	2	1	1	1	0	18
독일	1	0	0	2	0	4	0	0	7
영국	0	0	0	1	0	2	0	0	3
프랑스	0	0	0	0	0	1	0	0	1
캐나다	1	0	0	0	0	0	0	0	1
기타	1	0	1	0	0	1	0	0	3
합계	26	2	24	14	2	21	6	5	100
카이 제곱값 : 46.99(유의확률 : 0.275), 람다값 : 0.168(유의확률 : 0.051)									

유럽에서 학습하고 연구한 연구자들의 관심과 학문수행 이점이 지역주의에 있다고 할 수 있다.

이 표에서 나타난 특징은 미국학위 취득 연구자들에 의한 연구방법은 이론의 소개와 비교, 그리고 비판보다는 사례연구나 통계적 기법을 동원한 경험적 분석 논문이 많은 반면에, 한국, 독일, 영국학위 취득 연구자들에 의한 연구방법은 이론의 소개와 비교, 그리고 비판이 더 많았다는 점이다. 가장 특징적인 것 중 하나는 통계적 기법을 사용하여 경험적 연구를 하고 있는 10개의 논문은 모두 미국학위 취득 연구자들에 의하여 수행되었다는 것이다. 이러한 학위취득 국가와 연구방법론에서의 차이는 비록 통계적으로 유의미하지는 않지만, 어떻든 방법론에서의 차이가 어느 정도 있다는 점은 분명한 사실이다.

〈표 5-13〉 연구자 학위취득 국가와 연구방법론

학위취득 국가	연구사안				
	리뷰	사례연구	비교연구	통계적기법	합계
미국	21	34	2	10	67
한국	14	4	0	0	18
독일	5	2	0	0	7
영국	2	1	0	0	3
프랑스	0	1	0	0	1
캐나다	1	0	0	0	1
기타	0	3	0	0	3
합계	43	45	2	0	100
카이 제곱값 : 23.49(유의확률 : 0.172), 람다값 : 0.170(유의확률 : 0.051)					

Ⅴ. 맺음말

지난 30여 년간 한국 내 국제정치경제학이 상당한 발전을 한 것은 사실이다. 다만 '상당한' 이란 수식어를 어떻게 평가하느냐는 각 개인에 따라 달라질 것이다. 한국 국제정치경제학은 논문수의 증가, 관심 분야의 확대, 관심대상 지역의 확대, 방법론에서의 발전 등 여러 분야에서 발전을 한 것은 사실이다. 이러한 발전과 변화가 기대에 부응하는지 역시 각 개인이 판단할 문제이다.

다만 여전히 몇 가지의 문제를 가지고 있다. 연구사안을 살펴보면, 무역, 통화금융, 지역주의에 관한 논문은 많이 출판되었던 반면에 해외투자, 경제기구, 해외원조와 기타 사안들에 대한 논문은 매우 적은 것이 사실이다. 국제정치경제학 도입 초기에 미국중심적 지역연구가 다른 지역, 특히 한국, 아시아, 유럽 등으로 확대된 것은 긍정적으로 평가할 수 있다. 다만 기타 지역에 관한 관심과 연구는 거의 전무한 것도 사실이다. 방법론의 관점에서 보면, 기존이론을 리뷰하는 형식을 가진 논문들이 너무 많은 것이 사실이고, 비교연구와 통계적 기법이 너무 적은 것도 사실이다. 연구특징의 관점에서 봐도 리뷰 형식을 띠고 있는 논문들이 너무 많은 반면에, 새로운 시각을 제시하거나 이론을 검증하는 형식의 논문은 상대적으로 너무 적은 것도 사실이다. 기존이론에 대한 소개 · 비교 · 비판의 형식을 띠고 있는 논문들도 매우 학문적 가치가 있는 것이 사실이다. 다만 이런 형식을 띤 논문들이 주를 이루고 있다는 것은 문제점으로 지적할 수 있다. 학문의 발전은 이론적 발전과 경험분석적 발전이 병행되어야 하는 것이다. 한국 국제정치경제학은 이 두 부분 모두에서 상대적으로 뒤떨어진 것이 사실이지만, 특히 경험적 연구가 상당히 부족한 것이 사실이다.

독창적인 '한국식' 국제정치학 혹은 국제정치경제학에 대한 요구와 희망이 많은 것이 사실이다. 그러나 이러한 문제는 여전히 해결되지 않고 있다. 한국의 사례를 분석하고 있는 논문들이 '한국식' 국제정치경제학이라고 평가하기는 어렵다. 궁극적으로는 한국에서 개발된 이론들을 일반화하는 작업이 필요할 것이다. 그러나 현실적으로 종속이론을 제외하고는 대부분의 국제정치경제이론들이 미국과 유럽 몇몇 국가들에서 개발된 것을 고려할 때, 이러한 작업은 상당한 시간과 연구인력과 노력이 필요할 것이다. 다만, 한국의 경제

역량이 증가 · 강화되면서 한국의 대외경제정책이 국제체제에 영향을 끼칠 수 있는 현상들이 더 많이, 자주 등장하게 될 것이라는 점을 고려할 때, 한국 대외경제정책의 정치학적 해석에 관한 많은 노력들이 필요할 것으로 판단된다.

또 하나 지적하고 싶은 것은 다른 국가들에서 박사학위를 취득한 학자들 간의 의사소통과 공동연구가 필요하다는 것이다. 특히 미국에서 학위를 취득한 연구자들과 유럽에서 학위를 취득한 연구자들 사이에는 관심분야와 연구방법론 등에서 상당한 차이를 보이고 있다고 할 수 있다. 따라서 이들 간의 의사소통의 확대와 공동연구의 진행은 이러한 차이를 좁히는 데 기여할 것으로 판단된다. 그리고 이러한 작업을 통하여 위에서 지적한 '한국식' 국제정치경제학의 발전을 기대할 수 있을 것이다.

이 글은 몇 가지 한계를 가지고 있다. 첫째로, 분석범위를 『국제정치논총』과 『한국정치학회보』로 한정함으로써 다른 전문학술지들에 게재된 논문들과 단행본들을 분석하지 못하였다는 한계를 가지고 있다. 둘째로, 타정치학 분야와의 비교연구를 했으면 더 흥미롭고 심도깊은 분석이 되지 않았을까 하는 생각이 든다. 셋째로, 저자가 분류한 연구사안, 지역, 방법론, 특징 등에 대하여 다른 학자들이 동의하지 못하는 부분이 있을 것으로 판단된다. 특히 특징에 관해서는 많은 다른 견해가 존재할 것으로 판단되고, 다분히 저자의 주관적 판단에 근거하여 일반성이 결여될 수도 있다고 판단된다. 이러한 한계성을 극복할 수 있는 다른 연구들이 후일 많이 진행될 것을 기대한다.

참.고.문.헌

강근형. "국제정치의 성격 변화와 패권이론." 『국제정치논총』 제35집 2호 (1995).

강원택. "유럽통합과 다층 통치제제 : 지역의 유럽 혹은 국가의 유럽?" 『국제정치논총』 제40집 1호(2000).

구갑우. "국제정치경제(학)와 비판이론 : 존재론과 인식론을 중심으로." 『한국정치학회보』 제38집 2호(2004).

______. "세계무역기구(WTO) 지역주의 조항의 기원 : 국제경제법 형성의 정치경제." 『국제정치논총』 제41집 1호(2001).

______. "세계무역기구(WTO)의 다자주의와 지역주의." 『한국정치학회보』 제35집 2호(2001).

구범모 · 백종국. "한국의 후발산업화 연구에 관한 문헌비평." 『한국정치학회보』 제24집 1호(1990).

구춘권. "유럽연합의 화폐통합에 대한 네오그람시안적 접근 : 팍스 아메리카나의 위기와 유럽의 신자유주의적 재편." 『국제정치논총』 제42집 3호(2002).

______. "'아시아적' 자본주의? : 전후 유럽의 성장구도에 대비되는 한국과 일본에서 자본주의 발전의 특수성들." 『한국정치학회보』 제33집 1호 (1999).

______. "유럽연합과 국가성의 전환 : 조절이론의 네오그람시안적 확장을 통한 접근." 『국제정치논총』 제44집 4호(2004).

______. "유럽연합의 통합양식 변화와 비판적 통합이론의 도전." 『한국정치

학회보』 제35집 3호(2001).

______. "화폐적 축적의 자립화 : 포드주의의 위기와 국제금융시장의 팽창." 『한국정치학회보』 제34집 3호(2000).

길정우. "한국 통상외교의 환경변화와 특징 : 한-미 통상관계를 중심으로." 『국제정치논총』 제32집 2호(1992).

김 욱. "공공재이론의 관점에서 본 패권안정이론 : 한계와 대안을 중심으로." 『국제정치논총』 제40집 4호(2000).

김관옥. "미국 무역정책의 변화 연구 : 미국 항공기 및 자동차산업 무역정책을 중심으로." 『한국정치학회보』 제36집 3호(2002).

김동수. "국제정치경제학 연구의 중심과제와 우리나라에서의 현황." 『국제정치논총』 제30집 2호(1990).

김명섭. "제국정치학과 국제정치학 : 한국적 국제정치학을 위한 모색." 『세계정치연구』 1권 1호(2001).

김미경. "무역자유화의 국내정치 제도적 조건 : 교차국가 간 비교분석." 『국제정치논총』 제46집 3호(2006).

김민전. "미 민주 · 공화 양당의 통상정책 변화와 그 원인 연구." 『한국정치학회보』 제29집 1호(1995).

김상배. "트론(TRON)의 세계정치경제 : 일본형 컴퓨터 표준의 좌절과 유비쿼터스 담론의 기원" 『국제정치논총』 제44집 3호(2004).

______. "지적재산권의 세계정치경제 : 미 · 일 마이크로프로세서 분쟁을 중심으로." 『국제정치논총』 제42집 2호(2002).

김석우. "민주주의, 비민주주의와 무역정책 결정요인들." 『한국정치학회보』 제30집 1호(1996).

______. "민주주의와 국제통상정책 : 저발전국 사례연구." 『국제정치논총』 제40집 4호(2000).

______. "제3세계 보호무역정책의 정치경제." 『국제정치논총』 제35집 1호(1995).

______. "국제정치경제 연구의 현황과 전망." 한국정치학회 편, 『21세기 국제관계연구의 쟁점과 과제』. 서울 : 박영사, 1999.

______. "한미 통상마찰 연구 : 반도체 상계관세 사례." 『국제정치논총』 제44집 4호(2004).

김석준. "국가능력과 산업화 정책의 변동 : 한국과 대만의 비교." 『한국정치학회보』 제23집 2호(1989).

김왕식. "IMF 경제안정화 프로그램의 효과-라틴아메리카의 경험." 『한국정치학회보』 제25집 2호(1991).

김운태. "21세기 한국 정치연구의 회고와 전망." 『한국정치학회보』 제34집 3호(2000).

김유은. "국제레짐의 변천에 관한 제이론의 비교 고찰 : 패권적 안정이론과 게임이론을 중심으로." 『국제정치논총』 제32집 1호(1992).

김재철. "상호의존의 증대와 국가의 역할 : 중국의 대외개방의 경우." 『한국정치학회보』 제28집 1호(1994).

김정렬. "동아시아 발전이론의 비판적 재구성을 위하여." 『한국정치학회보』 제32집 3호(1998).

김정수. "정책레짐(Policy Regime) 모델을 이용한 미국 통상정책의 제도적 변화 분석." 『국제정치논총』 제36집 1호(1996).

김진영. "국제금융체제의 비판과 개혁의 모색 : 대안추구의 관점에서." 『국제정치논총』 제42집 1호(2002).

______. "세계화(Globalization)와 헤게모니." 『한국정치학회보』 제32집 1호(1998).

김진철. "국제적 상호의존관계의 이론적 접근." 『한국정치학회보』 제16집(1982).

______. "상호의존론." 『국제정치논총』 제27집 2호(1987).

______. "세계경제와 국제정치의 상관성에 관한 연구." 『한국정치학회보』 제17집(1983).

김형국. "산업구조조정과 국가능력 : 자동차산업 사례연구." 『한국정치학회보』 제23집 2호(1989).

김호섭. "아시아 경제위기 이후의 일본의 지역주의 : 한일자유무역협정 논의의 전개를 중심으로." 『한국정치학회보』 제35집 1호(2001).

______. "일본의 대한국 정부차관의 정치경제학적 시각." 『한국정치학회보』 제21집 1호(1987).
김호진. "종속이론의 비판적 고찰." 『한국정치학회보』 제18집(1984).
______. "한국 정치학의 정체성 확립을 위하여." 『한국정치학회보』 제28집 1호(1994).
류상영 · 이승주. "탈냉전기 한일 경제관계와 플라잉 기즈 모델." 『국제정치논총』 제43집 2호(2003).
마인섭. "자본주의적 발전과 민주화 : 한국 산업화의 단계, 계급구조와 국가." 『한국정치학회보』 제26집 2호(1992).
문 돈. "국제 법제화 현상과 법제화된 분쟁해결 기제 : 그 원인과 효과에 대한 고찰." 『국제정치논총』 제43집 2호(2003).
______. "WTO 분쟁해결제도 변화의 정치협상 분석 : 제도의 분배적 효과를 둘러싼 국가 간 협상을 중심으로." 『한국정치학회보』 제38집 5호(2002).
______. "WTO 분쟁해결제도의 효율성 상승효과(efficiency improvement effect) : 10년간 분쟁해결제도에 대한 평가." 『국제정치논총』 제46집 3호(2006).
문정인. "패권적 안정 쇠퇴와 상호주의." 『국제정치논총』 제27집 2호(1987).
민병원. "국제정치이론 : 한국적 이론을 위한 성찰, 재성찰, 실천, 그리고 제안." 『한국국제정치학회 연례학술회의 자료집』(2006).
박건영. "개발도상국에 있어서 군사비 지출의 경제적 효과 : 국제정치경제적 접근의 한국 적용." 『국제정치논총』 제31집(1991).
______. "국제정치경제학의 이론화를 위한 시론 : 수정-중상주의." 『국제정치논총』 제32집 2호(1992).
박경서 · 김동성. "국제정치경제의 이론과 실제." 『한국정치학회 · 재북미한국인정치학자회 합동학술대회논문집』(1979).
______. "미국의 수입규제의 법적 · 행정적 절차에 관한 연구." 『국제정치논총』 제26집 1호(1986).
박사명. "세계화와 동남아 : 도전과 응전." 『한국정치학회보』 제34집 4호(2000).

박상섭. "한국 국제정치학 40년－현황, 방향 및 가능성." 『한국정치학회보』 제21집 2호(1987).
박은홍. "구조조정과 민주주의 : 이론과 경험." 『한국정치학회보』 제34집 2호 (2000).
박홍석. "미국의 대한무역정책과 정치경제정책의 수정주의." 『국제정치논총』 제32집 1호(1992).
______. "미국의 일본 비난과 대외경제정책의 수정주의." 『국제정치논총』 제33집 2호(1993).
배영자. "초국적 반도체 생산 네트워크와 동북아 경제협력." 『국제정치논총』 제45집 1호(2005).
백종국. "동아시아 모델 위기론에 대한 비판적 고찰 : 한국의 외환위기를 중심으로." 『한국정치학회보』 제32집 3호(1998).
______. "한국 외환위기의 원인과 구조." 『국제정치논총』 제37집 3호(1998).
변진석. "APEC과 미국의 아시아태평양 지역주의 정책의 등장 : 다자주의인가 동맹인가?" 『한국정치학회보』 제29집 1호(1995).
성태규 · 정병기. "금융세계화와 유럽차원의 대응 : 유럽중앙은행(ECB)의 기원과 역할 및 한계를 중심으로." 『국제정치논총』 제43집 3호(2003).
손 열. "비관세장벽의 정치경제 : 일본의 대한시장 개방에 주는 함의." 『국제정치논총』 제41집 2호(2001).
송주명. "외압에 대한 전략적 대응으로서의 해외투자정책 : 1980년대 일본의 '확장적' 신중상주의적 산업재편 전략." 『국제정치논총』 제36집 3호 (1997).
안승국. "동아시아 경제위기에 대한 통합적 분석 : 대내적 요인과 대외적 요인의 연계를 중심으로." 『국제정치논총』 제42집 3호(2002).
양오석. "1980－1990년대 금융자유화에 대한 영국의 대응 : 국제정치경제 내 구조적 힘을 위한 서유럽 국가들의 전략적 선택." 『국제정치논총』 제43집 3호(2003).
염홍철. "국제정치경제 : 종속의 시각." 『국제정치논총』 제27집 2호(1987).
______. "제3세계에 있어서 종속극복의 전략." 『한국정치학회보』 제17집

(1983).
유 영. "산업구조와 외자기업의 지분율 : 대한 미 · 일 직접투자 비교분석." 『국제정치논총』 제21집(1981).
유영준. "종속이론의 몇 가지 이론적 특성에 관한 고찰." 『한국정치학회보』 제15집(1981).
유현석. "경제적 지역주의의 국제정치적 접근 : 이론적 검토와 APEC에의 적용." 『국제정치논총』 제42집 3호(2002).
______. "아태지역의 자유주의적 경제협력과 아시아 중상주의의 갈등 : APEC의 사례." 『국제정치논총』 제41집 1호(2001).
______. "한-칠레 자유무역협정 협상의 국내정치 : 국내협상의 이해집단과 국내제도를 중심으로." 『한국정치학회보』 제36집 3호(2002).
이 근. "국가관계에 있어서 관성의 구성주의적 이해 : 미-일 반도체 무역분쟁 사례를 중심으로." 『국제정치논총』 제41집 3호(2001).
이상환. "국제정치 분야의 경험적 연구에 관한 분석 : 국제정치논총과 한국정치학회보를 중심으로." 『국제정치논총』 제41집 4호(2001).
______. "동아시아 경제위기와 그 해법 : 한국 말레이시아 사례에 관한 비교연구." 『한국정치학회보』 제36집 2호(2002).
______. "미국 국제무역위원회(USITC)의 연례보고서를 통해 본 미국과 동북아 3국간의 통상관계." 『한국정치학회보』 제29집 4호(1996).
______. "미국과 동북아 3국간의 무역분쟁 : 패권안정이론과 잉여능력이론의 고찰." 『국제정치논총』 제35집 1호(1995).
______. "『한국정치학회보』와 『국제정치논총』에 대한 비교연구 : 분석과 평가-『미국정치학회보』에 대한 분석과 그 평가기준을 토대로." 『국제정치논총』 제38집 1호(1998).
이재승. "프랑스의 환율위기 관리 : 유럽통화통합에 대한 선호의 재정립." 『국제정치논총』 제41집 2호(2001).
이종찬. "동아시아 정치경제이론들에 대한 비판적 고찰 : 신제도주의 이론을 중심으로." 『한국정치학회보』 제29집 4호(1995).
이혁섭. "국가주권주의 국제체계로서의 한미 섬유현상(1969-1972)." 『국제정치논총』 제27집 2호(1987).

이호철. "한국 정치학에서 정치경제 연구의 쟁점과 과제." 『한국정치학회보』 제34집 1호(2000).

______. "WTO체제의 형성 : 패권안정, 합리적 선택, 과두안정?" 『국제정치논총』 제37집 1호(1997).

임성학. "한국의 은행 해외매각과 금융개혁." 『국제정치논총』 제40집 4호(2000).

임혜란. "동아시아 위기 : 동아시아 모델과 지역경제협력." 『국제정치논총』 제40집 2호(2000).

______. "한 · 미 자동차 협상의 정치경제 : 1995년과 1997년 협상의 비교분석." 『국제정치논총』 제43집 3호(2003).

장노순. "남북한 경제협력의 정치적 의미 : 현실주의 인식의 재평가." 『한국정치학회보』 제31집 1호(1997).

전기원. "미국 헤게모니의 지속 : 미국 경제의 회복과 헤게모니 유지 패턴의 변화." 『한국정치학회보』 제30집 3호(1996).

전재성. "향후 한국 국제정치학의 과제들." 『한국국제정치학회 연례학술회의 자료집』(2006).

정진영. "시장개방, 구조조정, 사회적 보상의 정치경제 : 한국 통상정치의 경우." 『국제정치논총』 제44집 4호(2004).

______. "자본의 국제적 유동성, 국가의 정책자율성, 국제협력 : 세계금융의 정치경제에 관한 한 시론." 『국제정치논총』 제36집 3호(1997).

______. "WTO의 내국민 대우 원칙과 국가의 규제주권 : 주세(酒稅) 분쟁사례를 중심으로." 『국제정치논총』 제46집 2호(2006).

조경근. "그린라운드(Green Round)의 국제정치적 특성 : '자유무역 레짐'의 변화를 둘러싼 갈등과 협력의 구조." 『국제정치논총』 제35집 2호(1995).

조찬수. "전후 국제경제질서의 국내정치적 기반 : 내장된 자유주의에 대한 하나의 역사제도주의적 설명." 『한국정치학회보』 제37집 2호(2003).

조홍식. "EC 공동통상정책의 형성을 통해서 본 유럽통합." 『한국정치학회보』 제27집 2호(1993).

조화순. "국제협력의 정치경제 : 1989-1992년과 1996-1997년 한-미 정보통신협상의 사례분석." 『국제정치논총』 제44집 1호(2004).

______. "IMT-2000 기술표준정책의 정치경제." 『국제정치논총』 제43집 1호(2003).

진시원. "유럽연합에 대한 이론적 고찰 : 경쟁이론들의 장 · 단점 비교연구." 『한국정치학회보』 제38집 2호(2004).

최영종. "국제 제도화의 동인에 관한 연구 : 일-미 경제관계를 중심으로." 『국제정치논총』 제41집 1호(2001).

______. "선진국-개도국 통합사례로서 JACEP(Japan-ASEAN Comprehensive Economic Partnership) 협정에 대한 분석." 『국제정치논총』 제45집 4호(2005).

______. "아 · 태 지역협력에 대한 국가 선호도 결정에 관한 연구." 『한국정치학회보』 제34집 2호(2000).

______. "현실주의 지역통합 이론 : 그 가능성과 한계." 『한국정치학회보』 제35집 2호(2001).

최진우. "유럽경제통화통합의 동인과 정치적 쟁점." 『국제정치논총』 제36집 3호(1997).

최태욱. "대외통상정책의 국제정치와 국내정치 : 한일 FTA를 중심으로." 『한국정치학회보』 제35집 3호(2001).

하경근. "신국제질서와 제3세계." 『국제정치논총』 제22집(1982).

한명화. "한미관계에 관한 정치경제학적 접근." 『한국정치학회보』 제20집 1호(1986).

한영빈. "금융 불안정과 정치적 통제의 중요성 : 후기 케인즈주의의 정치학적 의미를 중심으로." 『한국정치학회보』 제35집 2호(2001).

허태회. "동아시아 무역팽창과 국제분쟁 : 벡터 자기회귀분석." 『한국정치학회보』 제31집 1호(1997).

Amsden, Alice. *Asia's Next Giant : South Korea and Late Industrialization*. New York : Oxford University Press, 1989.

Choi, YoungJong. "East Asian Regionalsim and South Korea's FTA Strategy." 『국제정치논총』 제44집 5호(2004).

Gilpin, Robert. *U.S. Power and the Multinational Corporation : The Political Economy of Foreign Direct Investment*. New York : Basic Books, 1975.

Keohane, Robert O. *After Hegemony : Cooperation and Discord in the World Political Economy*. Princeton : Princeton University Press, 1984.

King, Gary. et al. *Designing Social Inquiry : Scientific Inference in Qualitative Research*. Princeton : Princeton University, 1994.

Krasner, Stephen D. "State Power and the Structure of International Trade." *World Politics* 28–3(April 1976).

Moon, Don. "Risk Considerations in Legalized Dispute Settlement(DS) Mechanisms : Risk Reduction, Risk Creation, and the WTO DS System." 『국제정치논총』 제44집 5호(2004).

Wallerstein, Immanuel. *The Modern World–System I*. New York : Academic Press, Inc., 1974.

Woo–Cumings. ed. *The Developmental State*. Ithaca : Cornell University Press, 1999.

Yu, Hyun–Seok. "Domestic Politics of Korea–Chile Free Trade Agreement Negotiation : Institutions and The Strategy of Interest Groups." 『한국정치학회보』 제37집 4호(2003).

6. 21세기 한국 외교정책론의 모색

김태효(성균관대학교)

I. 서론

한국 국제정치 학계의 한국 외교정책 연구는 그 주제와 문제의식에 있어 오랜 기간 동안 정형화된 틀을 유지해 왔다. 남북 분단상황에서 북한 위협을 관리하는 문제, 6·25전쟁의 상흔(傷痕)과 경제의 후진성을 극복하는 문제, 그리고 대한민국 건국 직후부터 이어져 온 한미동맹을 주축으로 기타 외교관계를 짜는 문제 등이 한국의 외교인식과 외교과제를 대변하는 정형화된 틀의 주요 내용이었다. 물론 한국의 경제력이 성장하고 국방력 역시 북한의 재래식 군사위협을 억지할 수 있을 정도가 되면서 '생존'에 대한 절박감으로부터는 상당 부분 탈피하였으나, 남북한 간의 대결구도를 대미 동맹외교를 통해 관리하는 기본적인 접근 자체를 당연시하는 풍토는 동서 간 냉전이 끝나고도 당분간 지속되었다. 세계의 냉전은 끝나도 한반도의 냉전은 계속되므로 한국의 외교는 크게 바뀔 필요가 없다는 추론이 가능하다.

그런데 1998년 야당이 한국 정치에서 최초로 정권을 잡은 이래 한국의 외교는 커다란 변화를 모색해 왔다. 북한에 대한 햇볕정책의 공식화를 계기로 학계에서도 한반도의 대결구도를 설정한 연구를 탈피하여 남북한 간의 평화적 공존틀을 모색하려는 시도가 두드러지게 나타났다. 또한 개별적 동맹을 통한 세력균형 외교로부터 동아시아의 다자 간 안보공동체로의 '발전'을 지향하는 학술연구가 줄을 이었다. 이러한 연구동향은 김대중 정부의 외교노선을 계승한 노무현 정부에 들어 더욱 강화되는 추세를 보였다. 여기서 제기되는 한 가지 물음은 최근 급속히 일고 있는 한국 외교정책론의 담론변화가 적정한 대내외적 여건 속에서 발생하는 자연스러운 현상인가, 아니면 현실여건을 도외시한 인위적인 개편노력의 일환으로 나타나고 있는 것인가 하는 점이다.

시대가 바뀌면 필요에 따라 대외정책의 문제의식이 바뀌는 것은 당연하고, 또 능력만 허락한다면 한국 스스로 대외정책의 변화를 도모하여 시대의 변화를 주도하고자 하는 것은 바람직한 일이다. 하지만 시대의 변화를 그릇되게 읽거나 자국의 능력과 선택의 범주를 오판할 경우, 외교정책의 실패를 야기할 수 있음을 기억해야 한다. 외교정책 연구는 엄밀하고도 객관적인 방법론에 입각해 이뤄져야 하며, 그 방법론은 이론상 오류를 최소화하는 노력에 병행하여 변화하는 국제정치현상을 정확하게 파악하는 현실감각 또한 갖춤으로써 엄밀성과 객관성을 갖출 수 있다. 곧 외교정책론은 주제의 성격상 외교현실과 밀접하게 연관되어 있으므로 정부가 최적의 외교정책을 펼 수 있도록 안목과 판단의 근거를 제시해 줄 필요가 있는 것이다.

본 논문에서는 대한민국이 건국 이후 걸어온 외교노선을 회고하면서 이것이 국제정치학계의 외교정책 연구와 맞물려 어떠한 상호작용을 해왔는지 고찰할 것이다. 이는 현 시점에서 한국 외교가 당면한 도전요인 및 기회요인을 추출하여 장래에 보다 나은 대한민국 외교의 지평을 여는 데 일조하려는 의도로 연결된다. 이 글은 다음의 문제의식을 중심으로 풀어나가고자 한다. 첫째, 서구 학계에서 발전해 온 국제관계론의 주요 이론적 패러다임이 한국의 외교론 연구자들과 외교정책 입안자들에 의해 어떻게 수용되어 왔는지 분석할 것이다. 둘째, 이제까지의 한국 외교의 목표와 수단은 최소한의 범위에서 소극적인 수준에 안주해 왔다는 문제의식 하에 앞으로 우리가 꾀해야 할 능동적 외교 모델의 과제가 무엇인지 제기할 것이다. 셋째, 북한 핵문제 및 한미관계의 관리를 놓고 국론의 분열이 심화된 상황에서 한국 외교정책 결정과정의 문제점과 개선방안을 검토해 본다.

II. 서구 이론으로 한국 외교 설명하기

한국의 안보여건상 국제구조에 의해 한국이 택할 수 있는 안보 역할과 외교정책의 범위가 결정된다는 인식은 처음부터 줄곧 한국 외교정책론을 지배해 온 강력한 가설이었다. 이러한 풍토에서 한국 외교정책론의 주류 저작들[1]이 신현실주의(또는 구조주의)[2]를 가장 흔히 적용하도록 만들었고, 그러한 분석에서 나온 정책조언이 또 가장 현실적이라고 평가되었다.

국제정치학자들이 신현실구조주의를 한국에 적용할 때 염두에 둔 국제구조란 대개 다음의 두 가지 특징으로 대별된다. 하나는 미국-소련 간 냉전 및 이념대결이 한국의 대미편승 외교노선을 구조화한다는 것이다. 양극체제는 두 패권세력 사이에서 긴장을 유발하지만 양자 진영의 세력이 서로 적정한 균형을 이루면 안정적 공존이라는 예측 가능성을 보장한다. 한국은 태생적으로 자유민주 진영을 이끄는 미국과 손을 잡았고, 그 반대편에 선 북한과의 적대적 공존은 세계질서의 양극구조로부터 비롯된 한반도에서의 안정적 분단

---

1) 국내와 해외 학계를 막론하고 한국의 외교안보 문제를 다루는 연구들은 예외 없이 외부위협(북한)에 대한 한국의 안보전략을 논의의 중심에 두었고, 이때 한반도를 포함한 국제질서는 한국의 안보상황과 정책대안을 판단하는 주요 변수가 되어 왔다. 이러한 접근은 탈냉전기에 들어서도 지속되는 경향을 보인다. 안병준(1992), pp. 655-675 ; 전웅(1993) ; McCune(1948), pp. 197-202 ; Koh(1980), pp. 1108-1122.

2) 신현실주의(neorealism)는 구조주의(structuralism)로도 지칭되며, 전통현실주의 패러다임을 학문적으로 체계화시켜 계승한 1970년대 말 이후의 학풍을 일컫는다. 전통(고전적) 현실주의가 국가들(nation states)의 이기적이고 투쟁적인 속성에서 비롯되는 권력정치(power politics)를 부각시켰다면(Carr 1939/1964 ; Morgenthau 1948/1973), 신현실주의는 국제구조 안에서의 각국의 행동과 국제질서 변동추이를 연역화하고자 하였다. 즉 국제정치의 무정부적 질서(anarchic order)가 자아내는 약육강식의 환경에서 각국이 자구책의 차원에서 펴는 동맹정책이 힘의 균형과 불균형상태를 반복하고, 이에 따라 국가 간 분쟁가능성을 예측할 수 있다는 것이다(Waltz 1979 ; Waltz 1990 ; Gilpin 1981 ; Mearsheimer 1990).

상황으로 귀결된다.

또 하나는 무정부적 국제질서에서 약소국의 외교 자율성은 제한적일 수밖에 없다는 가정이다. 이와 같은 문제의식 하에서는 한국의 국력이 미약한 이상 한국의 외교는 국제사회의 변방에 머무를 수밖에 없고, 그마나 한국의 주권과 안전을 지탱하기 위한 방편으로 주어진 국제질서의 힘의 분포를 잘 읽어 한국에게 우호적인 외교관계를 만드는 것이 관건이다.[3] 1960년대 이후 한국이 근대화에 본격적으로 나서면서 미국과 일본으로부터 차관을 들여오고 경제발전 모델의 훈수를 받은 사례가 그 일환이다. 경제자립, 자주국방이 어려운 상황에서 한국의 안보를 지키고 경제발전을 이루기 위해 미국과의 불평등 관계를 일정 부분 감내하고 일본과의 과거지사를 제쳐두고라도 수교해야 한다는 선택이 논리적으로 성립된다.

구조주의는 국제구조의 변동양태에 따라 국가가 대외정책을 적응시켜 갈 것이라는 논리이므로 위에 언급한 냉전 양극체제 및 약소국 한국의 두 가지 조건에 변화가 생길 경우 한국의 외교정책은 필연적으로 변화의 계기를 맞게 된다.[4] 우선 탈냉전구조에 들어 소련의 존재가 미약해지고 미국의 독주체제가 열리자 한국의 대미 안보관계는 지속과 단절의 기로에 놓이게 된다. 한국에 있어 직접적인 안보위협은 소련이 아니라 북한이고, 북한이 아직 건재한 이상 한미연합전력의 유용성은 여전하다는 입장이 주류를 이루는 가운데 미

---

3) 이석호(1992), pp. 511–539.

4) 탈냉전 국제질서의 도래를 중대한 안보환경의 변화로 간주하고 이에 부응하는 한국 국제정치이론의 변화와 정책대안 모색의 필요성을 강조하는 논의가 일었다. 박상섭 · 하영선(1995), pp. 303–313 ; 정진영(2000), pp. 5–38.

국의 클린턴 행정부는 집권 초기에 일본과 한국 등 동북아시아에 주둔한 미군의 단계적 철수계획을 발표함으로써 대(對)한국정책 변화를 세계전략 변화의 차원에서 고려하기 시작하였다. 그러나 이내 미국의 고립주의는 폐기[5]되었으며, 한국의 입장에서는 미국의 안보우산을 상실할지 모른다는 불안감으로부터 벗어나게 되었다. 미국의 동아시아 전략 수정의 이면에는 잔존하는 북한 위협을 한국 · 일본과 함께 관리할 필요가 있다는 판단도 작용했겠으나, 중국의 급속한 부상(浮上)이 제2의 소련과도 같은 존재를 낳을지 모른다는 경계심이 작용했을 것이다.

세계 11대 경제대국의 반열에 진입한 한국이 아직도 약소국의 외교행태를 답습해서는 곤란하다는 인식은 한국이 국력의 변화에 걸맞은 동맹관계를 추구해야 한다는 당위론으로 연결된다. 이는 그간 미국-소련 간의 극한 대립 하에서 한국 정부와 한국 국민들이 미국에 대해서 할 말을 제대로 하지 못했었다면, 소련과 북한의 위협이 감소할수록 공통 적에 대한 동맹국끼리의 단결보다는 동맹국 관계 자체의 변화와 수정이 불가피하다는 점과도 일맥상통한다. 그러

---

5) 1990년의 「동아시아전략구상(the East Asia Strategic Initiative : EASI) I」에 따른 3단계에 걸친 주한미군의 감축과 임무의 조정은 1단계까지만(육군 5천 명, 공군 1,987명 감축) 실행되었다. 1992년 4월 발표된 미국의 동아시아전략구상 II(EASI II)는 주한미군의 동결을 결정하였고, 한미연합사령부의 해체 등 2단계부터의 조정작업은 중단되었다. 이후 미국은 1995년 「동아시아전략검토(East Asia Strategic Review : EASR, 일명 Nye 보고서)」를 통해 동아시아 주둔 미군을 10만 명으로 유지하고 주한미군의 규모는 1992년 수준에서 동결하는 것으로 결정하였고, 1998년 발표된 EASR II에서도 EASR I의 내용을 확인하였다. 이후 9 · 11테러에 의한 미국의 「해외주둔미군 재배치 검토(Global Defense Posture Review : GPR)」가 발표되기까지 주한미군에는 큰 변화가 발생하지 않았다.

나 세계무대에서 주류 국가로 성장한 사실이 동북아시아에서 상대적 약소국에 머물러 있는 한국의 입지를 크게 바꾸어 놓지는 않았다는 점에 귀착하여 한국은 여전히 대미관계를 외교정책의 주축으로 삼되 이웃 강대국들과의 선린우호 관계를 동시에 강화해야 한다는 분석이 한국 학계의 주류 시각이다.[6]

신자유주의 패러다임(neoliberal paradigm)[7]이 미국을 중심으로 한 서구 학계에서 1980년대부터 유행하기 시작했다면, 한국에서는 탈냉전기에 들어 대북정책의 변화를 주장하는 사람들 사이에서 주도적으로 도입되기 시작하였다.[8] 군사력의 우위를 확보하여 상대방을 봉쇄 · 고립시키는 전략보다는 우호적 개입정책을 통해 상호협력의 장(場)으로 불러들이는 편이 낫다는 주장이 그것이다. 여기에는 국제사회에서 통용되는 민주주의 및 시장경제에 대한 보편적인 규범이 국제기구, 조약, 협력행태 등에 있어 국제레짐(international regime)으로 강화되고, 이는 다시 국가들의 자발적인 협력관계를 촉진한다는 가정을 깔고 있다. 그러나 북한과 같이 사회주의적 전제정치를 가문통치의 배타적 족벌체제에 결합시킨 국가에 있어서는 신자유주의적 협력관계가 상정하는 이익 주고받기의 상호주의가 충족되기 힘든 어려움이 있다. 개방이 곧 자멸이라는 인식이 지배하는 상황에서

6) 박용옥(2003), pp. 729-751 ; 하영선(2006).

7) 신자유주의 학풍은 신현실주의가 제기하는 국가의 이기적 속성과 무정부 국제질서에서의 분쟁 가능성을 인정하되 국가들이 각기 이익의 교환 및 확대의 관점에서 자발적으로 협력기재를 강화해 나간다는 논리를 편다. 나아가 국가 간 협력관계가 관행으로 굳어지고 제도화되면 (신자유제도주의) 규범화의 단계까지도 진행될 수 있다고 주장한다. Keohane(1984)의 저작이 대표적으로 꼽힌다.

8) 문정인(1999) ; 김근식(2000), pp. 95-120 ; 김연철(2004), pp. 18-25.

는 신자유주의가 지향하는 개방적 협력질서를 북한 정권이 수용하기 힘들기 때문이다. 한국의 햇볕정책은 북한에 우선 지원하고 나중에 변화를 기대한다는 논리에 입각하므로 엄밀하게 본다면 신자유주의가 내포한 현실적인 논리를 다소 이상적으로 변용한 형태라고 평가할 수 있다.

서구에서 진행된 신현실주의 대(對) 신자유주의 간의 논쟁은 국제사회에서 안정과 평화를 보장할 수 있는 관건이 힘의 균형에 있는가, 아니면 협력의 제도화에 있는가의 쟁점에 관한 것이다.[9] 국가들이 자신의 배타적 이익을 위해 타국과의 합의를 깰 수 있다는 점에 있어서는 이들 패러다임 간에 이견이 없다. 다만 분쟁을 방지하기 위한 장치로서 힘의 대응과 협력관계의 제도화 중에 어느 쪽이 더 타당한가의 문제이다. 국내 학계에서는 신자유주의의 논의를 한국의 현실에 접목시키는 과정에서 북한문제를 집중적으로 다루었다.[10] 한국 안보가 직면한 취약성은 일차적으로 남북관계에서 비롯되므로 이는 당연한 귀결이다. 그런데 북한을 객관적인 제3자로 규정하지 않고 통일을 이루어야 할 포용의 대상으로 간주해야 하는 현실에서 한국의 독특한 신자유주의적 대북논리가 제기된 것이다. 김대중 정부에서 노무현 정부에 이르기까지의 10년 기간에 정부가 추진한 대

9) Keohane (1986) ; Baldwin (1993).

10) 한국계 미국인 학자인 Victor Cha (1997, pp. 609-622)는 한국의 햇볕정책이 등장하기 이전에는 미국이 신자유주의(대북포용주의)를 표방하고 한국이 신현실주의(대북강경주의)를 우선시하므로 한미동맹에 이견이 존재한다는 분석을 내놓았다. 그러나 이를 양국 간 대북정책 공조 차원의 괴리로 간주할 수 없으며, 북한이 핵문제를 놓고 한국을 배제한 채 미국을 직접 상대하고자 하여 일어난 결과로 봐야 한다.

북정책은 남북 간 민족주의 요소가 가미된 일방적 시혜정책의 성격이 짙었으며, 최근 들어 학계에서는 그러한 대북정책이 남북관계의 장기적 발전을 위해 온당한가라는 비판적 고찰이 일고 있다.[11]

상호성의 측면에서 볼 때 한국이 펴온 대북 햇볕정책은 대단히 느슨하다는 평가를 내릴 수 있다. 남북한이 서로 가시적인 이익을 주고받는 관계 속에서 대북 경제지원이 이뤄지지 않고 남한이 우선 북한을 지원함으로써 한반도의 긴장을 막고 북한이 서서히 개방의 장(場)으로 나올 것이라는 장기적인 포석을 깔고 있다. 대북관여정책(engagement policy)에서 구체적인 상호성(specific reciprocity)보다는 광범위한 상호성(diffuse reciprocity)을 염두에 둔 것이다.[12] 즉 이제까지의 한국의 햇볕정책은 일회적이고 단기적인 이익을 제공함으로써 상대방의 행동을 통제하고자 하는 관계적 관여정책으로부터, 대상국(북한)도 모르는 사이에 (혹은 알더라도 거부할 수 없도록) 주체국(한국)의 사회구조를 대상국에 침투시켜 대상국의 행동과 이익의 기반을 서서히 바꾸고자 하는 구조적 관여정책으로 옮아왔다.[13] 쌀, 비료, 각종 물자 등의 품목별 지원에서 금강산 관광, 개성공단 건설, 철도 · 도로 연결 등의 기획사업을 추가했고, 이제는 한 걸음 더 나아가 에너지 · 정보통신 · 사회 인프라 건설 등 총합적인 프로젝트를 구상하고 있다.

---

11) 신진(2003), pp. 295–316 ; 전재성(2003), pp. 231–251 ; 김영재(2003), pp. 145–170.

12) 이 두 가지 상호성의 개념 구분에 관해서는 다음을 참고할 것. Keohane(1986), pp. 1–27.

13) 관계적 관여와 구조적 관여의 개념 구분은 다음 글에서 참고하였다. 전재성(2003), pp. 237–238.

그러나 문제는 한국의 대북경제지원이 북한의 대남군사전략을 바꾸는 데 아무런 기여를 하지 못했을 뿐만 아니라(취약한 관계적 관여), 이제까지 확대일로를 걸어온 각종 남북 경제협력 사업들이 북한의 개혁 · 개방을 유도하는 데 아무런 기여도 하지 못했다는(취약한 구조적 관여) 사실이다. 북한 정권은 남한으로부터의 지원에도 불구하고 핵무기 및 미사일 능력을 확대해 왔고, 남북경협이 북한 사회와 주민을 동요시키지 못하도록 그 폭과 범위를 철저하게 통제해 왔다. 결국 한국의 햇볕정책은 신자유주의가 제시하는 이론적 접근과는 무관하게 규범적 이상론을 바탕에 둔 특수한 정책논리에 불과하다.

구성주의(constructivism) 담론은 신현실주의와 신자유주의가 공유했던 합리성의 기준을 일거에 부정한다는 점에서 기존의 이론체계를 대폭 수정하여 새 판을 짜려는 시도나 마찬가지이다.[14] 국제사회의 모든 행위자들이 비슷한 선호도를 지닌 채 비슷한 정책결과를 지향한다는 합리성 이론을 배격하고, 국가 간의 관계와 국제질서의 속성이 내포하는 구성적 내용을 사례별로 있는 그대로 이해할 때 보다 정확한 분석이 가능하다는 견해이다. 구성주의는 국제질서가 적

---

14) 현실주의와 자유주의로 대별되는 기존의 양대 이론을 비판적으로 재검토하려는 노력은 콕스(Robert W. Cox)에 의해 시작되었으며, 구성주의라는 새로운 이론적 접근으로 다듬어지기까지는 웬트(Alexander Wendt)의 공헌이 가장 크게 꼽힌다. Cox(1981), pp. 126–155 ; Wendt(1992), pp. 391–425 ; Wendt(1999). 현실주의와 자유주의 계보의 이론들은 국제정치 현상의 개선을 도모하는 문제해결이론(problem-solving theory)이라면, 콕스는 이론 자체에 대해 이론적인 평가를 가하는 비판이론(critical theory)을 탐색했다고 할 수 있고, 웬트는 국제질서를 문화 및 간주관적 상호 인식의 관점에서 분석한다는 점에서 규범이론(normative theory)의 성격이 짙다.

대적인가, 우호적인가, 공동체적인가 하는 점은 차별화하여 이해할 수 있게 해주지만 어떻게 하면 원하는 질서를 만들 수 있는가 하는 정책 차원의 조언을 제시하지는 못한다. 따라서 북한의 의도, 남북한 관계의 현 주소, 동북아 공동체의 성숙도 등에 대해서는 진단할 수 있어도 이들 문제에 관해 국가들이 어떤 처방을 내려야 바람직한지에 대한 연구주제를 진행하기 힘들다. 북한 핵문제, 남북통일, 과거사 해결, 군사 신뢰구축 등 구체적인 해결과 발전 경로를 상정하고 있는 한국의 외교 현실에 비춰볼 때 구성주의는 여타 접근법에 비해 분석과 정책 간의 연결고리가 미약하다고 볼 수 있다.[15]

이제까지의 논의를 바탕으로 본절에서는 다음의 두 가지 사항을 소결론으로 제시하고자 한다. 첫째, 한국이 처한 한반도와 국제환경은 적지 않은 변화를 겪어왔지만 한국의 외교전략과 외교정책의 선택지를 근본적으로 수정하게 할 만큼 바뀌지는 않았다는 점에서 현실주의적 접근과 처방의 유용성은 아직 건재하다는 점이다. 둘째, 그럼에도 불구하고 복잡다기화하고 있는 국제분쟁 및 협력의 양상은 이론가 및 정책가로 하여금 보다 구체적이고 정밀한 분석을 요하는 만큼 경우에 따라 위의 세 가지 이론적 패러다임들을 적절하게 혼용할 필요성이 있다. 다만, 한국이 지향하는 거시적 외교목표를 염

---

15) 국내 학계에서는 구성주의를 한국 국제정치학 이론으로 담아내려는 시도가 이루어지는 한편(신욱희 1998, pp. 147−163 ; 김학노 2000, pp. 49−73 ; 정진영 2000, pp. 5−38), 구성주의를 남북한 관계에 적용하여 분석하는 논문들도 나왔으나(이근 · 전재성, 2000, pp. 163−198 ; 이근 2001 ; 전재성 2002, pp. 313−340 ; 김용호 2002, pp. 135−153) 정책 차원의 시사점은 구체적으로 도출되지 못했는데, 이는 구성주의 논의 자체의 성격에서 기인하는 불가피한 현상이다.

두에 두고 이에 부합하는 이론 및 정책논의가 나와야 하며, 북한이라는 존재와 한국의 안보현실을 특수한 사례로 치부할 경우 이론의 엄밀성과 정책효과에 대한 평가가 자의적인 방향으로 흐를 수밖에 없을 것이다. 셋째, 이론에 몰입하여 현실을 망각한 정책이 나와도 곤란하지만, 이론이 제시하는 논리적 엄밀성을 무시하고 이상적인 목표에 집착한 정책을 구사할 때 원하는 정책결과를 얻지 못할 수 있다는 점을 기억해야 한다는 것이다.

Ⅲ. 21세기 한국 외교모델을 찾아서

일제치하에서 해방되어 주권을 되찾은 이후 지난 60년간 한국이 펴온 외교정책은 제한된 공간, 제한된 이슈, 수동적 사고에 갇혀왔다고 해도 과언이 아니다. 한반도와 동북아시아의 지리적 범위에 외교적 사고를 제한하다 보니 급변하는 바깥세상의 변화에 둔감한 외교정책에 머물 수밖에 없었다. 또 대북교류, 한미동맹 관리 등 특정 의제에 몰입함으로써 한국이 설정하는 외교정책 의제는 제한적이었다. 외교에 임하는 사고방식은 주어진 국제관계의 틀 속에서 상대편 국가의 정책변화를 기대하기만 할 뿐, 한국이 국제사회에 대해 어떠한 역할과 책임을 제기해야 하는지의 문제에 있어서는 둔감하였다. 한국의 외교정책을 연구하는 전문가들의 연구주제는 물론 대외정책을 입안하는 관료 및 정치가들의 사고범주는 한결같이 이러한 한계를 벗어나지 못했다.

홀스티(Kalevi J. Holsti)에 의하면[16] 국가의 외교정책 목표는 안전(security), 자율성(autonomy), 복지(welfare), 지위와 위신(status and prestige), 그리고 종족, 이념, 또는 종교의 동료 보호(protection of ethnic, ideological, or religious colleagues), 세계조직의 꿈(dream of world organization) 등으로 대별된다. 물론 학자에 따라 조금씩 다른 개념과 어휘를 구사할 수 있겠으나, 나열된 외교정책 목표의 후자(後者)로 갈수록 자신의 안전을 지키는 수준을 넘어 영토 바깥으로 외교력을 확장시켜 원하는 가치와 덕목을 구현코자 하는 노력으로 확대되고 있다. 한국 역시 국력의 성장추세와 더불어 점차 바깥으로 눈을 돌려 선진외교를 펴는 세력들의 대열에 접근해 온 것이 사실이다. 경제협력개발기구(Organization for Economic Cooperation and Development : OECD)의 회원국으로서 공적개발원조(Official Development Assistance : ODA)의 규모를 늘리고, 국제연합(UN)에 더 많은 분담금을 내고, 평화유지군(PKO)을 점점 자주 파견하는 등의 외교행위는 분명 이러한 추세를 반영하는 사례들이다. 하지만 비용과 인력 같은 물리적 자산을 들여 국제사회의 평화창출 노력에 일조하는 것 외에 국제사회의 주류 가치와 질서를 형성하는 논의의 장(場)에는 이렇다 할 역할을 해오지 못한 것이 사실이다. 보다 엄밀하게 말하면 그러한 외교역할의 질적 변화를 꾀할 발상의 전환을 이제까지도 미뤄왔다는 얘기가 된다.

먼저 한국 외교정책 연구가 제한된 공간에 국한되었다는 점을 살펴보도록 하자. 냉전 초기 북한의 군사력에 비해 열세에 놓여 있

---

16) Holsti(1992), pp. 82-115.

던 한국이 주한미군의 존재에 절대적으로 의존[17]할 수밖에 없었던 상황, 그리고 냉전 후반기에 가까워 올수록 한미연합 전력이 증강되어 오긴 했어도 한국의 제1외교 목표는 대북 억지력의 확보에 맞춰져 있었다는 점[18]을 부인하기는 어렵다. 탈냉전 세계질서가 도래한 이후에도 여전히 체제갈등 종식의 사각지대(死角地帶)로 남아 있는 한반도는 한국으로 하여금 주요 외교과제를 계속 북한 위협의 관리에 묶어두도록 만드는 구조적 요인으로 작용하고 있다. 하지만 21세기의 국제질서는 단일화된 상호 의존망을 형성하면서도 다양하고 복잡한 갈등 의제를 제기하고 있어 한국 외교는 더 이상 남북관계와 한미관계의 개별적 작동원리만 생각해서는 한계에 직면하게 된다.

물론 한반도에서의 평화창출 노력을 동아시아의 평화구상으로 연결짓는 공간의 확장 시도는 이미 여러 사람에 의해 제기되었다.[19] 문제는 아직도 중요한 북한, 미국 변수를 앞으로 보다 중요시할 지역 및 세계 차원에서의 외교역할에 어떻게 연결시킬 것인가의 과제이다. 국내 기존 연구의 대부분은 도덕적 당위론에 의해 한국 주도의 다자 간 안보론을 역설하고 있기는 해도, 어떻게 역내 국가 간 불신 고리를 제거하고 다자 간 협력관계를 정착시킬 수 있는가에 대한 해법은 제시하지 못하고 있다. 통일이 오기 전까지는 북한의 군사위협을 간과한 다자주의가 제대로 작동할 수 없다. 또 미국 주도의 세

17) Weinstein(1978), pp. 160–167.

18) Koo(1980), pp. 1152–1163 ; Lee(1992), pp. 64–73 ; 윤태영(1999), pp. 349–368.

19) 박건영(2000) ; 박종철(2003) ; 국가안전보장회의(2004), pp. 28–34 ; 김유은(2004) ; 김태현(2004) ; 이수훈(2004) ; 구갑우 · 박건영 · 최영종(2005), pp. 31–64.

계질서에서 한미관계를 경시하고서는 어떠한 다자 간 외교도 의미 있는 결과를 내기 힘들다. 따라서 우리의 대북, 대미관계를 국제사회의 다른 세력들이 존중하고 지지할 수 있는 방향으로 한국 외교의 공간을 확장하는 전략이 향후 한국 외교연구의 추가적 과제로 고려되어야 한다.

제한된 이슈에 한국 외교를 묶어둬서는 안 된다는 말은 무엇을 뜻하는가? 북한, 한미동맹 등 제한적이고 상투적인 이슈에 한국 외교력을 매진해야 한다는 상황이 무조건 그릇되고 구시대적이라고 단언할 수는 없다. 이러한 사안들이 한국의 안전과 국가이익을 위해 필연적으로 관리해야 할 중요한 문제라면 그만큼 여기에 외교력을 모으는 일은 당연한 일이기 때문이다. 문제는 같은 주제에 접근하더라도 이제는 국제사회의 보편적 가치에 수렴하는 방향으로 북한과 미국을 바라볼 필요가 있다는 것이다. 한국 내에서의 외교정책 연구가 그러한 변화에 둔감했던 것은 물론이고, 한국의 외교를 바라보는 외국의 시선 역시 그러한 변화를 기대하거나 주문하는 경우가 드물었다.[20] 이웃 국에서 한국을 바라볼 때 한국인들은 줄곧 반공주의와 반일주의라는 두 가지 정서를 안고 살아왔으며, 이들 두 가지 문제의 많은 부분이 해결되었기는 하지만 아직도 한국의 외교를 제한하는 걸림돌로 작용한다고 진단할 수 있다.[21]

---

20) 예컨대 북한 핵문제를 다루더라도 아래의 연구들과 같이 북핵 해결을 위해 한국이 어떠한 역할을 할 수 있을지에 대한 미시안적 논의가 주안점을 이루고, 한국이 북한 핵문제를 계기로 국제사회의 핵질서 관리에 어떠한 새로운 역할을 모색해야 한다는 등의 발전지향적 발상은 찾아보기 힘들다. Gurtov (1996), pp. 8–31 ; Pinkston and Saunders (2003), pp. 79–102 ; O'Hanlon and Mochizuki (2003).

과거의 쟁점 이슈를 극복하는 길로 이들을 완전히 폐기하는 방안은 위험을 수반한다. 맹목적 반공정책이 효용을 상실했다고 하여 맹목적 친북정책이 올바른 남북관계를 보장할 수 없듯, 반일감정을 극복하는 방편으로 모든 문제에 있어 일본과 협력하는 절대적 동반자 관계를 지향하는 것이 과연 타당한 선택인지도 살펴야 한다. 향후 한국의 외교는 외교의 가치와 목표에 따라 이슈별로 우선순위를 매기고 이에 따라 차별화된 전략을 구사하는 쪽으로 발전해 가야 한다. 이제까지는 대북억지, 한미동맹 관리 등 개별적인 이슈에 대한 개별적인 외교목표가 한국 외교의 전체적 지형과 전략적 특징을 보여주지 못했다. 우호적인 한미관계 속에서도 세부 쟁점에 대한 치열한 협상전략이 서야 하고, 적대적인 남북한 간 군사관계 속에서도 북한의 극단적인 선택을 차단하고 북한의 변화를 점진적으로 유도하기 위한 현명한 개입전략이 동반되어야 한다. 그리고 개별 국가 및 지역에 대한 한국의 외교전략은 국제사회에서 널리 통용되는 자유민주, 인권, 시장경제 가치의 확산을 통한 공동평화 및 동반발전의 목표로 수렴되어야 한다.

이렇듯 외교공간과 이슈의 범주를 확장하는 것은 수동적 사고에서 적극적 사고로 옮아가는 문제와 직결된다. 국력이 신장하여 더 넓은 공간에 걸쳐 보다 다양한 이슈에 접근할 수 있다고 하여 자동적으로 적극적인 외교가 만들어지는 것은 아니다. 여기서 적극적인 외교란 상대방의 행동을 한국이 바라는 대로 변화시키기 위해 외교관계 자체를 변화시켜 나가는 거시적인 사고를 뜻하는 동시에 국제

---

21) Kamiya(1980), pp. 744-753.

사회에서 한국의 신장된 역할을 책임외교를 수행함으로써 보장받는 열린 사고를 의미한다. 남북관계를 예로 들어 북한의 변화를 기대하기만 할 뿐, 북한의 변화를 유도하는 주도적인 대북정책이 부재하다면 정책효과를 기대하기 힘든 외교 슬로건에 그칠 것이다. 대북관계의 장기적인 비전과 대전략에 기초하여 각 사안에 대한 일관된 전략을 추진해야만 한국이 지향하는 남북관계를 만들어 갈 수 있다. 또 미국과 이웃 나라들에게 처우개선만 요구하고 한국이 감당해야 할 책임은 외면한다면 이들이 한국의 요구사항을 배려하려 하지 않을 것이다. 주한미군의 질적 변환을 동반하는 한미 군사관계의 변화 문제를 미국의 세계전략과 한국의 대외전략 간에 이익의 공유점을 찾아가는 문제로 이해하는 것이 적극적 사고에 의한 외교이다. 그것이 곧 한국의 국제적 역할을 강화하는 동시에 중국, 일본, 유럽, 중동 등의 세력들과 건설적인 우호관계를 꾀하는 명분과 지렛대를 확보하는 지름길이 된다. 미국의 한반도 전략이 바뀌면 한국에 대한 안전보장을 어떻게 지켜낼 것인가, 한국이 미국의 공세적 개입외교에 의해 불필요하게 연루되는 결과를 어떻게 최소화할 것인가 등의 사고방식은 과거의 외교 패러다임에 갇혀 수동적으로 사고하는 외교의 전형적인 예이다.

능동적인 한국 외교를 지향하는 문제를 다룬 이번 절에서는 다음과 같은 향후 과제를 제기한다. 첫째, 한국 외교정책 연구는 한국 외교의 미래비전을 담아 한국 외교의 한 차원 높은 질적 변화를 선도할 때가 되었다는 점이다. 시대의 변화에 따라 한국의 외교지평을 확장해야 한다는 취지의 연구물은 점차 늘어났지만, 외교의 공간과 이슈를 확대함에 있어 당위론만 있을 뿐 명분과 실리를 보장하는 대전략이 아직 자리 잡지 못했다. 둘째, 이제부터는 한국 외교의 정체성을 만들어 가는 것이 필요하다. 한국 외교를 떠올리면 생각나는 이미지와 색깔을 만들어 가야 한다. 분단국가로서의 핸디캡은 적대적 체제 대결의 마지막 사례를 해소해 가는 평화창출 국가의 이미지 만들기로 극복해 갈 수 있다. 한국이 한반도와 동아시아에서 평화공동체를 주창하여 국제사회의 공감을 끌어오는 소프트 파워 외교를 지향해야 한다. 이는 동맹국과 우방국을 협력적 관계의 틀에 묶는 현명한 하드 파워에 의해 강력하게 뒷받침된다. 또 국제사회의 보편적인 가치를 남북관계와 동아시아 질서에 접목하는 명분을 확보해야 협상력의 극대화를 제고할 수 있다.

IV. 결정과 실행과정에서의 도전요인

외교정책 연구에 있어 단일 행위자로서의 국가의 판단력과 이에 영향을 주는 국제구조의 역할을 절대시할 경우, 정작 외교수행의 당사자인 국가에 대한 연구를 소홀히 하기 쉽다는 지적은 설득력이 있다. 외교정책을 국제사회와 국가 내부사정의 관련성 속에서 파악해야 한다는 주장[22]도 있고, 개별 외교사안을 더욱 정확하고 구체적으로 이해하기 위해서는 국내정치적 요인에 주목해야 한다는 연구[23]

22) Resenau (1966), pp. 27–99 ; Putnam (1988), pp. 427–460.

도 잇따랐다. 이러한 문제의식들은 동일한 국제적 상황이 주어질지라도 개별 국가들의 외교정책이 서로 다르게 나타나는 현상을 설명해야 한다는 필요성에서 기인한다.

그간 한국의 외교정책 연구가 국내 결정과정 요인에 소홀[24]했던 이유를 몇 가지 추론해 볼 수 있다. 하나는 한국의 외교정책이 과정보다는 결과에 치중하는 경향이 있기 때문이다. 전쟁억지, 신사참배 불가, 동북아시아 다자주의 지향 등 장기간에 걸쳐 대비해야 할 외교 사안에 대한 면밀한 고찰보다는 결과에 대한 확고한 주장이 앞서는 경우가 많았다. 또 주변 4강을 비롯한 국제적 환경을 우선적으로 관찰한 뒤 한국의 입장을 정해야 하는 상대적 약소국의 입지 때문에 한국의 국내 상황이 대외정책을 좌우하는 독립변수의 역할을 수행하는 경우가 드물었다. 마지막으로 강력한 대통령중심제를 채택해 온 한국의 경우, 외교정책을 결정하는 주요 행위자로서의 대통령에 대한 관심이 압도적으로 컸던 만큼 상대적으로 여타 국내요인에 대한 연구의 필요성이 미약할 수밖에 없었다.

국내연구가 한국의 외교와 국내정치를 연결지을 경우 한국의 민주화 진행을 당위론적인 목적으로 상정한 논의가 가장 두드러진다. 한국의 민주주의 성숙은 필연적으로 진행되어야 할 결과물이자 과정이다. 그런데 한국의 산업화를 주도하는 군부정권이 민주화를 지연시키자 근대화는 과연 민주화를 보류하고라도 정당화될 수 있

23) Allison (1989), pp. 378–409 ; Steinbrunner (1974).

24) 국내요인을 고려한 한국의 외교정책 연구는 주로 한국 민주화 과정에 초점을 맞추거나 특정 외교 이슈에 대한 국내 행위자들의 입장 분포를 다룬 분석들이 주종을 이룬다. 김기정 · 이행 (1992), pp. 3–22 ; Yim and Kim (1997).

는가의 논의가 제기된다. 이는 다시 근대화 없는 민주화는 불가능한가, 만일 경제발전이 시민의식의 고양으로 이어진다면 근대화는 곧 민주화를 촉진하는 독립변수의 역할을 하는가의 쟁점으로 연결된다. 이때 권위주의 정권의 한국과 동맹관계를 맺은 미국이 한국의 군부세력을 비호하고 민주주의를 방해하는 세력으로 비쳐지기도 한다.[25]

'한국의 민주주의' 라는 학술적 주제가 중요하기는 하나 민주화의 진행 자체를 핵심주제로 놓고 이에 대한 책임공방을 벌이는 것이 한국 외교론의 핵심논점은 아니다. 한국 사회의 다원화가 진행되고 대외정책 이슈에 대한 국내 정치과정의 역학관계가 복잡다기화하면서 한국의 대외정책 논의와 결정과정에 어떠한 변화가 초래되었는지에 대한 심도 있는 논의가 필요하다. 개별 외교 사안에 대한 국내 이해관계의 분열 및 이의 수렴과정을 연구하는 것도 의미가 있겠으나, 한국이 앞으로 21세기의 외교환경에 부합하는 선진외교를 지향함에 있어 어떠한 안보담론이 형성되어야 하는지에 대한 고찰이 병행되어야 할 것이다. 한국 외교정책의 이론을 갈고 닦아 개선된 외교전략을 내놓은들, 이에 공감하고 정부의 추진력에 힘을 실어줄 국내사회의 지지기반이 마련되지 않으면 정책의 실행 자체가 원만하게 이뤄질 수 없기 때문이다.

그런데 지금 한국의 외교가 안고 있는 보다 근본적인 문제는

---

25) 이러한 인식은 특히 1980년대 한국의 사회과학계를 풍미하였는데, 진보 및 좌파의 역사교과서로 불린 『해방전후사의 인식』이 그 중심에 서 있었다. 송건호(1979-1989).

최고 결정자 레벨의 수준에서 정책오인이 발생할 경우, 이를 견제하거나 교정하여 정책실패를 방지할 수 있는 장치가 취약하다는 점이다. 외교안보 라인의 인사권과 국가 정책결정의 최종단계 과정을 장악하고 있는 청와대가 특정 외교노선을 추진할 경우 이를 바꾸기는 힘들다는 사실이 누차 확인되었다. 한 · 미 전시작전통제권의 분리문제, 북한의 핵실험 이후 대북햇볕정책의 유지문제 등 최근에 와서 두드러진 점은 전문가들의 고언(苦言)과 여론의 향배와 무관하게 정부가 설정한 정책목표를 신속하게 관철시키는 경우가 늘고 있으며, 이와 함께 정부의 입장을 국민들의 안보여론에 일방적으로 주입하고자 하는 대(對)여론 홍보정책이 병행되고 있다는 점이다.

'제왕적 대통령'으로서의 정치권력은 예전보다 약화된 것이 사실이지만,[26] 그렇다고 해서 외교안보 관련 부처들의 전문성에 맡기는 위임형 외교정책이 자리 잡았다고 보기는 힘들다. 물론 대통령은 외교정책 결정의 가장 중요하고도 궁극적인 행위자이지만 관료들의 경험과 지식에 의존하여 최적을 판단을 도출해낼 의무를 지고 있으며, 그러한 판단은 다시 국회와 정당으로부터의 견제 내지 동의를 거쳐야 마땅하다. 그러나 정부 내에서의 대통령의 외교정책에 대한 이러한 수평적 견제기능은 현재로서 제대로 작동하지 않고 있는 실정이다. 여당이 다수당의 위치를 점하고 있는 상황에서 대통령과 여당이 특정 정책을 추진할 경우 관련 부처와 야당의 의견이 반영될 수 없으며, 나아가 여당과 대통령의 입장이 서로 다를 경우, 대통령이 자신의 입장을 관철하고자 청와대의 참모진들에게 힘을 실어줄

---

26) 장훈(2006), p. 11.

경우 이를 통제하기도 어려운 상황이다. 더구나 5년 단임의 대통령제는 임기 이후에 발생하는 정책결과에 대한 책임을 지울 수 없으므로 외교 실정(失政)을 예방하는 통제장치는 미미한 실정이다.

대통령의 독단을 제도적으로 견제하는 수평적 견제(horizontal accountability) 말고도 시민참여에 의한 수직적 견제(vertical accountability)를 고려할 수 있으나 이 또한 제대로 기능을 발휘하지 못하고 있다. 제도적으로 구비된 민주주의가 실천적 차원에서 성숙하게 운용되려면 국민들 간에 민주시민 의식이 고양되어야 한다. 민주시민 의식은 정부와 국민의 민주의식이 동반적으로 성장할 때 건강하게 작동한다. 현재 한국은 민주주의의 결핍이 아닌 민주주의의 과잉에 시달리고 있다. 민주주의에 목말라 하던 시민들이 민주적 기회를 너무 남용하여 누리고 있다. 북한 핵, 이라크 파병, 한미동맹, 한중관계, 한일관계, 한미 자유무역협정(FTA) 등 그야말로 모든 굵직굵직한 외교 사안마다 국론이 분열되어 논쟁이 이어지고 있다. 논쟁은 적대적 반목으로 악화되어 외교문제가 아닌 정치적 투쟁의 도구가 되어가고 있다. 불법시위에 법치주의는 위협받고 중앙정부는 리더십의 위기에 빠져 있다.

국제체제 변수의 한국 외교정책에 대한 제약에도 불구하고 국내변수로서의 민주화 요인은 한국의 대외정책을 좌우하는 중대한 요인이 된다.[27] 현재 한국 민주주의가 겪고 있는 파행의 본질은 제도

---

27) 아래의 글과 같이 소국(small states)의 대외정책도 국제 구조적 요인에 더하여 민주주의의 제도화 같은 국내적 요인에 의해 좌우될 수 있다는 견해가 제기된 바 있으나, 민주주의의 발전을 국가의 외교에 대한 긍정적 투입요인으로 간주하는 것이 일반적이어서 민주주의의 성숙과정에서 야기될 수 있는 파행에 대한 분석은 미미

적으로 이미 주어진 민주주의가 제도의 기능으로 인해 민주주의의 지속성을 확보하느냐, 아니면 제도를 자의적(恣意的)으로 활용하는 정치세력에 의해 민주주의의 퇴행을 초래하느냐의 문제에 있다. 본디 민주주의가 국가의 외교정책 결정과정에 기여하는 순기능이란 행정부가 추진하는 외교정책을 의회와 시민사회가 검증하고 견제하는 과정을 보장함으로써 실수의 가능성을 최소화하는 것을 의미한다. 그런데 현재 참여정부의 외교정책은 대통령과 청와대의 지침이 관련 행정부처의 판단을 좌지우지함으로써 애초에 행정부 차원의 균형 있는 판단이 마비되어 있을 뿐만 아니라, 이를 제어하는 의회와 시민사회 차원의 통제기능도 작동하지 않고 있다. 권력을 행사하는 소수의 믿음이 국가 전체의 공공이익을 찾아가는 의사소통의 통로를 막거나 통제하려 할 때 민주주의 및 외교정책 결정의 왜곡이 발생할 수 있음을 기억해야 한다.

한국의 외교정책론이 한 단계 진화하기 위해서는 국내 결정과정 단계에서 원활한 토론의 장(場)이 주어져야 하며, 보다 중요하게는 최적의 국가전략을 택하고 실행할 수 있는 현명한 리더십이 보장되어야 한다는 점이다. 한국의 단임 대통령제가 제약하고 있는 정책의 장기적 일관성과 판단력의 취약성을 야기할 수 있는 위험요인은 앞으로 개선될 필요가 있으며, 이에 대한 대안이 시급히 제기되어야 한다고 본다. 또한 한국의 외교문제가 국제화될 수밖에 없고 국제적 사안이 거꾸로 한국의 외교이익에 불가분의 영향을 미치는 글로벌 네트워크의 시대에서 한국의 각종 대외정책이 국내 행위자들 간의

하다. Elman (1995), pp. 171–217.

역학관계를 고려하여 무리 없이 추진될 수 있는 의사수렴 장치를 강화하는 문제 역시 소홀히 할 수 없을 것이다.

V. 결론

서구 이론을 공부하여 한국의 현실에 적용해 오던 범주를 뛰어넘어 이제부터는 한국의 외교현실과 한국의 외교목표에 부합하는 한국적 외교정책 이론의 개발에 보다 많은 관심을 기울여야 한다. 그리하여 한국의 외교 모델이 내포하는 특징과 함의에 대해 외국에서 관심을 가지고 공부하려고 할 정도가 된다면, 한국의 외교정책 사례가 국제정치의 일반 외교정책론에 특수성과 보편성의 함의를 풍부히 해주는 효과를 발휘할 수 있을 것이다.

과거 60년간 한국의 외교가 치중해 온 국방 우선주의의 굴레를 점차 극복해야 하겠으나 한국의 통일과제는 완수시점까지 주어지는 반영구적 외교목표이다. 북한 연구와 통일 모델 연구는 가장 활발하게 이루어졌으면서도 가장 통일되지 못한 채 갈피를 잡지 못하고 있다. 통일은 그 시기와 방법을 예측하기 곤란한 만큼 통일의 원칙과 철학을 우선 분명히 할 필요가 있다. 그리고 한국이 지향하는 통일 모델에 북한이 수렴할 수 있도록 북한을 변화시키는 관여외교의 전략이 보다 구체화되어야 한다. 한국이 원하는 통일을 현실화하려면 국제사회의 우호적인 지지와 지원이 필수적이므로 통일우방 외교를 소홀히 함이 없도록 이에 대한 권위 있는 외교전략이 나와야 한다.

마지막으로 국제환경의 변화와 국제관계의 맥락을 정확하게 읽고 대비해야 한다. 테러리즘, 대량살상무기, 환경, 인권, 에너지 등 21세기의 다양한 포괄안보 이슈(comprehensive security issues)들은 점차 중요성을 띠고 있으며, 이들 사안에 대한 주요 세력들 간의 경쟁과 협력관계의 변화무쌍함이 한국 외교의 판단력을 시험하고 있다. 국익은 국가들 간의 이기적인 협상 게임을 전제로 추구되지만, 명분과 가치기반이 없는 상황적 외교만을 반복할 경우 국제관계의 큰 흐름을 주도하기 힘들 것이다. 중요한 이슈마다 협력 파트너십이 교체되는 역동성도 이해해야 하지만, 한국이 중요시하는 외교문제에 있어서는 장기간 동안 확보해야 할 파트너십이 무엇인지도 직시해야 한다. 국가주권의 신성성과 평등함도 중요하지만, 국제사회의 보편적 상식에 반하는 국가나 정권의 주권은 국제적 합의에 의해 무시될 수 있다는 점도 기억해야 한다. 한국 외교정책론은 이제 한국이 아닌 세계 외교사의 큰 흐름을 내려다 보면서 발전해 가야 한다.

참.고.문.헌

구갑우 · 박건영 · 최영종. "한반도 평화체제 수립과 동아시아 다자 간 안보 협력에 관한 연구." 『한국과 국제정치』 제21집 2호(2005).

국가안전보장회의. 『평화번영과 국가안보 : 참여정부의 안보정책 구상』. 서울 : 국가안전보장회의 사무처, 2004.

김근식. "김대중 정부의 햇볕정책 : 평가와 전망 그리고 과제." 『한국과 국제정치』 제18집 2호(2000).

김기정 · 이행. "민주화와 한국 외교정책 : 이론적 분석틀의 모색." 『국제정치논총』 제32집 2호(1992).

김연철. "북한 개방과 동북아 번영의 기초 마련." 『통일경제』(2004 봄).

김영재. "분단체제의 극복과정과 새로운 평화체제의 모색." 『국제정치논총』 제43집 4호(2003).

김용호. "대북정책과 국제관계이론 : 4자회담과 햇볕정책을 중심으로 한 비판적 고찰." 『한국정치학회보』 제36집 3호(2002).

김유은. "동북아 안보공동체를 위한 시론." 『국제정치논총』 제44권 4호(2004).

김태현. "동북아 다자안보 협력체 : 기대와 현황과 전망." 한국동북아지식인연대 편. 『동북아공동체를 향하여』. 서울 : 동아일보사, 2004.

김학노. "합리주의적 기능주의 비판과 구성주의적 대안 모색." 『국가전략』 제6권 2호(2000).

문정인. "김대중 정부와 한반도 평화체제 구축." 『국가전략』 제5권 2호(1999).

박용옥. "새 시대에 한국이 풀어야 할 국제정치의 과제." 박광희 편. 『21세기

의 세계질서 : 변혁시대의 적응논리』. 서울 : 도서출판 오름, 2003.
송건호 외.「해방전후사의 인식 1-6권」. 서울 : 한길사, 1979-1989.
신욱희. “구성주의 국제정치이론의 의미와 한계.”『한국정치학회보』 제32집 2호(1998).
신 진. “김대중 정부의 햇볕정책과 구조적 한계.”『국제정치논총』 제43집 1호(2003).
안병준. “한반도의 평화와 군비통제.” 이상우 · 하영선 공편.『현대국제정치학』. 서울 : 나남출판, 1992.
윤태영. “한 · 미 동맹 체제하에서의 한국의 대북한 위기관리, 1968-1983.”『한국정치학회보』 제33집 2호(1999).
이 근. “구성주의 시각에서 본 남북정상회담 : 양면게임을 통한 정체성 변화 모색.”『국가전략』 제7권 4호(2001).
이근 · 전재성, “안보론에 있어 구성주의와 현실주의의 만남.”『한국과 국제정치』 제17권 1호(2001).
이석호. “약소국 외교정책론.” 이상우 · 하영선 공편.『현대국제정치학』. 서울 : 나남출판, 1992.
이수훈.『세계체제, 동북아, 한반도』. 서울 : 아르케, 2004.
장 훈. “한국의 민주화와 외교정책 : 비원에서 광장으로.” 한국정치외교사학회 추계학술회의 발표논문, 2006년 10월 27일.
전 웅. “한국 외교정책의 전통과 연구현황.” 이범준 · 김의곤 편.『한국 외교정책론 : 이론과 실제』. 서울 : 법문사, 1993.
전재성. “구성주의 국제정치이론과 남북관계.”『국방대학교 교수논총』 제24집(2002).
______. “관여(engagement)정책의 국제정치이론적 기반과 한국의 대북정책.”『국제정치논총』 제43집 1호(2003).
정진영. “국제정치이론 논쟁의 현황과 전망 : 새로운 이론적 통합의 향방.”『국제정치논총』 제40집 3호(2000).
하영선 편.『21세기 한국 외교 대전략 : 그물망 국가 건설』. 서울 : 동아시아연구원, 2006.

Allison, Graham T. and Morton H. Halperin. "Bureaucratic Politics : A Paradigm and Some Policy Implications." G. John Ikenberry (ed.), *American Foreign Policy : Theoretical Essays*. Boston : Scott, Forcesman and Company, 1989.

Baldwin, David A. (ed.), *Neorealism and Neoliberalism : The Contemporary Debate*. New York : Columbia University Press, 1993.

Carr, Edward H. *Twenty Years' Crisis, 1919–1939 : An Introduction to the Study of International Relations*. New York : Harper & Row, 1939/1964.

Cha, Victor. "Realism, Liberalism, and the Durability of the U.S.–South Korean Alliance." *Asian Survey* 37–7 (July 1997).

Cox, Robert W. "Social Forces, States and World Orders : Beyond International Relations Theory." *Journal of International Studies, Millennium* 10–2 (Summer 1981).

Elman, Miriam Fendius. "The Foreign Policies of Small States : Challenging Neorealism in Its Own Backyard." *British Journal of Political Science* 25–2 (April 1995).

Gilpin, Robert. *War and Change in World Politics*. Cambridge : Cambridge University Press, 1981.

Gurtov, Mel. "South Korea's Foreign Policy and Future Security : Implications of the Nuclear Standoff." *Pacific Affairs* 69–1 (Spring 1996).

Holsti, K. J. *International Politics : A Framework for Analysis, 6th edition*. New Jersey, Englewood Cliffs : Prentice Hall, 1992.

Kamiya, Fuji. "The Korean Peninsula After Park Chung Hee." *Asian Survey* 20–7 (July 1980).

Keohane, Robert O. *After Hegemony : Cooperation and Discord in the World Political Economy*. Princeton : Princeton University Press, 1984.

Keohane, Robert O. (ed.), *Neorealism and Its Critics*. New York : Columbia University Press, 1986.

______. "Reciprocity in International Relations." *International Organization* 40–1 (Winter 1986).

Koh, B. C. "Inter–Korean Relations : Seoul's Perspective." *Asian Survey* 20–11 (November 1980).

Koo, Youngnok. "Future Perspectives on South Korea's Foreign Relations." *Asian Survey* 20–11 (November 1980).

Lee, Hong Yung. "South Korea in 1991 : Unprecedented Opportunity, Increasing Challenge." *Asian Survey* 32–1 (January 1992).

McCune, George M. "The Korean Situation." *Far Eastern Survey* 17–17 (September 1948).

Mearsheimer, John. "Back to the Future : Instability in Europe After the Cold War." *International Security* 15–1 (Summer 1990).

Morgenthau, Hans. *Politics Among Nations.* New York : Alfred A. Knopf, 1948/1973.

O'Hanlon, Michael and Mike Mochizuki. *Crisis on the Korean Peninsula : How to Deal with a Nuclear North Korea.* New York : McGraw–Hill, 2003.

Pinkston, Daniel A. and Phillip C. Saunders. "Seeing North Korea Clearly." *Survival* 45–3 (Autumn 2003).

Putnam, Robert D. "Diplomacy and Domestic Politics : The Logic of Two–Level Games." *International Organization* 42–3 (Summer 1988).

Rosenau, James N. "Pre–theories and Theories of Foreign Policy." R. Barry Farrell (ed.), *Approaches to Comparative and International Politics.* Evanston, Illinois : Northwestern University Press, 1966.

Steinbrunner, John. *The Cybernetic Theory of Decision.* Princeton : Princeton University Press, 1974.

Waltz, Kenneth N. *Theory of International Politics.* New York : McGraw–Hill, Inc., 1979.

______. "Realist Thought and Neorealist Theory." *Journal of International Affairs* 44–1 (Spring/Summer 1990).

Weinstein, Frankin. "The Korean Debate, Continued." *International Security* 2–3 (Winter 1978).

Wendt, Alexander. "Anarchy is What States Make of It : The Social Construction of Power Politics." *International Organization* 46-2 (Spring 1992).

______. *Social Theory of International Politics.* Cambridge : Cambridge University Press, 1999.

Yim, Yong Soon and Ki-jung Kim. (eds.), *Korea in the Age of Globalization and Information : Direction of Korea's Diplomacy and Broadcasting toward the 21st Century.* Seoul : The Korean Association of International Studies, 1997.

7. 남북관계 연구 | 검토와 과제

우승지(경희대학교)

I. 서론

남북관계에 대한 연구는 한반도의 남쪽과 북쪽에 각기 상이한 정치 · 경제 · 사회체제가 등장하여 협력과 갈등의 역사를 풀어가는 것과 동시에 행해졌다고 할 수 있다. 남북관계는 연구의 대상이면서 곧 실천과 삶의 대상이었다. 해방과 분단 이후 한반도에서 삶을 영위한 사람들에 의해서 남북관계가 만들어지고, 또 그들 중 성찰적 · 비판적 일부에 의해 관계사가 쓰였다. 남북관계에 대한 연구는 (국제)정치학의 일부이면서 또한 경제학, 사회학, 법학, 문학, 어학의 영역이기도 하다. 현재 통일연구원, 외교안보연구원, 세종연구소와 전국 주요 대학의 정치외교학과, 국제학부, 북한학과의 연구진들이 정치 · 경제 · 사회 분야의 남북관계 연구를 선도하고 있다.

남북교류를 최고위 엘리트들의 사상과 활동을 통해 정리할 수도 있고, 중간 실무자나 분야별 전문가 또는 일반대중들의 삶의 궤적을 통해 추적할 수도 있다. 또 정치 · 안보적 분야에 관심을 가질 수도 있고 환경, 사회, 개인, 교통, 통신, 경제, 문화, 방송 등 특정 분야에 초점을 맞출 수도 있다. 이렇게 다양하고 다층적인 남북관계에 대해서 본 연구는 남북화해 및 교류협력, 갈등, 국제정치의 패러다임과 양자관계, 국내정치와의 연계, 북핵문제 등의 주제에 관심을 갖고 정리 · 분석하는 작업을 시도하고자 한다. 시기적으로는 한국전쟁 이후부터 북한 핵실험까지의 남북관계를 포함하였으며, 통일 및 통일정책 관련 논의는 제외하였다.[1]

Ⅱ. 국제정치이론과 남북관계 연구

60여 년에 달하는 남북관계사는 국제정치학자들에게 국제정치 이론과 패러다임을 적용하고 테스트할 수 있는 무대를 제공하였다. 남북관계를 연구하는 학자들은 종종 현실주의, 자유주의, 구성주의, 합리주의 이론적 틀 속에서 남북관계의 역동성의 의미를 발견하려

1) 정세현의 아래 논문은 분단 이후 1980년대 후반까지 통일문제와 남북한 관계 연구의 추세를 분석하고 있다. 정세현, “남북한관계와 통일문제 : 연구현황과 방향,” 『국제정치논총』 28집 1호(1988).

고 시도했다. 안보 딜레마를 강조하는 현실주의, 상호의존, 상호이익, 협력의 제도화를 중시하는 자유주의, 정체성의 변화에 주목하는 구성주의 외에도 분단체제론, 특수관계론, 비교정치론, 분단질서론, 역사주의적 시각의 관점에서 남북관계가 연구되고 있다.[2]

이근은 구성주의 시각에서 정상회담 이후 남북관계의 변모추이를 관찰하고 있다. 남과 북의 정책적 변화, 언술행위, 상징조작이 남북한의 정체성을 변화시켜 나가는 과정을 보여주고 있는 것이다. 그는 남과 북의 정체성 변화의 의미, 변화의 지속성 여부, 정체성 변화를 지속가능하게 해주는 정책적 수단 등에 대해 논하고 있다.[3] 전재성은 구성주의 관점에서 남북관계를 연구할 때 정체성 획득, 규범의 내재화, 규범으로부터 이익으로의 전환, 이익 개념이 외교정책과 궁극적으로 국가행위로 연결되는 과정에 주목할 것을 주문하고 있다.[4]

김재한은 탈냉전의 상황에서 남북관계가 비제로섬 게임의 성격

---

2) 구갑우, "남북한 관계의 이론들 : 분류와 비판," 경남대학교 북한대학원 편, 『남북한 관계론』(파주 : 한울, 2005), 91-108쪽. 백낙청은 분단체제론을 통해 남북한 지배계급이 기득권 유지에 봉사하고 있는 현실에서 남북한 민중이 분단극복을 위해 자기 사회의 개혁과 민주화에 매진하여야 한다고 주장한다. 백낙청, 『흔들리는 분단체제』(서울 : 창작과 비평사, 1998). 박명림은 남한과 북한의 상호작용이 하나의 질서를 이루며, 이 질서가 다시 행위자를 제약하는 '대쌍관계 동학(interface dynamics)'의 성격을 갖는다고 본다. 그는 분단질서 형성기, 분단고착과 지속의 시기, 분단해소 시기의 시기구분을 하고 있다. 박명림, "분단질서의 구조와 변화 : 적대와 의존의 대쌍관계 동학, 1945-1995," 『국가전략』 3권 1호(1997).

3) 이근, "구성주의 시각에서 본 남북정상회담," 『국가전략』 7권 4호(2001).

4) 전재성, "구성주의 국제정치이론과 남북관계," 하영선 · 김영호 · 김명섭 편, 『한국외교사와 국제정치학』(서울 : 성신여자대학교 출판부, 2005).

을 갖고 있다고 보고, 남북 사이의 협조를 강화하기 위해 공동이익의 창출, 상대의 신뢰를 얻기 위한 노력, 접촉 증가, 조건부적인 양보, 선도적 노력을 당부하고 있다.[5] 장노순은 현실주의, 자유주의가 기초하고 있는 전략적 선택과 구성주의가 기초하고 있는 정체성의 변화를 묶어서 남북관계의 협력 가능성을 연구하고 있다. 그에 의하면 정체성 변화에 의한 협력과 전략적 선택에 의한 협력이 모두 가능하다.[6]

김학노는 구성주의적 신기능주의와 그람시안 국제정치이론을 접목하여 김대중 정부의 햇볕정책을 '평화통합전략'으로 해석하고 있다. 그에 의하면 김대중의 대북정책은 교류협력을 통하여 서로에 대한 인식과 상호 정체성을 변화시키는 것을 지향하고 있다는 측면에서 구성주의적이며, 통합과정에서 경제적 수단을 중시하면서 정치력을 보완한다는 면에서 신기능주의적이다. 김학노는 햇볕정책의 원동력을 남한 자본, 특히 재벌의 헤게모니에서 찾으면서, 재벌들이 남북경협을 통해 북한의 지리적 거점, 노동력, 자원을 이용하여 자본의 이익을 실현하려 한다고 분석한다. 그람시안적 전통에서 그는

5) 김재한, "탈냉전과 남북한 협조," 『국제정치논총』 30집 1호(1990).

6) 장노순, "국제정치이론의 통합을 위한 시론 : 남북한 관계의 정체성 변화와 전략적 선택," 『세계지역연구논총』 24집 1호(2006). 하젤 스미스는 북한을 전형화해서 '광기(mad)', '죄악(bad)'의 시각으로 바라보는 패러다임에 반대하면서 '비애(sad)' 또는 '합리적 행위자(rational actor)'의 기준에서 해석할 것을 주문하고 있다. 그는 북한에 대한 선입견에서 벗어나 북한의 전략을 행위 그 자체의 긍정성과 부정성에 의해서 판독할 때 북한과의 협력 가능성이 증대되고, 한반도의 평화체제 구축의 공간도 넓어진다고 주장하고 있다. Hazel Smith, "Bad, mad, sad or rational actor? Why the 'securitization' paradigm makes for poor policy analysis of north Korea," *International Affairs*, Vol. 76, No. 3(2000).

남남갈등을 지배세력 내부의 헤게모니 다툼으로 해석하고 있다. 즉 지배세력 중 통합지향파와 통합반대파의 갈등이라는 것이다.[7]

김용호는 김영삼 대통령 시기의 4자회담과 김대중 대통령 시기의 햇볕정책을 국제관계이론의 관점에서 의미부여하고 있다. 그는 4자회담이 냉전붕괴 이후 NATO의 확대, APEC, ARF 등 다자주의에 대한 관심이 급증하는 시류를 배경으로 한반도 안보문제를 다자주의로 풀려는 시도였다고 본다. 햇볕정책은 정경분리의 원칙을 내세운다는 점에서 신자유주의적이고, 경제교류, 금강산 관광, 이산가족 상봉 등 선(先)사회문화 교류를 통한 상호 이해관계의 형성에 초점을 맞춘다는 점에서 구성주의적 요소를 갖고 있다고 해석한다. 김용호는 4자회담이 한반도 평화와 신뢰구축이라는 원칙에는 합의를 이루었지만 공동의 규범이나 원칙, 의사결정 과정이 정형화되어 있지 않았다는 면에서 제도주의적 접근의 핵심을 포함하지 않았다고 비판하고 있다. 그에 의하면 햇볕정책은 남북 간의 교역을 통해 상호 의존의 관계를 만들고, 그 관계 속에서 남과 북이 공통의 이익을 발견하고 무력 사용을 억제하게 한다는 경제평화론의 요소를 갖고 있다. 저자는 의존의 증가와 갈등의 축소 등식이 성립하지 않는 한일관계를 예로 들면서 비대칭적 교류는 오히려 양국관계에서 화를 불러올 수 있음을 지적한다. 또한 햇볕정책은 이산가족 상봉과 같은 교류를 통해 '우리(we-ness)'라는 공동체 의식의 회복을 도모하고 있지만, 정체성 형성은 많은 시간을 필요로 하는 과정임을 지적한다. 그

---

7) 김학노, "평화통합전략으로서의 햇볕정책," 『한국정치학회보』 39집 5호(2005 겨울).

는 어느 한 패러다임도 남북관계의 이해나 실천에서 독점적이고 배타적인 우월성을 가질 수 없다고 평가하고, 이론적 절충주의를 대안으로 제시하고 있다.[8]

기존 패러다임이나 이론의 적용 이외에 국제정치학은 분석수준의 측면, 즉 남북관계의 '안'과 '밖'의 측면에서 남북관계의 연구에 일정한 공헌을 하였다. 남한, 북한의 두 국가는 상위수준의 행위자와 하위수준의 행위자와 상호작용하며 영향을 주고받는다. 상위수준으로 세계 차원과 동아시아 차원을 상정해 볼 수 있고, 하위수준으로 국내의 다양한 사회세력을 생각해 볼 수 있다. 남한과 북한이라는 행위자와 그들의 상호작용의 합인 남북한관계 또한 한반도의 두 행위자에 영향을 미치는 요소이다. 이때 반(反)환원주의는 두 국가의 상호작용이 만들어내는 관계속성의 환원불가능성을 주장하며, 방법론적 개체주의는 관계속성의 환원가능성을 이야기한다.[9]

남북관계와 국내정치의 상관관계에 대해서는 분석적 · 이론적 · 경험적 차원에서 최완규, 박명림, 신종대, 이종석, 류길재, 김도종 등이 연구를 주도해 왔다.[10] 신종대는 북한이 한국의 국내정치에 미친 영향을 천착하고 있다. 그는 북한 요인을 구조적 요인, 상황적 요인, 행위적 요인으로 나누어서 살피고 있다. 그에 의하면 북한의

---

8) 김용호, "대북정책과 국제관계이론 : 4자회담과 햇볕정책을 중심으로 한 비판적 고찰," 『한국정치학회보』 36집 3호(2002 가을).

9) 구갑우, 2005, 82-89쪽.

10) 최완규, "전환기 남북한의 국내정치와 통일게임," 『한국과 국제정치』(가을 · 겨울, 1995) ; 박명림, "국내정치와 남북관계 : '1.5레벨게임'의 구조와 동학," 『계간 사상』(2000 여름).

존재는 한국이 반공체제를 형성하고 자유민주주의 체제를 제도화하는 데 공헌한 반면, 동시에 역설적으로 한국의 민주주의가 민간독재 내지는 군부독재로 전락하는 데 공헌하였다. 권위주의 시절 북한의 위협이 한국 사회의 분열을 봉쇄한 반면, 민주화 시기 북한의 위협성 감소는 내부적 분열과 갈등을 촉진시키는 작용을 하고 있다.[11]

김도종은 햇볕정책을 성공적으로 추진할 수 있는 국내 정치환경에 대해 논하고 있다. 우선 최초의 수평적 정권교체와 탈이념화 경향이라는 통치환경이 김대중 대통령이 적극적으로 대북포용정책을 추진할 수 있는 밑거름이 되었다고 분석하고 있다. 그는 김대중과 김종필의 공동정권의 형성, 군부의 탈정치화, 시민단체와 이익집단의 적극성, 국민여론의 호응, 정치지도자의 신념과 동기 등이 햇볕정책 추진의 국내적 추동력으로 작용했다고 보고 있다. 아울러 김도종은 햇볕정책의 고비용, 저효율성, 유연성 부족을 문제점으로 지적하고 있다.[12]

---

11) 신종대, "남북한 관계와 남한의 국내정치 : 북한 요인과 국내정치의 연관과 분석틀," 경남대학교 북한대학원 편, 『남북한 관계론』(파주 : 한울, 2005). 남한 요인이 북한의 국내정치에 커다란 영향을 미치지 않았다는 주장에 대해서는 류길재, "남북한 관계와 북한의 국내정치 : 남한 요인은 결정적 변수인가?" 경남대학교 북한대학원 편, 『남북한 관계론』(파주 : 한울, 2005). 선거와 북한의 영향에 대해서는 아래 저작들을 참조할 수 있다. 정준표, "북풍의 정치학 : 선거와 북한변수," 『한국과 국제정치』(1998 봄 · 여름) ; 이종석, "대통령 선거와 북한 : 남북한의 적대적 의존관계와 변화가능성," 『역사비평』(2002 가을).

12) 김도종, "햇볕정책과 국내정치적 역학 : 대북포용정책의 정치적 함의," 『국가전략』 6권 1호(2000).

III. 남북화해에 대한 연구

남북관계는 기본적으로 숙적관계(rivalry)로서 갈등, 위기, 분쟁과 반목을 연출해 왔다. 그러나 국내외 상황의 변화, 적대관계의 피로감, 새로운 사상을 가진 지도자의 등장 등으로 사막의 오아시스와 같은 화해의 국면을 노정시키기도 하였다. 1970년대 초 데탕트 시기 남북화해, 1990년대 초 탈냉전시기 남북화해, 2000년대 햇볕정책 시기 남북화해가 대표적이다. 남북관계에서 협력이 갈등을 압도하는 상황의 연출은 당연히 연구자들의 깊은 관심 속에 많은 연구들을 낳았다.[13]

---

13) 강인덕과 송종환은 강상욱, 구본태, 서영훈, 이동복, 이병웅, 장충식, 정홍진 등 남북회담에 직간접적으로 참가한 한국측 대표들을 인터뷰하여 8·15평화통일구상 선언, 남북적십자회담, 남북조절위원회 회의, 1980년대 대화, 1990년대 이후 대화를 분석하고 있다. 강인덕 · 송종환 외, 『남북회담 : 7·4에서 6·15까지』(서울 : 극동문제연구소, 2004). 통일노력 60년 발간위원회는 분단확정기, 냉전기, 탈냉전기의 시기구분을 토대로 통일환경, 정부의 통일노력, 비정부 차원의 통일노력을 정리하고 있다. 비정부 차원의 노력은 정당, 시민단체, 종교단체, 학생, 언론, 여성, 기업, 재외동포의 분단극복 노력을 포괄하고 있다. 통일노력 60년 발간위원회 편, 『통일노력 60년 : 하늘길 땅길 바닷길 열어 통일로』(통일부, 2005).

1. 데탕트 시기 남북화해

닉슨 미 대통령의 괌 독트린, 미중화해, 주한미군 철수, 유신체제의 등장 등 안팎의 복잡한 환경 속에서 진행된 1970년대 남북대화는 이후 남북대화와 교류의 원형을 제시해 주었다고 할 수 있다. 7·4공동성명의 탄생을 둘러싼 국내외 환경에 대한 학자들의 연구와 더불어 국가기관에 의한 당시 1차자료의 공간과 남북대화에 관여했던 인사들의 회고록과 증언은 또한 당시 대북정책 결정의 이면을 이해하는 데 많은 시사점을 주고 있다.[14]

1970년대 남북화해의 원인을 설명한 작품들의 주장을 크게 외인론과 내인론으로 나누어 정리할 수 있다. 외인론은 8·15선언, 비밀 대화, 적십자 대화, 7·4공동성명, 6·23선언으로 이어지는 남과 북의 일련의 접촉과 선언, 정책의 형성요인을 환경의 변화로 설명하고 있다. 미중화해, 주한미군 철수라는 상황의 변화에 안보의 위협을 느낀 박정희 정부가 고육지책으로 북한과 대화라는 독배를 들었

14) 박정희 시기 대북정책, 대미정책을 포함한 한국의 외교노선 일반에 대한 해제와 사료를 다음의 저서에서 볼 수 있다. 김용직 편, 『사료로 본 한국의 정치와 외교 : 1945-1979』(서울 : 성신여자대학교 출판부, 2005). 박정희 시기 외교와 통일정책의 이해에 도움을 주는 회고는 다음을 참조할 것. 김성진, 『박정희를 말하다 : 그의 개혁정치, 그리고 과잉충성』(서울 : 삶과 꿈, 2006) ; 김용식, 『희망과 도전 : 김용식 외교회고록』(서울 : 동아일보사, 1987) ; 김정렴, 『한국경제정책 30년사』(서울 : 중앙일보사, 1990) ; 김정렴, 『아, 박정희』(서울 : 중앙 M&B, 1997). 김정렴에 의하면 박정희는 북한과 대화를 추진하는 과정에서 빌리 브란트 수상의 동방정책을 많이 참고했다고 한다.

다는 것이다. 이 경우 남한의 선택은 (북한의 선택도 물론) 데탕트를 위시한 국제평화 무드에 일시적으로 편승하는 전략으로 이해되고 있다. 배긍찬은 "1970년대 전반기에 이루어졌던 남북한 간 대화는 당시 한반도 주변 강대국들 간의 데탕트 구조에 적응하기 위한 것"이라며 환경론을 편들고 있다.[15]

내인론은 국제적 상황변화보다는 국내정치와 경제의 압력과 필요성이라는 측면에 더 많은 관심을 갖고 있다. 국내정치와 남북대화의 상관관계를 탐구하고 있는 것이다. 내인론자들은 박정희 정권이 독재권력의 강화와 영속화를 위해 북한과의 대화로 국내정치에서 대국민 설득력을 높이려 했다는 점을 강조한다. 즉 독재권력의 강화와 영속화를 위해 남북대화라는 카드를 활용해서 정권의 정당성을 고양시키려 했다는 것이다.[16]

외부의 압력(외인론)과 내부의 결정(내인론)을 절충하는, 즉 구조와 단위를 동시에 보려는 이중적 시각들도 많이 있다. 절충론은 강대국 게임에 희생당하지 않으려는 약소국의 자구책 시각에서 남과 북의 대화 정국을 바라보고 있다. 미국 독립기념일을 공동성명의 발표일로 삼은 것을 두고 돈 오버도프는 약소국의 자주기상을 선언하고자 한 것이라고 풀이하고 있다.[17] 김성진은 "세계적 데탕트의 흐름에 우리 나름대로 능동적으로 대처한 정책"이라며 환경적 요인과 주체적 결정을 공히 강조하고 있다.[18] 주로 박정희의 내치와 외치에

15) 배긍찬, "1970년대 전반기의 국제환경 변화와 남북관계," 한국정신문화연구원 편, 『1970년대 전반기의 정치사회변동』(서울 : 백산서당, 1999), 25쪽.

16) 이경재, "비상사태 선언과 종신집권체제 완성," 『신동아』, 1985년 12월호.

17) Don Oberdorfer, *The Two Koreas*(New York : Basic Books, 2001), pp. 1–26.

관여했던 인사들이 외부 도전에 대한 내부의 전략적 대응이라는 시각에서 7·4공동성명의 의미를 찾고 있다.

박건영 등은 미국 국립문서보관소(NARA)가 소장하고 있는 미 국무부 전문 등을 이용하여 데탕트 시기의 남북대화 과정에서 미국이 보다 적극적인 역할을 했음을 밝히고 있다. 그들은 박정희 대통령이 애초 북한과의 대화에 회의적이었으나 차츰 남북대화를 국내정치에 활용할 수 있을 것이라는 정치적 효용성을 깨닫고, 이후 적극적으로 대화를 추진하게 되었다고 주장한다. 이 연구는 1970년대 남북대화의 동력을 설명하는 데 있어서 동맹국 사이의 협력과 긴장의 순환에 초점을 맞추고 있다.[19]

2. 냉전의 붕괴와 남북화해

노태우 대통령 시기 1988년 7·7선언으로 시작된 북방정책은 소련, 중국 등 사회주의 국가들과 관계개선을 통해 북한을 개방과 대화의 장으로 끌어내려는 전략이었다. 사회주의 국가들과의 수교 및 관계개선 노력은 한국 외교의 커다란 방향전환을 의미하는 것이었다. 남북관계에서도 남북고위급회담, 남북기본합의서, 비핵화 공동선언, 남북 유엔 동시가입 등의 가시적 성과를 도출해냈다.[20]

---

18) 김성진, 2006, 121-139쪽.

19) 박건영 · 박선원 · 우승지, "제3공화국 시기 국제정치와 남북관계 : 7·4공동성명과 미국의 역할을 중심으로." 『국가전략』 9권 4호(2003).

20) 노태우 정부 시기 대북정책에 대한 증언으로는 다음을 참고할 것. 박철언, 『바른

북방외교 실천 초기 국제정치학회는 "북방정책과 한반도"라는 제목의 "북방정책에 관한 특별하계 학술회의"를 개최하였다. 이 회의에는 김달중을 포함 모두 10명의 학자들이 논문을 발표하였다. 김달중은 북방정책의 개념과 목표에 대해, 정세현은 북방정책에 대한 북한의 반응을 살폈다.[21] 김성철은 노태우 정부의 북방정책을 평가하면서 정책결정 및 집행의 측면에서 측근 중심의 비공식적 접근으로 제도화가 충분히 완성되지 못하였음을 지적한다. 남과 북의 합의사항마저도 필요한 규범, 규칙, 절차, 관행이 성립되지 않아 남북관계의 성숙으로 이어지지 못했다고 주장하고 있다.[22]

2002년 9월 "북방정책에 관한 학술회의"는 한국 외교의 자주성을 화두로 하여 탈냉전시기 남북화해 모색의 의미를 되새기고 있다. 이 회의의 필자들은 한국 외교가 자주적 노선을 견지할 수 있는 여건과 역량이 있냐는 질문을 독자에게 던지고 있다. 자주성의 결정요인은 미국의 정책, 국내적 여건, 국력의 상승, 남북관계, 지역 및 국제적 여건들이 복합적으로 작용한다. 필자들에 의하면 북방외교를 이해하는 또 하나의 열쇠는 민주화이다. 본 학술회의는 한국 외교에 민주화가 끼친 영향에 대해 천착하고 있다. 민주화로 인한 다원화로 외교정책과 대북정책에 대한 다양한 의견과 토론이 가능해졌다. 엘

역사를 위한 증언 1 · 2』(서울 : 랜덤하우스중앙, 2005) ; 김용삼, "노태우 전대통령의 육성회고록 (1)," 『월간조선』, 1999년 5월호.

21) 김달중, "북방정책의 개념, 목표 및 배경," 『국제정치논총』 29집 2호(1989) ; 정세현, "북방정책에 대한 북한의 반응," 『국제정치논총』 29집 2호(1989).

22) 김성철, "외교정책의 환경 · 제도 · 효과의 역동성 : 북방정책 사례 분석," 『국제정치논총』 40집 3호(2000).

리트들은 국력에 걸맞는 대우를 요구했으며, 다양한 세력들의 목소리가 영향을 미쳤다는 것이 북방정책과 과거의 정책을 차별화하는 요소이다. 민주화와 외교정책의 상관관계는 노태우 시기 이후 학자들이 관심을 가져야 할 연구과제이다.[23]

전재성은 노태우 행정부의 북방정책이 동구권과의 수교, 한소수교, 한중 수교, 남북기본합의서라는 가시적이고 구체적인 성과를 산출했음을 평가하고, 1970년대, 1990년대, 2000년대 남북대화 추진이 국제정치체제의 구속에서 벗어나 일정 정도 한국 외교의 자율성을 추진한 사례들이라는 점에서 공통점이 있다고 지적한다. 그는 한국 외교정책의 자율성이 동북아 주변 강대국의 이해관계 때문에 제약받아 왔다면서, 강대국 간 이해관계가 균형을 이룰 경우 한국 외교의 자율성이 신장된다는 주장을 펼치고 있다. 전재성은 미국의 고립주의가 강화되거나 상대적 방치의 정책을 펼 때 한국의 자율적 외교정책 공간이 생겨난다고 본다. 그는 또한 박정희 행정부의 유신정국, 노태우 행정부의 민주화 정국, 김대중 행정부의 여소야대 정국의 경우와 같이 국내정치의 필요상 외교정책에 집중할 때 외교의 자율성이 신장된다고 주장한다. 보다 구체적으로 국내변수는 국내적 균형정책(internal balancing)으로서의 외교정책의 효용성, 국내자본의 이해, 정체성 요인으로 풀이되고 있다. 모아서 이야기하면, 전재성은 강대국 간 균형이나 미국의 방치로 환경적 변화가 일어난 구조적 조건 하에서 국내적으로 정책결정가들이 내부 균형정책을 펼 때 한국

---

23) 하용출, "서론," 하용출 편, 『북방정책 : 기원, 전개, 영향』(서울 : 서울대학교 출판부, 2003).

외교의 자율성이 신장된다고 주장하고 있다.[24]

3. 대북포용정책과 남북화해

김대중 대통령에 의해 시작된 남북화해 국면은 북핵위기에도 불구하고 현재진행형으로 펼쳐지고 있다. 평자에 따라 화해의 지속이라는 표현보다 대북포용정책의 지속이라는 표현을 더 선호할 수도 있겠다. 6월 정상회담이 시위하듯 2000년대의 화해는 그 이전에 비해서 양적으로 성장한 면모를 보이고 있는 것이 사실이다. 그러나 동시에 북한의 속성과 변화 여부, 북한의 핵실험 등으로 화해의 성격과 방법론에 대한 논란은 더욱 가열되고 있는 형편이다. 이러한 논란은 남북관계에서 양적 성장에 비례한 질적 성숙이 이루어졌는가는 의문으로 이어지고 있다.[25]

2000년대 들어서 남북교류 협력의 폭이 넓어지면서 다양한 분야의 연구들이 나오고 있는 것은 반가운 일이다. 경제 전반, 수산업, 이산가족, 방송, 인도적 지원 등 과거에는 등한시되었던 분야들에 대한 연구가 활발해지고 있다. 교류협력의 지속으로 정보와 관심의 폭이 넓어진 혜택을 보는 것 같다.[26]

---

24) 전재성, “노태우 행정부의 북방정책 결정요인과 이후의 북방정책의 변화과정 분석,” 하용출 편, 『북방정책 : 기원, 전개, 영향』(서울 : 서울대학교 출판부, 2003).
25) 권만학, “전환기의 도전과 남북한 관계,” 백영철 외, 『21세기 남북관계론』(서울 : 법문사, 2000).
26) 남성욱, “북한의 수산업 현황과 효율적인 남북협력 방안,” 『북한연구학회보』 10권

김영재와 이승현은 김대중 정부의 대북정책을 북한 포용, 정경분리, 한반도 냉전구조 해체로, 김정일 정권의 대남정책을 남한 배제, 관민분리, 한반도 평화체제 구축으로 정리하고 있다.[27] 김용복은 김대중 행정부의 대북정책을 첫째, 국민의 정부 출범에서 남북정상회담 이전까지 모색기(1998. 2-2000. 6), 둘째, 정상회담 이후부터 부시 정권의 출범 초까지 남북관계가 급진전되고 북미, 북일관계가 개선된 시기(2000. 6-2001. 2), 셋째, 북미관계가 경색되고 남북관계가 교착에 빠진 부시 행정부 출범 이후 임동원 특사 방북 이전까지 기간(2001. 2-2002. 4), 넷째, 남북관계가 복원되고 북일관계의 개선이 진전된 임동원 특사 방북 이후 북핵위기 발생 시기까지로(2002. 4-2002. 10) 시기구분하고 있다. 그는 남북정상회담 이후 남북 당국자간 대화의 성행, 경제협력의 구체화, 사회문화 교류의 활성화를 햇볕정책의 구체적 성과로 적시하고 있다. 김용복은 또한 햇볕정책 추진 이후 한국 사회의 보혁갈등에 대해서도 언급하고 있다. 김용복은 대북지원 논란, 통일방안을 둘러싼 남북공동선언 2항의 연합제와 낮은 단계의 연방제를 둘러싼 논란, 평화와 안보문제, 남남갈등을 검토한 후 정책의 일관성과 장기적 목표를 지향하라는 충고를 던지

1호(2006 여름) ; 윤여상, "이산가족 남북교류 확대에 대한 한국 정부의 대응방안 : 법률안 제정을 중심으로," 『북한연구학회보』 10권 1호(2006 여름) ; 이우승 · 전영선, "국내방송의 북한 관련 보도태도에 관한 연구 : KBS의 9시 종합뉴스와 남북의 창을 중심으로," 『북한연구학회보』 10권 1호(2006 여름) ; 최대석, "긴급구호에서 개발지원으로 : 국내 NGO의 지원경험과 향후과제," 『북한연구학회보』 10권 1호(2006 여름).

27) 김영재 · 이승현, "남북한 신정부의 대북 · 대남정책," 『국제정치논총』 39집 1호(1999).

고 있다.[28]

김근식은 김대중 정부의 대북정책을 회고하는 논문에서 햇볕정책이 평화, 화해, 협력을 추구하고 있다고 평가하고 있다. 그는 김대중 대통령이 남북관계를 '적대적 의존관계'에서 '화해적 공존관계'로 탈바꿈시키려 했다면서 그의 정책은 '통일정책'이라기보다 '대북정책'에 가깝다고 주장한다. 김근식은 햇볕정책이 단기적인 북한의 변화를 목표로 하는 것이 아니라 장기적인 안목을 갖고 시행되는 정책임을 강조하고 있다. 그는 정부의 대북정책이 '북한변화론'이 아닌 '평화공존론'에 바탕을 두어야 한다고 충고하고 있다.[29]

박선원은 1998년부터 2002년 4월까지 정부, 보수언론, 진보언론의 여론조사 내용을 토대로 햇볕정책과 여론에 대한 실증적 연구를 행하고 있다. 통일부와 국정홍보처의 여론조사는 93.7%에서 65.6%의 햇볕정책 지지를 보여주고 있다. 보수언론의 경우 평균 65.5%의 지지를, 진보언론의 경우 평균 71%의 지지를 기록하고 있다. 그는 이념적 태도와 지역적 편차가 햇볕정책 추진의 제약요소로, 세대와 교육요소는 긍정적 요소로 작용한다고 분석하고 있다.[30] 최용섭은 햇볕정책이 북한의 호전성을 증대시켰고, 북한의 대응에 정책 성공이 달려 있으며, 원칙 적용에 일관성이 없고, 통일에 대한 구체적 청사진이 결여되어 있다는 비판을 가하고 있다.[31]

---

28) 김용복, "김대중 정부의 대북정책과 남북관계 : 쟁점과 평가," 『동북아연구』(2003).

29) 김근식, "김대중 정부의 햇볕정책 : 회고와 전망," 『한국과 국제정치』 18권 2호(2002).

30) 박선원, "햇볕정책과 여론 : 지속성과 변용의 관점에서 본 실증분석," 『한국과 국제정치』 18권 2호(2002).

북한의 혁명전략, 대남전략은 민주기지론과 남조선혁명론에 기반하고 있었다. 21세기 한국의 대북포용정책은 북한의 대남전략이 변화하고 있다는 가정에 기초하고 있다. 정성장은 북한이 1990년대 중반 이후 사상과 군대를 중시하는 강성대국 건설을 강조하는 한편 경제회복을 위해 일련의 경제개선 조치를 취하고 있음에 주목하고 있다. 그는 북한의 혁명전략이 군사주의적 경향과 실용주의적 경향의 병존의 모습을 보이고 있다고 파악하고 있다.[32] 백학순은 김정일 정권의 생존전략의 목표가 북한체제의 보존과 정권의 유지 및 강화이며, 대남전략의 목표는 대남경쟁의 승리와 민족통일국가 형성이라고 보고 있다. 그는 북한이 탈냉전시기 안과 밖에서 체제의 위협을 느끼면서 통일의 목표를 뒤로 미루고 남한으로의 흡수통일을 방지하기 위해 남한과의 평화공존을 추구하고 있다고 진단하고 있다.[33]

1990년대 사회주의권 붕괴 이후 북한은 체제위기 상황을 맞이했으며, 과거의 적화통일을 '현실적으로' 포기하고 유연한 대남정책을 채택했다는 것이다. 북한이 느슨한 연방제에 의한 통일방안을 주장하는 것을 하나의 증거로 보여주고 있다. 21세기 북한의 유연화를

---

31) 최용섭, "북한의 도발행위와 대북포용정책 : 동해 잠수정 침투사건과 서해안 영해 침범 사건을 중심으로," 『국제정치논총』 39집 2호(1999).

32) 정성장, "혁명전략," 세종연구소 편, 『북한의 국가전략』(서울 : 한울, 2003).

33) 정성장 · 백학순, 『김정일 정권의 생존전략』(성남 : 세종연구소, 2003). 또한 아래의 저작들을 참조할 것. 이종석, "북한의 권력구조 재편과 대남전략," 백영철 외, 『21세기 남북관계론』(서울 : 법문사, 2000) ; 노정호 · 김용호, "대북화해협력정책과 북한의 변화에 대한 실증적 분석," 『한국과 국제정치』 18권 3호(2002) ; 이항동, "대북포용정책에 대한 북한의 반응 : 1997-1999 로동신문 논평을 중심으로," 『한국정치학회보』 34집 1호(2000).

주장하는 학자들은 동시에 한국의 흡수능력 결여, 북한 체제의 견고함, 한반도의 긴장고조 등을 이유로 들어 한국 주도의 흡수통일론의 무모함을 경고하고 있다.[34]

4. 화해의 비교연구

이창희는 민주화의 범주를 가지고 한국 역대 정권의 대북정책의 변화 추이를 설명하려고 시도하고 있다.[35] 그는 대통령의 과단성과 추진력, 북한의 경제적 어려움과 더불어 한국 사회의 정치민주화와 대북정책의 변화 사이에 깊은 상관관계가 있다고 주장한다. 1970, 1980년대는 반공주의와 자기검열이 횡행한 시기였다. 냉전시기에는 대중을 동원하려는 엘리트의 수단으로 대북정책이 활용되곤 하였다. 이창희는 이 시기 통일문제에 관한 밑으로부터 투입은 거의 없었으며, 당시 민주화 진전 수준에서 대북정책은 선언적 의미만 가졌다고 본다. 그는 남북화해의 한 축인 민간교류의 실현을 위해서는 대중의 의식의 각성이 필요하다고 평가한다. 민주화의 과도기였던 노태우 정부 시기 대북정책에도 과도기적 성격이 드러난다. 노대통

34) 김근식, "남북한 관계의 특성 : 과도기의 이중성," 경남대학교 북한대학원 편, 『남북한 관계론』(파주 : 한울, 2005). 이기종은 김정일 정권의 대남정책을 결정하는 요인으로 북한의 대내적 요인, 강대국 사이의 관계 등 대외적 환경, 남한요인을 들고 있다. 이기종, "북한의 대남정책 결정요인과 전망," 『국제정치논총』 37집 2호(1997).

35) 이창희, "민주화와 대북정책," 『한국동북아논총』 26집(2003).

령은 밑으로부터 실질적 민주화 요구에 주체적으로 대응하기 위해 전향적 통일정책을 마련하였다. 거스를 수 없는 민주화의 흐름에서 그 속도와 방향을 조절하기 위해 정권이 대북정책에서 적극적으로 나섰다는 것이다. 김영삼 정부와 김대중 정부의 대북정책의 차이도 권위주의 세력과 야합한 김영삼의 한계와 DJP 연합을 통해 자신이 주도적으로 정권을 획득한 김대중의 차이로 설명하고 있다.

박건영은 '문민정부' 의 대북정책이 일관성을 갖고 있지 못했다고 진단하고, 그 원인을 통치권자의 통치철학의 빈곤, 대결적 사고체계, 정치결정주의, 정책결정 과정의 체계성 결여, 장기적이고 총체적인 전략의 부재에서 찾고 있다. 아울러 그는 '국민의 정부' 의 대북정책이 통일지상주의에서 벗어나야 하고, 억지와 포용을 동시에 추구하는 '복궤전략(two-track approach)' 을 추진해야 하며, 대북정책 결정과정을 체계화 · 조직화해야 한다고 주문하고 있다.[36]

박영호는 김영삼, 김대중, 노무현 시기의 남북관계를 대북정책과 남북관계의 상관관계라는 관점에서 분석하고 있다. 그에 의하면 남북관계의 발전은 한국 정권이 대북정책에 의해 결정된다는 것이다. 김영삼 대통령은 민족공동체 통일방안을 제시하고 상호비방 중지, 군사적 신뢰구축 등 남북 사이의 신뢰의 형성에 주안을 두었다. 그러나 문민정부 시기는 대북인식의 일관성 부재를 노출시켰다. 박영호는 김대통령이 "어느 동맹국도 민족보다 나을 수 없다"는 주장과 "핵무기를 갖고 있는 상대와는 결코 악수할 수 없다"는 주장 사이에서 갈팡질팡했다고 평가하고 있다. 김대중 대통령은 취임 초반

---

36) 박건영, "대북정책의 새로운 접근,"『국제정치논총』38집 2호(1998).

부터 대북정책의 3대원칙으로 무력도발 불용, 흡수통일 배제, 남북 화해와 협력 적극 추진을 내세우고 적극적인 대북정책을 펼쳤다. 그는 우선 북한의 입장을 이해하려는 공감적 대북인식을 갖고 있었던 것으로 보인다. 그러나 국민의 정부 초반 상호주의의 고집으로 별다른 진전이 없다가 2000년 3월 9일 베를린 선언으로 전기가 마련되어 6월 남북정상회담이 성사되었다. 이후 김 대통령의 대북정책은 화해에 대한 집착으로 북한에 끌려다니지 않나 하는 비판에도 직면하였다. 남남갈등이 탈냉전시기 대북정책의 실천과 관련 커다란 문제로 등장하였다. 노무현 정부는 햇볕정책을 보완 · 발전시키겠다는 의사를 집권 초반부터 분명히 했다. 평화번영정책의 명명에서 보듯이 노무현의 대북정책은 안보적 차원(평화)과 경제적 차원(번영)의 균형적인 발전을 강조하고 있다.[37] 그러나 북한의 핵실험으로 안보와 경제의 균형적 발전이라는 명분은 많이 퇴색하였다. 햇볕정책의 어디를 보완했고 어디를 발전시켰는지는 후세의 평가가 있어야 할 것이다. 필자의 주장과는 달리 남북관계의 추이가 한국 정부의 대북정책이라는 단일 변수에 의해서 결정된다고 보기는 어렵다. 그러나 그의 논지는 대북정책의 성격과 남북관계 진전의 역동적 관계에 초점을 맞춤으로써 유효하고 효율적인 대북정책의 입안에 시사점을 얻을 수 있는 단초를 제공한다.

김영삼 시기의 대북정책에는 실패라는 꼬리표가, 김대중 시기의 대북정책에는 성공이라는 성적표가 달려 있다. 북한의 핵실험이

37) 박영호, "탈냉전시대 한국의 대북정책과 남북관계의 변화," 『세계지역연구논총』 23집 1호(2005), 203-214쪽.

라는 공간에서 이러한 평가가 계속 유효할지, 대북정책의 일관성 유지가 경직성으로 해석될 여지는 없는지 자성이 필요하다. 2, 30년 후 연구대상과 심정적 거리가 확보된 후 성공의 '신화'와 성공의 '신기루'에 대한 재평가가 나올 가능성도 배제할 수 없다.

Ⅳ. 남북갈등에 대한 연구

냉전시기 남북관계는 화해와 대화보다는 갈등과 대결로 점철되었다. 민족주의의 완성, 전쟁의 경험, 상이한 체제와 적대적인 진영에 속한 거리감은 남과 북의 갈등을 첨예하게 만드는 요인들이었다. 양측의 정치지도자들은 민족통합과 통일을 이야기하면서도 상대방에 대한 적개심과 대결구도의 고착화로 정권의 생명력을 연장하려고 하였다.[38]

데이비드 강은 많은 학자들이 북한의 위협을 설명하면서 원용하는 예방전쟁론과 권력전이론을 한반도 상황에 적용하는 것에 반기를 들고 있다. 예방전쟁론, 권력전이론이 북한의 전쟁 시도를 예측하여 왔으나 실제로 제2의 한국전쟁이 일어나지 않은 사실에 비추

38) 고대원은 서로 다른 정치경제 체제에 속한 국가들 사이의 갈등을 의미하는 체제 간 갈등(inter-systemic conflict)의 시각에서 남북관계를 접근하고 있다. Dae-Won Koh, "Dynamics of Inter-Korean Conflict and North Korea's Recent Policy Changes," *Asian Survey*, Vol. 44, No. 39 (May/June 2004).

어 그는 학자들의 주장이 그동안 틀렸다는 것이다. 그는 실제 북한의 국력이 한국보다 열세에 있었고, 이 조건에서 동 이론들은 오히려 북한의 공격을 예상하지 않기 때문에 그동안 학자들이 이론과 현실의 적합성에 대해 그릇된 판단을 내리고 있었다고 주장한다. 남과 북을 비교하거나 또는 북한과 한미동맹의 격차를 비교해 봤을 때 북한이 우위에 있었고, 시간이 경과하면서 그 우위가 상대방에 의해서 상쇄되는 과정을 그는 발견할 수 없다고 한다. 경제규모와 군사비의 기준에서 봤을 때 북한은 애초부터 한반도에서 힘의 우월성을 갖고 있지 않았다. 오히려 한국보다 열세에 있었으며, 시간이 흐르면서 남북의 국력 격차는 더 심해졌다.

데이비드 강은 권력전이론은 역동적인 도전자와 쇠퇴하는 방어자의 관계에 관심을 갖고 있는데, 실제로 한반도에는 쇠퇴한 도전자와 상승하는 방어자가 존재하고 있었다고 주장한다. 그의 결론은 지난 반세기 간 한반도의 국제정치적 상황은 남의 북에 대한, 그리고 한미동맹의 북에 대한 억지(deterrence)가 성공한 경우라는 것이다. 데이비드 강은 일반 학자들이 북한의 의지, 북한의 속성(attribute)에만 관심을 갖고 북한이 전략적 결정을 내려야 하는 상황(situation)에는 무관심하다고 평한다.[39] 물론 한 국가의 전략적 상황이나 정책의 결정을 평가함에 있어서 구조와 개체를 동시에 봐야 할 것이다. 그러나 구조만 보고 개체의 속성이 결과에 미칠 수 있는 영향에 대해서 과소평가하는 것은 또 다른 오류의 가능성을 열어놓는 것이라

39) David C. Kang, "International Relations Theory and the Second Korean War," *International Studies Quarterly*, 47 (2003), pp. 301–320.

고 말할 수 있다. 북의 의지(intention)에 대한 판단에 있어서도 데이비드 강은 북의 남한 사회의 혁명과 전 한반도의 사회주의화 목표에 대해 과소평가하고 있지 않나 하는 의문이 있다.

윤태영은 1968년 청와대 기습과 푸에블로 호 나포사건, 1976년 판문점 도끼만행 사건, 1983년 랭군 아웅산 폭파사건 등 세 위기사례에 대한 분석을 통해 한국의 대북한 위기관리에 대해 살피고 있다.[40] 베트남 전쟁이 한반도의 갈등에 미친 영향 또한 무시할 수 없다. 조진구는 미국 존슨 행정부의 베트남 개입 확대와 박정희 행정부의 월남 파병이 북한을 자극하여 평양의 모험주의 노선을 부추겼다고 주장한다.[41] 이미경은 1960년대 중소대립과 베트남 전쟁이 북한의 자주노선 확립을 촉진시켰다고 주장한다.[42] 한홍구는 주월 파병이 한국 정치체제를 '병영국가' 화했다는 주장을 펼치고 있다.[43]

한반도의 국제정치적 역학으로 남과 북의 갈등은 양자관계에 머무르지 않고 종종 주변국을 포함한 삼각관계를 만들어냈다. 갈등관계에 있는 숙적 한 쌍이 주변 또는 강대국과의 상호작용 속에서 삼각관계(triad) 또는 그 이상의 다자관계라는 복잡한 게임을 펼치는 모습이 나타난다. 박종철을 포함한 몇몇 학자들이 일찍부터 남북미의 삼각형에 주목하여 왔다. 김병문은 한국과 미국의 대북정책의 조

---

40) 윤태영, "한미 동맹체제 하에서 한국의 대북한 위기관리, 1968-1983," 『한국정치학회보』 33집 2호(1999).

41) 조진구, "중소대립, 베트남 전쟁과 북한의 남조선혁명론, 1964-68," 『아세아연구』 46권 4호(2003).

42) 이미경, "국제환경의 변화와 북한의 자주노선 정립 : 1960년대 시기를 중심으로," 『국제정치논총』 43집 2호(2003).

43) 한홍구, "박정희 정권의 베트남 파병과 병영국가화," 『역사비평』 62호(2003).

화와 부조화에 대해 설명하면서 부조화의 국면이 한국 대북포용정책의 좌절을 가져왔음을 지적하고 있다. 우승지는 7·4공동성명을 둘러싼 한미 동맹관계의 변화를 추적하고 있다. 홍석률과 조진구는 1960년대 후반 박정희-존슨 시기 북한의 공세와 한국과 미국의 대응을 둘러싼 삼각협상과 갈등을 다루고 있다.[44]

전현준은 1990년대 후반 북한이 수령체제 유지전략의 차원에서 초강대국 미국과는 관계개선을, 동족인 한국과는 관계개악을 선택했다고 보고 있다. 그는 북한이 체제 또는 정권유지를 위해 외부와 일정한 갈등을 유발한다고 주장한다. 미국과의 대화노선으로 주민들의 적대의식 고취가 약화되는 것을 방지하기 위해 대남 적대의식 고취가 필요하다는 것이다.[45] 장노순은 동서 양극체제가 와해되어 안보위협의 수준이 크게 증가한 공간적 배경에서 북한이 남한을 배제하고 미국과의 외교관계를 개선하기 위한 외교적 노력을 기울이게 되었다고 설파하고 있다. 그에 의하면 탈냉전기 북한의 '통미봉남'은 미국에 대한 편승과 남한에 대한 세력균형 정책이 맞물린 결과였다.[46] 이수형은 1990년대 한국, 북한, 미국의 삼각관계에서 미

---

44) 박종철, 『미국과 남북한 : 갈등과 협력의 삼각관계』(서울 : 오름, 2002) ; 김병문, "한·미의 대북정책의 전개와 변화 : 김대중 정부 시기 클린턴 행정부와 부시 행정부의 대북정책을 중심으로," 『세계지역연구논총』 23집 2호(2005) ; 우승지, "남북화해와 한미 동맹관계의 이해, 1969-1973," 『한국정치외교사논총』 26집 1호(2004년 8월) ; 홍석률, "1968년 푸에블로 사건과 남한·북한·미국의 삼각관계," 『한국사 연구』 113호(2001년 6월) ; 조진구, "존슨 정권 후반기의 한미관계 : 북한의 대남도발에 대한 한미 간의 인식 차이를 중심으로," 『한국과 국제정치』 19권 3호(2003 가을).

45) 전현준, "북한의 대남정책과 남북관계," 『북한연구학회보』 3권 2호(1999).

46) 장노순, "약소국의 갈등적 편승외교정책 : 북한의 통미봉남 정책," 『한국정치학회

국과 북한 사이의 관계개선과 미국의 대북강경책이 한국에게 포기와 연루의 두려움을 증폭시켜 왔다고 분석하고 있다.[47] 남북 사이의 갈등을 통제하기 위한 노력들은 군축과 군비통제와 평화체제 구축에 관한 저작들을 낳았다.[48]

V. 경협, 북핵, 평화, 인권

21세기 남북관계는 경협, 민간교류, 정부 간 협상, 인도적 지원, 인권 등을 중심으로 복잡하게 전개되고 있다. 북한의 핵실험으로 1998년 이후 지속적으로 추진된 대북포용정책은 일대 위기를 맞고 있다. 민족과 자주를 우선하는 민족세력은 한미동맹을 희생해서라도 남북교류 협력을 과감히 확대하여 남북통합을 이룰 것을 촉구한다. 한국 정부의 정통성과 북한 정권의 시대착오적 성격을 강조하는 전통 세력은 한미동맹의 바탕 아래 북한 정권을 압박해 북한의 자유화 · 민주화를 달성하고 핵을 포기시켜야 한다고 주장한다. 한국의

보』 33집 1호(1999 봄).

47) 이수형, "동맹의 안보 딜레마와 포기-연루의 순환 : 북핵문제를 둘러싼 한-미 갈등관계를 중심으로," 『국제정치논총』 39집 1호(1999).

48) 이상우, "남북한 군사갈등과 군축," 『한국정치학회보』 14집(1980) ; 함택영, "남북한 군비경쟁과 군축 전망," 경남대학교 북한대학원 편, 『남북한 관계론』(파주 : 한울, 2005) ; 박건영 외, 『한반도 평화보고서』(서울 : 한울, 2002).

선진화를 강조하는 세력은 북한문제에 대해 일정 정도 거리를 두고 국력을 선진화 과업에 집중시켜야 한다는 북한에 대한 무관심정책을 주장하고 있다.

민족통합을 강조하는 이들은 그동안 대북포용정책의 성과를 높이 평가하고, 북핵의 외교적 노력을 통한 해결 가능성을 높이 보며, 대북 교류협력을 지속적으로 추진할 것을 요구하고 있다. 대북포용정책은 남북경협이 장기적으로 북한의 변화를 이끌어 남과 북이 모두 이익을 보는 평화와 번영의 공동체를 만드는 원동력이 될 것이라는 믿음에 기반하고 있다. 김연철은 평화와 경제의 상호관계에 주목하고 있다. 그는 '경제적 수단'이 '평화협상'에서 주요한 역할을 수행하며, 대북지원이 북한의 인도적 상황을 개선시킨다고 주장한다. 김연철은 단순한 경제협력의 평화효과를 주장하는 경제평화론과 평화와 경제의 선순환에 관심을 갖는 평화경제론을 구분하고 있다. 그는 평화경제의 상징사업으로 개성공단 사업을 조사하고 있다. 향후 개성공단, 넓게는 남북경협이 성공하기 위해서는 국제환경의 변화와 북한의 적극적 개혁정책이 수반되어야 함은 물론이다.[49]

정진영은 남북한 경제교류 협력이 북한의 점진적 체제변화를 유도할 수 있다는 차원에서 '트로이의 목마'가 될 수도 있고, 오히려 북한의 한국에 대한 영향력 증대를 위한 수단이 될 수도 있다는 차원에서 '볼모'가 될 수도 있다고 주장한다. 그는 한국 정부가 남북관계 개선에 지나치게 집착하는 경우, 무리한 대북정책 추진으로

---

49) 김연철, "한반도 평화경제론 : 평화와 경제협력의 선순환," 『북한연구학회보』 10권 1호(2006 여름).

국민적 분열이 심화되는 경우, 위험성이 높은 대북 거래가 많아지는 경우 남북경협이 북한의 볼모로 전락할 수 있다고 진단한다. 정진영은 경협을 뒷받침할 법적 · 제도적 장치를 늘리고, 북한 주민의 인식 변화를 꾀하며, 북한 내의 개혁 · 개방을 원하는 세력의 입지를 강화시키는 방향으로 교류가 이루어져야 한다고 주장한다.[50]

남북경협을 지속적으로 증가시켜 북한을 개혁 · 개방으로 이끌고 궁극적으로 남북경제공동체와 남북평화공동체를 만들자는 주장에 반대할 사람은 그리 많지 않을 것이다. 문제는 환경과 조건이다. 북한의 핵무장이라는 환경과 일방적 시혜라는 조건 하에서 북한에 대한 포용이 '유화' 와 '퍼주기' 로 해석될 여지는 없는가에 대한 의문이 제기되는 것이다.

2006년 10월 9일 북한의 핵실험은 경협과 평화라는 방정식을 더욱 복잡하게 만들어 버렸다. 핵실험 이후 북한의 핵무장 원인에 대한 논쟁이 뜨겁게 달구어지면서 대북정책의 시각과 방법론만큼이나 다양한 해석과 진단이 쏟아지고 있다. 현 단계에서 북한의 핵실험 동인과 책임 소재와 관련하여 크게 구조결정론과 단위책임론이 유행하고 있다. 구조결정론은 북한이 처한 현실과 한반도 국제정치 구조의 안보 딜레마가 핵무장을 낳았다는 주장이다. 이 담론은 구조와 상황을 중시하기 때문에 그 안에 있는 개별 행위자들의 성격이나 자율성 또는 책임을 간과하는 경향이 있다. 단위책임론은 북핵문제가 특정 국가의 체제의 속성 또는 정부의 정책의 실패(성공?)에

50) 정진영, "남북한 경제교류협력 : 트로이의 목마인가 볼모인가?" 『국가경영전략』 2집 1호(2002).

귀인한다고 보는 것이다. 단위책임론은 다시 북한책임론, 남한책임론, 미국책임론, 북미 동시책임론, 남북미 병행책임론으로 나누어 볼 수 있다. 여기에서 북한책임론은 북한의 핵실험을 북한 체제의 고유한 모순의 결과 또는 판단 및 정책의 실패로 해석한다. 북한책임론자들은 북한이 외부의 적과 긴장의 연속으로 체제유지를 꾀한다고 지적하며, 주민의 복지를 희생시켜 정권의 안보를 획책하는 전략적 선택의 부당성을 공격하고 있다.[51]

백낙청은 "핵무기 반대는 대원칙이며 당연히 북핵에 대해서도 끝까지 폐기를 주장해야 된다"며, "핵실험으로 인해 많은 남쪽 국민이 6·15공동선언이 정당성과 유효성에 의문을 갖게 된 상황은 비록 일시적일지언정 중대한 타격"이라고 자책하고 있다. 그는 또한 "핵폭발을 용인하면서까지 대북협력을 추진하기는 어려워졌다"며 한국의 운동세력이 반핵이라는 가치를 견지할 것을 주문한다. 핵실험과 관련 백낙청은 북미 동시책임론을 주장하고 있다. "군사적으로 볼 때 그동안 미국의 대북압박정책이 계속돼 왔고 선제공격의 위협마저 없지 않았던 상황에서 '군사적 억지력 확보'를 위한 핵무장이라는 북측의 주장에 일리가 있다"는 것이다. 그는 "핵실험을 결단하고 실행한 일차적 주체는 북측 당국이지만 안전보장만 해주면 핵을 포기하겠다는 거듭된 주장을 묵살해 온 미국의 책임을 동시에 묻지 않고 북측만 규탄하는 것은 공정치 못하다"며 미국의 책임을 부각

---

51) 김준형, "북한의 핵실험, 그 이후 : 조급한 강경책을 경계한다," 미래전략연구원 보고서, 2006년 10월 13일 ; 김근식, "핵실험과 대북제재 : 북한의 실패와 미국의 실패," 미래전략연구원 보고서, 2006년 10월 18일 ; "우리는 왜 북한의 핵무장을 막지 못했는가?" 미래전략연구원 보고서, 2006년 11월 9일.

시킨다. 백낙청은 "미국도 못 막은 핵실험을 우리가 못한 것을 두고 포용정책의 실패인 것처럼 말하는 것은 허장성세"라며 햇볕정책 책임론과 거리를 두고 있다.[52]

북한의 미사일 시험발사, 핵실험 이후 노무현 정부의 대북정책이 유화정책으로 퇴보하고 있다는 주장도 나오고 있다. 국론의 분열, 국제적인 협조체제 구축 실패, 안보불안 확산, 북한의 핵무장의 현상은 평화번영정책의 실패의 구체적 증거들이다. 실패의 원인으로는 대북정책의 전략적 사고와 유연성 부족, 북한 체제의 속성에 대한 경도된 해석을 들 수 있다. 핵실험 동인을 설명하면서 구조만을 강조하는 것은 개별 행위자들의 주체적인 판단과 행위를 간과하는 분석이다. 한반도에서 냉전구도의 지속이라는 구조적인 측면과 개별 행위자들의 선택 또는 불선택이 동시에 작용한 결과가 북한의 핵무장이다. 즉 한반도 분단구조의 안보불안 변수가 저변에 자리 잡고 있고, 한국의 유화정책, 미국의 압박정책의 강약조절의 실패와 주변국의 효과적인 공조의 부재가 상황의 악화를 초래했으며, 북한 체제의 특수성에서 오는 체제불안과 안보결핍증이 결정적인 방아쇠 역할을 하였다고 볼 수 있다. 북한의 점진적 개혁·개방을 유도하고, 핵포기와 경협을 연계시키는 전략적·구성적 관여정책(Strategic and Constructive Engagement Policy)이 필요한 시점이다.[53]

---

52) 백낙청, "한반도식 통일과 북의 핵실험," 프레시안 창간 5주년 기념 특별강연, 프레시안 웹사이트(http://www.pressian.co.kr, 검색일 : 2006년 11월 24일). 연합뉴스, 2006년 11월 24일. 중앙일보, 2006년 11월 24일.

53) Seongji Woo, "The Failure of Appeasing North Korea," Paper presented at the International Symposium entitled "North Korea and Peace and Stability in North-East

남북관계에서 인권문제가 주요 이슈로 떠오르고 있다. 인권의 개념, 북한 인권상황의 실체, 대응방안에 대한 다양한 목소리들이 쏟아지면서 남남갈등의 한 축으로 자리 잡고 있다. 북한의 핵실험 이후에도 인권에 대한 관심이 약화되는 것이 아니라 오히려 증폭되고 있는 양상이다. 김원식은 북한의 인권문제에 대한 국제사회의 개입을 둘러싼 국내의 상이한 입장에 대한 평가를 시도하고 있다. 인권과 주권, 자유권과 생존권, 인권과 평화권의 우선순위 및 상호관계에 대해 고찰하고 있다. 그는 인권의 보편성, 불가분성, 상호의존성 원칙에 기초하여 북한의 인권개선을 도모해야 한다고 주장한다.[54]

인권 개념을 둘러싸고 보편성과 상대성 논쟁이 벌어지고 있다. 개인의 자유권을 중심으로 북한의 인권을 해석하려는 입장과 생존권, 발전권, 평화권 중심으로 바라보려는 시각이 있다. 인권침해의 원인과 관련해서도 북한체제의 국가지상주의적 속성의 탓으로 돌리는 시각과 북미대립, 냉전의식 등 체제외적 요인을 강조하는 담론이 있다. 인권문제의 해법을 둘러싸고 압박론, 선접촉 후변화론, 동시접근론 등 다양한 전략이 대립하고 있다. 압박론은 문제제기를 통해 북한의 변화를 유도하려 하고, 그 중 강경파는 아예 수령절대주의의 제거를 주장한다. 선접촉 후변화론은 인도적 지원과 교류협력을 통해 북한인권의 실질적 개선을 위해 노력해야 한다는 입장이고, 봉쇄와 압박은 오히려 역효과를 낼 수 있다고 경고한다. 이 입장

Asia," Nihon University, Mishima Campus, November 20–21, 2006.

54) 김원식, "북한인권 담론의 규범적 논거들에 대한 검토 : UN의 개입에 관한 국내 시민사회 담론을 중심으로," 『북한연구학회보』 10권 1호(2006 여름).

은 선평화 후인권론과 맥을 같이하고 있다. 동시접근론은 인권문제, 경제문제, 평화문제를 병렬적으로 해결해 나가자는 입장이다. 평화냐 인권이냐라는 이분법보다는 평화와 인권의 문제를 동시에 풀어 나가는 지혜가 필요한 시점이라고 본다.[55]

Ⅵ. 남북관계 연구의 과제

위에서 화해, 갈등, 이론, 북핵 등의 주제를 중심으로 남북관계 연구에 대한 검토를 시도해 봤다. 한국전쟁 이후 실로 많은 연구자들에 의해 남북관계의 여러 측면들이 분석되고 정리되었다. 정치지도자들의 대북정책의 변화와 서구 국제정치이론의 수입이 남북관계 연구에 자양분을 제공해 왔다고 볼 수 있다.

남북관계 연구의 역사는 향후 남북관계의 전개방향을 예측하는 데 도움을 주고 나침반을 제공하는 역할을 해야 한다. 현재 북한의 생존전략과 한국의 통일전략을 둘러싼 논의가 난무하고 있다. 정상국가 추구론, 기회주의 전략, 핵무장론 등 북한의 생존전략과 민족공조론, 전략적 관여론, 상대적 방치론, 대북 압박론 등 한국의 대북전략 또는 통일전략의 여러 갈래를 분류하고 각각의 논의의 깊이를 더해가는 작업이 필요하다. 북한의 전략과 남한의 전략이 만나는

---

55) 우승지, "북한 인권문제 연구의 쟁점과 과제," 『국제정치논총』 46집 3호(2006).

접합점으로서의 향후 남북관계 시나리오의 재점검이 필요한 시점이다. 자기 입장에 대한 일방적 옹호나 상대방 전략에 대한 비방을 넘어서서 성찰적으로 각 전략의 장단점, 득실을 따져보는 작업이 필요할 것이다.

그동안 정책지향적 연구와 이념지향적 연구의 양산은 근시안적 대증요법을 낳은 측면이 크다. 김대중 정부의 햇볕정책 실행 이후 화해와 교류에 대한 연구가 봇물 터지듯 나왔고, 이러한 연구경향은 북한의 핵실험 이후 역풍을 맞고 있다. 북한의 정체성과 전략의 변화에 대한 근본적인 이해 없이 당파성, 이념성의 기준으로 편의적으로 북한을 이해하고 남북관계를 재단하는 일이 다반사로 나타나고 있다. 북한의 불규칙적인 언행에 일희일비하는 시세추종적인 바람개비 같은 북한 담론과 그에 기초한 대북정책, 관계연구가 주종을 이루었다고 볼 수 있다. 남북문제 담론의 가장 큰 수요자인 정부의 기호에 충실한 담론과 연구를 양산해내는 경향 또한 비판적 북한론이나 생산적 남북관계론의 산출을 저해하는 요인으로 작용하고 있다.[56] 우경화의 오류와 좌경화의 오류를 모두 극복하는 제3세대의 북한 담론과 남북관계 연구가 시급한 실정이다. 냉전시대 대결위주의 대북정책의 문제점을 극복하는 동시에 북핵 실험의 교훈을 아우르는 새로운 대북정책과 대북 시각의 생산을 기대해 본다.

남북관계의 이해, 한국의 대북전략, 북한의 대남전략의 역사를 이해하는 데 교차사료의 이용이 절실하다. 북한의 자료가 공개되지 않는 상황에서 한국의 대남정책의 수립과 실천에 종사했던 인사들의

56) 김도종(2000), 55쪽.

회고록은 많은 도움이 된다. 미국, 중국, 러시아뿐만 아니라 동구의 문건들도 남북관계, 남과 북의 전략과 이해관계의 연구에 도움을 주고 있다. 베른 세퍼의 연구는 동독의 외교사료를 활용한 연구이다. 1977년 12월과 1984년 5월 동독의 지도자 에릭 호네커와 김일성의 대화록 등의 자료는 문화혁명시 북한이 중국의 광기로부터 느꼈던 안보의 위협이 생생하게 기록되어 있다. 김일성은 5년간 지속된 북중 긴장의 시기에 직접적인 무력충돌의 가능성도 있었지만 평화를 지키기 위해 북한이 인내해야 했다고 증언하고 있다.[57] 세르게이 레드첸코의 연구는 러시아 사료를 이용하여 1960년대 후반 북한의 모험주의 노선의 배경을 연구하고 있다. 기존에 미국은 푸에블로 호 피납 사건을 소련이 미국의 힘을 약화시키기 위해서 배후에서 조종한 것으로 추측하고 있었으나 러시아 사료들에 의하면 사전에 크렘린은 전혀 모르고 있었으며, 북한의 도발로 원하지 않는 분쟁에 휘말려들 것을 염려하였다. 김일성은 한반도 정세를 악화시키지 않는 대가로 소련으로부터 경제 및 군사지원을 얻어냈다고 저자는 주장한다.[58]

국제관계이론에서 전쟁과 평화의 열쇠를 쥔 주요 개념으로 동맹과 함께 숙적(rival) 또는 숙적관계(rivalry)에 대한 연구가 유행하고 있다. 숙적은 상대방에 대한 안보상의 위협인식을 공유하고 있는 한 쌍의 국가를 말한다. 숙적관계는 유한성의 주기를 가지고서 그 주기

---

57) Bernd Schaefer, "North Korean 'Adventurism' and China's Long Shadow, 1966-1972," *Cold War International History Project Working Paper #44*(October 2004).

58) Sergey S. Radchenko, "The Soviet Union and the North Korean Seizure of the USS Pueblo : Evidence from the Russian Archives," *Cold War International History Project #47*(July 2005).

의 일정 중 전쟁, 위기, 갈등과 화해를 반복하다가 때로는 급격하게, 때로는 서서히 소멸되어 가는 특징을 보여주고 있다.[59] 숙적관계의 역동성을 결정짓는 변수들은 양자 사이의 힘의 전이, 동맹관계의 추이, 국내정치의 영향들이다. 숙적관계 이론들을 보다 적극적으로 한반도의 상황에 적용해 보, 이를 통해 숙적관계론의 폭과 깊이를 넓히려는 시도가 필요하다.

1970년대, 1990년대, 2000년대 화해 노력을 각각 별도의 이론틀로 설명하기보다 세 화해를 하나의 분석틀로 통합적으로 이해하려는 노력이 필요하다. 이러한 노력은 남북화해를 결정하는 우연적 요소와 필연적 요소를 구별해 주고, 체계적 · 법칙적인 설명을 가능하게 해줄 것이다. 또한 화해와 갈등을 별로도 분리 설명하는 것에서 벗어나 화해와 갈등의 순환을 하나의 이론적 틀로 통합하여 설명할 수 있는 모델의 개발이 필요하다.

남북관계를 국제정치이론의 관점에서 이해하려는 시도는 반가운 일이다. 특정 모델을 적용한 사례연구는 사례의 이해에 도움을 주고, 이론의 정교화 · 수정 · 보완에 상호 도움을 주는 방향으로 전

---

59) 숙적과 숙적관계에 관심을 갖고 있는 국제정치이론가들은 국제분쟁과 숙적관계의 상관관계에 주목하고 있다. 정책결정가의 인식에 기초하여 숙적을 정의하는 연구로는 William R. Thompson, "Identifying Rivals and Rivalries in World Politics," *International Studies Quarterly*, 45 (2001) ; William R. Thompson, "Principal Rivalries," *Journal of Conflict Resolution*, 39 : 2 (June 1995). 분쟁의 빈도수에 근거하여 숙적을 작동화시키는 연구로는 Paul F. Diehl and Gary Goertz, *War and Peace in International Rivalry*(Ann Arbor : The University of Michigan Press, 2001) ; Gary Goertz and Paul F. Diehl, "Enduring Rivalries : Theoretical Constructs and Empirical Patterns," *International Studies Quarterly*, 37 (1993).

개되어야 한다. 일부 이론의 부정확하고 무리한 적용으로 이론과 현실을 모두 죽이는 결과를 초래한 경우가 종종 있었다. 또한 단순한 국제정치이론의 적용이 아닌 한반도의 숙적관계의 경험을 바탕으로 한 새로운 이론, 모델, 패러다임의 개발에도 힘써야 할 것이다. 아직까지 남북관계사를 재료로 한 주목할 만한 새로운 가설이나 모델, 이론이 개발되지 않은 현실은 남북관계 연구자들의 지적 상상력의 부족을 드러내는 것이다. 남북 양자관계에 일정한 영향을 미치는 삼자, 사자, 또는 그 이상의 다자관계의 동학에 연구와 이해 또한 필요하다.

참.고.문.헌

강인덕 · 송종환 외.『남북회담 : 7·4에서 6·15까지』. 서울 : 극동문제연구소, 2004.

구갑우. "남북한 관계의 이론들 : 분류와 비판." 경남대학교 북한대학원 편,『남북한 관계론』. 파주 : 한울, 2005.

권만학. "전환기의 도전과 남북한 관계." 백영철 외.『21세기 남북관계론』. 서울 : 법문사, 2000.

김근식. "김대중 정부의 햇볕정책 : 회고와 전망."『한국과 국제정치』18권 2호(2002).

_____. "남북한 관계의 특성 : 과도기의 이중성." 경남대학교 북한대학원 편,『남북한 관계론』. 파주 : 한울, 2005.

김달중. "북방정책의 개념, 목표 및 배경."『국제정치논총』, 29집 2호(1989).

김도종. "햇볕정책과 국내정치적 역학 : 대북포용정책의 정치적 함의."『국가전략』6권 1호(2000).

김병문. "한 · 미의 대북정책의 전개와 변화 : 김대중 정부 시기 클린턴 행정부와 부시 행정부의 대북정책을 중심으로."『세계지역연구논총』23집 2호(2005).

김성진.『박정희를 말하다 : 그의 개혁정치, 그리고 과잉충성』. 서울 : 삶과 꿈, 2006.

김성철. "외교정책의 환경 · 제도 · 효과의 역동성 : 북방정책 사례 분석."『국제정치논총』40집 3호(2000).

김연철. "한반도 평화경제론 : 평화와 경제협력의 선순환."『북한연구학회보』 10권 1호(2006 여름).
김영재 · 이승현. "남북한 신정부의 대북 · 대남 정책." 『국제정치논총』 39집 1호(1999).
김용복. "김대중 정부의 대북정책과 남북관계 : 쟁점과 평가." 『동북아연구』 2003.
김용삼. "노태우 전대통령의 육성회고록 (1)." 『월간조선』 1999년 5월호.
김용식. 『희망과 도전 : 김용식 외교회고록』. 서울 : 동아일보사, 1987.
김용직 편. 『사료로 본 한국의 정치와 외교 : 1945−1979』. 서울 : 성신여자대학교 출판부, 2005.
김용호. "대북정책과 국제관계이론 : 4자회담과 햇볕정책을 중심으로 한 비판적 고찰." 『한국정치학회보』 36집 3호(2002 가을).
김원식. "북한 인권담론의 규범적 논거들에 대한 검토 : UN의 개입에 관한 국내 시민사회 담론을 중심으로." 『북한연구학회보』 10권 1호(2006년 여름).
김재한. "탈냉전과 남북한 협조." 『국제정치논총』 30집 1호(1990).
김정렴. 『아, 박정희』. 서울 : 중앙 M&B, 1997.
______. 『한국경제정책 30년사』. 서울 : 중앙일보사, 1990.
김학노. "평화통합전략으로서의 햇볕정책." 『한국정치학회보』 39집 5호(2005 겨울).
남성욱. "북한의 수산업 현황과 효율적인 남북협력 방안." 『북한연구학회보』 10권 1호(2006 여름).
노정호 · 김용호. "대북화해협력정책과 북한의 변화에 대한 실증적 분석." 『한국과 국제정치』 18권 3호(2002).
류길재. "남북한 관계와 북한의 국내정치 : 남한 요인은 결정적 변수인가?" 경남대학교 북한대학원 편. 『남북한 관계론』. 파주 : 한울, 2005.
박건영 외. 『한반도 평화보고서』. 서울 : 한울, 2002.
박건영. "대북정책의 새로운 접근." 『국제정치논총』 38집 2호(1998).
박건영 · 박선원 · 우승지. "제3공화국 시기 국제정치와 남북관계 : 7 · 4공동성명과 미국의 역할을 중심으로." 『국가전략』 9권 4호(2003).

박명림. "국내정치와 남북관계 : '1.5레벨게임' 의 구조와 동학." 『계간 사상』 (2000 여름).

______. "분단질서의 구조와 변화 : 적대와 의존의 대쌍관계 동학, 1945-1995." 『국가전략』 3권 1호(1997).

박선원. "햇볕정책과 여론 : 지속성과 변용의 관점에서 본 실증분석." 『한국과 국제정치』 18권 2호(2002).

박영호. "탈냉전시대 한국의 대북정책과 남북관계의 변화." 『세계지역연구논총』 23집 1호(2005).

박철언. 『바른 역사를 위한 증언 1 · 2』. 서울 : 랜덤하우스중앙, 2005.

배긍찬. "1970년대 전반기의 국제환경 변화와 남북관계." 한국정신문화연구원 편. 『1970년대 전반기의 정치사회 변동』. 서울 : 백산서당, 1999.

백낙청. "한반도식 통일과 북의 핵실험." 프레시안 창간 5주년 기념 특별강연, 프레시안 웹사이트(http://www.pressian.co.kr, 검색일 : 2006년 11월 24일).

______. 『흔들리는 분단체제』. 서울 : 창작과 비평사, 1998.

신종대. "남북한 관계와 남한의 국내정치 : 북한 요인과 국내정치의 연관과 분석틀." 경남대학교 북한대학원 편. 『남북한 관계론』. 파주 : 한울, 2005.

연합뉴스. 2006년 11월 24일.

우승지. "남북화해와 한미동맹관계의 이해, 1969-1973." 『한국정치외교사논총』 26집 1호(2004. 8.).

______. "북한 인권문제 연구의 쟁점과 과제." 『국제정치논총』 46집 3호(2006).

윤여상. "이산가족 남북교류 확대에 대한 한국정부의 대응방안 : 법률안 제정을 중심으로." 『북한연구학회보』 10권 1호(2006 여름).

윤태영. "한미 동맹체제 하에서 한국의 대북한 위기관리, 1968-1983." 『한국정치학회보』 33집 2호(1999).

이경재. "비상사태 선언과 종신집권체제 완성." 『신동아』. 1985년 12월호.

이 근. "구성주의 시각에서 본 남북정상회담." 『국가전략』 7권 4호(2001).

이기종. "북한의 대남정책 결정요인과 전망." 『국제정치논총』 37집 2호 (1997).

이미경. "국제환경의 변화와 북한의 자주노선 정립 : 1960년대 시기를 중심으로." 『국제정치논총』 43집 2호(2003).

이상우. "남북한 군사갈등과 군축." 『한국정치학회보』 14집, 1980.

이수형. "동맹의 안보 딜레마와 포기-연루의 순환 : 북핵 문제를 둘러싼 한-미 갈등관계를 중심으로." 『국제정치논총』 39집 1호(1999).

이우승 · 전영선. "국내방송의 북한 관련 보도태도에 관한 연구 : KBS의 9시 종합뉴스와 남북의 창을 중심으로." 『북한연구학회보』 10권 1호(2006 여름).

이종석. "대통령선거와 북한 : 남북한의 적대적 의존관계와 변화가능성." 『역사비평』(2002 가을).

______. "북한의 권력구조 재편과 대남전략." 백영철 외. 『21세기 남북관계론』. 서울 : 법문사, 2000.

이창희. "민주화와 대북정책." 『한국동북아논총』 제26집(2003).

이항동. "대북포용정책에 대한 북한의 반응 : 1997-1999 로동신문 논평을 중심으로." 『한국정치학회보』 34집 1호(2000).

장노순. "국제정치이론의 통합을 위한 시론 : 남북한 관계의 정체성 변화와 전략적 선택." 『세계지역연구논총』 24집 1호(2006).

______. "약소국의 갈등적 편승외교정책 : 북한의 통미봉남 정책." 『한국정치학회보』 33집 1호(1999 봄).

전재성. "구성주의 국제정치이론과 남북관계." 하영선 · 김영호 · 김명섭 편. 『한국 외교사와 국제정치학』. 서울 : 성신여자대학교 출판부, 2005.

______. "노태우 행정부의 북방정책 결정요인과 이후의 북방정책의 변화과정 분석." 하용출 편. 『북방정책 : 기원, 전개, 영향』. 서울 : 서울대학교 출판부, 2003.

전현준. "북한의 대남정책과 남북관계." 『북한연구학회보』 3권 2호(1999).

정성장. "혁명전략," 세종연구소 편. 『북한의 국가전략』. 서울 : 한울, 2003.

정성장 · 백학순. 『김정일 정권의 생존전략』. 성남 : 세종연구소, 2003.

정세현. “남북한 관계와 통일문제 : 연구현황과 방향.” 『국제정치논총』 28집 1호(1988).

______. “북방정책에 대한 북한의 반응.” 『국제정치논총』 29집 2호(1989).

정준표. “북풍의 정치학 : 선거와 북한변수.” 『한국과 국제정치』(1998 봄 · 여름).

정진영. “남북한 경제교류협력 : 트로이의 목마인가 볼모인가?” 『국가경영전략』 2집 1호(2002).

조진구. “존슨 정권 후반기의 한미관계 : 북한의 대남도발에 대한 한미 간의 인식 차이를 중심으로.” 『한국과 국제정치』 19권 3호(2003 가을).

______. “중소대립, 베트남 전쟁과 북한의 남조선혁명론, 1964-68.” 『아세아연구』 46권 4호(2003).

중앙일보. 2006년 11월 24일.

최대석. “긴급구호에서 개발지원으로 : 국내 NGO의 지원경험과 향후과제.” 『북한연구학회보』 10권 1호(2006 여름).

최완규. “전환기 남북한의 국내정치와 통일게임.” 『한국과 국제정치』(1995 가을 · 겨울).

최용섭. “북한의 도발행위와 대북포용정책 : 동해 잠수정 침투사건과 서해안 영해 침범 사건을 중심으로.” 『국제정치논총』 39집 2호(1999).

통일노력 60년 발간위원회 편, 『통일노력 60년 : 하늘길 땅길 바닷길 열어 통일로』. 통일부, 2005.

하용출. “서론.” 하용출 편. 『북방정책 : 기원, 전개, 영향』. 서울 : 서울대학교 출판부, 2003.

한홍구. “박정희 정권의 베트남 파병과 병영국가화.” 『역사비평』 62호(2003).

함택영. “남북한 군비 경쟁과 군축 전망.” 경남대학교 북한대학원 편. 『남북한 관계론』. 파주 : 한울, 2005.

홍석률. “1968년 푸에블로 사건과 남한 · 북한 · 미국의 삼각 관계.” 『한국사연구』 113호(2001).

Diehl, Paul F. and Gary Goertz, *War and Peace in International Rivalry*. Ann

Arbor : The University of Michigan Press, 2001.

Goertz, Gary, and Paul F. Diehl. "Enduring Rivalries : Theoretical Constructs and Empirical Patterns." *International Studies Quarterly* 37, 1993.

Kang, David C. "International Relations Theory and the Second Korean War." *International Studies Quarterly* 47, 2003.

Koh, Dae-Won. "Dynamics of Inter-Korean Conflict and North Korea's Recent Policy Changes." *Asian Survey*, Vol. 44, No. 3, May/June 2004.

Oberdorfer, Don. *The Two Koreas*. New York : Basic Books, 2001.

Radchenko, Sergey S. "The Soviet Union and the North Korean Seizure of the USS Pueblo : Evidence from the Russian Archives." *Cold War International History Project #47*, July 2005.

Schaefer, Bernd. "North Korean 'Adventurism' and China's Long Shadow, 1966-1972." *Cold War International History Project Working Paper #44*, October 2004.

Smith, Hazel. "Bad, mad, sad or rational actor? Why the 'securitization' paradigm makes for poor policy analysis of north Korea." *International Affairs*, Vol. 76, No. 3, 2000.

Thompson, William R. "Identifying Rivals and Rivalries in World Politics." *International Studies Quarterly* 45, 2001.

______. "Principal Rivalries." *Journal of Conflict Resolution*, 39 : 2, June 1995.

Woo, Seongji. "The Failure of Appeasing North Korea." Paper presented at the International Symposium entitled "North Korea and Peace and Stability in North-East Asia." Nihon University, Mishima Campus, November 20-21, 2006.

8. 대외정책 연구현황과 평가[1]

조동준(서울시립대학교)

I. 들어가며

대외정책은 한 국가가 특정 쟁점에서 발생한 사안에 대응하여 취하는 행동방침이다. 국제정치현상은 국가의 대외정책이 발현되는 시점부터 시작되기 때문에 국제정치학자는 대외정책이 만들어지고 시행되는 과정을 연구한다. 한국이 지정학적 위치로 말미암아 주변 국가의 대외정책에 민감할 수밖에 없는 현실을 고려하면, 대외정책 연구가 국내에서 관심을 끄는 현상은 당연하게 보인다. 한국 국제

1) 졸고를 수정하는 과정에서 조언을 주신 서울대학교 하용출 선생님과 세종연구소 이대우 연구위원께, 그리고 자료수집을 도운 서울시립대학교 국제관계학과 노한상 군에게 감사드린다.

정치학자들은 건국 초기부터 시사교양지를 통하여 국제문제와 각국의 대외정책을 해설하여 각국 대외정책과 국제문제를 이해하려는 일반인의 지적 호기심을 충족시켰다. 또한 한국 국제정치학자들은 대외정책현상을 체계적으로 이해하고 분석하는 작업을 수행하였다.

이 글은 한국 대외정책 연구의 현황을 세 가지 측면에서 검토한다. 첫째, 국제정치학을 가르치는 학과(학부)의 교과과정에서 대외정책 연구의 비중을 확인한다. 둘째, 한국에서 국제정치 학술지로 가장 권위가 있는 『국제정치논총』(이하 『논총』)에서 대외정책 연구가 차지하는 비중을 확인한다. 셋째, 한국 국제정치학자들이 수행한 대외정책 관련 논문의 연구방법을 검토하여 한국에서 진행되었던 대외정책 연구의 특징을 방법론의 관점에서 밝힌다.

II. 한국 대외정책 연구의 현황

이 장은 국제정치학을 가르치는 주요 대학교의 교과과정과 『논총』에 게재된 대외정책 관련 연구논문을 수량적으로 분석하여 한국에서 대외정책 연구가 차지하는 비중을 확인한다. 이 작업은 대외정책 연구의 비중을 연구와 교육에서 비교할 기회를 제공한다.

1. 교과과정에서 대외정책 연구

대외정책 관련 교과목이 대학교 교과과정에서 차지하는 비중을 확인하기 위하여 서울에 있는 주요 사립대학교와 국공립대학의 정치외교학과, 국제학부, 국제관계학과 교과과정을 선택한다. 구체적으로 8개교 국제관계학과(동국대, 서울대, 서울시립대, 서울여대, 중앙대, 창원대, 한국외국어대),[2] 5개교 국제학부(경희대, 고려대, 연세대, 이화여대, 한양대), 그리고 16개교 정치외교학과(건국대, 경북대, 국민대, 단국대, 명지대, 서강대, 성균관대, 성신여대, 숙명여대, 숭실대, 인천대, 전남대, 전북대, 제주대, 충남대, 충북대)의 교과과정을 대상으로 삼는다. 먼저 학과에서 개설된 모든 과목(학과에 소속된 교원과 학과에서 초빙한 교원이 담당하는 과목)을 개론(소개)과목, 국내정치와 비교정치 관련 과목, 국제관계 관련 과목, 그리고 인턴십과 필수 외국어 과목이 포함된 기타 항목으로 분류하여 각 항목의 비중을 확인한다.

〈표 8-1〉 교과과정 분류

	총과목수	개론+소개	국내+비교정치	국제관계	기타
국제관계학과(8학과)	232	34(15%)	96(42%)	96(41%)	6(3%)
정치외교학과(16학과)	542	49(9%)	359(66%)	134(25%)	0(0%)
국제학부(5학부)	200	25(13%)	62(31%)	100(50%)	13(7%)

2) 서울대학교와 서울여자대학교를 제외한 6개 학교에 있는 "국제관계학과"와 서울대학교 "외교학과" 그리고 서울여자대학 "국제학과"를 대상으로 삼았다.

〈표 8-1〉을 보면, 정치외교학과의 경우 국내정치와 비교정치(지역연구 포함) 관련 교과과정의 비중이 상대적으로 높다(66%). 국제관계학과의 교과과정에서도 국내정치와 비교정치(지역연구 포함)의 비중이 국제정치의 비중과 거의 비슷하다(각각 42%와 41%). 국제학부의 교과과정에서는 상대적으로 낮다(31%). 반면, 국제관계 관련 교과과목의 비중은 국제학부를 제외하고 그다지 높지 않다. 국제관계 관련 교과과목의 비중은 정치외교학과의 경우 25%, 국제관계학과의 경우 41%, 국제학부의 경우 50%로 나타난다.

〈표 8-2〉는 국제관계 관련 교과목을 세부 분류한다. 국제관계학과와 정치외교학과의 경우, 국제정치 일반과 외교사 관련 과목이 상대적으로 높은 비중을 차지한다(각각 41%와 39%). 또한 국제법과 국제기구 관련 과목이 차지하는 비중도 비슷하다(각각 15%와 17%). 국제정치경제 관련 교과목은 정치외교학과보다 국제관계학과에서 상대적으로 높은 비중을 차지한다. 반면, 국제학부에서는 국제(정치)경제 관련 교과목이 최대 비중을 차지하고(43%), 국제기구와 국제법 관련 교과목도 상대적으로 높은 비중을 차지한다(25%). 국제정치 일반과 외교사 관련 과목의 비중은 상대적으로 낮다(19%).

〈표 8-2〉 국제관계 관련 교과과정 분류

	국제관계과목	정치경제	국제기구+법	일반+외교사	안보	대외정책
국제관계학과	95	25(26%)	14(15%)	39(41%)	2(2%)	15(16%)
정치외교학과	134	24(18%)	23(17%)	25(39%)	9(7%)	26(19%)
국제학부	100	43(43%)	25(25%)	19(19%)	3(3%)	10(10%)

〈표 8-2〉는 세 가지 유형의 교과과정에서 존재하는 두 가지 공통점을 보여준다. 첫째, 안보 관련 교과목의 비중이 매우 낮다. 16개 정치외교학과에서 8학과, 5개 국제학부에서 2학부, 8개 국제관계학과에서 6학과는 안보를 전담하는 교과목을 개설하지 않고 있다. 안보 관련 쟁점이 국제정치 일반 과목에서 다루어질 가능성을 배제할 수는 없지만, 이 수치는 안보와 관련되어 있는 국제관계현상이 대학교에서 심층적으로 다루어지지 않고 있음을 의미한다. 둘째, 대외정책 관련 교과목은 두 학과를 제외하고 최소한 한 과목이 개설되고 있다. 또한 대외정책 관련 교과목이 차지하는 비중은 대체로 비슷하다. 국제정치 일반 교과목에서 대외정책이 일부 다루어지는 현실을 고려한다면 대외정책 관련 교과목이 차지하는 명목상 수치는 실제 비중보다 낮다고 생각된다. 국제정치현상이 필연적으로 대외정책과 연관될 수밖에 없기 때문에, 국제정치현상을 가르치는 데 필요한 기초작업으로 대외정책에 관련된 정보가 전달되고 있다고 추정한다면 교과과정에서 대외정책의 비중은 명목상 수치보다 높다고 판단된다.

2. 『국제정치논총』에서 대외정책 연구

한국국제정치학회의 학술지인 『논총』은 국제정치와 지역연구 관련 논문을 주로 게재하고 있다. 〈표 8-3〉은 1963년 창간호부터 2005년까지 연구논문을 네 시기로 구분하여 분류한다. 냉전의 종식을 시기구분의 근거로 삼았고, 두 시기 내부의 세부 시기구분은 연대별로 삼았다. 〈표 8-3〉은 두 가지 주목할 만한 사실을 보여준다.

첫째, 연구논문의 숫자가 연대별로 보면 계속 성장하고 있다. 특히 2000년대 연구논문의 숫자가 압도적으로 증가하였다. 이 추세는 국내 국제정치학의 성장과 관련되어 있다. 국제정치학 전공자들이 늘어나고 연구성과물이 많아짐에 따라 『논총』은 발표기회를 확대하였다. 『논총』은 1963년부터 1983년까지, 1985년, 그리고 1991년 연 1호(1973년과 1975년 결호), 1984년, 1986년부터 1990년까지, 1992년부터 1995년까지 연 2호, 1996년부터 1999년까지 연 3호, 2000년부터 2002년까지 연 4호, 그리고 2003년 이후 연 5호를 발행하였다. 『논총』은 심사과정을 점차 강화시켰지만 연구발표 기회를 확대하여 한국 국제정치학의 양적 성장에 기여하였다.

〈표 8-3〉 『국제정치논총』의 연구논문 분류

시기	발표논문	국내외 정책/전략 연구논문	대외정책/전략 연구논문
1963-79	134	21 (15.7%)	15 (11.2%)
1980-89	242	66 (27.3%)	55 (22.7%)
1990-99	367	88 (24.0%)	54 (14.7%)
2000-05	432	68 (15.7%)	38 (8.8%)

둘째, 『논총』에 게재된 연구논문에서 국내외 정책/전략 관련 연구가 차지하는 비중은 시기별로 편차를 보인다. 1980-1990년대 정책/전략 연구논문의 비중이 상대적으로 높은데, 이는 국내적으로 민주화와 관련되어 있다고 추정된다. 1988년 『논총』 28집 2호는 "외교정책의 재조명 : 민주화와 한국 외교정책"이란 특집호로 1987년 민주화 운동의 결과가 한국 외교정책에 미치는 영향을 분석하는 연구논

문을 게재하였다. 1987년 민주화는 국내 정치과정에 충격을 가져왔기 때문에 정책결정 과정과 실행방식이 필연적으로 변화될 수밖에 없다. 권위주의 시기 정책결정과 시행은 최고 결정자, 그 측근, 그리고 행정관료들의 전유물이었다. 반면, 민주화는 정책결정과 시행과정에서 새로운 행위자를 등장시켰고, 행위자 간 상호작용 방식도 변화시켰다. 한국 국제정치학자들은 민주화로 인한 변화가 정책결정과정과 실행에 미칠 영향을 심층적으로 분석하였다.

1980-1990년대 정책/전략 연구논문의 증대는 국제적으로 북방정책과 연관되어 있다고 추정된다. 냉전시기 한국이 국제사회에서 독자적으로 활동할 수 있는 공간은 매우 제한되었다. 두 진영의 대립은 한국으로 하여금 동아시아 '남방 삼각동맹'의 구성원으로 수동적 역할밖에 할 수 없는 환경이었다. 1970년대 후반 한국이 비동맹국가와 관계개선을 추진하며 진영 간 대립을 넘으려는 행보는 냉전시기 매우 예외적 현상이었다.[3] 한국 대외정책이 내부 동력보다는 외부 요인으로부터 영향을 받았던 냉전시기에는 대외정책 결정과 시행과정은 매력적 연구주제가 아니었다. 반면, 냉전 이후 노태우 행정부는 북방정책을 통하여 독자행동을 하였다. 한국이 주체로서 대외정책을 결정하고 시행함에 따라 한국 대외정책은 매력적인 연구대상이 될 수 있었다.

---

3) 한국이 비동맹국가와 관계개선을 모색한 이유는 1970년대 북한의 공세와 비동맹의 북한 지지였다. 1970년대 북한은 한국에서 국제연합군 사령부 해체를 포함하여 국제연합의 모든 활동을 중지시키려고 대대적 외교공세를 벌였고, 비동맹국가들은 북한의 입장을 대체적으로 지지하였다. 이에 대응하여 박정희 행정부는 국제연합에서 북한의 영향력을 축소시키려 비동맹국가와 관계개선을 추진하였다.

〈표 8-4〉 대외정책 연구논문 분류 1

대외정책 연구논문		한국	미국	일본	유럽	중국	기타
1963-79	15	4(27%)	5(33%)	3(20%)	0(0%)	0(0%)	3(20%)
1980-89	55	36(65%)	10(18%)	3(5%)	0(0%)	1(2%)	5(9%)
1990-99	54	13(24%)	13(24%)	8(15%)	3(6%)	3(6%)	14(26%)
2000-05	38	11(29%)	6(16%)	5(13%)	7(18%)	3(8%)	6(16%)

한국 경제력 성장도 1980-1990년대 대외정책 연구의 증가에 기여하였다. 개발도상국가로서 국제관행과 의무에서 일부 면제되었던 한국은 1980년대 후반 이후 경제력 성장에 따라 국제의제에 직접 관여하게 되었다. 개방압력, 안보분담금, 국제협력 참여 등은 한국에게 새로운 의제가 되었다. 이런 상황의 변화는 국제정치학자로 하여금 국제 사안에 대처하기 위한 방안으로서 한국 외교정책을 모색하도록 하였다. 1980-1990년대 '한국의 대응'은 논문 부제로 혹은 결론에서 '정책함의'의 형태로 나타났다.

1990년대 정책/전략 연구논문의 높은 비중도 1980년대 국내외 변화를 반영한다고 추정된다. 민주화로 대외정책 결정과 시행과정에 참여하는 행위자가 증가하고 행위자 간 상호작용의 방식이 복잡해짐에 따라 대외정책에서 국내변수들이 차지하는 비중이 증가할 수밖에 없었다. 민주화로 인하여 대외정책과 관련된 정보들이 공개됨에 따라 대외정책이 접근가능한 연구대상으로 변화하였다. 또한 국력신장으로 인하여 한국의 역할공간이 지속적으로 확대된 상황에서 대외정책을 효과적으로 수행하기 위해서도 대외정책에 관한 연구가 확대되었다.

〈그림 8-1〉 대외정책 연구논문 분류 2

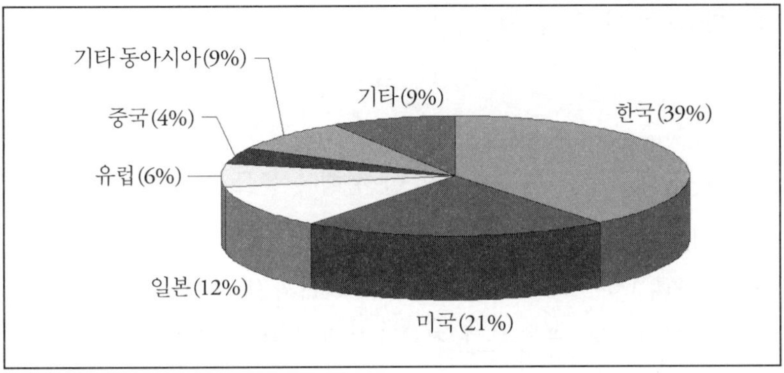

〈표 8-4〉는 『논총』에 실린 연구논문을 연구대상이 된 국가와 연대에 따라 분류하고, 〈그림 8-1〉은 국가별로 합산하여 분류한다. 〈표 8-4〉와 〈그림 8-1〉은 두 가지 특징을 보여준다. 첫째, 대외정책 연구의 대상이 한국(39%), 미국(21%), 그리고 일본(12%)에 집중되어 있다. 반면, 상기 세 국가와 북한을 제외한 국가의 대외정책은 1980년 후반에 이르러서 연구대상으로 등장하고, 여전히 상대적으로 비중이 낮다. 둘째, 유럽 국가들에 대한 연구가 증가하고 있다. 유럽 국가의 대외정책에 관한 연구는 1990년대 들어 첫 등장하였고, 2000년대 들어 18%를 차지하고 있다. 이와 같은 분석결과는 한국에서도 대외정책 연구대상이 외국 사례였다는 김현(2000)의 지적을 재확인하고 있다(pp. 24-25).

III. 대외정책 연구의 방법

한국 대외정책 연구를 검토한 선행 논문들은 공통적으로 이론과 분석틀의 부재를 지적한다(e.g., 김기정 2006, 92-94 ; 김현 2000, 24-27 ; 남궁곤 2004, 323-324). 이 현상이 극복되기까지 오랜 시간이 소요될 수밖에 없기 때문에 유사한 검토대상에 유사한 내용분석을 시도하면 중복의 위험이 있다. 이 장에서는 김현(2000)이 검토한 실증적 연구논문 25편의 연구방법을 검토하여 선행작업을 보완하려 한다.[4] 구체적으로 연구논문 25편이 사용하는 서술방법과 분석방법을 검토한다.

1. 서술방법

대외정책은 일국이 국외 행위자를 대상으로 택하는 입장이기 때문에 대외정책 연구는 연구대상으로서 국가를 분석단위로 선택하

---

4) 대외정책 모형과 분석틀을 소개한 논문은 실증적 연구논문으로 볼 수 없기 때문에 이 글의 검토대상에서 제외한다. 검토대상으로 선정된 연구논문은 길철범(1984), 김기정(1990), 김민전(1995), 김영춘(1989), 김재철(1994), 김정수(1996), 김태현(1998), 김태효(1997), 김현(1996), 박경서(1990), 박홍석(1992), 백광일(1985), 신희석(1981), 유종열(1985), 이기종(1991), 이상균(1994), 이석호(1988), 이숙자(1995), 이원덕(1998), 이종선(1992), 이태환(1998), 이홍종(1994), 전웅(1988), 한상일(1980), 그리고 홍현익(1998)이다.

여 현상을 서술할 수밖에 없다. 『논총』에 실린 대외정책 관련 연구 논문을 검토하면, 특정 국가의 대외정책결정과정 혹은 대외정책의 내용을 체계적으로 서술하는 방법이 가장 흔하게 사용되는데, 몇 가지로 세부 분류될 수 있다. 첫째, 특정 분석틀과 이론에 기반한 서술 방법이다.[5] 박경서(1990)는 정치경제적으로 발전하면 사회와 정부요인이 대외정책 결정과정에 미치는 영향이 증대된다는 로즈노의 '예비이론'을 염두에 두고 한국 정책결정 과정의 특징을 기술하였다. 그는 한국의 정책결정 과정의 변화를 국내 정치경제적 환경변화에 초점을 맞추어, 1960-1970년대 대통령과 극소수 측근들이 국내 정치와 경제에 미치는 영향이 크기 때문에 '합리적 행위자 모형'이나 '만족 모형'이 적실성을 가지는 반면, 1980년대에는 민간 분야의 역량이 확대되고 정부조직이 확대됨에 따라 '관료정치 모형'이 적실성을 가진다고 판단하였다. 그는 한국 외교정책 결정과정의 변화는 로즈노의 '예비이론'이 뒷받침한다고 주장하였다(pp. 88-89). 김기정(1990)은 모델스키의 '장주기론'이 제시하는 중심부 강대국과 주변부 약소국의 외교행태를 염두에 두고 20세기 초 미국의 대한정책을 기술하였다. 그는 20세기 초 한국에 대한 강대국의 영향력이 중첩되어 있었기 때문에 동아시아 체제가 불안정했고, 미국은 구조적 재조정을 위하여 한국으로부터 철수하였다고 설명하였다.

둘째, 이론과 분석틀에 기반하지 않으면서 특정 국가를 사례로 선택하고 특정 시점에서 대외정책 결정과정의 특징을 서술하는 방

---

5) 김재철(1994), 김정수(1996), 김철범(1984), 김현(1996), 이기종(1991), 이숙자(1995) 등도 이론과 분석틀에 기반한 서술방식을 취하고 있다.

식이다. 예를 들어, 신희석(1981)은 제2차 세계대전 이후 일본 정책 결정 과정의 특징으로 수상의 지도력과 조정 통합능력의 강화, 참여 행위자의 증가로 인하여 자민당, 재계, 외무성을 중심으로 하는 관료기구 간 역학작용을 제시한다. 따라서 일본 대외정책을 분석하는 데 '관료정치 모형' 과 '조직과정 모형' 이 타당성을 가진다고 추정하였다. 이석호(1988)는 한국을 사례로 선택한 후, 시간축에 따른 국내외 환경변화(국내 변수로 한국, 중국, 소련의 국내체제 변화, 대외관계 변수로 한 · 미관계, 중 · 소와 북한관계, 중국과 소련의 외교정책 노선, 주변환경 변수로 남북한 관계, 한반도 주변 4강관계)에 따라 북방정책의 변화를 기술하였다. 상기 연구에서 사용된 방법은 사례에 관한 중요한 정보를 제공할 수 있으나 제시된 특징이 어느 정도 적실성을 가지는지 확인할 수 없다.

셋째, 이론과 분석틀에 기반하지 않으면서 특정 국가를 사례로 선택하고 복수영역에서 대외정책 결정과정의 차이와 유사성에 기반하여 연구대상 국가의 대외정책 결정과정이 가지는 특징을 서술하는 방식이다. 박홍석(1992)은 미국 통상정책 수립과정이 단일한 모형으로 설명되기 어렵고 사안에 따라 상이한 모형 혹은 복수 모형으로 기술되어야 한다고 하였다. 또한 그는 대한 시장개방 압력과 보호주의적 조치가 미국의 법제도적 장치, 미국의 경제상황, 그리고 한국의 안보문제 등에 의하여 영향을 받았다고 주장하였다. 유종열(1985)은 '합리적 행위자' 모형을 준거로 삼아 한국의 외교정책 결정과정에 존재하는 비합리적 특징을 통일정책, 국방정책, 실명제, 대유엔정책 등의 사례를 통하여 규명하고 있다. 이태환(1998)은 중국 지도부의 대외인식이 대외정책에 미치는 영향을 안보정책, 대미정책, 대외경제정책에서 비교 검토하였다. 이원덕(1998)은 일본 대외정책 결정과정의 특징을 일상적 사안과 비상 사안에 따라 분류하여 일상적 문제의 경우 수상을 정점으로 자민당, 재계, 관료의 삼각주 형태로 처리되는 반면, 비상시 문제의 경우 수상과 수상에게 조언을 주는 소수인사들에 의하여 결정된다고 하였다.

연구논문 25편의 서술방법의 차이와 유사성을 검토하면 성급한 일반화의 오류를 범할 수도 있지만 두 가지 의미 있는 현상이 보인다. 첫째, 이론과 분석틀에 기반한 서술방식이 증가하고 있다. 이는 한국에서 대부분 대외정책 연구가 “현황” 혹은 “정책방안”을 논의하던 수준에서 벗어나고 있다는 신호로 해석될 수 있다.[6] 둘째, 특정 이론과 분석틀에 기반하지 않은 서술방식도 한 사례 안에서 영역과 시점 간 차이와 유사점을 서술하는 방법이 증가하고 있다. 이는 현상을 보다 더 체계적으로 서술하려는 의도적 노력으로 해석된다.

2. 분석방법

대외정책에 관한 연구는 사례의 개수와 연구방법에 따라 세 가지로 분류될 수 있다. 첫째, 한 국가의 대외정책을 단일 사례로 선택하는 방법이다. 한 국가의 대외정책을 사례로 분석하는 방식도 몇 가

6) 남궁곤(2004)은 국제정치 관련 16개 학술지를 분석한 결과 대외정책과 관련된 연구논문이 총 1,096편이었고, 분석틀 혹은 이론을 사용한 논문은 24편에 불과하였다(0.45%)고 보고하였다(p. 323).

지로 세분할 수 있다. (1) 특정 시점에서 특정 국가의 대외정책을 사례로 선택하는 방법으로 가장 흔한 방식이다. 예를 들어 김태효(1997)는 1950년대 일본을 사례로 선택하여 안보환경에 관한 일본 정책결정자의 인식이 대외정책 결정에 미친 영향을 분석하였다. 1950년대 초반 미국이 일본의 재무장을 추진했음에도 불구하고 일본 정책결정자들은 대외 안보상황이 나쁘지 않다고 판단하였기 때문에 소극적 재무장을 추진하였다고 분석하였다.[7] (2) 여러 시점에서 특정 국가의 대외정책을 사례로 선택하는 방법으로, 동일 사례에서 시점에 따른 차이와 유사점에 주목한다. 예를 들어, 한상일(1980)은 일본을 사례로 선택하여 안보 관련 쟁점에 대한 인식변화가 자체방위능력의 점진적 변화로 이어졌다고 하였다. (3) 특정 국가의 대외정책을 영역에 따라 세부 사례로 선택하는 방법으로, 동일 사례에서 영역 간 차이와 유사점에 주목한다. 예를 들어, 전웅(1988)은 정치적 변화의 유형을 국제적 환경변화, 엘리트 교체, 정치적 경쟁, 사회적 압력, 이데올로기 변화, 리더십 정향변화, 경제적 변화 등으로 세분한 후 각 변화가 정책변화로 이어지는 사례를 제시하였다.[8]

---

7) 이런 분석방법에 기반한 연구결과의 타당성 여부는 반사실적 분석에 기반한다. 예를 들어, 이상균(1994)은 독일연방은행이 독립성과 자주성을 가지고 있기 때문에 유럽통합에 대한 독일 정부의 의지가 의심받는다고 주장하였다. 이 주장은 독일연방은행이 독립성과 자주성을 갖지 못한다면 유럽 통합에 대한 독일 정부의 의지가 확실하게 전달될 수 있다는 반사실적 가정을 염두에 두고 있다. 반사실적 분석에 대하여 Fearon(1991)과 민병원(2004)을 참조.

8) 시간 혹은 공간에 따라 동일사례 안에서 변화를 분석하는 연구방법은 반사실적 가정에 기반한 연구방법보다 인과관계에 영향을 미칠 수 있는 다른 변수를 통제할 수 있다는 점에서 우월하다.

둘째, 사례 간 비교방법이다. 이는 특정한 가설을 도출하거나 검증하기 위하여 여러 사례를 비교한다. 백광일(1985)과 이종선(1992)은 사례 간 비교를 이용한 대표적 연구이다. 이종선(1992)은 지도자의 인식이 전쟁발생에 미치는 영향을 검토하기 위하여 한국전에서 중국(1950), 수에즈 분쟁에서 영국(1956), 6일전쟁에서 이스라엘(1967), 인도 · 파키스탄 전쟁(1971)에서 인도, 그리고 "라마단 전쟁"(1973)에서 이집트를 사례로 선택하였다. 그의 연구에 따르면 민간 지도자의 호전성이 전쟁발생 여부에 미치는 영향은 사례 간 유사성을 보이지 않지만 군부의 영향력이 전쟁발생 여부에 미치는 영향은 유사하다. 백광일(1985)은 한국과 미국 의회가 정책결정 과정에서 행사할 수 있는 헌법적 권한과 정치문화를 비교하여 의회가 대외정책 결정에 미치는 영향력 차이의 원인을 밝히고자 하였다. 그의 분석에 따르면 헌법적 권한은 한국 국회가 미국 국회보다 더 많이 가지고 있음에도 불구하고 한국 의회가 대외정책 결정에 미치는 영향은 상대적으로 미약하다. 따라서 헌법적 권한 차이는 의회가 대외정책 결정에 미치는 영향에서 양국 간 차이를 설명할 수 없다. 그는 한국 국회가 대외정책 결정에서 영향력을 미약하게 가지는 이유로 정당제도, 선거제도, 그리고 정치문화의 차이를 지적하였다.

셋째, 사례 안에서의 통계방법이다. 이는 한 국가 안에서 여러 행위자의 행위를 종속변수로 삼고 종속변수 간 변이를 통계학적 방법을 사용하여 설명하려는 방식이다. 김민전(1995)은 미국을 사례로 선택하여 공화당과 민주당이 통상정책에서 보이는 변화를 통계학적으로 설명하려 하였다. 하원에서 통상 관련 출석투표의 기록을 이용하여 양당 통상정책의 변화를 1934년부터 1988년까지 추적한 결과 민주당이 1960년대까지, 공화당이 1970년대 이후 자유주의적 정책정향을 보이고 있음을 보고하였다. 또한 상관관계 계수의 통계학적 유의도에 기반하여 양당의 정책정향의 변화원인을 제시하려 하였다. 김태현(1998)은 한국인들의 대북인식과 대북정책에 대한 입장을 상관계수의 통계학적 유의도에 초점을 맞추어 검토하였다. 그의 연구결과는 '이미지 이론'이 예상하는 바와 같이 '적-동포'의 간극에서 북한을 자리매김하는 인식이 대북정책에 대한 입장 차이로 이어짐을 경험적으로 보였다.

연구논문 25편의 분석방법을 개괄하면 성급한 일반화의 오류를 범할 수도 있지만 두 가지 의미 있는 현상이 보인다. 첫째, 아직 특정 시점과 쟁점에서 한 국가의 대외정책을 분석하는 방법이 우위에 있지만, 사례 안에서 영역 간 변이 혹은 시점에 따른 변이에 초점을 두는 연구방법이 증가했다. 이는 대외정책 연구의 엄격성을 증가시키려는 노력이라고 보여진다. 둘째, 연구자가 방법론적 엄격성을 증대시키려는 시도는 일회성으로 그친다. 이는 연구자가 해외에서 학위논문을 마치는 과정에서 준비한 연구성과를 국내 학계에 보고하고 후속 연구를 진행시키고 못한다고 추정하게 한다.

IV. 결론

이 글은 한국에서 진행되고 있는 대외정책 연구를 검토한 선행

연구의 몇 가지 지적을 재확인한다. (1) 한국 대외정책 연구는 다른 국가의 대외정책을 대상으로 한다. (2) 이론과 분석틀에 기반한 연구가 미약하다. (3) 한 국가의 대외정책을 분석하는 방식을 취하고 있다. 또한 이 글은 (4) 대외정책 관련 교과목이 국내 대학 교과과정에서 차지하는 비중이 10%를 상회하는 수준이며, (5) 대외정책 연구가 국내 국제정치학계에서 차지하는 비중이 약 10% 정도임을 확인한다.

이 글은 대외정책을 실증적으로 서술하거나 분석한 논문의 연구방법을 검토함으로써 희망적인 사항을 발견하였다. 대외정책 관련 현상을 서술하고 분석하는 방법이 엄격해지고 있다는 사실이다. 상대적으로 적은 빈도수를 기록하지만 사례 간 비교분석과 사례 내 통계분석도 이미 모습을 드러냈다. 시점과 영역에 따른 사례 내 변이에 기반하여 대외정책의 특징을 서술하고 분석하는 방법은 최소한 『국제정치논총』과 『한국정치학회보』에서는 보편화되었다. 특히 신희석(1981)과 이원덕(1998) 사이에서 나타나는 변화는 주목할 만하다. 두 연구논문은 동일하게 일본 대외정책 결정과정을 체계적으로 서술하고 분석하고 있는데, 두 연구논문 간 연구성과의 축적을 보여주고 있다. 후자는 전자의 연구성과를 인정하면서도 일본 대외정책이 만들어지는 과정을 일상업무와 비상상황으로 세분화하여 영역 간 차이와 유사점을 보여주고 있다. 이와 같은 추세는 연구결과의 신뢰성을 높이는 데 기여하리라고 예상된다.

이 글은 선행연구에서 지적되지 않은 연구방법의 문제점으로 '파일박스 문제' 를 지적한다. 발표된 논문들은 몇 예외를 제외하고 공통적으로 기존 이론, 분석틀, 가정과 부합하는 연구결과를 보고하고 있다. 이 현상은 통계학적 연구에서 유의도를 충족시키는 연구결과만 보고되고 유의도를 충족시키지 않은 연구결과가 사장되는 '파일박스 문제'를 연상시킨다(Rosenthal 1979, 638). 연구자는 자신이 옳다고 추정하는 언명이나 분석틀의 유용성을 확인하기 위하여 연구를 진행하고, 여러 연구결과 가운데 옳다고 추정하는 언명이나 분석틀에 유리한 연구결과만 보고할지도 모른다는 의구심이 든다.

한국에서 대외정책을 연구하는 학자들에게 '파일박스 문제'가 있다면 학회 차원에서 이를 해결하는 노력을 해야 한다. 김현(1996)은 대외정책 연구에서 숨겨져 있는 '파일박스 문제'를 해결하는 방안을 하나 보여주고 있다. 그는 '합리적 행위자 모형', '관료정치 모형', 그리고 '인지 모형'이 미국의 일본 재무장 결정을 어느 정도 설명할 수 있는지 비교 검토한다. 그의 연구결과에 따르면 각 세부 정책결정 과정에서 세 모형의 적실성이 차이점을 보이고 있다. 맥아더의 선호는 '인지 모형', 정책결정자의 개별적 선호는 '관료정치 모형', 그리고 최종 결정에 도달하는 과정은 '합리적 행위자 모형'에 부합한다고 하였다. 이처럼 연구자로 하여금 경쟁하는 여러 모형과 입장을 공평하게 검증하도록 유도하는 학문적 장치를 학회 차원에서 마련한다면, 한국 국제정치학계의 대외정책 연구가 대외정책과 관련된 여러 현상을 명확히 보여주는 데 기여할 수 있다고 판단된다.

참.고.문.헌

김기정. "세계체제의 구조적 조건과 외교정책 : 1901-1905년간의 미국의 대한정책 분석을 위한 이론적 모색." 『국제정치논총』 제30집 1호(1990).

______. "한국 외교정책 연구의 과제." 서울대학교 외교학과 50주년 기념 학술회의(2006).

김 현. "미국의 일본 재무장결정(1950년 9월)의 외교정책결정론적 분석." 『한국정치학회보』 제30집 4호(1996).

______. "외교정책연구의 현황과 과제." 한국정치학회 편. 『21세기 국제관계연구의 쟁점과 과제』. 서울 : 박영사, 2000.

김민전. 1995. "미 민주 · 공화 양당의 통상정책변화와 그 원인 연구." 『한국정치학회보』 제29집 1호(1995).

김영춘. "일본의 매스미디어의 국가적 콘센서스 역할-중 · 일 외교정상화를 중심으로." 『한국정치학회보』 제23집 2호(1989).

김재철. "상호의존의 증대와 국가의 역할-중국의 대외개방의 경우." 『한국정치학회보』 제28집 1호(1994).

김정수. "정책레짐 모델을 이용한 미국 통상정책의 제도적 변화 분석." 『국제정치논총』 제36집(1996).

김철범. "U.S. Withdrawal Decision from Korea, 1945-1949 : Bureaucratic Perspectives." 『국제정치논총』 제24집(1994).

김태현. "한국인의 대북인식과 대북정책." 세종연구소 편. 『대외정책과 국민통합 : 한국 중국 러시아』. 성남 : 세종연구소, 1998.

김태효. "일본 소극안보정책의 기원." 『한국정치학회보』 제31집 4호(1997).

남궁곤. “외교정책결정 이론.” 우철구 · 박건영 편. 『현대 국제관계이론과 한국』. 서울 : ㈜ 사회평론, 2004.

민병원. “1970년대 후반 한국의 안보위기와 핵개발 : 이중적 핵정책에 관한 반사실적 분석.” 『한국정치외교사논총』 제26집 1호(2004).

박경서. “비교외교정책의 정치경제학적 접근법.” 『국제정치논총』 제30집 1호(1990).

박홍석. “미국의 대한무역정책과 정치경제요인 분석.” 『국제정치논총』 제32집 1호(1992).

백광일. “한국과 미국의 의회가 외교정책에 미치는 영향의 비교분석.” 『국제정치논총』 제25집(1985).

신희석. 1981. “일본의 외교정책결정과정 연구.” 『한국정치학회보』 제15집(1981).

유종열. “한국 정책수립과정의 특징.” 『국제정치논총』 제25집(1985).

이기종. “한국군 베트남 참전의 결정요인과 대외관계의 변화.” 『국제정치논총』 제31집(1991).

이상균. “독일의 유럽정책 결정구조–연방정부와 연방은행을 중심으로.” 『국제정치논총』 제34집 2호(1994).

이석호. 1988. “한국 북방정책의 변천과정과 결정요인.” 『국제정치논총』 제28집 2호(1988).

이숙자. “탈냉전기 북한의 대미외교정책 결정요인 분석.” 『한국정치학회보』 제29집 4호(1995).

이원덕. “일본 대외정책 결정의 국내적 요소.” 이태환 편. 『국내정치와 대외정책 : 미 · 중 · 일 · 러 중심으로』. 성남 : 세종연구소, 1998.

이종선. “전쟁결정에 있어서 민 · 군 지도자들의 태도.” 『한국정치학회보』 제26집 3호(1992).

이태환. “중국의 국내정치와 대외정책.” 『국내정치와 대외정책 : 미 · 중 · 일 · 러 중심으로』. 성남 : 세종연구소, 1998.

이홍종. “미국 외교정책과 언론–코리아 게이트 사건을 중심으로.” 『국제정치논총』 제34집 2호(1994).

전 웅. "체제변화와 외교정책." 『국제정치논총』 제28집 2호(1998).
한상일. "일본의 방위정책과 방위인식의 변화." 『한국정치학회보』 제14집 (1980).
홍현익. "'안'과 '밖'의 합성으로서 러시아 외교정책 결정." 이태환 편. 『국내정치와 대외정책 : 미 · 중 · 일 · 러 중심으로』. 성남 : 세종연구소, 1998.

Fearson, James D. "Counterfactuals and Hypothesis Testing in Political Science." *World Politics*(1991).
Rosenthal, R. "The 'File Drawer Problem' and Tolerance for Null Results." *Pshychological Bulletin* 85(1979).

9. 문화적 접근을 통한 국제관계 연구

| 갈등해소와 협상에 있어서 문화의 역할 분석[1]

조윤영(중앙대학교)

I. 서론

이 글은 국제관계의 주요 주제인 갈등해소와 협상에 있어 문화의 역할과 특징을 분석하고 구체적으로 문화가 갈등해소와 국제협상에 미치는 영향을 분석하고자 한다. 문화에 관한 논의는 국제정치가 구체적으로 작동하는 외교와 협상 분야에서 중요하면서도 파악하기 힘든 연구임과 동시에 과학적 실증주의와 현실주의 국제관계에 중점을 두는 국제정치 학자에게는 문화 연구가 저위정치의 주제로 인식되어 오랜 기간 동안 경시되어 왔다.[2] 그러나 냉전종식 이후

---

1) 이 글은 2004년 『국제정치논총』 44집 1호에 실린 논문임.

2) Nicholas J. Rengger, "Culture, Society, and Order in World Politics," in John Baylis and

정체성 갈등이 국제정치에 중요한 이슈로 등장하면서 문화에 대한 관심이 상승하고, 이는 문화에 대한 이해가 부족한 신현실주의에서 조차 신중히 이러한 경향을 중시하고 있다. 외교정책 분석에 있어서도 문화는 "마지막으로 호소해야 할 설명부분"으로 폄하되었으나 최근에는 외교정책에 문화가 미치는 영향이란 대주제로 옮겨가고 있다.[3]

문화에 대한 관심의 부상은 탈냉전시기의 종교와 종족을 중심으로 하는 분리주의자들의 독립에 대한 갈등의 세계적 현상이 대두되고 이 문제를 학문적으로 광범위하게 다루어 보다 더 역동적으로 국제관계를 설명하고 이해하기 위한 탈냉전기적 변화와 이에 대한 관심에서 기인한다고 볼 수 있다. 문화영역의 중요성이 부각됨에도 불구하고 문화에 대한 관심은 종교와 같은 특정한 측면에 논의의 초점이 맞춰지면서 하나의 총체적 분석 개념으로서의 문화에 대한 이해는 결여되었다고 할 수 있다. 양극적 국제체제가 소련을 비롯한 동구권이 붕괴되어 국제질서의 방향이 예측하기 어렵게 되면서 안정화된 국제체제의 유지를 위한 새로운 대체세력을 설정할 필요성이 제기되고, 그 결과 종교와 문화의 차이가 부각되기 시작되었다. 국제정치의 방향은 이슬람의 근본주의, 중국 위협론, 후쿠야마의 "역사의 종말"로 상징되는 양극성과 헌팅톤의 "문명의 충돌" 등에

N. J. Rengger (eds.), *Dilemmas of World Politics : International Issues in a Changing World* (Oxford : Oxford University Press, 1992), pp. 94–95.

3) Yosef Lapid and Friedrich Kratochwil (eds.), *The Return of Culture and Identity*(Boulder, CO : Lynne Rienner Publishers, 1997). J. Chay (eds.), *Culture and International Relations* (New York : Praeger, 1990). 참조.

초점이 맞춰졌다. 즉 이데올로기적 갈등이 종교 · 인종 · 문화적 갈등의 형태로 대체되었다고 할 수 있다. 결국 냉전의 종식이 평화를 의미하는 것이 아닌 새로운 유형의 갈등을 창출하였으며, 그 중심에는 문화라는 변수가 자리 잡고 있다. 한편 국제정치의 포스트모더니즘적 해석은 실증주의와 현실주의의 "단일세계"라는 가정에 반대되는 "다수의 세계들"의 존재를 설명하고 다양성과 상대주의를 주장하기 위한 중요한 요소로서 문화를 강조하고 있다.[4]

뿐만 아니라 이데올로기 중심의 국제체제 붕괴는 상호 교류, 해외투자, 무역의 증가를 가져오고 통합의 기회도 증대시켜 다양한 협상의 시도가 급격히 증가하였다. 여기에 지구온난화 등의 환경의 악화, 부족자원에 대한 우려와 관리, 그리고 앞에서 다룬 다양한 갈등의 증대는 국가 간의 협상을 증대시키는 결과를 초래하였다. 결국 증가하는 지구적 상호의존성은 다양한 종류의 갈등을 가져오고 외교와 협상의 도구들이 유용한 상황이 되어 상이한 문화권의 사람들과 서로 협력하고 협상해야 할 필요성이 요구되었다. 이를 충족시키기 위해 각 국가의 국가 협상 스타일 연구와 문화 간 협상 연구 등 다양한 학술저작들이 출판되었다.[5] 이러한 연구들은 외교관이나 협상가

---

4) R. B. J. Walker, *One World, Many Worlds : Struggle for a Just World Peace*(Boulder, CO. : Lynne Rinner, 1989).

5) 국가 협상 스타일의 대표적 연구들로는 Jerold L. Schecter, *Russian Negotiating Behavior : Continuity and Transition*(Washington D.C. : USIP Press, 1998) ; Richard Solomon, *Chinese Negotiating Behavior : Pursuing Interests through Old Friends* (Washington D.C. : USIP Press, 1999) ; Scott Snyder, *Negotiating on the Edge : North Korean Negotiating Behavior*(Washington D.C. : USIP Press, 1999) ; Michael Blaker, *Paul Giarra and Ezra Vogel, Case Studies in Japanese Negotiating Behavior*(Washington D.C. 2001). 문화 간 협

들이 다른 문화권의 협상 파트너를 잘 이해하는 방법을 제시하였으며, 물리적 갈등해결 수단이 아닌 평화적 수단으로 문제를 해결하도록 국제협상에서 문화적 요소가 미치는 영향과 각국의 특징적 협상 스타일에 초점을 두고 이루어졌다.

문화에 대한 관심과 연구는 이렇듯 확산되고 있지만 아직 국제관계 연구영역에서 충분한 영향을 미치는 데까지는 발전하지 못하고 있다. 국제관계 연구가 국제와 국내영역 그리고 구조와 행위자 중심의 이분법적 틀에 갇혀 있는 한 문화의 문제는 여전히 소외된 부차적 현상으로 남아 있을 수밖에 없다. 그러나 이러한 입장은 국가 간 또는 공동체 간의 갈등과 협력의 역학 같은 국제정치의 근본적인 측면을 종합적으로 설명하고 이해할 수 없다. 따라서 역동적이고 총체적인 문화개념을 기반으로 하여 인간사라는 일반성과 국제관계라는 특수성에서 변수로 작용하는 문화와, 한편으로는 사회적으로 구성된 결과로서 문화라는 이중적 역할을 평가할 수 있는 분석적 접근법을 발전시킬 필요성이 대두되고 있다. 이러한 작업과 함께 문화라는 추상적 개념이 구체적으로 국제관계에 있어 각국 간의 갈등과 협상에 구체적으로 미치는 영향을 살펴보는 것은 세계화 시대에 있어서 국가 간의 상호 의존 및 갈등해소를 이해하는 데 도움이 된다.

이를 위해 본 논문은 문화에 대한 다양한 논의들을 검토하여 문화라는 문제가 갖는 특성을 분석하고자 한다. 이를 통해 변수로서

상의 대표적 연구는 Kevin Avruch, *Culture and Conflict Resolution*(Washington D.C. : USIP Press, 1998) ; Raymond Cohen, *Negotiating Across Cultures*(Washington D.C. : USIP Press, 1999).

의 문화가 인간의 행위와 태도, 지각에 미치는 영향과 결과로서의 문화가 사회적 구성과정을 통해 어떻게 형성되는지를 살펴보고자 한다. 이러한 논의를 기반으로 문화가 국제정치에서 발생하는 갈등과 갈등해결에 미치는 영향과 국제협상에 미치는 영향을 분석하여 문화가 구체적으로 협상상황에 어떻게 작동하는지를 문화의 역할중심으로 검토하고자 한다.

II. 문화에 대한 개념적 논의

문화에 대한 논의는 많은 학자들에 의해 다루어져 왔으며, 다양한 의견들이 제기되어 왔다. 따라서 이 글에서는 갈등과 협상에 대한 주제와 연관된 문화에 대한 논의를 중심으로 살펴보고자 한다. 문화란 한 국가, 민족 또는 공동체들이 공유하는 특징적인 의미, 가치, 신념의 구성이며, 구성원들의 행위를 정한다고 할 수 있다.[6] 문화는 따라서 광의적으로 허용된 신념체계라고 이해되어지며, 학습과정을 통해 한 세대에서 다음 세대로 전달되는 것으로 볼 수 있다. 문화는 인간과 인간들이 상호관계 속에 행동하는 환경뿐만 아니라 인간이 생각하는 시간, 공간, 사건들을 포함한다. 따라서 인간은 문

---

6) Guy Oliver Faure, and Rubin, J.(eds.), *Culture and Negotiation*(Newbury Park, CA. : Sage, 1993).

화에 의해 제공된 신념이나 가치에 의해 행위하는 경향이 있다. 그러나 문화란 단지 컴퓨터의 소프트웨어와 같은 것이 아니다. 즉 문화는 행위의 방향을 제시할 뿐만 아니라 의미도 제시하며, 정체성을 주장하기도 한다. 폴레(Faure)는 이러한 문화의 특징을 단기적 측면과 장기적 측면으로 구분하여 정리하고 있는데, 그에 의하면 문화란 단기적으로는 인간의 행위를 조건화시켜 결정적으로 작동하게 하는 구조적 성분으로 간주하고 있다. 장기적으로는 문화란 과거의 특징으로부터 벗어나 새로운 가치들과 통합하는 과정을 통해 변화를 유도하는 역동적 사회현상이라고 주장하고 있다.[7]

애벌락(Averach)과 블랙(Black)은 문화를 정의하는 데 있어 유물적 접근과 유심론적 접근으로 분류하고 있다.[8] 유물론적 접근법은 문화를 인간이라는 집단이 거주지 또는 생태계에 적응하는 방식이라고 정의하는 반면, 유심론적 접근법은 세계 속에 담겨진 의미의 집단적인 창조로 문화를 정의하고 있다. 이 두 가지 접근법을 종합하여 보면 문화의 정의는 인간이 내적 · 외적 환경과 물리적 · 사회적 세계를 구조화하는 의식(consciousness)의 형태로서 정의할 수 있다. 이러한 종합적 분석에서 강조할 점은 의식의 구성으로 정의된 문화란 인간의 의식주의 필요성 이상으로 보다 더 근본적이라고 할 수 있다. 정리하면 문화는 개인과 집단이 내적 · 외적 환경세계에 대해 갖는

---

7) Guy Oliver Faure, "Cultural Aspects of International Negotiation," in Peter Berton, Hiroshi Kimura, and I. William Zartman (eds.), *International Negotiation : Actors, Structure/Process, Values*(New York : St. Martin's Press, 1999), p. 18.

8) Averach and Black, "The Culture Question and Conflict Resolution," *Peace and Change*, 16-1 (1991), pp. 22-45.

"공유된 지역적 상식"이라는 가정 또는 가설이라고 구체화시킬 수 있다.

인간이 사회적으로 구성된 의식으로서 문화라는 렌즈를 통해 모든 것을 지각한다는 점에서 공유된 지역적 상식의 중요성은 강조되어야 할 것 같다. 예를 들어 사람들이 요리하는 방법과 제사를 지내는 방법에서부터 갈등행위에서 문화적으로 받아들여진 갈등해결 방식에 이르기까지 모든 문제를 지각하고 반응하는 방식을 결정하는 것이 바로 문화이다. 한편으로 인간은 역사 · 정치 · 경제 · 사회적 변화 속에서 인간 자신의 생존을 가능하게 하는 복합적인 적응체계를 형성하여 끊임없는 현실인식과 의미를 창조하며, 이와 같이 지각된 세계에 대한 반작용행위의 문화적 규범을 끊임없이 재구성한다. 따라서 세계에 대한 공유된 지역적 상식으로서의 문화는 지역공동체에서 인간의 사회적 상호작용을 형성하는 동시에 이에 의해 형성되기도 한다. 그러므로 문화는 사회적 상호작용의 변수이면서도 동시에 그 결과라고 할 수 있다.

변수이면서 동시에 결과로서의 문화에 대한 논의는 일반적으로 정의된 문화정의가 갖는 단순성을 극복할 수 있다. 다시 말하면 대중적인 의미에서 문화란 일련의 관습, 예의규칙 등 인간집단이 동일하게 공유하는 특성으로 정의되고 있다. 예로 "한국인은 예의가 바르다"거나 "일본인의 아마요(maybe)라는 대답은 긍정을 의미하는 것이 아니다" 등의 일반화는 동일하게 공유하는 특성적 측면의 정의로 사용될 수 있지만 문화라는 개념을 설명하기 위한 개괄적 시도일 뿐 지나치게 단순한 측면이 있다 할 수 있다. 이럴 경우 문화를 전통이나 관습적 행위규칙으로 동일시하여 필요한 규칙만 알면 문화라고 칭할 수 있다는 결론에 도달할 수 있다. 또한 이럴 경우 문화라는 것이 스스로의 실재와 생명력을 획득하여 다른 문화들에 저항하거나 상호 충돌하는 경우도 발생할 수도 있다. 따라서 독특성을 강조하는 문화에 대한 논의는 총체적 정체성을 구성하는 문화의 역할을 규정하기 위해서는 적당한 개념이 아닌 것 같다. 왜냐하면 이러한 정의는 문화라는 개념에 매우 높은 수준의 획일성, 일관성, 엄격성을 부여하여 문화의 범위를 인지된 공통성을 반영하는 많은 규칙이나 이에 종속된 것들로 문화의 정의가 제한되기 때문이다.

문화란 이보다 훨씬 더 근본적이며 복잡성을 내포하여 그 결과로 덜 동질적이며 덜 일관적인 측면이 있다. 애벌락과 블랙이 지적한 대로 보편성과 특수성 사이에 중간적 지대를 찾아내는 것이 중요하다는 것이다. 문화적 특성은 단순히 보편적 인간의 욕구와 규범, 행위로부터의 형태적(stylistic) 일탈이 아니다. 또한 문화는 인간집단들을 완전히 독자적인 특성을 갖는 원자 입자들로 구분하는 것이 아니라, 그 인간집단들에 공통적인 규칙성과 동일성을 제시하는 것이기도 하다. 따라서 각 개인은 한편으로 독특한 특성을 가지며, 다른 한편으로 다른 모든 인간들과 공통성을 갖는 것이다. 그러므로 중간지대를 찾는 동시에 문화의 역할을 물신화하지 않고 개체적 인간들이 내적 · 외적 환경을 다루는 데 있어 그들의 독특성과 공통성에 문화가 어느 정도로 기여하는가를 파악하는 것이 더욱 중요한 것이라고 볼 수 있다.

이토록 문화의 중요성이 강조되는 주요 이유 중 하나는 문화가 인간 정체성의 중요한 구성요소 중 가운데 하나이기 때문이다. 노스럽(Northrup)은 정체성을 "다양한 차원에서의 자기를 정의하는 의식

(a sense of self-definition at multiple levels)"이라고 규정하고 정체성은 "자신의 의미, 예측가능성, 목적에 대한 의식을 확립·유지·보호하려는 인간의 경향"이라고 보고 있다.[9] 켈리에 의하면, "핵심 구성체(construct)"로서 한 개인의 정체성은 인생, 역할, 태도, 지각, 행위와 자기의식에 대한 개인의 접근법을 형성하며, 따라서 개인에 있어 세계의 의미를 구성하는 정체성은 타협 불가능한 구성체로서 그 정체성에 전면적 혹은 부분적 변화나 위협이 가해지면 심각한 혼란이 초래된다고 보고 있다.

문화는 개인의 집단에 대한 관계와 집단 내에서 개인의 의미의 기초를 결정하기 때문에 개인의 정체성의 중요한 일부이다. 문화는 개인의 내적·외적 상호작용을 구현하기 때문에 개인이 세계를 해석하는 주요 맥락들 중에서 하나를 제공한다. 경우에 따라서 문화는 인종, 민족, 성별 같은 인간의 자아(selfhood)를 규정하는 다른 변수들의 의미와 경계를 규정하기도 한다. 따라서 인간의 지각, 태도, 행위는 우리가 문화라고 부르는 공유된 지역적 상식에 의해 형성되고 주조된다고 설명할 수 있다.

개인적 분석수준에서 볼 때 문화의 역할이 살펴본 것처럼 그 중요성이 매우 두드러진 것처럼 보인다. 그러나 국가와 국제기구와 같은 국제관계의 주요 행위자들 같은 비인격적 실체에 대한 문화의 영향력이 어느 정도 약화되지 않을까 하는 의문을 제기할 수 있다. 그

---

9) Northrup T. A., "The Dynamic of Identity in Personal and Social Conflict," in L. Kriesberg(eds.), *Intractable Conflicts and their Transformation*(Syracuse, NY. : Syracuse University Press, 1989), p. 63.

러나 정치를 인간들 간의 상호작용을 포함하는 것으로 개념화시킬 경우 문화의 문제는 국제정치의 주요 의제로 대두될 수 있다. 종족과 같은 국가 이하(sub-national) 단위의 행위자들 또는 초국가적 행위자들이 국가 중심의 국제관계를 약화시키고 종족, 종교, 인종과 같은 정체성 갈등이 발생하여 국제관계학자들은 국가 외에 다양한 국제정치행위자들의 행위특성에 초점을 두기 시작했으며, 여기에 문화의 역할의 중요성을 두었다. 또한 수많은 비정부기구와 다국적 기업들의 출현은 그 활발한 활동으로 많은 갈등이 창출되어 문화의 상이성이 갈등을 유발하는 주요 원인으로 이해되기도 하였다.

그러나 문화는 반드시 갈등을 유발하는 것이 아니라고 본다. 특정한 지역적 상식이 본질적으로 더 폭력적이라고 판단할 수 있는 명백한 기준은 없다. 하지만 문화는 당사자들이 갈등을 인식하고, 확인하고, 구성하고, 고조 또는 완화시키는 방식에 중요한 역할을 한다. 다시 말하면 문화는 인간 요구(need)의 특수하고 구체적인 지역적 표현(manifestation)과 요구를 만족시키기 위해 이용하는 수단과 사회적 규범을 설정한다. 따라서 충족되지 못한 인간 요구를 확인하는 것만으로 갈등상황에 대응하는 것은 충분하지 않다. 갈등의 태도와 지각, 행위가 표현되는 문화적으로 특수하고 구체적인 방식을 이해 · 해석하여야 한다.

국제관계에서 문화는 첫째, 갈등의 고조, 지속, 해결, 전환 등의 과정 혹은 진화, 둘째, 갈등 당사자들의 지각과 태도, 갈등행위, 셋째, 협상을 중심으로 한 중재 혹은 조정 노력에 중대한 영향을 미친다. 문화의 상이한 효과를 평가함에 있어서 교차문화적(cross-cultural) · 간문화적(intercultural) · 초문화적(transcultural) 특성들을 구분하는 것이 중요하다. 교차문화적 특성은 공간과 시간에서 동일한 문화 내에서의 차이를 의미하며, 상이한 당사자들 간의 민족심리학(ethnopsychology) 및 민족관습학적(ethnopraxis) 가이드 라인을 작성하고 집단들의 지역적 상식이나 지역적으로 뿌리 깊은 가정들을 구분함으로써 갈등의 특이한 복합성을 이해할 수 있도록 한다. 간문화적 특성은 두 상이한 문화들 간의 관계를 보여주며, 초문화적 수준은 여러 문화들에 보편적인 인간 요구[10]들의 존재 같은 공동 주제를 함축한다. 이 세 관점에서 문화의 문제에 접근함으로써 보편성과 특수성 간의 중간지대를 찾을 수 있게 된다.

Ⅲ. 문화 중심의 갈등해소와 협상에 대한 비판적 논의

이상에서 살펴본 것과 같이 문화에 대한 오랫동안의 다양한 논의와 특수성 그리고 국제관계에 미치는 중요성에도 불구하고 국제관계에 있어 갈등해소와 협상에 대한 문화의 중요한 역할이 상당기

---

10) 인간요구 이론은 인간의 보편적 · 존재론적 요구에 의한 인간행위의 전일적 해석이라고 할 수 있다. 버튼(Burton), 아자르(Azar), 켈먼(H. C. Kellman) 등에 의하면 존재론적으로 인간에게 필수적인 것은 안보, 명백한 정체성과 그에 대한 인식, 그리고 이를 통한 효과적인 정치참여 등이다. 그리고 이러한 인간요구(Human Needs)는 협상 불가능한(non-negotiable) 것이며, 이에 대한 충족은 흥정의 대상이 될 수 없다고 본다.

간 동안 사상되어 왔다고 할 수 있다. 따라서 이 절에서는 문화의 역할에 대한 회의적 입장을 힘과 합리성을 중시하는 국제정치의 현실주의 전통과, 갈등해소와 국제협상을 보편적 과정으로 보며 갈등해소의 기술을 문화를 초월해서 적용될 수 있다는 자트만(Zartman)과 투발(Touval) 등의 학자들의 "문화비판" 논의를 중심으로 해서 분석하고 이러한 비판에 대한 대응 등을 살펴보고자 한다.

오랫동안 국제관계 이론의 중심적 위치에 서 있던 현실주의는 문화적 특성이 결여된 합리적으로 행동하고 기능적으로 유사한 국가를 기본단위로 가정하여 국제정치를 분석하였다. 따라서 전통적 현실주의에서의 문화에 대한 경시 입장의 이유는 현실주의 사고에 내재된 보편성과 합리성이라는 중심적인 가정과 국가를 일련의 결정된 이해를 가지고 생존유지를 위해 국가이익을 극대화해야 할 특수한 요구를 가진 단일한 행위자로 인정해야 했으므로, 국가의 행위를 다양한 문화적 특성에 초점을 맞춘다면 현실주의의 가정 자체가 흔들릴 수밖에 없기 때문이다. 또한 국제기구라는 제도 하에서 외교정책 결정자와 집행자들의 합리적 인식공동체로의 발전 역시 국제정치가 문화라는 개념에 관심을 갖지 않게 된 주요한 요소였다.

분석수준에 대한 논쟁, 국제관계의 이해를 위한 체계수준 강조, 문화를 개인수준의 현상으로 치부하는 구조주의적 관점이 국제관계에서 문화의 역할을 중요시하는 연구에 장애가 되었다. 국제관계에 대한 구조주의적 접근법은 문화의 수준을 고려하기는커녕 국가라는 "블랙박스"의 내부를 들어다 볼 필요성조차 제기하지 않았다. 또한 과학적, 보편적, 일반화, 및 인간 행위의 근본법칙을 파악하려는 행태주의적 경향도 "특수한 것", "상이한 것", "지역적인" 경향의 문화의 문제를 무시했다고 볼 수 있다. 국제정치가 국가와 그 상호작용의 수준에서 정의됨에 따라 문화는 국가의 경제 · 정치적 정책의 산물이자 기반구조에 의해 결정되는 상부구조의 일부로서 문화는 정치와 경제의 수준에 영향을 미칠 수 없는 것으로 간주되었다. 이러한 인식은 특히 마르크스주의에서 나타났다고 볼 수 있는데, 그러나 그람시(Gramsci)가 문화를 단지 기반구조의 산물이 아니라 헤게모니의 근본적 측면으로 보고 이에 초점을 맞춤으로써 그러한 전통으로부터 단절한 것은 주목할 대목이다.[11]

전통적 현실주의의 근간을 둔 국제협상 방법 또한 상이한 문화를 초월하여 보편적으로 적용 가능한 모델들로서 주로 문제해결(problem-solving)과 도구적(instrumental) 목적에 초점을 두고 있다. 따라서 이러한 방법에 기초하여 협상을 하는 협상주체자들은 관계(relation)나 정체성 같은 이슈들을 무시하거나 과소평가하였다. 단지 문화와 정체성이 중요하게 고려되는 경우는 문화가 오해를 불러일으키거나 협상과정을 방해할 때뿐이라는 입장을 고수하고 있다. 국제협상의 문제해결(Problem-solving) 모델은 서구의 협상주체자들이 보편적으로 모든 국제협상에 적용될 수 있다고 가정하는 서구적 모델로서 간주될 수 있지만, 이 도구적 모델은 진정으로 보편적이기보다는 다른 문화와 문화 간 협상에 대해 의사(擬似)중심적인 준거모델을 강요하고, 동일한 방법이 어디에서나 작동하고, 대부분의 협상주체자

---

11) Stephen Gill, "Gramsci and Global Politics : Toward a Post-Hegemonic Research," in Stephen Gill, *Gramsci, Historical Materialism and International Relations*(Cambridge : Cambridge University Press, 1993), pp. 1-18.

들이 모든 협상에서 동일한 협상기술 방식이 적용된다고 가정하고 있다.

이러한 국제 협상기술을 보편적인 현상으로 생각하는 학자들은 문화를 전적으로 불신하는 학자들로부터 협상에서 문화의 역할을 인정하기를 머뭇거리는 학자들까지 다양하다. 자트만(Zartman)의 경우 문화란 피상적이며 협상에서 중요한 변수가 아니라고 주장하는 점에서 전자에 속한다고 할 수 있는데, 그의 경우 특정 국가의 문화를 대신할 수 있는 초문화적인 외교문화가 존재한다고 주장하기 때문이다. 자트만은 협상과 중재의 목적을 갈등 당사자들 간에 갈등을 줄이거나 해결하는 것으로 보고 갈등 당사자들의 장기적인 관계 개선의 필요성이 아닌 협상주체자의 도구적 목적에만 초점을 맞추고 있다.[12]

또한 자트만은 성공적인 협상과 중재는 "갈등의 완화를 약속하는 합의의 타결"[13]이라는 제한적인 정의를 내리고 있다. 따라서 협상결과가 갈등 당사자들이 당면하고 있는 정체성 요구 등에 부합하는지, 문화적 차이가 협상주체자들 간의 협상과정에서 어떻게 작용하는지, 또는 협상을 통해 갈등의 관계가 개선되었는지에 대한 언급은 없다. 자트만의 문화경시적 입장은 문화중심주의자들이 문화의 중요성을 본질적 측면에서 접근하지 못하고 있으며, 문화가 특징적으로 작동하는 협상과정을 보여주지 못하고 있다는 데서 출발하고

12) W. Zartman and S. Touval (eds.), "International Mediation in Theory and Practice," *SAIS Papers*, No. 6 (Boulder, CO : Westview Press, 1985), p. 8.
13) W. Zartman and S. Touval (1985), p. 14.

있다. 따라서 그는 문화적 영향력이 결정적으로 작동하는 성공적인 협상의 결과는 무엇인가를 문화 중심의 국제협상 연구 학자(culturalist)들이 증명하지 못하고 있다고 비판하고 있다.[14]

자트만과 같이 문화경시 입장은 투발(Touval)의 다자협상 연구에서도 나타나고 있다. 다양한 문화권의 협상주체들이 협상하는 과정을 분석하는 것에 문화적 분석이 배제된 것은 주목할 만하다. 투발(Touval)은 다자 간 국제협상에서 참여국가들을 선정하는 데 있어 대립하는 이익의 문제를 해결하기 위한 협상의 도구적인 관점으로 협상의 초점을 돌리고 있으며, 오로지 합의의 목적을 이루는 데 있어 어떠한 특정 참여국가들이 그 기회들을 돕거나 방해하는지의 관점에서 각 협상참가자들의 역할만을 고려하고 있다. 그는 수많은 상이한 문화권의 협상참가자들이 협상에서 제기할 수 있는 다양한 요구, 협상방법 혹은 각각의 강조점 등은 언급하지 않고 있다.[15]

그는 미국이 비록 당시에 인정하지는 않았지만 중국의 참여를 받아들여야만 했던 1954년 인도차이나에 관한 제네바 회담을 사례로 들어 다자 간 협상을 설명하고 있다. 투발의 분석초점은 베트남 공산운동 지지세력, 베트남, 라오스, 캄보디아 등의 참여국가들이 다자협상에 임하는 데 있어 협상절차와 참가자들의 협상 학습과정이다. 이를 통해 투발(Touval)이 분석한 것은 성공적 다자협상을 위해

---

14) Guy Oliver Faure, "Cultural Aspects of International Negotiation," in Peter Berton, Hiroshi Kimura, and I. William Zartman(eds.), *International Negotiation : Actors, Structure/Process, Values*(New York : St. Martin's Press, 1999), p. 18.

15) S. Touval, "Multilateral Negotiation : An Analytic Approach," *Negotiation Journal*, September, pp. 160–161.

참가자들에게 필요한 것은 그들이 협상을 위해 시간과 노력을 쏟아부은 것은 참가국 서로에 대한 지식이 아니라 오직 이슈에 관한 것이라고 주장하며, 의제에 합의할 필요성 그리고 절차의 규칙을 설명하고 있다.[16] 그는 협상의 시작에 필수적인 것으로서 신뢰를 언급하지 않았으며, 서로에 대한 인식부족과 협상을 통한 관계적 개선 측면은 분석되지 않았다고 할 수 있다.

협상에 대한 효과성에 대한 논의에서 투발은 또한 다자 간 협상에 있어서 수많은 참여자들로 인해 부과되는 어려움을 언급하고 그 주요 원인으로서 다수의 참가국들의 다수의 이익과 주장으로 복잡한 갈등의 발생으로 설명하여 문화적인 오해로 초래된 협상의 봉착은 아니다라고 설명하고 있다.[17] 결국 문화는 투발에게 있어서는 아무런 역할도 하지 않는다고 볼 수 있는데, 이는 양자 간 협상을 이해하는 데 이용되는 개념들은 "다자 간 협상을 기술하고 설명하는 데에는 부적합하다"고 분석한 그의 결론에서 더욱 분명해진다. 즉 그는 다자협상이 엄격히 도구적이기 때문에 그가 필요하다고 느끼는 추가적 개념들로는 "동맹 형성과정의 이익과 역할의 분화"가 포함되어야 한다고 주장하고 있다.[18] 문화적 가정들과 다양한 의사소통 스타일에 대한 이해는 중요하게 고려되지 않고 있다.

자트만과 투발에 있어서의 문화적 협상 연구에 대한 경시와 비판은 어느 정도 그 유효성이 인정된다고 할 수 있다. 그러나 이러한

---

16) Touval (1989), pp. 162.

17) Touval (1989), p. 163.

18) Touval (1989), p. 171.

문화비판과 경시 입장에 대응하여 많은 연구들이 진행되고 있다.[19] 이들 연구의 초점은 문화가 구체적으로 어떻게 작동하는지에 대한 구체적인 사실들을 제공하고 공유된 규범과 특정 문화의 조합이 어떻게 협상을 성공적으로 이끄는지, 또는 전문가적 협상문화의 창출이 어떻게 협상의 역동적 과정을 강화시키는지에 대한 연구이다.

문화란 정의는 반복동의어적으로 정의되는 경향과 문화 개념의 모호성이 있다는 것에 대한 비판이다. 문화가 독립변수로 작용할 때에도 이 변수가 문화라는 결론으로 이어진다는 것이다. 그 예로 사회적 구조가 문화를 결정한다고 간주됨과 동시에 사회적 구조가 문화의 산물이라는 경우이다. 변수이면서 결과로서는 문화가 갖는 문제는 앞에서 상세히 살펴보았듯이 문화가 갖는 단순성을 극복한다는 것이다. 이로 인해 문화가 상호작용의 과정과 이에 대한 결과로서 복잡성을 창출한다고 볼 수 있다. 따라서 변수이면서 결과로서의 협상과 갈등해소에 대한 영향력이 약화되는 것이 아니라 보다 더 그 영향력이 증대된다고 보았다. 마찬가지로 문화에 대한 정의가 모호하더라도 영향력과 역할이 약화되는 것은 아니다.

마지막으로 문화의 역할과 영향력이 부수적 현상으로 평가받고 있다는 점이다. 즉 문화로서만 협상과정을 본질적으로 이해하기 힘들다는 입장이다. 제노식(Janosik)은 문화가치가 협상형태에 중요하

---

19) 그 예로 C. Dupont, "Switzerland, France, Germany, and the Netherlands, the Rhine," in Faure and Rubin, *Culture and Negotiation*(Newbury Park, CA : Sage, 1993) ; W. Lang, "A Professional View," in Faure and Rubin, *Culture and Negotiation*(Newbury Park, CA : Sage, 1993) ; V. Kremenyuk, "A Pluralistic View," in Faure and Rubin, *Culture and Negotiation*(Newbury Park, CA : Sage, 1993).

게 영향을 미치기는 하지만 결정적인 변수는 아니라고 주장하고 있다. 그의 연구에 의하면 문화와 함께 관료의 통제 정도, 협상의 공개 여부 등과 같은 상황적 요소들과 연령, 직업, 종교, 성격, 성별 등과 같이 개인적 요소도 상당히 영향력을 발휘하기 때문에 문화는 갈등해소와 협상형태에 영향을 주는 주요한 원인의 하나로 인식하는 것이 적절하다는 입장을 보이고 있다.[20] 살라큐즈(Salacuse)에 있어서도 문화의 차이란 국내협상과 국제협상의 차이인 정치와 법률적 다원성, 국제경제적 요인, 국가 간의 관료의 역할, 불안전성과 변화, 이데올로기의 차이 등 같이 국제협상을 형성하는 요소 중에 하나이다.

그러나 1990년대 이후 정체성 갈등의 증가와 세계화적 현상으로 인한 교류의 증가는 문화가 갈등해소와 협상에 미치는 하나의 요인이라는 설명에 국한하지 않고 각 국가의 문화가 국가의 갈등해소의 방법과 협상형태와 협상력에 결정적 영향을 미친다는 입장의 연구의 필요성이 증대하고 그 사례가 늘어나는 상황에 있다. 특히 국제협상과 같이 상이한 문화적 배경을 가진 협상참가자들 간의 협상에서는 문화와 갈등해소를 위한 협상행태의 관계에 대한 이해가 선행되어야만 정확한 의사소통이 가능하고 갈등의 합리적 해소가 가능하다.

---

20) Robert J. Janosik, "Rethinking the Culture–Negotiation Link," in J. William Breslin and Jeffrey Z. Rubin(eds.), *Negotiation Theory and Practice*(Cambridge, MA. : The Program on Negotiation at Havard Law School, 1999), pp. 235–245.

IV. 갈등해소에서 문화의 역할

1. 갈등과 문화의 연계성

문화는 갈등 당사자들 간의 갈등상황에 있어 상호작용, 사건, 행위를 정의한다고 할 수 있다. 다시 말해 문화는 갈등의 발생, 갈등의 상황적 정의, 갈등의 구성, 갈등의 해결과 관련된 게임의 규칙을 규정한다. 그러므로 많은 경우 갈등의 한 당사자가 일으키는 중립적이거나 방어적인 행동이 상대방에게는 전쟁 또는 폭력을 사용하는 구실을 제공하기도 한다. 특정 문화들에서 특정한 행동과 실체는 서로 상이한 의미를 구현하고 있기 때문에 특정한 언어, 문장과 농담조차도 한 문화에서 폭력적인 대항을 초래할 수 있지만 다른 문화에서는 그렇지 않을 수도 있다.

문화는 뿌리 깊고 특정한 논리형태를 가지고 있기 때문에 각각의 구성원들에게 갈등을 이해하는 방식을 규정한다. 문화는 갈등이 생성되는 방식, 고조와 완화의 속도, 인간관계의 본질 정도에도 커다란 영향을 미친다. 인간 요구(needs)가 자신을 표현하는 맥락을 설정하면서 지역적 상식은 개인들에게 불만족스럽고 절망적인 상황에 대처하는 방식을 규정해 준다. 이 두 가지 갈등의 근본적인 원인은 같을지 몰라도, 예를 들어 공동체의 안보 필요성과 정체성, 정치적 표현 등의 표현되는 방식은 전적으로 비폭력적 대응으로부터 격렬한 폭력에 이르기까지 다를 수 있는 것이다.

문화는 주어진 것이 아니라 역사 · 경제 · 정치 · 사회적 헤게모니의 사회적 구성이다. 그러나 역으로 문화는 갈등 당사자들의 지각, 태도, 행위를 구성한다. 문화는 논쟁적인 것에 대한 문제를 확인하고, 갈등행위를 정의하며, 문화적으로 인정된 갈등 처리방식을 결정한다. 후자에서 지역적 상식은 수용, 회피, 반격이나 협력적 문제해결 같은 대안들 중에서 하나 또는 그 이상의 대안들을 선택할 수 있게 한다.[21] 예를 들어 이민자 문제에 대한 문화적 대응은 거부, 합리화, 상황적 특이성, 통합 등을 포함하는 하나의 연속체에서 다양할 수 있는 것이다. 따라서 갈등상황에 대한 대응은 갈등하는 당사자들의 입장, 분쟁의 원인과 유형, 당사자들의 세대적 사고방식, 갈등이 노출된 기간, 그 문제에 부여한 중요성, 문제와 관련된 문화적으로 특정한 가치와 이해의 수준 등에 따라 다르다.

폭력은 문화적으로 특정한 갈등 인식과 태도, 행위와 관련해서 좋은 예를 보여준다. 폭력은 일반적으로 비난받지만 어떤 문화적 특성은 폭력의 존재를 배양하기도 한다. 예컨대 미국에서는 많은 비정부기구들이 폭력의 사용을 비난하지만, 많은 경우 폭력은 지역적 상식에 따라 특히 상하관계에서의 분쟁을 해결하는 방식으로 인정되고 있다. 관련 시민단체를 포함한 비정부기구들의 노력에도 불구하고 경찰, 부모, 교사 같은 권위를 지닌 측은 여전히 폭력을 행사할 문화적 권리를 가지고 있다. 비공식적 관계에 기초한 공동체 사회와 개인주의적이고 규칙지향적 사회에서는 갈등해결의 기술이 상이하다.

---

21) W. Warfield, "Factors of Race, Culture, and Ethnicity," in *Dispute Resolution : An NIDR Discussion Paper*(Fairfax, VA : The Conflict Clinic, George Mason University, 1990).

따라서 갈등 인식과 태도, 행위는 문화적으로 그리고 맥락적으로 상이하게 되며, 오해와 우연한 갈등 고조에 매우 취약한 환경을 만들어낸다. 노스럽(Northrup)이 설명했듯이, 문화는 핵심 구성체(construct)에 가해지는 위협에 대한 지각과 위협에 대한 심리적 반응, 세계에 대한 해석의 엄격화 및 갈등 자체가 자아의 정의가 되는 것 등에 크게 기여한다.[22]

문화적으로 특정한 논리는 상반되는 논리들이 대결하는 협상 테이블에서 가장 분명해진다고 볼 수 있는데, 이는 갈등 당사자들 사이에서 지역 문화적으로 특정한 논리들 간의 차이는 협상의 결과에 영향을 미칠 수 있고 갈등을 고조시키기도 한다. 많은 경우 상식은 무의식적이고 협상 불가능한 핵심 구성체이다. 상식은 당사자가 자신을 정의하는 유일한 방식이며, 협상자들이 어떻게 세계에 의미를 부여하고 대처할지를 알게 하는 유일한 방식이다. 따라서 어떤 특정한 상식은 그것을 지닌 사람이나 집단에게는 진실이지만 그 반대자나 집단에게는 오류로 받아들여진다. 이 핵심 구성체의 명확성으로 인하여 문화적 스타일이 다른 상대 측의 그릇됨과 불성실의 증거로 해석되는 것은 당연하다고 볼 수 있다. 이 시점에서 중재나 조정은 인간 요구와 가치, 이해의 열린 의사소통을 가능하게 하고 관련 당사자들의 입장을 협상하게 함으로써 분쟁의 해결에 크게 기여할 수 있는 것이다.

---

22) Northrup(1989), pp. 70–75.

2. 갈등해소와 문화

합리성에 기초한 전통적 갈등해소(conflict resolution)의 방법들은 특정한 문화적 논리, 즉 서구적 문화논리에 기초해 구성되어 왔다고 할 수 있다. 갈등해소를 위한 조정(facilitation)의 근본가정은 갈등의 단순한 해결이 아니라, 지속가능하고 상호 만족할 수 있는 해소에 도달하기 위해 직접적 의사소통이 바람직하고 추구되어야 한다는 것이다. 원활한 의사소통을 할 수 있게 하기 위해 조정은 명확한 규칙과 절차를 규정하고, 이를 통해 갈등해소 과정을 명확히 하고 예측 가능하게 하여 중립적인 조정을 유지하고 분쟁에 관련된 모든 당사자들을 동등하게 대우하고 인정함으로써 그들 간의 힘의 차이를 감소시킨다고 할 수 있다.

갈등해소의 근간에는 있는 관념은 의사소통의 장애만 제거된다면 직접적인 의사소통을 할 수 있다는 것이며, 또한 갈등 당사자들이 입장이나 현안, 이해관계 수준에서의 단순한 힘에 의한 협상이 아니라 의사소통 과정에서 갈등의 일차적 원인이 되는 충족되지 않은 근본적인 요구를 표현할 수 있다는 것이다. 이러한 충족되지 않은 요구의 표현은 갈등을 제로섬적 협상의 입장에서 벗어나게 하고, 장기적으로 지속가능하고 관련 당사자들을 모두 만족시킬 수 있는 승-승적 해결에 이르게 할 수 있다. 본질적으로 갈등이란 충족되지 않은 인간 요구(human needs)에 의해 유발되는 합리적 행위이고, 따라서 합리적으로 다루어질 수 있는 것이다. 이러한 갈등해소 접근법이 성공적으로 진행된다고 보지만 갈등해소의 기본 가정에 깔려 있는 문화적 상식을 간과해서는 안 된다고 본다.

이런 점에 비추어 문화의 중요성을 인정하고 그에 따라 갈등해소 과정을 형성할 필요가 있다. 그러나 문화는 중재와 조정과정 속에 녹아들어 가기가 현실적으로 쉽지 않은 것도 사실이다. 합리성의 가정에 기초한 서구적 접근은 비서구의 많은 공동체와 국가들에게 이질적인 것으로 받아들여진다. 이와 관련하여 레더락(Lederach)은 "현대사회는 자율적이고 개인주의적인 관계, 갈등해결에 대한 비인격적이고 직업적인 태도, 합리적이고 공식적인 갈등해결 기법, 성과주의 수행평가를 특징으로 한다. 반면 전통사회에서 갈등을 다루는 방식은 개인적 · 관계적 · 정서적 · 비공식적 · 전체적인 네트워크를 특징으로 한다"고 주장하고 있다.[23]

따라서 공식적이고 규칙지향적인 절차들과 시간의 사용에 대한 강조는 서구 문화에 속한 구성원에게 안전하고도 공정한 것으로 받아들여지지만, 전통적 문화에 익숙한 협상가들에게는 그것은 다소 억압적이며 비인간적인 환경으로 받아들여지기도 한다. 조정자는 당사자들의 상식에 따라 그들의 문화적 논리에 호소하는 절차를 사용함으로써 보다 나은 결과를 얻을 수 있다. 개인들 간의 의사소통은 작업과 일정보다는 사람을 우선시하고, 참가자들의 더 넓은 사회적 네트워크에 의존하며, 그들이 안전하다고 느끼는 "공식적" 역할을 유지할 수 있도록 하고, 조정자의 역할은 아니지만 필요하다면 조언과 상담을 제공함으로써 보다 전통적인 사회에 소속된 당사자

---

23) J. P. Lederach, "The Mediator's Cultural Assumptions," *MCS Conciliation Quarterly* (Summer 1986), pp. 2-5.

들과의 신뢰를 구축하고 보다 생산적인 협상에 기여한다.

폴 살렘(Paul Salem)은 비서구적 관점에서 서구적 갈등해소 방식을 비판하면서, 서구적 갈등해소 접근법의 기본 가정이 중동의 당사자들의 상식과 양립할 수 없는 몇 가지 사례를 들었다.[24] 위에서 언급한 대로 전쟁과 폭력은 많은 문화들에서 반드시 악을 상징하는 것이 아니라, 오히려 많은 경우 무력 사용에 의존하는 것을 정당화하고 합리화하는 "더 높은" 목표나 이유가 존재하며, 그 예로 종교가 그러한 요소 중 하나라고 할 수 있다.

그렇다면 여기서 문화와 종교를 구별하는 것이 필요한데, 이를 살펴보면 종교는 현세와 내세에서의 존재의 의미와 행위의 규범에 관한 신념체계라고 할 수 있다. 따라서 종교는 문화를 구성하는 한 요소이자 종교는 그 자신의 문화를 창출한다고 알 수 있다. 또한 초문화적이고 그 정당성을 신성한 원천에서 얻는다. 반면 문화는 보다 지역적이고 집단 구성원들 간의 사회적 합의에 의해 정당화된다는 점에서 종교와 문화는 서로 다르다고 본다. 문화가 인간의 내적 · 외적 환경을 구현하기 때문에 기독교와 이슬람 간의 해석 차이에서 볼 수 있듯이 지역적 상식은 많은 경우 신념체계와 종교의 실천을 형성할 수 있는 것이다. 종교적 논리가 신과 순교의 이름으로 폭력을 정당화할 수 있기 때문에 종교와 문화는 중재과정에서 중요한 역할을 할 수 있다. 또 다른 경우에 있어서는 종교가 비폭력을 선언한다고 해도 외부적 환경이 민족국가 건설이나 영토분쟁 등을 위해 폭력투

---

24) P. E. Salem, "A Critique of Western Conflict Resolution From a Non-Western Perspective," *Negotiation Journal*(October 1993), pp. 289-97.

쟁으로 비화되기 쉬운 상황을 만들 수 있는 것이다. 종교는 그것이 정체성의 구성을 형성하고 정식화하는 정도에 따라 그 중요성이 부여된다. 따라서 상이한 종교를 가진 당사자들의 분쟁의 근원을 종교적 갈등으로 해석하는 것도 위험하지만 핵심 구성체로서 종교의 역할을 무시하는 것도 마찬가지로 위험하다고 본다.

중재자나 조정자 자신들도 자신들이 지닌 많은 문화적 가정들을 협상 테이블에 가지고 나오며, 이러한 가정들 역시 인정되어야 하며 분석되어져야 한다고 본다. 일반적으로 세계에 대한, 그리고 특수하게 갈등에 대한 당사자들의 "상식"을 구분하기 위해 중재자는 그 자신의 무의식적 가정을 검토해야 하며, 그러는 과정에서 중재자는 자신의 가정이 아무리 당연시되어지는 것이라 해도 상대방이 그의 신념을 공유한다고 전제해서는 안 된다. 예를 들어 전쟁 그 자체는 수치스러운 것이 아니며, 해방이나 구원, 독립을 위한 혁명을 요구하는 상황에서는 필연적인 것이며, 그러한 경우 전쟁은 "진보적이고 고무적인 정화(purifying)의 과정"일 수 있는 것이다.[25] 서구인들은 육체적 고통을 혐오하지만 모든 측면에서 매일 고통을 겪고 있어 육체적 고통이 그리 중요하지 않은 다른 많은 문화권에서는 그런 혐오스러운 경우를 공유하지 않는다. 따라서 중재자가 서구적 문화논리에 기초한 비용-이익 분석에 따라 당사자들로 하여금 분쟁의 지속으로 인한 비용을 인지케 하려고 시도하더라도, 당사자가 더 높은 목표를 위해 그러한 비용은 감당할 수 있는 것으로 결정할 경우 중재자의 그러한 시도는 저항에 부닥칠 수밖에 없다.

---

25) Salem (1993), p. 291.

또한 갈등해소는 갈등이 합리적이며 인간이 통제할 수 있는 것이라는 가정에 기초해 작동하고 있다. 많은 문화권에서 갈등은 종교나 도덕성 같은 보다 상위적(higher) 현상에 속하며, 인간의 통제권 너머에 있는 "운명"의 산물로 받아들여진다. 갈등은 수치와 명예, 자부심이 결부되어 있으며, 당사자들의 지각이나 태도, 행위로 환원될 수 없는 것으로 여겨질 수 있다. 그러므로 살렘(Salem)이 지적한 대로 소유물을 지키기 위한 협상과 소유하지 않은 것을 획득하려는 협상형태에는 중대한 차이가 있다. 중재자나 조정자는 이를 염두에 둘 필요가 있다.

그러나 이 모든 비판론도 한계를 가진다. 만약 문화가 지각과 태도, 갈등행위가 형성되는 맥락을 설정하고 그 도구와 방식을 결정한다면 문화적으로 인정되고 익숙한 방식으로 협상을 수행하는 것이 오히려 갈등을 유지하고 제도화하는 결과를 초래하지 않을 것인가 하는 문제에 봉착하게 된다. 따라서 초기에 공통된 갈등해결 논리와 방식이 충분했다면 당사자들이 제3자에 의존했겠는가 하는 의문이 제기된다. 또한 만약 갈등이 정의되고 다루어지는 방식이 동일하게 유지된다면 왜 제로섬적 갈등이 윈-윈적 조건으로 재구성될 수 있겠는가와 문화를 갈등해소에 수용하는 것과 거부하는 것 사이의 균형점은 무엇인가 등의 문제들이 제기된다. 하지만 이러한 문제들은 쉽게 답할 수 없는 연구과제로 남겨두어야 할 것 같다.

중요한 것은 문화를 물신화(reifying)하지 않으면서 문화의 역할을 인정하는 것이라고 할 수 있다. 중재자나 조정자는 당사자들이 갈등상황과 갈등의 경계 내에서 자신들의 역할을 해석하는 방식을 문맥화하기 위해서 "민족갈등학" 측면에서 주목할 필요가 있다.[26] 이

연구는 갈등 당사자들의 태도와 행위를 보다 정확히 해석하여 오해를 불식시키고 갈등 당사자들의 요구와 가치, 이해를 서로에게 해석하고 전달할 수 있게 해준다. 그러나 이러한 문화적 취약성을 극복하려는 과정에서 갈등해소를 놓치지 않도록 하기 위해 문화적으로 특정한 특성이 갈등해소 모델에 수용되는 정도에 특별한 주의를 기울여야 한다. 즉 다양성을 인정하고 독특성을 이해하려는 것도 중요하지만 한 당사자의 독특성을 상대방에게 전달할 수 있는 의사소통도 마찬가지로 중요하다고 할 수 있다. 전적으로 상대주의적이고 문화적으로 특정한 갈등해소 모델은 고통과 좌절, 요구, 불만족 등이 전적으로 상이한 문화권에 속한 갈등의 당사자들에게도 얼마나 동일할 수 있는지를 발견하려는 작업의 중요성을 과소평가할 가능성이 있기에 더욱 그러하다고 본다.

V. 국제협상에서의 문화의 역할과 영향력

국제협상에서 문화의 역할의 이론적 바탕을 제시한 코헨(Cohen)은 갈등 당사자들 사이에서의 문화적 격차에 초점을 두고 협상과정

---

26) 레더락에 의하면 민족갈등학이란 사람들이 갈등적 상황을 어떻게 인식하고 상식적 갈등해결 방법을 이용하는가에 대한 연구라고 정의하고 있다. Lederach (1986), p. 4.

을 분석하고 있다.[27] 코헨은 문화를 개개인의 특성이 아닌 그 개인이 속한 사회의 특성으로 간주하여 개개인이 그것을 습득하여 사회화함으로써 그 속성들이 집합체를 이루는 것으로 보고 있다.[28] 따라서 문화는 학습된 형태이며, 문화에 그 사회의 가치가 깊이 스며들어 있기 때문에 학습된 인간의 성격이 문화권별로 유사하거나 차이가 나며 협상행태에도 차이가 나기 마련이라는 것이다. 이러한 코헨의 입장은 협상에서 문화적 역할을 비판한 자트만과는 대조적으로 국제협상에 있어 보편적이고 고정된 규칙의 협상 모델을 규정하는 것은 가능하지도 바람직하지도 않다고 주장하면서 유일하고 보편적 협상 스타일의 존재한다는 가정 자체를 부인하고 있다. 그에 의하면 협상은 이슈와 만남의 성격에 따라서 다양하게 전개되는 과정이며, 문화적으로 잘못된 의사소통은 오해를 초래함으로써 성공적인 협상을 가로막을 수 있다고 주장하고 있다.

이러한 문화적 차이에서 오는 불협화음은 코헨이 귀머거리 대화라고 불렀던 이스라엘과 이집트의 협상이 보여주듯 협상이 실패로 끝날 수 있다고 주장하며 그의 연구 초점은 문화가 외교협상에서 어떻게 의사소통에 방해가 되는지에 관심을 두고 있다. 문화를 진지하게 다루었기 때문에 코헨에게 있어 문화는 보편성과 특수성의 절충적 위치에 서 있다고 할 수 있다. 그러나 그에게 있어 문화는 협상결과에 결정적 영향력을 행사하는 중요한 요소이기보다는 협상의

---

27) R. Cohen, *Negotiating Across Cultures*(Washington, DC : U.S. Institute of Peace Press, 1999).

28) Cohen(1999), p. 11.

방해물로 간주하고 있다. 따라서 교차문화적 협상을 위해 협상주체자들은 문화적 차이를 인식해야 하며, 협상참가자들과의 조화와 승-승적 협상을 위해서는 협상의 스타일을 전환할 필요가 있다고 주장하고 있는데, 이는 문화가 협상과정에 필수적으로 작동 할 필요는 없다는 것을 의미한다.

문화적 차이를 인식하기 위해 협상참가자들이 사용하는 교차문화적 접근의 분석도구는 고맥락적(high-context) 문화와 저맥락적(low-context) 문화의 차이와 분석을 통한 접근방법이다. 고맥락적 문화는 공동체 중심의 인간관계 지향적이며, 협상의 합의를 장기적 인간의 개선 측면에 초점을 맞추는 경향이 있다. 협상에서 체면(face-saving)을 세우거나 자신 또는 집단의 정체성을 견지하는 것 또한 중요하게 여기고 있다. 반면, 저맥락적 문화는 관계보다는 협상과정과 협상에 부여된 문제를 규정짓는 데 협상의 초점을 맞춘다. 저맥락적 문화의 협상가들이 협상의 본질적 내용(substance)을 강조하는 반면, 고맥락적 문화의 협상참가자들은 협상의 형식(form)에 보다 중요성을 둔다고 할 수 있다.

이러한 차이점 분석을 통해 코헨은 고맥락적 문화와 저맥락적 문화에 따른 상이한 협상에 대한 접근을 구분하고, 문화의 맥락적 차이가 협상목적에 미치는 영향력에 초점을 맞추며, 뿐만 아니라 협상 이전과 이후에 어떠한 정보와 요구사항이 나타나는지를 분석하고 있다. 결국 코헨은 국제적인 문제들은 상호작용의 관계로 속성을 지니고 있으므로 고립으로는 문제가 해결될 수 없으며, 따라서 "모든 협상은 문제 해결의 요소와 관계적인 요소"를 함께 지니고 있다는 것을 인정해야 한다고 주장하고 있다.[29]

고맥락과 저맥락 문화의 상이한 의사소통 스타일은 협상과정에서 혼동을 유도한다고 할 수 있다. 그 실제의 예로, 미국과 같은 서구의 저맥락적 문화의 협상가들은 명료한 의미를 전달하려는 시도로써 직접적인 의미의 언어의 선택과 의사소통을 하고자 하는 반면, 중국과 이집트와 같은 동아시아나 중동권의 고맥락적 문화의 협상가들은 은유적 표현과 몸짓과 같은 비언어적 신호를 사용함으로써 암시적으로 의사소통하는 경향이 있다. 코헨은 이러한 고맥락적 스타일의 협상가들은 집단과 국가에 순응하는 것이 상당히 중요한 요소라고 생각한 반면, 저맥락적 문화에서는 개인주의가 중요한 요소이다.[30]

공동체주의 또는 개인주의라는 성향의 차이는 국제협상에서 많은 의미를 함축하고 있다. 고맥락적 문화의 간접적 화법과 체면을 중시하는 접근은 저맥락적 문화의 협상가들에게는 잘 이해되지 않는다. 협상에 관한 문화적 접근의 이론가들은 "어떻게 문화가 개인들이 갈등상황에 접근하고 운영하는 방식에 영향을 미치는지"에 주목하며 의사소통 과정을 용이하게 만들고자 노력하고 있다.[31] 협상은 의사소통 과정이기 때문에 의미의 성공적인 의사교환이 성공적인 협상을 이루게 한다고 볼 수 있는데, 의사소통은 단순히 말하는 것 이

29) Cohen (1999), p. 50.

30) Cohen (1991), pp. 22–27

31) L. B. Nadler, Marjorie Keeshan Nadler, Benjamin J. Broome, "Culture and the Management of Conflict Situations," in W. B. Gudykunst, L. p. Stewart and S. Ting–Toomy (eds.), *Communication, Culture, and Organizational Processes*(Newbury Park, CA : Sage), p. 87.

상이며, 그것은 상호 교환의 맥락과 의미를 포함하고 있다.

따라서 협상참여자들은 협상주체자들 간의 오해와 상투적(stereotyping) 협상방법을 피하기 위해 다른 문화의 특성뿐만 아니라 자신의 가치와 전제들을 인식하고 있어야만 한다.[32] 자신이 속한 공동체의 가치와 전제들에 대한 인식이 문화적 협상의 첫 단계이며, 사람들의 문화적 지식이 주어진 상황에 적합한 협상 모델을 개발하고 발전시키는 데 있어 그 핵심적 자원이라고 할 수 있다.[33] 이는 각 개인 또는 집단이 갈등을 맥락화할 필요성과 갈등의 창조적 해결을 위해 모든 자원들을 가동할 수 있는 필요성을 제시하는 것이다. 또한 연관된 각각의 문화들의 갈등에 관한 지식을 모두 활용하는 것이 갈등해결의 기반이자 발전의 출발점이라고 본다.

Ⅵ. 결론

국제정치에서 민족적 갈등의 분출이 세계적 현상으로 나타남에 따라서 갈등해소를 위한 협상에서 문화의 중요성과 역할이 높아지

32) P. Kimmel, "Cultural Perspective on International Negotiations," *Journal of Social Issues*, Vol. 50 (1994), p. 179.

33) J. P. Lederach, *Preparing for Peace : Conflict Transformation Across Culture* (Syracuse, NY : Syracuse University Press, 1995), p. 10.

고 있다. 따라서 보편성과 양도 가능성의 전제 위에 세워진 전통적 갈등해소 기법과 협상의 접근법은 더 이상 효용성을 인정받기에는 많은 문제점을 지니고 있다. 저맥락적 문화와 고맥락적 문화, 또는 개인주의와 공동체주의 문화 간의 교차문화적 또는 간문화적 협상에 직면하게 될 때 합리성에 근거를 둔 문제해결(problem-solving) 접근은 효력이 없다. 갈등의 당사자들은 각각의 갈등의 정의와 갈등의 해법, 그리고 자신의 가치와 의사소통 스타일에 관한 자신의 가정들을 협상에 내놓게 된다. 또한 이러한 갈등의 정의와 해법과 의사소통 스타일 등이 저변에 깔려 그것들이 눈에 띄지 않게 작동하고 있다는 것이다. 따라서 갈등의 근원적 원인과 이러한 갈등을 해소할 최선의 방법을 찾기 위해 문화에 깊은 인식이 필요하다. 이를 통한 적절한 접근방법은 기본적 지식과 행동방식을 활용하여 갈등해소라는 것이 단순한 갈등의 현상유지에 안주하는 것이 아닌 갈등의 근본문제를 제거하여 갈등 당사자의 협력과 발전을 가져다 주는 것으로 제시하여야 한다.

이를 위해 문화가 국제관계 이론과 실천으로 통합되지 않는다면 국제정치의 뿌리 깊은 맥락에 대한 근본적인 이해를 결여할 수밖에 없다. 폭력적 충돌로 비화하는 정체성 갈등이 대두하는 상황 속에서 이러한 갈등의 뿌리가 놓여 있는 문화라는 저위정치(low politics)에 천착할 필요가 있다. 인간들은 합리적인 비용-이득 분석을 거친 후에 전쟁을 일으키는 것이 아니라 오히려 관념과 제도, 세계질서의 상호작용이 갈등상황을 유발한다고 할 수 있다. 문화는 분쟁이 발생하는 무대와 역할들의 성격, 갈등의 정의와 의미, 갈등이 전개 · 고조 · 해소되는 방식을 설정한다. 그러나 문화는 자신의 생명을 가진

실체가 아니라 인간집단의 내적 · 외적 환경의 변화에 따라 끊임없이 재형성되는 사회적 구성물이다. 따라서 문화는 국제정치와 협상에 있어서 변수이면서 동시에 결과이다. 갈등의 원인과 역학, 갈등이 어떻게 고조되고, 어디서 어떻게 해결되며, 모든 당사자들에게 상호 만족적이고 지속가능한 결과로 변형될 수 있는지를 보다 잘 이해하기 위해 문화는 매우 중요한 요소임에 틀림없다.

참.고.문.헌

Augsburger, David W. *Conflict Mediation Across Cultures.* Louisville, KY : Westminster/John Knox Press, 1990.

Avruch, K. and P. W. Black. "The Culture Question and Conflict Resolution." *Peace and Change,* 16–1 (1991).

______. "Conflict Resolution in Intercultural Settings : Problem and Prospect." in Kevin Avruch, Peter Black, and Joseph Scimecca (eds.), *Conflict Resolution : Cross Cultural Perspectives.* Westport, CT : Greenwood Press, 1998.

Avruch, K. *Culture and Conflict Resolution.* Washington D.C. : USIP Press, 1998.

Blaker, Michael, Paul Giarra and Ezra Vogel. *Case Studies in Japanese Negotiating Behavior.* Washington D.C. USIP, 2001.

Chay J. (eds.), Culture and International Relations. New York : Praeger, 1990.

Cohen, R. *Negotiating Across Cultures.* Washington, DC : U.S. Institute of Peace Press, 1999.

Dedring, J. "Early Warning and the United Nations." *Journal of Ethno–political Development,* 4–1 (1994).

Dupont, C. "Switzerland, France, Germany, and the Netherlands, the Rhine." in Faure and Rubin, *Culture and Negotiation.* Newbury Park, CA : Sage, 1993.

Falk, R. "The Global Promise of Social Movements : Explorations at the Edge of Time." in R. Falk, *Explorations at the Edge of Time : The Prospects for World Order.* Philadelphia : Temple University Press, 1992.

Faure, G. O. and Rubin, J. (eds.), *Culture and Negotiation.* Newbury Park, CA. :

Sage, 1993.

Faure, Guy Oliver. "Cultural Aspects of International Negotiation." in Peter Berton, Hiroshi Kimura, and I. William Zartman (eds.), *International Negotiation : Actors, Structure/Process, Values.* New York : St. Martin's Press, 1999.

Gill, Stephen. *Gramsci, Historical Materialism and International Relations*, Cambridge, Cambridge University Press, 1993.

Janosik, Robert, J. "Rethinking the Culture–Negotiation Link." in J. William Breslin and Jeffrey Z. Rubin. (eds.), *Negotiation Theory and Practice.* Cambridge, MA. : The Program on Negotiation at Havard Law School, 1999.

Kimmel, P. "Cultural Perspective on International Negotiations." *Journal of Social Issues*, 50 (1994).

Kremenyuk, V. "A Pluralistic View." in Faure and Rubin, *Culture and Negotiation.* Newbury Park, CA : Sage, 1993.

Kriesberg, L. "Transforming Conflicts in the Middle East and Central Europe." in L. Kriesberg. (ed.), *Intractable Conflicts and their Transformation, Syracuse.* NY : Syracuse University Press, 1989.

Lang, W. "A Professional View." in Faure and Rubin, *Culture and Negotiation.* Newbury Park, CA : Sage, 1993.

Lapid, Yosef and Friedrich Kratochwil. (eds.), *The Return of Culture and Identity.* Boulder, CO : Lynne Rienner Publishers, 1997.

Lederach, J. P. "The Mediator's Cultural Assumptions." *MCS Conciliation Quarterly*, 2–5 (Summer, 1986).

______. *Preparing for Peace : Conflict Transformation Across Culture.* Syracuse, NY : Syracuse University Press, 1995.

Nadler, L. B. Marjorie Keeshan Nadler, Benjamin J. Broome." Culture and the Management of Conflict Situations." in W. B. Gudykunst, L. P. Stewart and S. Ting–Toomy. (eds.), *Communication, culture, and organizational processes.* Newbury Park, CA : Sage, 1985.

Northrup, T. A. "The Dynamic of Identity in Personal and Social Conflict," in

L. Kriesberg. (eds.), *Intractable Conflicts and their Transformation, Syracuse*. NY : Syracuse University Press. 1989.

Salem, P. E. "A Critique of Western Conflict Resolution from a Non-Western Perspective." *Negotiation Journal*(October 1993).

Schecter, Jerold L. *Russian Negotiating Behavior : Continuity and Transition*. Washington D.C. : USIP Press, 1998.

Snyder, Scott. *Negotiating on the Edge : North Korean Negotiating Behavior*. Washington D.C. : USIP Press, 1999.

Solomon, Richard. *Chinese Negotiating Behavior : Pursuing Interests through Old Friends*. Washington D.C. : USIP Press, 1999.

Touval, S. "Multilateral Negotiation : An Analytic Approach." *Negotiation Journal* (September 1989).

Walker, R. B. J. "Contemporary Militarism and the Discourse of Dissent." in R.B.J. Walker. (ed.), *Culture, Ideology and World Order*. Boulder, CO : Westview Press, 1984.

______. *One World, Many Worlds : Struggle for a Just World Peace*. Boulder, CO : Lynne Rinner, 1988.

Warfield, W. "Factors of Race, Culture, and Ethnicity." in *Dispute Resolution : An NIDR Discussion Paper*. Fairfax, VA : The Conflict Clinic, George Mason University, 1990.

Zartman, W. and S. Touval. (eds.), "International Mediation in Theory and Practice." *SAIS Papers*, 6. Boulder, CO : Westview Press, 1985.

10. 글로벌 이슈와 21세기 국제정치학

이신화(고려대학교)

I. 서론

국민국가(nation-state)는 근대국제체제를 구성하는 기본단위이며, 주권이란 한 국가가 '국가이기 위한' 필수불가결한 요소이다. 국가가 존재하고 대내외적인 권리를 획득하게 해주는 주권은 가장 중요하고 강력한 형태의 제도로서 국제사회 행위자들의 관계에 있어 규칙과 규범을 제공해 준다.[1] 국제관계의 가장 중요한 목적은 전쟁억제와 평화달성인데, 이는 한 국가가 외부 위협세력으로부터 자국 영토와 국민의 안전 및 존엄성을 수호함으로써 대내적으로는 주권

1) Robert O. Keohane, "International Institutions : Two approaches," *International Studies Quarterly*, Vol. 32, No. 4 (December 1988), pp. 385-386.

의 정통성(legitimacy)과 최고성(supremacy)을 획득하고 대외적으로는 자주성·독립성으로서의 주권을 주창하는 것에 기초하고 있다. 따라서 이를 반영한 국제정치 연구에 있어서도 어떻게 국가 간 전쟁을 억제하고 평화를 구축하느냐 하는 것이 핵심주제가 되어왔다.

오늘날의 국제정치학은 제2차 세계대전 이후 모겐소(Hans J. Morgenthau), 라이트(Quincy Wright) 등에 의해 체계적인 이론화 작업이 이루어지며 등장했다.[2] 근대국가체제 하에서 이루어지는 국제관계의 본질 및 국가 간 역학관계를 어떻게 파악하고 접근해 나가느냐에 따라 이상주의-현실주의 논쟁 이후의 국제정치학은 크게 현실주의와 자유주의로 대표되는 대조적인 두 가지 이론적 흐름으로 나눌 수 있다. 두 이론 모두 국가를 합리적 행위자로 상정하며 국제정치는 무정부상태라는 점에 동의하지만, 전자의 경우는 군사력에 의존해야 하는 자조(self-help)상태, 권력투쟁, 세력균형 등을 강조하고 후자의 경우는 국가 간 협력과 상호의존, 합의된 규범, 제도 등을 통한 국가목표 달성을 강조한다.

한편, 냉전기에 걸쳐 국제정치이론들은 국제체제의 중요성을 강조하거나 이에 반론하는 과정을 통해 보다 정교화되었다. 전통적 현실주의가 국가 간 관계를 설명하는 데 있어 국제질서를 주어진 상황으로 전제한 반면, 월츠(Kenneth N. Waltz)를 중심으로 한 신현실주의론자들은 국제질서의 구조를 개별 국가들의 정책이나 행위에 영

---

2) Hans J. Morgenthau, *Politics Among Nations : The Struggle for Power and Peace*(New York : Alfred A. Knopf, 1948), 4th edition(1967) ; Quincy Wright, *The Study of International Relations*(New York : Appleton-Century-Crofts, 1955) ; Quincy Wright, *A Study of War*, 2nd ed.(Chicago : University of Chicago Press, 1955).

향을 미치는 주요 변수로 파악하였다.[3] 신자유주의 혹은 신자유주의적 제도주의 이론은 무정부적 국제체제와 단일한(unitary) 행위자로서 국가를 상정하는 현실주의 가정을 수용하면서도 국제정치의 과정을 강조하며 국제제도나 레짐이 상대방의 의도 파악, 감시, 거래비용 감소 등을 위한 수단을 제공함으로써 국가들의 절대적 이익을 위한 국제협력을 촉진시킬 수 있다고 인식하였다.[4]

그러나 탈냉전시대 이후 국제체제의 역학은 동서 양극체제와는 매우 다르고 복합적인 양상을 띠게 되었다. 국제체제의 핵심 행위자인 국가 간 역학관계의 단순한 변화가 아니라 행위자 자체가 확대 · 변화되었고, 행위를 유발하는 요인이나 행위유형이 다양화된 것이다. 즉 국가 간 전쟁방지와 평화관리의 영역을 넘어서 무역분쟁, 월경성(越境性) 환경오염, 전염병, 초국가적 조직범죄 문제 등에 대한 국제사회의 공동대응이 중요해지면서 국가뿐만 아니라 국제기구, 다국적기업, 민간단체(Non-Governmental Organization : NGO) 등 다양한 행위자들의 역할이 활발해졌다. 따라서 국가 간 관계를 중심으로 한 기존의 국제정치이론으로는 새로운 국제정세를 이해하고 변화하는 국제관계 역학의 본질을 설득력 있게 설명하는 데 있어 한계에 직면하게 되었다.

---

3) Kenneth N. Waltz, *Theory of International Politics*(Reading : Addison-Wesley Publishing Company, 1979).

4) Robert O. Keohane and Joseph S. Nye, Jr., *Power and Interdependence : World Politics in Transition*(Boston : Little Brown and Company, 1977) ; Robert O. Keohane and Joseph S. Nye, Jr., "Power and Interdependence Revisited," *International Organization*, Vol. 41, No. 4(Autumn 1987).

이렇듯 냉전종식과 세계화의 진전으로 국제사회는 그 행위자, 구조, 과정 등 제반 영역에서 현실적 변화를 반영할 수 있는 새로운 이론틀을 필요로 하게 되었는데, 1980년대 말 이후 구성주의가 국제정치이론의 한 축으로 급부상하게 된 것도 이러한 시대적 요구에서 비롯된 것이라 할 수 있다. 구성주의론자들은 국제정치의 주요 관념들이 이미 일방적으로 주어진 영속적인 것이 아니라 역사적으로 진행된 행위자 간 상호작용에 따른 간주관적(inter-subjectively) 이해의 결과로 구성되었고, 앞으로도 재구성될 것임을 강조한다. 이들에게 주권이나 국제정치의 무정부성(anarchy)은 고정된 것이 아니라 유동적인 것이다.[5] 그러나 구성주의는 경험적 사례에 근거하지 않은 개념의 모호함, 정치과정에 치중하면서 국내정치적 요소는 간과한 점 등으로 비판받고 있다.[6] 또한 기존 국제정치이론들과 더불어 구성주의는 이미 일어난 사실에 대한 설명은 가능하나 향후 일어날 일에 대한 전망이 어렵다는 점에서 논쟁의 여지가 있다.

오늘날 지구촌에서 나타나고 있는 새로운 상황들은 국제사회를 '국가들의 집합' 으로 뿐만 아니라 하나의 인류공동체로 보는 시각을 요구하고 있다. 이는 국제정치나 국제관계가 점차 하나의 세계질서와 세계정치(global politics)로 변환(transformation)되고 있음을 의미한다.[7] 이러한 시대변화에 따른 국제질서의 특성을 반영하기 위해서

---

5) Alexandar Wendt, "Anarchy is What States Make of It : the Social Construction of Power Politics," *International Organization*, Vol. 46, No. 2 (Spring 1992), pp. 391–425.

6) 신욱희, "구성주의 국제정치이론의 의미와 한계," 『한국정치학회보』 32집 2호 (1998).

7) John Baylis, Steve Smith and Patricia Owens, eds., *The Globalization of World Politics : An*

는 기존 국제정치이론 역시 복잡해지고 확장된 국제관계를 반영할 필요가 있을 것이다. 특히 새로운 글로벌 이슈의 등장에 따른 안보 개념의 변화에 부응할 수 있는 국제정치학적 접근틀이 요구된다. 물론 이는 "이론 자체의 논리성이 바뀌는 것이 아니라 관심의 대상이 달라지고 또한 이론의 구성소가 달라져" 기존의 이론들이 재구성되어야 할 필요에 따른 것이다.[8]

실로 국가 간 협력과 세계화 현상, 인종 · 문화적 구분의 중요성으로 인한 기존 국민국가의 파편화 현상, 그리고 이해관계 대립과 국익추구를 위한 국가 간 경쟁 심화현상이라는 상반된 모습들이 공존하는 국제사회의 현실을 분석하고, 나아가 향후 전개될 국제정세를 예측하는 것은 필수적이면서도 폭넓은 학문적 노력이 필요한 과제이기도 하다. 따라서 본고는 국제관계의 변화와 지속성에 대하여 살펴보고, 이러한 과정의 원인이자 결과물일 수 있는 21세기 지구촌의 핵심 이슈가 무엇인가 짚어보고자 한다. 최근 국제사회의 주목을 끌고 있는 글로벌 차원의 이슈들은 전통적 · 군사적 문제를 포함하여 매우 다양한 영역을 넘나들지만 본고는 안보위협이 될 수 있는 글로벌 이슈들 중 상대적으로 새롭게 부각된 이슈들, 즉 가치의 충돌, 분쟁양상의 변화, 비전통안보 이슈에 초점을 맞추고자 한다.

Introduction to International Relations, 3rd edition (New York : Oxford University Press, 2004).

8) 이상우, 『국제관계이론』 4訂版 (서울 : 박영사, 2006), pp. 5-6.

Ⅱ. 국제관계의 변화와 지속성

국제관계란 근대국가체제 내에서 주권을 가진 개별 국가들이 군사력, 경제력, 외교력 등을 바탕으로 자국의 이해관계에 따라 국가 간 협력과 갈등관계를 맺는 과정과 현상들을 일컫는다. 칸트가 말한 합법적인 국제관계는 모든 국가가 그 크기나 역량에 관계없이 자국의 안전과 권리를 보장받을 수 있는 것이었지만,[9] 현실세계에서 국제정치는 군사력을 바탕으로 한 힘의 원리에 의해 지배되어 왔다. 미국 중심의 헤게모니적 탈냉전시대 국제질서는 힘에 의해 지배되는 국제정치의 지속성을 보여준다. 또한 전통적인 군사안보 측면은 물론 역사, 이념 등의 문제에 있어서도 국가 간 긴장과 경쟁이 첨예한 동북아 정세 역시 정치적 현실주의가 오늘날에도 이론적 적실성을 가지고 있음을 증명하고 있다. 그러나 특정한 이론적 접근법이 오늘날 우리가 직면한 국제관계를 얼마나 정확하게 이해 · 분석하고 바람직한 방향을 모색할 수 있는지에 대해서는 다음과 같은 점에서 논쟁의 여지가 있다.

첫째, 국제관계에 있어 이슈의 다양화는 안보의 개념과 범위를 확대시켰다. 전통적으로 안보의 개념은 군사적 맥락에서 정의된 국가안보, 즉 국가 간 전쟁위협이나 외부 위협세력의 부재 여부에 주안점을 두고 발달되어 왔다. 따라서 '고위정치(high politics)' 라고 불리

---

9) 이한구 편역, 임마누엘 칸트 지음, 『칸트의 역사철학』(서울 : 서광사, 1992).

는 정치 · 군사적 문제를 우선시하는 국제정치에 있어 '저위정치(low politics)' 로 간주되는 경제, 환경, 사회, 문화 등은 부차적 이슈로 다루어져 왔다. 그러나 탈냉전시대의 진척과 세계화의 심화에 따라 국제안보 패러다임이 본질적으로 변화되면서 전통적인 정치 · 군사안보는 물론 질병, 기근, 지구온난화 현상, 초국가적 범죄, 테러리즘, 국가 내 인종갈등, 인도적 위기상황 등 소위 비군사적 · 비전통적 안보(non-traditional security)를 함께 다루는 '포괄적 안보(comprehensive security)' 가 국제안보 질서를 이해하는 중요한 개념으로 떠올랐다. 특히 국가가 아닌 개인 수준에서 안보의 준거점을 찾는 인간안보(human security)와 지속가능한 개발과 환경의 정치적 · 사회적 · 인도적 함의를 규명하는 환경안보(environmental security)가 비전통안보의 주요 의제로 부상하였다.

둘째, 국제관계에 있어 행위자가 다양해졌다. 과거 국제질서에서는 국가가 고유한 주체세력이었으나, 이제는 국가라는 행위자뿐만 아니라 유엔 등의 국제기구(Intergovernmental Organization : IGO), EU와 같은 '준초국가적' 지역연합체, 지방정부, 기업, 국제적인 연계망을 가지는 NGO 등 비국가적 행위자의 활동이 급격하게 증대하고 있다.[10] 특히 환경보전, 빈곤퇴치, 인권보호와 같은 인류 공동 관심사에 대한 전 지구적 대응이 중요해지면서 냉전의 양극체제 하에서 무력화되거나 정치화 될 수밖에 없었던 국제기구나 NGO들의 역할이 국제평화와 안전을 추구하는 데 있어 새삼 주목받게 되었다.

---

10) Thomas G. Weiss and Leon Gordenker, eds., *NGOs, the UN, and Global Governance* (Boulder : Lynne Rienner, 1996).

국제 NGO란 국경을 넘어 특정한 목적이나 임무를 가지고 같이 활동하기로 합의한 사람들이 자발성을 바탕으로 구성한 비영리·비정부 민간단체인데, 이들이 양적·질적으로 급성장하게 된 이유로는 냉전종식과 세계화와 같은 외부적 요인 이외에 비정치성이나 비영리성에서 비롯되는 이들의 융통성, 독립성, 개방성, 투명성, 대중참여성 등 자체적 자질과 역량이 꼽힌다. 또한 정보통신기술(Information and Communication Technology : ICT)의 발전은 1990년대 이래 NGO의 급성장과 영향력 확대에 크게 기여하였다. 인터넷을 통한 신속하고 활발한 정보흐름과 상호작용이 국제관계에 있어 보다 다양한 행위자를 양산하게 되었으며, 정부가 정보를 독점하는 것도 불가능해졌다. ICT혁명에 힘입은 초국적 커뮤니케이션 등을 통한 전자정부(e-government), 인터넷상의 '가상국가(virtual state)'의 출현 등도 전통적인 국민국가의 개념으로서만 이해될 수 없는 새로운 현상이다.[11]

셋째, 국제관계에 있어 세계화/지구화(globalization) 혹은 통합화(integration) 현상이 두드러지고 있다. 세계화란 국제사회의 구성원들 간 상호 교류나 네트워크가 강화되고 확대되는 과정을 의미하는데, 이를 통해 지리적으로 떨어진 국가, 사회, 개인들의 행동이 서로에게 큰 영향을 미치게 된다.[12] 프리드먼(Thomas L. Friedman)은 『렉서스와 올리브나무』에서 세계화란 한번 왔다가 지나가는 일종의 유행기

---

11) 김상배, "네트워크 지식국가론 : 정보화 시대 국가변환의 개념화," 『국제정치논총』, 제46집 3호(2006).

12) David Held, Anthony McGrew, David Goldblatt, Jonathan Perraton, *Global Transformations*(Cambridge : Polity Press, 1999).

류가 아니라 냉전체제를 대체하는 새로운 체제이므로, 개인과 국가 모두 세계화 체제에 적응하고 능동적으로 동참하는 것이 중요하다고 주장하였다.[13]

무역자유화로 인한 코카콜라, 맥도날드, 스타벅스와 같은 세계적인 프랜차이즈의 급증, CNN, 인터내셔널 헤럴드 트리뷴(*The International Herald Tribune*) 등 전 세계 차원의 신문방송매체 확대, 월드와이드웹(world wide web : www)을 통한 전 세계 어디서나 접속할 수 있는 웹사이트와 실시간 의사소통의 현실화 등 지구촌을 '통합' 시키는 일련의 경제 · 사회 · 문화적 현상들이 광범위하게 나타나고 있다. 또한 탈냉전기 국제사회에서는 지구 생태계 위기나 에이즈 등 전 지구적 위협에 대처하기 위한 근대주권국가들 간의 협력이 진행되고 있고 전 지구적 공동체 건설이라는 통합화 현상도 나타나고 있다.

넷째, 다민족국가 내에서 벌어지고 있는 파편화(fragmentation) 현상이다. 1991년에는 소련연방이 해체되면서 러시아를 비롯한 15개 공화국이 분리 · 독립하였고, 러시아로부터 분리 · 독립하려는 체첸의 사투는 아직도 계속되고 있다. 체코슬로바키아도 1993년 체코와 슬로바키아로 분리되었고, 동티모르도 2001년 인도네시아로부터 독립하였다. 2006년 몬테네그로의 독립선언으로 1991년 독립한 슬로베니아, 크로아티아, 마케도니아 및 1992년 독립을 선포한 보스니아-헤르체고비나,[14] 그리고 세르비아 등 총 6개 공화국으로 구성되

---

13) Thomas L. Friedman, ed., *The Lexus and the OliveTree : Understanding Globalization* (New York : Farrar, Straus and Giroux, 2000).

14) 슬로베니아, 크로아티아에 이어 보스니아-헤르체고비나는 1992년 3월 국민투표를 통해 독립을 선포하였으나 이는 곧 세르비아와의 내전으로 이어졌다.

었던 유고슬라비아 연방도 완전 해체되었다. 이렇듯 냉전종식과 더불어 이데올로기라는 강한 결속력이 쇠퇴함에 따라 한 국가 내에 민족이나 인종과 같은 전통적인 문화적 · 정치적 구분의 중요성이 부각되면서 인종민족주의(ethno-nationalism)를 중심으로 기존 국민국가의 파편화 현상이 두드러졌다. 이러한 파편화 현상은 때때로 폭력적 갈등을 유발하기도 한다. 더욱이 탈냉전기 대부분의 분쟁이 국가 간 전쟁이 아닌 다민족국가 내에서 발생하는 내전형태를 띠게 되면서 그에 따른 대량학살, 난민사태, 대량강간 등 인도적 위기상황이 고조되고 있다.

다섯째, 신자유주의적 세계화, 미국 중심의 국제질서 등에 대한 논쟁과 비판으로 인해 세계의 여러 문명들, 국가들, 그룹들 간 가치의 충돌과 분열현상이 점점 더 가시화되고 있다. 세계화가 급진전되어 가면서 사람들의 삶의 질이 전반적으로 크게 향상되었지만, 그 혜택은 세계화를 '주도한' 사람/다국적기업/국가들(globalizers)들과 세계화에 '편입된' 사람/국가들(globalizees)에게 차등적으로 주어졌다. 또한 경제적 · 정보기술적인 면에서의 불평등한 배분으로 인한 극심한 수입양극화(income divide) 및 정보격차(digital divide) 현상이 나타나게 되었다. 사실 ICT의 발전도 전세계적으로 보편화된 것이 아니어서 미흡한 인프라 구축과 과도한 비용 등으로 인해 많은 국가나 NGO들의 상대적 소외감만 키우게 된 측면도 있다. 세계경제와 무역구조는 거대기업과 몇몇 강대국에 편파적인 방식에 의해 좌우된다는 비판이 1990년대 후반 들어 더욱 높아지게 되었고,[15] 1999년 시애틀의 반(反)세계무역기구(World Trade Organization : WTO) 시위를 계기로 세계은행(World Bank), 국제통화기금(International Monetary Fund : IMF)과 같은 세계경제기구들과 다국적기업 등에 대한 비판을 골자로 하는 신자유주의 세계화 반대운동이 거세졌다. 세계화가 부국과 빈국에서 많은 사람들을 가난과 좌절 및 분노에 빠뜨렸기 때문에 세계화의 틀을 새로 짜야 한다는 주장도 설득력을 얻고 있다.[16] 이러한 신자유주의적 세계화에 대한 반감은 반세계화 운동뿐만 아니라 미국의 패권과 서구 중심의 국제질서에 반발하는 아랍권, 남미, 아시아 등에서의 반미 · 반전시위와 맞물려 세계를 다시 분열시키는 양상이 나타나고 있다.

이상과 같이 21세기 국제정치는 '변환'의 과정에 있다. 특히 오늘날 국제질서를 특징짓는 두 가지 현상인 통합화와 파편화 과정이 동시에 나타나는 역설적인 상황에 주목할 필요가 있다. 이러한 통합화, 파편화, 주권국가의 쇠퇴현상은 개개 국가들로 하여금 근대적 정치공간의 분할로부터 벗어나게 하고, 초국가적인 지구촌의 정치적 · 경제적 · 문화적 · 안보적인 문제들의 상호의존성을 인식하도록 유도하고 있다. 이렇듯 21세기 지구촌에서는 다양한 이슈와 행위자 간의 관계가 더욱 복잡하게 얽히게 되면서 1648년 웨스트팔리아 조약으로 성립되고 1815년 비엔나 조약으로 더욱 공고화된 '신성불가침의 아성', 즉 국가주권을 재고해 보아야 한다는 논의가 나타나기 시작하였다.[17]

---

15) Helena Norberg-Hodge, *Small is Beautiful, Big is Subsidised*(Dartington, England : International Society for Ecology and Culture, 1998).

16) Joseph E. Stiglitz, *Globalization and its Discontents*(New York : W.W. Norton & Company, 2002) ; Joseph E. Stiglitz, *Making Globalization Work*(New York : W.W. Norton & Company, 2006).

그럼에도 불구하고 국제사회에는 전통적인 국가의 역할이나 개념이 쇠락하고 있다고만 볼 수 없는 현상들도 여전히 공존하고 있는 상황이다. 무엇보다도 현행 국제관계법에 있어 개개의 국가는 여전히 그 영토와 국민에 대한 불가침의 관할권을 가지며, 다른 나라들이나 국제기구가 국내문제에 관여하는 것을 내정간섭으로 규정하고 있다. 한편, WTO 체제 등으로 형성된 무한경쟁 시대에 대응하여 자국의 이익을 보호하려는 국가 간 무역전쟁도 국가 중심의 이해관계가 첨예하게 대립하고 있는 현장을 강하게 대변한다. 동북아시아의 경우 북한 핵문제, 일본과 인접국가들 간 역사분쟁, 민족주의의 부상 등과 같은 여러 복합적인 요인으로 인한 불안정성과 불예측성의 고조로 국가중심적 사고나 전략이 더더욱 강화되어 가고 있다. 이에 더하여 '국내외 연계정치(intermestic politics)', 즉 국내정치와 외교정책/국제관계 사이의 상호 연관성이 점점 중요해지고 있다. 국제관계가 국제환경과 국내적 조건의 상호작용을 통해 이루어진다는 것은 새삼스러운 일은 아니지만,[18] 국내외 요인의 상호 영향은 정보기술혁명이나 민주화의 확산 등으로 인해 그 정도나 빈도 면에서 점점 커지고 있다. 국내정치적 측면과 국제정치적 영역의 영향 및 양 수준의 상호 연계작용에 대하여 분석하는 국내외적 역학연구는 국경선을 중심으로 한 정치영역의 분할이 점점 약해져가는 현 추세에 있어 매우 중요하다. 특히 안보문제에 있어 국제적 요인과 국내적 문제가 맞물

---

17) 이신화, "동아시아 인간안보와 글로벌 거버넌스," 『세계정치』 5(서울 : 인간사랑, 2006).

18) 서진영, 『21세기 중국 외교정책 : '부강한 중국'과 한반도』(서울 : 폴리테이아, 2006).

려 나타나는 국내외적 위협은 국가안보만을 침해하는 것이 아니라 개인의 사적 안전을 훼손시키고 외부(국제적) 파급효과를 갖기 때문에, 한 국가나 지역에서 나타나는 제반 안보위협 이슈들을 파악하고 그 심각성을 철저히 규명해야 한다.[19] 이를 위해 국제정치 연구는 국내정치와 지역 차원을 다루는 지역연구와의 학제 간 접목을 필요로 한다.

Ⅲ. 안보 개념 확대와 국제정치이론의 적실성

전통적으로 안보의 개념은 군사적 맥락에서 정의된 국가안보, 즉 전쟁위협이나 외부 위협세력의 부재 여부에 중점을 두고 발달되어 왔다. 이러한 전통적 안보 개념은 현실주의 안보 패러다임의 중요

---

19) 이는 안보문제에 있어 국내적 이슈가 국제관계의 양태와 과정을 변화시키고, 동시에 외부에서 제기되는 위협이 국내 정치과정, 쟁점, 행위양식을 변화시킨다는 점에서 구레비치(Peter Gourevitch)가 제시한 제2이미지 역전(Second Image Reversed) 이론과는 차이가 있다. 체제 중심의 이론들은 한 국가의 대외정책에 있어 국제체제의 영향력을 강조했다. 반면 구레비치는 국내정치적 특성과 체제적 특성 모두가 중요하지만 그 중에서도 국내의 정치적 연합유형과 정권유형이 대외정책 형성과 국제관계의 진행에 있어 보다 큰 영향을 미친다고 주장한다. 한편, 국내외 연계정치는 주권국가 개념과 실태의 변화에 입각하여 국가와 국제사회의 직접적인 연결성을 강조한다. 제2이미지 역전이론은 Peter Gourevitch, "The Second Image Reversed : The International Sources of Domestic Politics," *International Organization*, Vol. 32, No. 4 (Autumn 1978), pp. 881–912를 참조할 것.

한 부분을 형성해 온 것으로 상대적인 힘의 우위를 통해 국가의 안전을 확보하는 '절대안보' 개념이다. 냉전시대 대부분의 안보 관련 정책이나 연구는 이러한 안보 개념에 기반을 두어 국방력과 군사전략 및 정치적 능력향상에 초점을 맞추어 왔다.[20] 그러나 1970년대 들어 국가 중심의 전통적 안보 개념과 패러다임에 대하여 그 이슈와 영역 및 행위주체가 너무 편협하다는 비판이 제기되었다. 특히 1973년 오일쇼크에 따른 유가와 원자재 가격 급등으로 에너지 안보에 대한 세계적인 관심이 일었고, 1980년대 이래 불붙기 시작한 세계 무역분쟁으로 경제안보의 중요성이 대두되었다. 공해나 자원부족 문제 등 환경보호 및 환경안보에 대한 관심도 1960-1970년대 북미 · 서구유럽을 중심으로 나타나기 시작하였다.[21]

이러한 추세를 반영하며 배리 부잔(Barry Buzan)은 1983년 그의 저서 『국민, 국가, 공포』를 통해 국가 · 군사안보 중심의 안보 개념의 한계를 지적하고, 경제, 환경, 사회, 정치 등 제반 요소들을 포괄하는 개념으로 안보를 확대 정의해야 한다고 주창하였다.[22] 리처드 울만(Richard Ullman)도 안보를 폭넓게 정의내리는 것은 합법적인 정책 선택의 범위를 넓힐 수 있게 하는 것이라고 주장하였다.[23] 부잔을 포

20) 이렇듯 힘의 논리를 강조하는 전통적 안보 패러다임이 지배하는 국제사회에서는 현실주의의 세력균형 논리가 최우선시된다. 또한 국가 간 상호 불신으로 인해 군비경쟁이 가열되어 지역적 · 세계적 안보불안이 가중되어 안보 딜레마(security dilemma)가 초래될 수도 있다.

21) Rachel Carson, *Silent Spring*(Boston and New York : Houghton Mifflin Company, 1962).

22) Barry Buzan, *People, State and Fear*(London : Harvester, 1983).

23) Richard H. Ullman, "Redefining Security," *International Security*, Vol. 8, No. 1 (Summer

함한 '코펜하겐학파'[24]의 이러한 입장은 냉전종식과 더불어 더욱 힘을 얻게 되는데, 이는 군사력에 기반을 둔 세력균형의 논리를 넘어서 정치군사적 이슈뿐만 아니라 비전통적 안보 혹은 저위정치 이슈를 안보의제로 설정하는 포괄적 안보의 중요성이 높아졌기 때문이다. 이후 포괄적 안보와 더불어 '개인'에 초점을 맞춘 인간안보, 환경안보, 건강안보 등이 주요 안보의제로 부상하면서 비전통적 안보 이슈에 대한 연구나 정책 마련이 매우 다차원적이면서도 광범위해졌다.

이는 인종 · 종족분쟁 이외에도 테러리즘, 마약, 조직적 범죄, 불법이민 문제 등 사회불안 요소들이 일개 국가의 국경을 넘어 다른 국가들의 안보를 위협하는 상황이 빈번해짐에 따라 국내적 · 지역적 · 국제적 차원에서 사회안보를 증진시킬 필요성이 높아진 것에 기인한다. 특히 사회안보를 확보하는 것은 요한 갈퉁(Johan Galtung)이 말한 적극적 평화를 달성하는 것이기도 한데, 이는 단순히 전쟁이 없는 상태를 일컫는 소극적 평화를 넘어서 사회적 불공평이나 정부의 억압 · 차별정책 등으로 인한 온갖 종류의 제한, 박탈 및 고통을 포함하는 '구조적 폭력'을 방지하고 인간의 생존과 건강 및 자아

1983), pp. 129-153.

24) '코펜하겐학파'는 국제정치 시각에서 확대된 안보담론을 주창하고 있는데, 1985년 덴마크 코펜하겐에 설립된 '분쟁 및 평화연구소(Copenhagen Peace Research Institute : COPRI)'의 학자들이 냉전시대 안보논리를 뛰어넘는 탈냉전시대의 안보담론을 주도한다는 데에서 비롯된 용어이다. Copenhagen Peace Research Institute (COPRI), http://www.pdgs.org.ar/institutions/ins-dinamarca1.htm ; Bill McSweeney, "Identity and Security : Buzan and the Copenhagen School," *Review of International Studies*, Vol. 22, No. 1 (1996).

실현을 도모할 수 있는 상황을 의미한다.[25] 즉 사회안보란 전쟁의 부재가 아니라 폭력의 부재상태를 확보하는 것이다. 따라서 국제사회에는 전 지구적 평화와 안보를 논함에 있어 비전통적 측면까지 모두 포함하는 포괄적 안보의 개념을 확립하고, 이를 구성하는 제반 요소들 중에 어느 하나라도 지속되지 않는다면 다른 안보의 측면 역시 보장될 수 없다는 시각이 설득력을 얻기 시작하였다.

새로이 부상한 안보문제는 그 개념뿐만 아니라 대응책도 종전과는 다른 방식으로 접근해야 할 필요성이 높아졌다. 안보 개념의 확대와 더불어 협력안보/협력적 안보(cooperative security), 국제안보(global security) 등 접근방식에 대한 논의도 부각되기 시작하였는데, 이는 지구 환경문제, 국제금융위기, 인도적 위기 등 개별 국가가 홀로 대응하기 힘든 초국가적이고 비군사적인 안보문제의 해결을 위해 국가 간 협력 및 상호의존이 더욱 중요해진 데 따른 것이다. 즉 기존의 전통적 · 군사적 안보문제가 국가 중심으로 그 해결방안을 모색해 왔다면, 비전통적 혹은 포괄적 안보문제는 그 해결을 위해서는 일개 국가의 노력을 넘어서 지역적 · 세계적 차원에서의 국가 행위자뿐만 아니라 국제기구나 NGO들의 공동대처가 절실히 요구된다.

이제까지는 일정한 영토에 대한 배타적 지배권을 기초로 성립된 근대주권국가 단위로 문제를 생각하고 그 해결책을 모색하는 것이 지배적이었지만, 우리가 직면하고 있는 이 시대는 세계사회 전체를 하나의 단위로 해서 문제에 접근하고 이를 풀어나가야 하는 시대

---

25) Johan Galtung, *Peace By Peaceful Means : Peace and Conflict, Development, and Civilization*(London and New Delhi : PRIO, 1996).

이다. 왜냐하면 국경을 뛰어넘는 인력, 기술, 자본, 정보흐름의 중요성이 영토적 가치만큼이나 커짐에 따라 지구촌에 있어 지리적 · 정치적 구분이 갖던 의미나 중요성이 점차 희석됨은 물론 국가 간 상호의존과 세계경제 통합이 심화되었기 때문이다. 이는 일부 국가의 사회문제가 지구촌 개별 국가는 물론 그룹, 개인의 운명에 크고 작은 영향을 미치며, 그에 따라 세계적 문제를 해결하는 행위주체가 다양화되는 현상을 동반한다. 예를 들어, 2004년 12월 동남아지역에서 발생한 지진해일로 그 일대가 막대한 인명피해와 경제적 손실을 입었는데, 피해지역 주민들에 대한 인도적 지원문제뿐만 아니라 이러한 재난의 재발방지나 대처능력 제고를 위한 연구나 정책개발에 있어서도 국가 간 협력을 통한 다자주의적 접근방식이 중요해졌다. 이러한 다자주의적 노력은 개별 국가가 추구하는 목표나 이해관계를 넘어 공동의 이익을 증진시키고 다양한 초국가적 안보 이슈를 지역적 · 국제적 수준에서 해결하는 메커니즘으로 작용할 수 있을 것으로 평가된다.

이렇듯 안보 이슈와 행위자의 다변화로 대변되는 지구촌의 새로운 안보상황을 이해하기 위해서는 주요 국제정치학 이론들의 시각을 통해 그 현상들을 이해하고 개념화하는 작업이 필요할 것이다. 현실주의자들은 지구화, 세계화, 안보 개념의 확대 등에 대한 현상황을 인지하면서도 이러한 현상이 영토를 기반으로 하는 국민국가 중심의 국제사회를 근본적으로 바꿀 수 없을 것이라는 점을 강조한다.[26] 경제와 사회의 상호연관성이 확대되고 인적 교류 및 정보교

---

26) Kenneth Waltz, "Globalization and Governance," *PS : Political Science and Politics*, Vol.

환이 심화되고 있지만 이러한 현상이 국가들 간의 이해관계에 따른 정치권력 투쟁을 약화시키지는 못한다는 것이다. 이는 지구화가 사회 · 경제 · 문화적 측면을 바꿀 수는 있어도 주권국가들로 구성된 국제정치체제를 능가할 수 없다는 입장이다. 반면, 자유주의자는 지구화 · 정보화 시대 등으로 대변되는 오늘날의 현상들을 강조하면서 더 이상 국가가 세계정치의 중심행위자가 아니며, 더 나아가 국민국가는 쇠퇴하고 있다고 주장한다.[27] 한편 1990년대 중반 이후 세계정치를 이해하는 주요 이론으로 점점 영향력을 얻고 있는 구성주의자에게 안보는 일종의 정치적 · 사회적 현상이고, 지구화는 개별 국가에 영향을 미치는 외적 구조로 간주된다. 따라서 코펜하겐학파의 구성주의자들은 이러한 사회적으로 구성된 구조를 "안정적인 관행으로 받아들이고, 비판과 이해를 통하여 그러한 사회구조를 유지 · 관리하고자" 하며, 안보 개념 역시 사회적 담론을 거쳐 만들어지는 합의의 산물로 이해한다.[28]

요약하면, 주권의 약화 혹은 변화가 나타나는 가운데 국내외적 영향을 지니는 새로운 안보문제를 설명하고, 이를 다루기 위한 정책적 방향을 제시할 수 있는 국제정치학적 모색이 필요하다. 그러나

32, No. 4 (December 1999), pp. 693–700.

27) John Baylis and Steve Smith, *The Globalization of World Politics,* 3rd ed. (New York : Oxford University Press, 2005).

28) 민병원, "탈냉전시대의 안보 개념 확대 : 코펜하겐학파, 안보문제화, 그리고 국제정치이론" 『세계정치』 5 (2006), p. 35 ; Barry Buzan, "Rethinking Security after the Cold War," *Cooperation and Conflict,* Vol. 32, No. 1 (1997) ; Jef Huysmans, "Defining Social Constructivism in Security Studies : The Normative Dilemma of Writing Security," *Alternatives,* 27 (2002).

현실주의, 자유주의, 구성주의의 시각 중 어떤 이론이 지구화/통합화, 파편화, 그리고 그로 인한 안보의 확대 개념 등을 가장 잘 설명해 주는가를 판가름하는 데는 많은 논란이 있을 수 있다. 어느 특정 이론이나 견해가 유일한 잣대가 될 수 있다고 고집하는 것은 현상을 진단하는 데 있어 선입관이나 오판을 가져올 소지가 있을 뿐만 아니라, 너무나 많고 복잡한 요인들의 상호작용이 야기하는 이러한 현상들을 제대로 이해할 수 없을 것이다. 또한 기존의 국제정치학은 근대국가체제로 대변되는 서양적 국제질서에 의거하여 국가 간 행위나 역학관계를 연구하고 있다는 지적도 있다.[29] 따라서 기존의 특정 이론에 맞추어 변화하는 '국제정치의 현 주소'를 이해하기보다는, 보다 포괄적인 국제정치의 미래에 대한 개념화 작업 및 분석틀 마련의 전(前) 단계로서 동 · 서양을 망라하여 지구촌에 만연되어 있거나 새로이 발생하고 있는 제반 안보위협 요인들을 규명할 필요가 있다.

---

29) 박상섭, "국제정치학 연구와 외교학과," 서울대학교 외교학과 50주년 기념 학술회의 발표논문, 2006년 10월 28일.

IV. 글로벌 이슈와 안보위협

1. 가치의 충돌

냉전에서 서구의 '승리'는 미래의 세계질서가 자유민주주의와 시장경제에 기반을 둔 것이라는 낙관적인 시각을 가져왔다.[30] 특히, 전 세계적인 민주주의 확산은 국가 간 분쟁 가능성을 낮추어 평화롭고 협력적인 국제체제 형성이 용이해질 것이라는 긍정적 전망이 제기되었다.[31] 그러나 다른 한편에서는 세계의 여러 문명권이 상이한 전통, 경험, 자원, 지향점 때문에 충돌로 향하게 될 것이라는 분석이 제시되었다.[32]

많은 인구와 자원이 집중되어 있는 오늘날 세계의 여러 중심지역들은 자본주의를 경제운영 원칙으로 채택한다는 점에 있어 어느 정도 합의를 이룬 것으로 보인다. 그러나 영미 주도의 서구식 자본

---

30) Francis Fukuyama, *The End of History and the Last Man*(New York : Harper Perennial, 1993).

31) Bruce Russett, *Grasping the Democratic Peace : Principles for a Post–Cold War World* (Princeton, NJ : Princeton University Press, 1993) ; Edward D. Mansfield and Jack Snyder, "Democratization and the Danger of War," *International Security*, Vol. 20, No. 1 (Summer 1995), pp. 5–38 ; Michael W. Doyle, *Ways of War and Peace*(New York : W. W. Norton and Company, 1997).

32) Samuel P. Huntington, *The Clash of Civilizations and the Remaking of World Order* (New York : Touchstone, 1996).

주의로 세계 각국의 경제체제가 수렴되는 가운데 실제로는 경쟁우위 분야의 차이에 따라 다양한 형태의 자본주의가 등장하는 것으로 볼 수 있다.[33] 한편, '인민의 지배' 혹은 '인간 개개인에의 권한부여'(people empowerment)라는 가치체계로서의 민주주의에 대해서는 보편적이라 할 수 있을 정도로 공감대가 이루어졌으나 정치 및 경제적 차원에서의 민주적 제도구성과 그 운영원칙에 있어서는 전면적인 합의를 찾아보기 어렵다. 이렇듯 현재 관찰되는 것은 가치의 차이에 따른 정치, 경제, 사회 등 전반적인 측면에서의 균열과 충돌이다. 그런데 이는 문명의 경계선을 따라 등장하는 것이 아니라 상이한 경험과 사회경제적 목표를 지닌 국가들 간의 연합의 형태로 나타나고 있다.

오늘날 세계를 주도하고 있는 것은 신자유주의 경제개혁을 강조하는 선진국 정부나 국제금융기관 등을 중심으로 한 '워싱턴 컨센서스(Washington Consensus)' 이다. 탈규제, 민영화, 엄격한 재정관리 등을 골자로 하는 이 원칙은 세계화 시대에서 자유로운 노동 및 자본의 이동, 경쟁원칙에 입각한 교역의 활성화, 국가개입의 최소화와 관련된 규칙과 제도 등을 세계 곳곳에 확산시키고 있다.[34] 더욱이 기술변화와 사회조직 및 물리적 기반시설, 시장과 자본주의 등으로 대변되는 행정과 경제영역에서의 지구화 혹은 세계화의 과정은 권력, 이해관계, 제도 등의 정치적 요소에 의해 형성되는 '규범적 기반시설'

33) Peter A. Hall and David Soskice, *Varieties of Capitalism : The Institutional Foundations of Comparative Advantage*(New York : Oxford University Press, 2001).

34) Center for International Development at Harvard, "Washington Consensus," Global Trade Negotiations(GTN), 2003년 4월, http://www.cid.harvard.edu/cidtrade/issues/washington.html

을 필요로 한다. 이는 주로 미국이나 영국 등 서구적 이념체계를 강요하여 서방, 특히 미국의 헤게모니를 강화시키는 것이 아니냐는 비판의 근거가 되고 있다. 때문에 이 원칙은 지구화의 형태나 결과가 비대칭적이라는 회의적 관점에서 볼 때 국제사회의 분열감, 차별감, 상대적 박탈감 등을 심화시키는 것이다.

이러한 맥락에서 워싱턴 컨센서스에 반대하거나 새로운 의제들을 다룰 것을 촉구하는 입장들이 봇물처럼 쏟아져 나오고 있다. 신자유주의적 세계화에 대한 강한 반감을 표한 '부에노스아이레스 컨센서스',[35] 성평등이나 빈곤해결을 위한 행동을 강조하는 '멕시코 컨센서스', 에이즈, 영양실조 등 지구촌 10대 핵심과제를 내걸고 개도국 발전을 위한 정부지출 전환의 필요성을 역설하는 '코펜하겐 컨센서스' 등이 그 예들이다.[36] 또한 좌파정권이 주도하고 있는 중남미의 쿠바, 베네수엘라, 볼리비아가 천명한 '미주를 위한 볼리바르의 대안(ALBA)' 도 미국 중심의 경제원칙에 반대하는 연대가 가시화되고 있음을 시사하는 것이다.[37] 그러나 이러한 대안적 원칙들이 정책적 실효성을 지니기에는 자체역량이나 국가들의 참여도에 있어 부족한 측면들이 있다.

반면 사회주의적 시장경제를 주창해 온 중국의 경제발전 모델은 정치적 자유화를 강요하지 않으면서 시장경제 요소를 최대한 도

---

35) Jephraim p. Gundzik, "BA deposes Washington Consensus," *Buenos Aires Herald*, 2005년 8월 3일.

36) "Too Much Consensus," *Foreign Policy*(2004년 9/10월호).

37) Teresa Arreaza, "ALBA : Bolivarian Alternative for Latin America and the Caribbean," *Venezuel Analysis*, 2004년 1월 30일.

입한다는 소위 '베이징 컨센서스(Beijing Consensus)'를 형성하여 여러 개도국들에게 상당한 매력을 주고 있다. 전(前) 타임지 편집장이자 현 칭화(淸華)대 교수인 라모(Joshua Cooper Ramo)에 의해 명명된 이 원칙은 개개 국가들이 독자적 가치를 존중하고 기존 삶의 방식을 유지하는 가운데 세계경제체제에 편입되어야 한다는 입장으로, 미국 주도의 세계질서 형성에 분명한 반대의사를 표명한다.[38] 이러한 중국의 입장은 세계화로 인한 폐해들을 고려하는 데 있어 여러 시사점을 제공하면서 서구의 가치에 대항하는 유용한 수단이 되고 있다. 뿐만 아니라 이는 중국에게 특유의 '소프트 파워'를 부여하며 근래에는 아프리카 및 남미 국가들과의 긴밀한 외교적 · 경제적 협력을 촉진시키는 원동력으로 작용하고 있다.

그러나 중국식 모델을 지지하는 나라들의 속사정을 살펴보면 국내정치적 불안정, 내전, 인권탄압, 경제적 실패경험, 극심한 빈곤문제 등이 산적해 있음을 알 수 있다. 이 나라들에 있어 주권의 불간섭과 정치적 자율성 보장은 현 정권의 안정과 직결되어 있는 경우가 많다. 또한 중국을 비롯한 일부 권위주의 국가에서 강압적인 수직적 통제구조를 통해 비교적 빠른 속도로 경제발전을 달성한 경우도 있지만, 이는 장기적으로는 사회혼란과 경제구조적 문제를 야기해 오히려 국가발전을 저해할 수 있다. 동아시아의 여러 경험들은 그 대표적인 사례가 될 것이다.

경제적 측면에 더해 워싱턴 컨센서스를 지지하는 국가들은 인

---

38) Joshua Cooper Ramo, *The Beijing Consensus*(London : The Foreign Policy Centre, 2004).

권, 정부투명성, 개인 권리의 우선성, 자유민주주의를 강조하는 반면, 중국식 모델의 지지국들은 주권의 불간섭과 정치적 자율성 보장을 추구하는 모습을 보인다. 아시아적 가치, 이슬람의 부활, 중남미의 좌파 도미노 현상은 미국 주도의 국제질서 및 서구문명과 서구적 가치들에 대한 반발의 전형적인 예이다. 2006년 11월 에콰도르 대선에서 좌파적 공약을 내세운 라파엘 코레아가 승리하면서 쿠바, 우루과이, 브라질, 볼리비아, 베네수엘라, 쿠바, 니카라과와 더불어 좌파세력이 급성장하게 되었다. 중동지역의 경우는 미국의 '중동민주화 구상'에 반발하여 이슬람주의가 최근 점점 더 힘을 얻고 있다.[39] 이와 같은 '가치의 차이'가 지정학적 구도에 더해질 경우 보다 공고한 형태의 국가연합이 형성될 가능성이 있다. 미국 및 영국, 일본을 중심으로 하는 '해양세력', 자유민주주의 및 시장경제를 지향하는 국가들의 연합과 중국 및 러시아 중심의 '대륙세력', 그리고 제한적 시장경제와 고유의 가치를 강조하는 국가 그룹 간의 경쟁과 대립구도가 예상 가능한 국제관계의 시나리오라 할 수 있다. 특히 이것이 새로운 '편가르기'의 기준이 될 경우 타협하기 어려운 구분선이 세계전역에 걸쳐 등장하게 될 것이다.

---

39) "반미감정은 중동의 새 종교가 됐다," 《한겨레》, 2006년 9월 8일, http://www.hani.co.kr/arti/international/international_general/155126.html.

2. 분쟁양상의 변화

동서 냉전체제의 붕괴 초기 기대되었던 평화로운 세계의 등장은 전쟁, 박해, 학살 및 테러행위가 난무하는 가운데 그 가능성이 줄어들고 있다. 특히 탈냉전기에 들어서는 대부분의 폭력분쟁이 비정규전 혹은 게릴라전과 같은 내전의 형태로 나타나고 있는데, 스톡홀름 국제평화연구소(Stockholm International Peace Research Institute : SIPRI)의 집계에 따르면, 지난 16년(1990-2005) 동안 발생한 총 57건의 주요 폭력분쟁 중 53건(93%)이 내전(civil war)이었다. 더욱이 2005년 한 해 동안 진행된 총 17건 중에는 단 한 건도 국가 간 전쟁이 없었다.[40]

내전이란 한 주권국가의 영역 내에서 일어나는 정부와 반란 그룹 간의 전쟁을 일컫는데, 흔히 반란단체들은 분리독립이나 자치권 확대를 위해 중앙정부(혹은 지배 그룹)와 전쟁을 벌인다. 또한 다민족국가 내에서 경쟁적 · 적대적 관계에 있는 그룹들이 폭력분쟁을 일으키는 경우 역시 내전이라 부른다. 세계 각지에서 내전이 발생하는 빈도나 강도가 높아지게 된 것은 냉전종식과 더불어 이네올로기라는 강한 구심점이 사라짐에 따라 많은 다민족국가들 내에서 정체성

---

40) 여기서 "주요 폭력분쟁(major armed conflicts)"은 양측의 무력충돌로 연간 1,000명 이상이 사망한 분쟁을 일컫는다. 2005년 말 현재 에리트리아-에티오피아(1998-2000), 인도-파키스탄(1990-1992 및 1996-2003), 이라크-쿠웨이트(1991), 미국 주도의 이라크 전쟁(2003)만이 탈냉전기 동안 기록된 국가 간 전쟁이었다. Stockholm International Peace Research Institute(SIPRI), SIPRI Yearbook 2006, Appendix 2A, Patterns of Major Armed Conflicts, 1990-2005(Oxford : Oxford University Press, 2006), p. 108.

(identity)에 기반을 둔 인종, 부족, 종교적 충돌, 민족주의 및 자결주의(self-determination)가 두드러지게 된 데서 그 원인을 찾을 수 있다.[41]

이처럼 오늘날 발생하고 있는 내전 중 대부분이 '소수민족 해방전쟁' 혹은 '정치인종분쟁(ethnopolitical conflict)'의 성격을 띠고 있는데, 이는 국제사회에서 주권을 인정받은 국가가 200개(유엔 회원국은 192개) 정도에 불과한 데 비해 자주권을 확보하고자 하는 인종·민족단위는 3,000개를 웃돌고 있는 점을 감안할 때 당연한 결과라 할 수 있다.[42] 특히 정치·경제·사회적 차별이나 역사적 반목 등으로 인종 그룹들 간 대립과 갈등이 심화되면서 소수민족들은 중앙정부나 지배 그룹들에 대항해 차별을 시정하고 자신들의 집단이익을 제고하기 위해 집단행동을 강화하기 시작하였다. 이러한 정치적 행위는 처음부터 게릴라전과 같은 무력충돌로 시작하기도 하지만, 많은 경우 비폭력적 시위로 전개되었다가도 기득권을 포기하지 않으려고 하는 정부나 지배세력의 강압에 저항하는 과정에서 폭력사태로 악화되는 경향을 보인다.

물론 역사적으로 부족 또는 민족 간 갈등은 새로운 현상이 아니다. 그러나 냉전의 종식과 함께 제3세계의 민족정치적 갈등이 빈도, 강도 그리고 지속성의 측면에서 증가해 왔다. 이와 같은 분쟁은 오래 전부터 있어왔으나 냉전종식 후 제3세계를 중심으로 더욱 빈번하고 격렬하게 나타나고 있다.[43] 내전의 실상은 과거 어떤 이념분

---

41) 이신화, "세계 내전의 실상과 그 극복," 『본질과 현상』 통권 2호(2005 겨울).

42) 이상우, "전쟁과 국제질서," 제6장, 『국제정치학강의』(서울 : 박영사, 2005) p. 190-191.

43) Ted Robert Gurr, *People Versus States : Minorities at Risk in the New Century*(Washington

쟁이나 국가 간 전쟁의 경우보다도 훨씬 더 심각하게 인류의 안보를 위협하고 있다. 전통적인 국가 간 전쟁에서 민간인 사상자들은 전쟁 수행과정에서 발생한 의도하지 않은 부산물이었던 반면, 탈냉전기 분쟁에 있어서는 민간인들이 전체 사상자의 90% 이상을 차지하는 형태로 변모하고 있다. 이는 내전의 와중에 정부와 지배세력이 자신들과 다른 인종으로 이루어진 그룹이나 자신들에게 대항하는 그룹을 강제로 제거 · 축출하려고 하는 과정에서 민간인들이 공격과 보복의 대상이 되고 있기 때문이다.

또한 유엔난민고등판무관실(UNHCR)에 따르면, 2006년 1월 현재 2천75만여 명의 사람들이 전쟁과 박해, 기근 등을 피해 자신의 거주지를 떠나 각지를 떠돌고 있다. 이들은 '떠날 수밖에 없는' 배출(push)요인 때문에 고향을 등졌다는 점에서 더 나은 삶이라는 유인(pull)요소로 인해 거주지를 떠난 이주민과는 구별되며, 약 8백40만 명 정도가 국제 난민법에 준거하여 국제사회의 도움과 보호의 대상인 '공식' 난민(협약난민)으로 분류되고 있다. UNHCR의 보호대상이 되는 자들은 공식난민 이외에 비호신청자(asylum seekers), 국내를 떠도는 유민(internally displaced persons : IDP), 고향으로 '돌아온' 난민(returnees), 제3국에 정착한 자(resettlement)로 구분된다. 이들은 아시아에 8백6십만 명, 아프리카에 5백17만 명, 유럽에 3백66만 명, 중남미에 2백5만 명, 오세아니아에 8만 2천여 명 등 세계 각지에 흩어져 살고 있다.[44]

D.C : United States Institute of Pleace Press, 2000).

44) http://www.unhcr.org/basics/BASICS/3b028097c.html

더욱이 오늘날 대다수의 무력분쟁이 한 국가 내에서 발생하고 있지만 그 원인, 성격, 해결과정 등에서 나타나는 파급효과를 고려해 볼 때 가히 초국가적 혹은 국제적인 영향을 미친다고 할 수 있다. 예를 들어 내전으로 발생하는 많은 난민들이 한 지역 또는 국가에 급작스럽게 유입되거나 장기체류하게 될 경우, 이는 정착지 내의 공동체 갈등이나 분쟁의 원인이 되거나 난민발생국과 정착지 간 외교적 긴장관계나 물리적 충돌의 소지를 발생시킬 수도 있다. 이와 같이 탈냉전기 분쟁들이 내포한 복합성과 다양성 및 직 · 간접적 결과들은 대내적 · 대외적 구별을 모호하게 할 뿐만 아니라, 어떤 근거에서 이 분쟁들을 분류하고 해결방안을 모색해야 할지를 파악하기 어렵게 만든다. 결국 인종분쟁이란 단순히 한 국가나 지역차원에서뿐만 아니라 궁극적으로 국제질서에도 위협이 될 수 있는 것이다. 더욱이 이러한 분쟁이 9·11 테러사태와 같이 무고한 시민에 대한 대량의 피해를 통해 소기목적을 달성하고자 하는 초국가적 성격을 띤 테러단체들의 무차별적 폭력행위(예 : 자살폭탄테러)와 맞물릴 경우, 그 사태는 한층 더 심각한 양상을 띠게 될 것이다.[45]

45) 이신화, "국제분쟁과 유엔 : 평화유지활동(PKO)의 역할을 중심으로," 『신아세아』 제11권, 제4호(2004), pp. 61–85.

3. 비전통안보 이슈

(1) 인간안보 문제

세계화의 급진전은 인간 삶의 질을 전반적으로 향상시켰지만, 경제 및 정보기술적 측면들에서의 불평등한 배분으로 인한 양극화 현상이 함께 나타나고 있다. 이와 함께 탈냉전의 세계가 진행되는 가운데 인신매매, 내전, 난민, 환경훼손, 기근, HIV/AIDS 등 소위 '인간안보(human security)'를 위협하는 제반 요소가 지구촌 곳곳에서 급증하게 되었다. 인간안보는 종래의 군사적 차원을 넘어서 인권, 사회개발, 경제, 건강, 환경 등 인간 삶의 포괄적 질을 척도로 안보의 정도를 가늠해야 한다는 점을 강조하며, 안보의 궁극적 대상이 국가나 지역이 아닌 개인수준으로서 인간이라고 주장한다. 또한 국가 중심의 전통적 안보 개념 대신 개인의 안전이 안보의 준거가 되어야 한다는 인식이 확산되면서 인간안보 문제가 국제사회의 주요 쟁점으로 부상하게 되었는데, 이는 국가의 폭압 혹은 국가의 실패로 인해 초래되는 인권침해, 내전, 환경훼손, 기근의 참사 등에도 불구하고 주권국가의 내부문제에 대한 국제사회의 개입이 현실적으로 어렵다는 데에 기인한다.[46]

1994년의 유엔개발계획(United Nations Development Programme : UNDP) 보고서는 인간안보를 "공포로부터의 자유와 빈곤으로부터의 자유"라고 정의함으로써 인간안보 분야의 길잡이가 되었다. 또한 이

46) 이신화, "동아시아 인간안보와 글로벌 거버넌스," 『세계정치』 5(2006).

보고서는 경제, 식량, 건강, 환경, 개인, 사회, 정치의 7가지 영역에서 야기되는 위협을 막는 것이 인간안보를 가장 확실하게 보장하는 것이라고 단언하였다.[47] 그러나 UNDP 정의와 접근방법은 유엔에 의해 실용적인 개념으로 인정받지 못했다. 오히려 그것은 지나치게 거창하고 포괄적이어서 실행 가능성이 의심되었다. 따라서 캐나다를 중심으로 몇몇 국가들은 이러한 개념정의가 저개발에서 시작되는 안보문제(빈곤으로부터의 자유)를 지나치게 강조한 것을 비판하고, 폭력적 분쟁으로 야기되는 위협(공포로부터의 자유)에 초점을 맞춘 보다 좁은 의미의 인간안보를 제시하였다.[48] 그러나 인간안보를 보다 정확하고 구체적으로 정의하는 것은 매우 어려울 뿐만 아니라 인간안보 의제의 범위가 제한될 가능성도 높다. 인간안보 문제의 효과적인 해결을 위해서는 이에 대한 명확한 개념정의를 내리는 것이 가장 이상적이겠지만 분석수준, 지역별 상황과 인식차이, 우선순위에 대한 합의도출의 어려움 등 제반 요소들을 고려해 볼 때 쉽게 타협점을 찾기란 힘들어 보인다. 따라서 국가적 · 지역적 · 세계적 수준에서 인간안보의 위협이 되는 불안정성의 요인과 척도를 규명함으로써 위협요인들과 관련조치들을 제거하고 예방할 방안을 마련하는 것이 현실적으로 보다 바람직하다.

현재 세계적으로 제기되고 있는 인간안보 이슈는 〈표 10-1〉과

---

47) *United Nations Development Programme (UNDP), Human Development Report 1994* (New York : Oxford University Press, 2000).

48) Ministry of Foreign Affairs of Canada, "Freedom from Fear : Canada's Foreign Policy for Human Security," http://www.dfair-maeci.gc.ca/foreignp/humansecurity/menu-e.asp.

같다. 이러한 인간안보 문제 중 대량살상무기(WMD)의 확산, 테러리즘, 초국가적 조직범죄 등 국경을 초월한 안보문제가 날로 심각해지고 있다. WMD나 핵무기 문제와 같은 전통적으로 군사적 안보측면에서 강조되어 왔던 안보문제는 대량살상과 같은 인도적 위기상황을 초래할 수 있다는 측면에서 국가안보와 인간안보 모두에 위협이 된다. 한편, 국제적 문제와 국내적 문제의 상호작용에 의해 발생되는 국내외적 위협도 국가적 차원뿐만 아니라 개인이나 그룹의 안전을 해치고 국제적 파급효과를 불러일으킨다. 인신매매, 불법이민, 환경오염, 난민문제, 그리고 에이즈(HIV/AIDS)나 사스(Severe Acute Respiratory Syndrome : SARS)와 같은 질병문제 등을 인간안보와 관련한 국내외적 위협으로 고려할 수 있을 것이다.[49] 국내적 차원에서의 인간안보 위협요소는 정치 · 경제 · 사회적 제도가 정상적으로 기능하지 못하거나 오히려 개인의 안전을 침해하게 되는 상황에서 주로 표면화된다. 내전뿐만 아니라 평시에도 자국 정부에 의해 살해(democide)[50] 되는 인도적 위기상황이 심각하며, 정부의 부패, 무능, 비효율성 등으로 인해 지구촌 곳곳에서는 자연재해, 경제불균형, 기아사태와 같은 문제를 제대로 해결하지 못하는 사례가 속출하고 있다.

이렇듯 국가안보를 통해서만 보장될 수 없는 개인안보(individual security) 문제가 국제사회의 주목을 받게 되면서 코피 아난 유엔사무총장은 2000년 새천년 정상회의를 통해 '인간중심적' 접근과 '공포

---

49) 이신화, "동아시아 인간안보와 글로벌 거버넌스," *ibid.*

50) R. J. Rummel, "Saving Lives, Enriching Lives : Freedom as a Right and a Moral Good," 2000. http://www.hawaii.edu/powerkills.

〈표 10-1〉 주요 인간안보 이슈 및 현황

성격	이슈	주요 현황
초국가적 (Transnational)	대량살상무기(WMD) 확산	• 전통적으로 군사적 안보 측면에서 다루어져 왔으나, 인간 개인의 안전을 위협한다는 측면에서 점차 인간안보의 영역과 수렴.
	테러리즘	
	초국가적 범죄행위	
국내외적 (Intermestic)	인신매매	• 미 국무부에 따르면 매년 약 120만 명이 국경을 넘어 매매.[51]
	에이즈(HIV/AIDS)	• UNAID에 따르면, 지난 20년간 6천만 명 이상의 사람들이 HIV에 감염되었고, 2005년 말 현재 약 3,860만 명이 HIV/ AIDS 보균자임. 사하라이남 아프리카의 가장 큰 사망원인이자 세계적으로 4번째 사망원인.[52]
	수인성 전염병 (SARS, 조류독감 등)	• 2002년 등장 후 2003년 전 세계에 걸쳐 총 8,098명 감염, 774명 사망. • 2005-6년 조류독감의 전 세계적 발병과 WHO의 감염위험 경고.[53]
	인구이동 및 난민	• 2006년 말 전 세계적으로 총 2,075만여 명이 UNHDR이 기준에 따른 난민 혹은 유민. 인구이동은 2006년 한 해에만 1억 9,200만 명(세계 전체 인구의 3%).[54]
국내적 (Domestic)	정치적 불안정	• 정치적 권리와 시민적 자유를 근거로 볼 때, Freedom House에 따르면 세계 192개국 중 89개국이 자유로움, 58개국이 부분적으로 자유로움, 45개국이 자유롭지 않음. 24억 명이 넘는 사람들이 자유의 일부 혹은 전체를 제한.[55]
	빈곤과 소득격차	• UNDP에 따르면 세계 인구의 40%인 25억 명이 하루 2달러 이하로 연명. 상위 10%와 여타 90% 인구의 소득격차는 점차 증대되는 추세.[56]

국내적 (Domestic)	식량안보	• FAO에 따르면 2006년 약 5억 5,400만 명의 사람들이 심각한(chronical) 영양부족 상태.[57] 식량생산은 지속적으로 증가하나 분배의 문제 지속.

주(註) : 이 표는 유엔에이즈계획(United Nations Program on HIV/AIDS : UNAIDS), 국제노동기구(International Labor Organization : ILO), 미국 질병통제 및 예방센터(Center for Disease Control and Prevention : CDCP), 유엔난민고등판무관실(United Nations High Commissioner for Refugees : UNHCR), 국제이주기구(International Organization of Migration : IOM), 세계보건기구(World Health Organization : WHO), 프리덤 하우스(Freedom House), 유엔개발계획(United Nations Development Programme : UNDP), 세계식량기구(World Food Organization : FAO), 미국 국무부 등에서 제공하는 자료를 종합한 것이다.

로부터의 자유(freedom from fear)' 및 '결핍으로부터의 자유(freedom from want)로 대변되는 개인주권(individual sovereignty), 인간안보의 증진을

51) US State Department, Victims of Trafficking and Violence Protection Act of 2000 : Trafficking in Persons Report(June 2006). http://www.state.gov/g/tip/rls/tiprpt/2006/.

52) UNAIDS, "Uniting the World against AIDS, HIV Data 2006," http://www.unaids.org/en/ HIV_data/default.asp.

53) World Health Organization(WHO), 2006 : A Year of Challenges and Achievements, December, 2006, http://www.who.int/mediacentre/news/notes/2006/np38/en/index.html.

54) UNHCR 2006, 상동 ; International Organization for Migration, "About Migration," http://www.iom.int/jahia/page3.html.

55) Freedom House, "Freedom in the World," http://www.freedomhouse.org/template.cfm?page=129&year=2006.

56) United Nations Development Programme(UNDP), "2006 Annual Report," http://www.undp.org/publications/annualreport2006/equitable_growth.shtml.

57) Food and Agriculture Organization of the United Nations(FAO), The State of Food Insecurity in the World, http://www.fao.org/sof/sofi/.

천명한 바 있다.[58]

(2) 환경안보 문제

환경안보는 환경파괴나 자원부족현상 등 인간의 생활에 직·간접적인 영향을 끼친다는 점에서 인간안보에 대한 중대한 위협이 될 수 있다. 지구 환경문제란 자연현상으로 인해 야기되는 재해나 인간 삶의 변화는 물론, 인간의 사회·경제적 활동으로 인한 환경변화가 개별 국가를 넘어 전 세계적으로 영향을 미치는 것을 일컫는다. 환경변화의 원인으로는 천재지변뿐만 아니라 과잉인구, 생태계 스트레스, 재생 가능한 자연자원의 고갈, 환경오염, 개발 일변도의 정책에 의한 환경파괴, 정치적 조작이나 정부의 관리·예방능력 부재로 인한 환경악화, 전쟁으로 인한 직간접적 환경조작(예 : 환경살상) 등을 들 수 있다. 특히 월경성 오염물질, 수자원 확보문제, 석유자원 고갈에 따른 에너지 문제 등으로 인해 지역적·국제적 갈등이 초래될 수 있다는 점에서 환경안보는 곧 국가안보인 동시에 국제안보이다.[59]

이렇듯 한 국가 내부에서의 환경변화는 매우 심각한 경제적·정치적 문제를 야기하고, 환경안보상 최악의 형태인 환경분쟁을 불러올 수 있다. 국제관계에 있어 환경변화는 이미 세계의 무역과 각국의 산업 및 에너지 정책 등에 중요한 변수로 작용하기 시작하였다.

---

58) http://www.un.org/millennium/sg/report/summ.htm

59) Peter H. Gleick, "Environment and Security : The Clear Connections," *The Bulletin of the Atomic Scientists*, Vol. 47, No. 3 (1991).

또한 환경분쟁은 개별 국가 내에서의 기근과 같은 인도적 위기상황에 있어 국제사회가 함께 대처해야 한다는 윤리적 측면에서 뿐만 아니라, 이로 인한 폭력분쟁이나 난민유출이 가져올 지역적 · 국제적 여파에 대응해야 하는 실제적 문제도 포함하고 있다. 한 국가 내에서 환경분쟁이 진행되는 과정을 살펴보면, 대개의 경우 "어떤 개인이나 그룹이 환경변화나 부족한 자원의 불공정한 분배로 인하여 자신들의 생존이나 안녕이 위협당하고 있다고 판단하면 이들이 스스로를 보호하기 위하여 다른 경쟁 그룹이나 정부에 대항하고, 비폭력적인 시위나 폭력적인 반란 등 정치적 집단행위를 취하는 과정"으로 나타난다.[60] 이러한 사회 무질서 현상은 월경과 같은 대규모 인구이동으로 이어질 수 있다. 또한 UNDP는 지구온난화나 사막화, 개발사업 등에 의한 환경변화로 인해 2050년까지 이주민들의 숫자가 약 1억 5천만 명에 이를 것이라고 추산하고 있는데, 이와 같은 '환경난민(environmental refugees)' 에 대한 심각성이 1990년대 이래 국가 및 국제기구의 협력과 조정을 필요로 하는 지구촌의 주요 문제로 부상하였다.[61]

환경난민 문제는 인간안보 문제와도 직결되는 환경안보 문제의 대표적인 사례이다. 가난과 환경파괴, 정부의 자연재해 방지 및 대처능력 결여가 맞물리면 거주환경이 악화되고, 이에 따라 '떠나지 않으면 죽을 수밖에 없는' 한계상황에 처하게 된 취약 그룹들은

---

60) Shin-wha Lee, *Environment Matters : Conflicts, Refugees and International Relations* (Seoul and Tokyo : WHDI Press, 2001).

61) United Nations Development Programme (UNDP), *Human Development Report 2000* (New York : Oxford University Press, 2000).

자신들의 거주지를 버릴 수밖에 없게 된다. 특히 사하라 이남 아프리카, 아프리카 대륙 북동부 지역 등에서는 사막화와 가뭄으로, 중남미 지역에서는 가뭄과 엘니뇨의 영향으로 많은 사람들이 고향을 떠나고 있다. 더 나은 삶을 찾아 나선 상황이라면 유인요소가 있는 것이므로 환경이주자라고 할 수 있겠지만, 이들 중 많은 수가 재정착하는 곳은 흔히 생태학적으로 더 한층 살기 어려운 변두리 지역이나 이미 인구스트레스가 극심한 대도시 지역이다. 유엔환경계획(United Nations Environment Programme : UNEP)에 따르면, 자연재해나 여타 환경문제로 인해 고향을 잃은 사람들의 숫자가 협약난민들의 숫자를 상회함은 물론 지속적인 증가추세에 있으며, 1억 3천5백만 명에 이르는 사람들이 내전이나 분쟁, 정치적 이유가 아닌 환경문제로 인해 다른 나라로 이주하고 있다.[62] 이들을 환경난민으로 규정하여야 한다는 난민범주의 조정문제가 지속적으로 제기되어 왔음에도 불구하고 환경유민들에 대한 국제법상의 난민처우 문제는 여전히 논의차원에 머물러 있는 실정이다(〈표 10-2〉 참조).

종합하면, 환경안보는 자연생태계가 회복 · 유지되는 가운데 인간의 지속적인 발전과 삶의 질 향상이 가능하다는 인식에 기반을 둔 것으로, 세계안보에 영향을 미치고 인도적 위기를 가져올 수 있는 환경변화에 대한 예방과 관리를 의미한다. 그 개념은 1992년 6월 브라질의 리우데자네이루에서 열렸던 환경과 개발에 관한 유엔회의(United Nations Conference on the Environment and Development), 이른바 '지

---

62) 유엔환경계획(UNEP), 『국제환경뉴스』 No. 107 (2004년 6월 17일).
http://www.unep.or.kr/boards/anony_board/board_read.php?group=1&no=107&page=1.

〈표 10-2〉 인구이동을 유발하는 환경변화 유형

급작스런 자연재해	지진, 해일, 산사태, 화산폭발, 허리케인, 태풍, 열대성 사이클론, 회오리바람, 홍수, 눈사태, 우박, 눈보라, 한파, 산불
점증적 환경변화	산림벌채, 가뭄 및 기근, 토양침식, 사막화, 경작실패, 염도증가, 퇴적, 침수, 기후 온난화, 해수면 상승
기술재해	화학물질 유출, 가스누출, 폭발물 제조, 수송, 원자로로 인한 심각한 산업 재해 ; 토양, 수질, 대기의 침투성 오염
개발계획	수력발전용 댐, 발전소, 인공호수, 탄광업, 관개사업, 강제적 인구 재정착 프로그램
환경살상	폭격, 방화, 지뢰매설, 원유유출, 고엽제 사용, 초토화 작전

구회담(Earth Summit)' 이후에 환경적으로 지속가능한 개발에 대한 국제적 관심이 고취되면서 구체화되기 시작하였다.

(3) 빈곤과 경제 불평등[63]

UNDP 보고서에 의하면 세계 전체 인구의 절반에 가까운 사람들이 하루 미화 2불도 채 안 되는 수입에 의존하여 살아가고 있고, 이들 중 12억 정도의 사람들은 하루 1달러 미만으로 연명하는 절대빈곤 상태에 있다.[64] 반면 포브스(Forbes) 잡지가 공개한 세계 재력가 목록을 보면 전 세계적으로 억만장자가 500명에 이른다. 또한 선진

---

63) 빈곤과 경제 불평등에 관한 논의는 일부분을 졸저 "유엔과 취약그룹(The Vulnerables) : 난민, 기아, 빈곤, HIV/AIDS 문제를 중심으로," 박수길 편, 『21세기 유엔과 한국 : 새로운 도전과 과제』(서울 : 오름, 2002)에서 인용함.

64) United Nations Development Programme(UNDP), *Human Development Report 2000* (New York : Oxford University Press, 2000).

국에 살고 있는 10억의 사람들이 전 세계 소득의 60%를 버는 반면, 저개발국가의 35억 명의 총 수입은 전 세계 소득의 20% 미만에 불과하다.[65] 특히 사하라 이남 아프리카에 살고 있는 사람들의 상황은 현재 20년 전보다도 못한 빈곤상태에 빠져 있다. 이러한 빈곤문제는 앞서 언급한 바와 같이 인간안보 문제와 직결될 뿐만 아니라 가진 자와 그렇지 못한 자간의 위화감, 빈곤층의 상대적 박탈감이나 분노를 유발하여 사회불안정 요소가 될 수도 있다.

소득과 부의 불균형을 시정하려는 노력의 일환으로 2000년 9월 유엔새천년정상회의(UN Millennium Summit)에서 180개국 정상들은 전염병퇴치 및 어린이 사망률 감소 등 빈국(貧國)들의 국민복지 향상을 위해 노력할 것을 결의한 바 있다. 또한 2002년 약 3,000명의 세계 정 · 재계 및 문화계 인사들이 참석한 세계경제포럼(World Economic Forum : WEF)에서 아난 유엔사무총장은 9 · 11테러는 전 세계 빈부의 심각한 격차를 그대로 노출시킨 사건임을 강조하고 오는 2015년까지 전 세계 극빈자 수를 절반으로 줄이기 위해 각국 정부들의 최소한의 개발원조자금(Official Development Assistance : ODA)을 현재의 연간 500억 불에서 1,000억 불로 늘려야 한다고 역설하였다.[66] 그러나 빈부격차 해소를 논의했던 5일간의 WEF 회의에서 일인당 소요경비가 평균 3만 3천 불 정도였다는 점은 이 회의가 국제사회의 빈축을 사는 이유가 되었다. 이는 미국인 한 명이 1년간 버는 평균소득, 방글라데시인 한 명 소득의 22배, 혹은 아프리카 시에라레온 사

65) http://www.forbes.com/

66) UN Millennium Development Goals, http://www.un.org/milleniumgoals.

람 한 명 소득의 74배에 상응하는 액수이기 때문이다.[67]

물론 지구상의 빈곤과 기근을 퇴치하기 위해서는 지속적인 경제개발을 이루는 것이 매우 중요하다. 그러나 세계 도처에 존재하는 빈부격차를 줄이기 위해서는 가난한 사람, 취약 그룹에게 힘을 실어주는 것(empowerment)이 무엇보다도 중요할 것이다. 왜냐하면 다른 국내적 · 국내외적 문제와 마찬가지로 많은 경우 착취나 그릇된 정치가 빈곤, 소외, 취약계층의 고통을 가중시키기 때문이다. 빈곤을 타파하기 위해서는 한 국가 내 올바른 정부시책과 강력한 정치적 의지가 필수불가결하며, 유엔과 국제금융기구 및 기타 지역기구들, 그리고 NGO들의 역할도 매우 중요하다. 그러나 빈곤퇴치를 위해서는 선진국의 재정 · 기술 · 행정적 지원이 선행되어야 하는데, 지난 세계경제포럼 회의에서 빈곤퇴치를 위해 유엔이 연간 500억 불을 증액하자는 제안에 대해 미국 국무부의 리처드 하스(Richard N. Haass) 정책기획국장은 최빈국 원조를 단순히 지원금액으로 측정할 수 없다면서 원조 확대를 반대하였다.[68] 이러한 미국의 태도를 비판하며 동 회의에서 제임스 울펜손(James Wolfensohn) 세계은행 총재는 빈곤퇴치를 위해 돈을 쓰는 것은 단순히 도덕적으로 옳은 윤리 이슈가 아니라, 향후 테러리즘을 방지하기 위한 '보험정책' 으로서 장기적으로 볼 때 선진국들의 국가이익 및 안보와도 연결된다고 역설하였다.[69]

---

67) International Herald Tribune, February 4, 2002, http://www.iht.com/.

68) 참고로 미국 부시 대통령이 2002년 한 해 동안 "테러와의 전쟁"을 위해 책정하여 국회에 올린 금액이 480억 불이었다.

69) "World Bank Presses U.S. To Increase Foreign Aid : Proposal Called 'Insurance' Against Terror," *International Herald Tribune*, 31 (January 2002), p. 1.

또한 세계적인 소득과 부의 불균형은 경제 · 사회적인 불평등 현상을 초래하게 된다. 세계화 과정과 함께 나타나는 부의 집중 현상은 빈부의 격차뿐만 아니라 기술이나 사회 서비스 분야에 있어서도 국가들 간 혹은 한 국가 내에서 가진 자와 그렇지 못한 사람들 사이에 심한 격차가 생기게 된 것이다. 이러한 사회경제적 불평등 현상은 테러리즘 발생 및 확산의 주요 원인 중 하나이다. 왜냐하면 테러리스트들은 사회적 · 경제적 불만 속에서 등장하는 경향을 보일 뿐만 아니라, 비슷한 상황 하에 있는 취약 그룹들의 관심과 지지를 끌어 모을 수 있기 때문이다. 따라서 다국적 기업들, 국제기구 및 선진국 정부들은 자신들, 즉 '세계화를 주도하는 사람들이나 국가들에 의해' '세계화를 당한 사람들이나 국가들'이 지니고 있는 상대적 박탈감을 이해하고 세계화의 역효과들에 대한 해결방안을 마련해야 할 것이다. 1999년 유엔이 '지구협약(Global Compact)' 프로그램을 설립하여 인류보편적인 윤리와 원칙에 입각하여 좋은 정책을 규정하고 보급하기 위한 대화 및 투명성 제고를 위한 제도적 학습을 권장하기 시작한 것은 고무할 만한 일이다. 이 지구협약은 특히 기업들이 지속가능한 개발의 3대 요소인 경제번영, 환경보호, 사회평등의 윤리를 채택할 것을 강조하고 있다. 한편, 세계은행과 국제통화기금(IMF) 등 국제금융기구들은 GNP/성장 위주의 경제발전이라는 기존의 원칙과 접근방법을 환경과 인간개발을 포함한 지속가능한 개발로 전환하는 근본적인 변화의 과정에 있다.

요컨대, 지구상의 빈곤퇴치 및 소득격차, 사회불평등 현상을 제거하기 위해서는 무엇보다도 유관 정부들, NGO들 및 기업들의 파트너십을 제고하고 정부 간 전략수립 및 행동강령 이행과 후속조치

(follow-up)를 원활하게 만들 수 있는 효과적이고 가시적인 세계적 차원과 지역적 차원의 메커니즘 마련이 시급하다고 하겠다. 특히 선진국의 아주 작은 기여(10불당 1센트씩만 지원)가 가난한 나라들에 있어 기본적인 교육문제를 해결하고 전염병과 극빈을 퇴치하는 등 '기념비적 기적'을 행할 수 있다는 사실에 주목할 필요가 있다.[70]

(4) 소결

이상에서 살펴본 제반 문제들이 냉전체제의 붕괴와 함께 급작스럽게 발생한 새로운 현상은 물론 아니다. 이들 중 여러 문제들은 냉전기 훨씬 이전부터 이미 존재하고 있었던 것이다. 그러나 탈냉전기에 들어 세계화의 급진전 및 범세계적 네트워크망의 확대와 더불어 한 지역의 정치 · 경제 · 문화 · 사회적 활동뿐만 아니라 안보 위협요소들이 전 지구적으로 긴밀하게 연결되고 상호작용하게 되었다. 이에 따라 한 국가나 지역에서 일어나는 사건들의 영향력의 범위와 강도, 파급속도와 효과가 점점 증대되고 있다. 이러한 상황은 국제사회 안보 패러다임의 극적인 변화를 불러왔고, 이 과정에서 앞서 지적한 바와 같이 세계평화와 안보의 대상 영역은 전통적인 정치 · 군사안보뿐만 아니라 경제, 환경, 인도주의적인 요소까지 포함하는 것으로 확대되었다. 이 과정에서 포괄적 안보의 중요성이 부각되면서 비전통적 · 비군사적 안보 이슈가 탈냉전시대 국제사회의 주요 의제로 자리매김하게 되었다.

---

70) Jeffrey Sachs, "부국(富國)이 1센트만 더 도와도 …" 《조선일보》, 2002년 1월 30일, p. 9.

그러나 9·11 테러사태 및 그 이후 벌어진 일련의 사건들로 인하여 저위정치는 또 다시 국제정치의 우선순위에서 밀려나는 듯하였다. 정책결정자들이 국가안보, 군사, 외교를 비롯한 '고위정치'(high politics)에 관심을 집중시킬 때 환경문제나 인권 등의 비군사적 이슈는 뒷전으로 미루어지는 경향이 나타나기 때문이다. 9·11사태 이후 미국을 포함한 각국 외교정책의 기조와 행태가 근본적으로 달라졌고, 이에 따라 주요국들 간의 관계에도 큰 변화가 일어나는 등 '탈냉전 이후 시대(post post-Cold War era)'가 도래하게 되었다.[71] 즉 9·11 이후 전개된 테러와의 전쟁이나 일련의 국가 간 관계는 국제정치에서의 현실주의(권력을 바탕으로 주권국가와 국가이익의 절대적 우위)를 인정하는 현실주의를 부활시키고 재발견하는 효과를 발휘하였다.[72] 그러나 9·11로 상징되는 테러리즘, 이를 제거하기 위한 반테러전쟁의 과정에서 인간 개인의 안전은 간과되어서 안 될 뿐만 아니라 오히려 국가안보와 함께 비중 있는 위치를 차지할 필요가 있다.

테러를 주도했던 사람들은 세계화 및 국제정세의 변화 속에서 상대적으로 불이익을 당했거나 취약한 상황에 처하게 된 집단에 기반하고 있었다. 테러의 근본요인이 되었던 이들의 불만은 경제적 발전 실패, 자원분배에서 차별, 문화적 침식에 대한 경계심 등 비전통적인 위협이 심화되며 나타난 것으로, 국가안보의 관점에서만 사고해서는 해결할 수 없는 문제들이다. 또한 9·11 테러과정에서 3천여

---

71) Ralph A. Cossa, "Ushering in the Post Post-Cold War Era," Pacific Forum CSIS Comparative Connections, 2001, http://www.csis.org/pacfor/.

72) Han Sung-Joo, "Asia Pacific and Global Order in the Post 9-11 World," *Journal of East Asian Studies*, Vol. 2, No. 1 (2001).

명에 달하는 사람들이 사망했다는 사실, 그리고 뒤이은 대테러전쟁에서 희생되는 수많은 무고한 민간인들의 숫자를 감안할 때 두 행위자 간 충돌은 정치적 목적이 주가 되고 있지만 결과적으로 개인의 안전에 위협이 되는 인간안보의 문제임이 틀림없다. 따라서 9·11 이후 세계에서 갈등의 근본요인과 폭력행위-보복의 악순환의 고리를 제거하기 위해서는 비전통안보의 측면들이 고려되어야만 한다. 특히, 현재 진퇴양난에 빠진 이라크 사태가 잘 보여주듯이 국가안보의 관점에만 집중하여 테러리스트들이나 저항 그룹이 기반하고 있는 사회의 복잡한 역학관계를 고려하지 않을 경우 안정적이고 지속적인 평화를 구축하는 것은 어렵다. 전통적 국가안보의 관점은 국가 내부를 들여다 보는 것에 집중하지 않기 때문에 개인들이 외부에 대한 분노를 지니게 되고 저항을 택하게 만드는 원인들을 파악하는 데 한계를 지니기 때문이다. 따라서 전통적 국가안보와 비전통적 인간안보를 동시에 고려하는 인식과 전략 및 이를 실행에 옮길 수 있는 능력과 정치적 의지가 맞물릴 때만이 복잡하게 얽혀 진행되고 있는 국제정세의 변화에 적절하게 대응할 수 있을 것이다.

V. 결론

21세기 국제사회의 주요 이슈들을 살펴보면 지구촌 평화와 안전을 위해서는 단순히 군사적 · 물리적 위협으로부터 안보를 보장하는 것으로는 불충분하다는 것을 알 수 있다. 탈냉전기에 들어와 국가 간 전쟁과 같은 전통적 의미의 국가안보 위기는 급격히 감소하고 있는 반면, 기후변화, AIDS나 SARS 등의 전염병, 인종적 · 종교적 갈등, 인신매매 등 비군사적 위기상황이 전통적 군사전쟁보다 더 많은 사람의 목숨을 위협하고 있다. 그럼에도 불구하고 각국 정부는 국가안보 강화를 기치로 한 군비증강을 위해서는 많은 인적 · 물적 · 재정적 자원을 소비하면서도 이러한 비전통적 안보위협을 예방 혹은 대처하는 데에는 매우 인색한 실정이다.[73]

한편, 국민국가 간 세력균형에 의해 오랫동안 유지되어 온 국제질서는 세계화의 심화와 국내외적 역학 속에서 변화를 맞게 되었는데, 이는 국제관계에 있어 국가의 상대적 약화와 비국가적 행위자의 영향력 확대현상이 두드러지게 나타난 데 따른 것이다. 물론 국가는 전통적인 군사안보 영역이나 경제교역 등에서 여전히 가장 주요한 행위주체로 간주되고 있다. 그러나 정보 및 통신기술 발달과 경제를 중심으로 한 세계화의 심화는 국가의 경계를 약화시켰고, 이를 통해 국가 차원뿐만 아니라 지역적 · 세계적 차원에서 공공영역의 이슈들 간 다차원적이고 상호의존적인 연관관계가 형성되는 계기가 마련되었다.[74] 더욱이 대량살상무기, 테러리즘, 지구 환경문제와 같이 개별 국가의 대응능력에는 한계가 있을 수밖에 없는 초국경적 이슈 해결을 위해 국가 간 협력을 조정하고 공동 대처방안을 마련하기 위

---

73) Shulong Chu, "SARS, China and Human Security in East Asia," *UNESCO Human Security Conference Proceeding*, 2004.

74) 김석준 "거버넌스의 분석틀 : 21세기 한국 사회와 정치의 뉴 거버넌스 모색," 김석준 외, 『뉴 거버넌스 연구』(서울 : 대영문화사, 2000).

한 다자주의적 접근법의 필요성이 주목받게 되었다. 이러한 접근법은 국제질서의 관할행위자를 국가, 정부 간 기구, NGO, 풀뿌리조직, 인식공동체(epistemic community) 등으로 다원화시키면서 이들의 복잡하고 복합적인 상호 의존관계에 초점을 맞추어 다양한 지구촌 의제를 다루는 것을 골자로 한다. 또한 이는 개별 국가를 넘어선 가치배분과 질서관리를 의미하는 글로벌 거버넌스(global governance)를 형성 · 진행하기 위해 중요하다. 글로벌 거버넌스의 과정은 여전히 국가를 국제체제의 핵심 행위주체로 간주하고 국가 간 관계를 중시하지만, 세계가 다원화된 사회로 변화함에 따라 새로 출현하고 있는 국제제도나 규범은 국가를 단위로 하는 지배구조 및 국가의 역할을 재구성 혹은 재규정해야 할 필요성을 증대시키고 있다.

결론적으로 국제정치학은 국제정치에서는 국내정치와는 다른 도덕률이 적용되어야 한다는 인식에 기초하여 발전해 왔다. 이는 타국과의 상호작용에서 국익을 추구함으로써 자국 국민들의 복리에 도움이 되기 위해서이다.[75] 좌우를 막론하고 국가권력이 정당화되는 것은 국민의 요구에 부응하고 이들의 복리를 향상시키는 데 있다.[76] 그러나 호프만(Stanley Hoffman)이 지적하듯이 국가 간 관계에만 집중하고 '냉혹한 국제정치' 라는 전제에 집중하는 이론들은 유토피아적

---

75) Hans J. Morgenthau, *Politics Among Nations,* 3rd Edition (New York : Alfred J. Knopf, 1965), pp. 27-43.

76) 근대국가의 역할에 대해서는 Charles Tilly, ed., *The Formation of National States in Western Europe*(Princeton, NJ : Princeton University Press, 1975) ; Ralph Miliband, *State in a Capitalist Society : An Analysis of Western System of Power*(New York : Basic Books, 1978) ; Peter B. Evans, Dietrich Rueschemeyer and Theda Skocpol, eds., *Bringing the States Back In*(New York : Cambridge University Press, 1985)를 참조할 것.

미래와 홉스적인 지속적 투쟁상태 사이의 현실적인 중간점을 제시하는 데 있어 한계를 지닌다.[77] 따라서 변화하는 국제정치의 현실을 이해하고 이를 이론을 통해 설명해 가는 과정의 중요성이 점점 중요해지고 있다. 이러한 점에서 볼 때 현실주의, 자유주의, 구성주의 등 기존의 국제정치이론들은 다양한 이슈와 행위자들이 복잡하게 얽혀 갈등과 협력양상을 나타내는 현 시대 국제정세를 설명하는 데 있어 한계를 보이고 있다.

'좋은' 국제정치이론이란 현상을 이해하고 설명할 뿐만 아니라 정책결정자들에게는 분석과 통찰을 제공함으로써 국가전략 및 행동방향을 제시하는 역할을 수행할 수 있는 것이어야 한다. 그러나 특정한 인식론에 치우친 이론은 현실에 대한 편견을 낳거나 다양한 글로벌 이슈를 종합적 · 체계적으로 이해하는 학문적 · 정책적 능력을 제약할 수 있다. 따라서 지구화, 통합화, 파편화, 국가의 첨예한 이해관계 대립 등이 복잡하게 얽혀 공존하는 국제정세를 설명하기 위한 이론적 분석틀이 요구되고 있다. 이를 위해 가장 이상적인 것은 특정 이슈를 다루는 데 있어 다양한 층위의 행위자들이 존재한다는 것을 인정하고 이들 간의 포괄적 호혜성과 상호의존성을 받아들이는 '거버넌스적' 접근과 인식전환일 것이다. 그러나 현실주의가 지배적인 국제질서에 있어 호혜적 · 상호의존적 태도를 견지해야 한다는 당위론에만 의거하여 행동할 국가는 거의 없다. 따라서 특정 사

---

77) Stanley Hoffman, "Hans Morgenthau : The Limits and Influence of 'Realism,'" in Stanley Hoffman, ed., *Janus and Minerva : Essays in the Theory and Practice of International Politics*(Boulder, CO : Westview Press, 1987), p. 74.

안이나 상황에 대한 국가 간 협력을 증대시키는 '기능주의적 현실주의' 혹은 '협치적 현실주의'를 표방하고 실천할 수 있는 국가 간 공감대와 국가지도자들의 정치적 의지, 그리고 이를 촉진시킬 수 있는 국제기구, NGO, 인식공동체 및 대중적 지지가 증대되어야 한다.

참.고.문.헌

김상배. "네트워크 지식국가론 : 정보화 시대 국가변환의 개념화." 『국제정치논총』 제46집 3호(2006).

김석준. "거버넌스의 분석틀 : 21세기 한국 사회와 정치의 뉴 거버넌스 모색." 김석준 외. 『뉴 거버넌스 연구』. 서울 : 대영문화사, 2000.

민병원. "탈냉전시대의 안보 개념 확대 : 코펜하겐학파, 안보문제화, 그리고 국제정 치이론." 『세계정치』 5(2006).

박상섭. "국제정치학 연구와 외교학과." 서울대학교 외교학과 50주년 기념 학술회의 발표논문, 2006년 10월 28일.

서진영. 『21세기 중국 외교정책 : '부강한 중국'과 한반도』. 서울 : 폴리테이아, 2006.

신욱희. "구성주의 국제정치이론의 의미와 한계." 『한국정치학회보』 32집 2호(1998).

이상우. 『국제관계이론』 4訂版. 서울 : 박영사, 2006.

______. 『국제정치학강의』 제6장. "전쟁과 국제질서." 서울 : 박영사, 2005.

이신화. "동아시아 인간안보와 글로벌 거버넌스." 『세계정치』 5. 서울 : 인간사랑, 2006.

______. "세계 내전의 실상과 그 극복." 『본질과 현상』 통권2호(2005 겨울).

______. "유엔과 취약그룹(The Vulnerables) : 난민, 기아, 빈곤, HIV/AIDS 문제를 중심으로." 박수길 편. 『21세기 유엔과 한국 : 새로운 도전과 과제』. 서울 : 오름, 2002.

이한구 편역. 임마누엘 칸트 지음. 『칸트의 역사철학』. 서울 : 서광사, 1992.

Annan, Kofi. *We the People, the Role of the United Nations in the 21st Century*. Secretary General's Report to the Millenium Assembly. 〈http://www.un.org/millennium/sg/report/summ.htm〉.

Baylis, John. Steve Smith and Patricia Owens, eds., *The Globalization of World Politics : An Introduction to International Relations*, 3rd edition. New York : Oxford University Press, 2004.

Buzan, Barry. *People, State and Fear*. London : Harvester, 1983.

______. "Rethinking Security after the Cold War." *Cooperation and Conflict*, Vol. 32, No. 1(1997).

Carson, Rachel. *Silent Spring*. Boston and New York : Houghton Mifflin Company, 1962.

Cossa, Ralph A. "Ushering in the Post Post–Cold War Era." *Pacific Forum CSIS Comparative Connections*, 2001. http://www.csis.org/pacfor/.

Chu, Shulong. "SARS, China and Human Security in East Asia." *UNESCO Human Security Conference Proceeding*, 2004.

Doyle, Michael W. *Ways of War and Peace*. New York : W. W. Norton and Company, 1997.

Evans, Peter B., Dietrich Rueschemeyer and Theda Skocpol, eds., *Bringing the States Back In*(New York : Cambridge University Press, 1985).

Friedman, Thomas L. ed., *The Lexus and the Olive Tree : Understanding Globalization*(New York : Farrar, Straus and Giroux, 2000).

Fukuyama, Francis. *The End of History and the Last Man*(New York : Harper Perennial, 1993).

Galtung, Johan. *Peace By Peaceful Means : Peace and Conflict, Development, and Civilization*(London and New Delhi : PRIO, 1996).

Gleick, Peter H. "Environment and Security : The Clear Connections." *The Bulletin of the Atomic Scientists*, Vol. 47, No. 3(1991).

Gourevitch, Peter. "The Second Image Reversed : The International Sources of Domestic Politics." *International Organization*, Vol. 32, No. 4(Autumn,

1978).

Gurr, Ted Robert. *People Versus States : Minorities at Risk in the New Century* (Washington D.C : United States Institute of Peace Press, 2000).

Hall, Peter A. and David Soskice. *Varieties of Capitalism : The Institutional Foundations of Comparative Advantage*(New York : Oxford University Press, 2001).

Han, Sung-Joo. "Asia Pacific and Global Order in the Post 9-11 World." *Journal of East Asian Studies*, Vol. 2, No. 1 (2001).

Held, David, Anthony McGrew, David Goldblatt, Jonathan Perraton. *Global Transformations*(Cambridge : Polity Press, 1999).

Hoffman, Stanley. "Hans Morgenthau : The Limits and Influence of 'Realism.'" in Stanley Hoffman, ed., *Janus and Minerva : Essays in the Theory and Practice of International Politics*(Boulder, CO : Westview Press, 1987).

Huntington, Samuel P. *The Clash of Civilizations and the Remaking of World Order* (New York : Touchstone, 1996).

Huysmans, Jef. "Defining Social Constructivism in Security Studies : The Normative Dilemma of Writing Security." *Alternatives*, 27 (2002).

Keohane, Robert O. "International Institutions : Two approaches." *International Studies Quarterly*, Vol. 32, No. 4 (December 1988).

______ and Joseph S. Nye Jr. *Power and Interdependence : World Politics in Transition*(Boston : Little Brown and Company, 1977).

______ and Joseph S. Nye Jr. "Power and Interdependence Revisited." *International Organization*, Vol. 41, No. 4 (Autumn 1987).

Lee, Shin-wha. *Environment Matters : Conflicts, Refugees and International Relations* (Seoul and Tokyo : WHDI Press, 2001).

Mansfield, Edward D. and Jack Snyder. "Democratization and the Danger of War." *International Security*, Vol. 20, No. 1 (Summer 1995).

McSweeney, Bill. "Identity and Security : Buzan and the Copenhagen School." *Review of International Studies*, Vol. 22, No. 1 (1996).

Miliband, Ralph. *State in a Capitalist Society : An Analysis of Western System of Power* (New York : Basic Books, 1978).

Morgenthau, Hans J. *Politics Among Nations : The Struggle for Power and Peace*(New York : Alfred A. Knopf, 1948), 4th edition (1967).

Norberg-Hodge, Helena. *Small is Beautiful, Big is Subsidised*(Dartington, England : International Society for Ecology and Culture, 1998).

Ramo, Joshua Cooper. *The Beijing Consensus*(London : The Foreign Policy Centre, 2004).

Rummel, R. J. "Saving Lives, Enriching Lives : Freedom as a Right and a Moral Good." 2000 〈http://www.hawaii.edu/powerkills〉.

Russett, Bruce. *Grasping the Democratic Peace : Principles for a Post-Cold War World*(Princeton, NJ : Princeton University Press, 1993).

Stiglitz, Joseph E. *Globalization and its Discontents*(New York : W.W.Norton & Company, 2002).

______. *Making Globalization Work*(New York : W.W.Norton & Company, 2006).

Stockholm International Peace Research Institute (SIPRI), SIPRI Yearbook 2006 (Oxford : Oxford University Press, 2006).

Tilly, Charles. ed., *The Formation of National States in Western Europe*(Princeton, NJ : Princeton University Press, 1975).

Ullman, Richard H. "Redefining Security." *International Security*, Vol. 8, No. 1 (Summer 1983).

United Nations Development Programme (UNDP), *Human Development Report 1994*(NewYork : Oxford University Press, 2000).

Waltz, Kenneth N. *Theory of International Politics*(Reading : Addison-Wesley Publishing Company, 1979).

______. "Globalization and Governance." *PS : Political Science and Politics*, Vol. 32, No. 4 (December 1999).

Weiss, Thomas G. and Leon Gordenker, eds., *NGOs, the UN, and Global Gover-*

nance(Boulder : Lynne Rienner, 1996).

Wendt, Alexandar. "Anarchy is What States Make of It : the Social Construction of Power Politics." *International Organization*, Vol. 46, No. 2 (Spring 1992).

Wright, Quincy. *The Study of International Relations*(New York : Appleton–Century–Crofts, 1955).

______. *A Study of War*, 2nd ed (Chicago : University of Chicago Press, 1955).

11. 한국 국제정치학의 향후 과제들[1]

전재성(서울대학교)

I. 머리말

한국의 국제정치학이 안고 있는 과제는 실로 다양하다. 보는 사람에 따라서 과제들의 우선순위가 다를 것이고, 과제의 내용도 다르게 분석될 것이다. 20세기 들어 국제정치학이라는 학문이 국제적으로 성립되면서 한국도 해방 이후 근대적 의미의 국제정치학을 본격적으로 발전시키기 시작했고, 이후 각 시대별로 많은 발전과 동시에 미완결의 과제를 함께 겪었다. 21세기 초 세계 10위권을 넘보는 국력을 가지고 있는 한국으로서 국력에 걸맞는 국제정치학의 수준을 확보하는 것은 매우 중요하다. 국력이 축적되면서 사회 각 분야의

---

1) 본 논문에 대해 유용한 논평을 해주신 김재천 교수님께 감사드립니다.

발전이 국제적 수준에서 평가받고 타국의 모범이 될 공헌을 하는 마당에 한국의 국제정치학이 국제적인 학문업적을 남기는 것은 당연하면서도 가능한 일일 것이다.

한국적 국제정치학의 정립은 오랫동안 논의되어 온 한국 국제정치학의 과제였다. 편협하지 않으면서도 국제적으로 보편성을 가질 수 있는 국제정치학은 한국적이면서도 동시에 세계적일 수 있다. 국제정치학이 어차피 국제정치학자의 지식사회학적 기반을 반영하고 있을진대, 국제정치학의 보편성이 객관적으로 마련될 수 없는 것도 사실이겠으나, 문제의 본질에 더욱 접근하면서 보다 많은 사람들이 고민하는 문제를 다루어갈 때 상대적 보편성이 성취될 수 있을 것이다.

한국의 국제정치학 역시 21세기 모든 국가들과 국제정치학자들이 고민하는 문제들을 정확히 파악하여 지구적 학문주제를 심도 있게 다루는 보편적 공헌을 하는 것이 중요하다. 동시에 한국의 역사와 현실에서 도출된 구체적인 주제를 다루고, 그 과정에서 국제정치의 보편적이고 일반적인 모습의 일면을 분석하는 것이 한국적이면서 국제적인 한국의 국제정치학을 만들어 가는 길일 것이다.

한국 국제정치학이 현재 당면하고 있는 큰 과제들은 많은 것이 있겠으나, 이 논문에서는 본 특별호에 게재된 각 분과별 많은 논문들을 참고하여 제한된 관점이나마 다음과 같은 것들을 생각해 보기로 한다. 첫째, 국제정치학의 한국화라는 오래된 과제가 있다. 즉 한국 국제정치학이 구미의 국제정치학 연구성과를 수입하면서 성장하여 왔다고 볼 때, 한국 국제정치 환경을 적극적으로 반영한 한국 국제정치학의 기반을 어떻게 다져나갈 것인가? 한국적 국제정치학의 의미는 무엇인가? 다루는 분석대상의 한국적 연관성인가, 혹은 한국인이 가지고 있는 규범적 기반에 근거한 독특한 가치지향의 국제정치학인가? 한국적 국제정치학이라고 할 때, 지구적 학문주제를 어떻게 다루어야 할 것인가? 돌이켜 보면 한국의 국제정치학은 일방적 수입단계를 거쳐 수입대체기, 비판적 수입과 변형기, 그리고 한국적 국제정치학의 모색기를 거쳤다고 대별해 볼 수 있다.[2] 국제정치학의 연구인력이 점증하여 가는 현재의 상황으로 볼 때 이제는 국제정치이론, 국제관계사, 지역 연구, 국제정치경제론, 외교정책론 등 다양한 분야에서 한국 국제정치학의 필요성 여부, 개념, 내용, 연구방법을 둘러싸고 활발한 논의와 고민이 나타나고 있다.[3] 그리고 다양한 분과들을 하나로 연결시키는 한국 국제정치학의 일관된 문제의식과 규범적 기반이 있을 수 있는지 질문해 볼 필요가 있다.

둘째, 역사와 이론 간의 관계설정의 문제가 있다. 21세기 초 변화하고 있는 국제정치의 모습이 다양하고 심대함에 따라 그 변화의 역사적 의미를 국제관계사의 거시적 흐름 속에서 판별할 필요가 있다는 인식이 확산되고 있다. 그럼에도 불구하고 국제관계사는 역사가들의 몫으로, 국제정치학 이론은 국제정치학자의 몫으로 나뉘어져 있는 현실이 연구의 진행에서 많은 문제를 가져다 주는 것이 사

---

2) 박상섭 · 하영선, "미국 국제정치학 추세와 한국 국제정치학의 상황," 『국제정치논총』 35-1 ; 하영선, "한국 국제정치학의 새로운 방향 모색," 하영선 편, 『현대국제정치이론』(서울 : 사회비평사, 1995) ; 전재성 · 박건영, "국제관계이론의 한국적 수용과 대안적 접근," 『국제정치논총』 42집 4호(2002) 등 참조.

3) 함택영, "한국 국제정치이론의 발전과 반성 : 이론과 역사의 만남," 서울대학교 외교학과 설립 50주년 학술회의 발표논문, 2006. 10. 28.

실이다. 양자의 합리적 역할분담은 옳으나 학문적 성과를 종합할 수 있는 거시적 대책이 필요하다.[4] 이는 한편으로는 국제정치사의 전공자와 국제정치이론 혹은 국제정치학 일반 전공학자 간의 괴리로, 다른 한편으로는 역사학계와 사회과학계의 보다 큰 괴리로 나타나고 있다.

셋째, 국제정치학이라는 분과와 다른 분과들과의 관계설정의 과제가 있다고 생각된다. 국제정치학은 국가 간 관계를 연구하는 분과로서 출발했지만 각 정치집단 내부의 상황을 연구하지 않으면 안 되는 과제를 안고 있다. 즉 '안'과 '밖'을 함께 연구할 필요성으로 이는 정치학과 국제정치학, 지역 연구와 국제정치학, 더 나아가 사회학 등 사회과학 제반분야와 국제정치학의 연계설정의 과제를 안겨주고 있다. 근대 국제정치의 단위가 되는 국민국가를 합리적 단일 행위자로 가정하면 분석적 편의가 있는 것은 사실이나 200여 개에 달하는 국가들 간의 질적 차이를 무시할 수는 없다. 각 국가들, 지역들의 특수성에 대한 분석을 이들 간의 관계에 대한 분석과 연결시킬 수 있는 연결고리가 필요하다.

넷째, 안보와 경제, 환경 등 다양한 주제들 간의 관계설정의 과제가 놓여 있다. 현재까지 국제정치학에서는 군사 부문과 경제 부문을 연결하여 연구하려는 움직임이 없었던 것은 아니나 안보연구자와 경제연구자 간의 거리는 쉽게 좁혀지지 않았다. 더구나 21세기에 들어 비전통적 안보, 인간안보의 이슈가 점점 중요해짐에 따라 각

---

4) 하영선 · 김영호 · 김명섭 편, 『한국 외교사와 국제정치학』(서울 : 성신여자대학교 출판부, 2005) 참조.

연구 분야별 연결이 중요한 과제로 등장하고 있다고 보여진다.

다섯째, 국제정치학의 학문적 연구방향과 정책 연구방향의 조화라는 과제가 놓여 있다. 학문적 접근과 정책적 대안은 쉽게 연결되기에 많은 어려움이 있는 것이 사실이다. 그러나 국제정치학계는 끊임없이 현실에서 벌어지고 있는 국제정치 사안에 대한 심도 있고 장기적인 분석을 요구받고 있으며, 이는 버려둘 수 없는 문제이다. 더구나 학문과 실천 간의 관계에 대한 합의가 있다 하더라도 단기간에 격변하는 정책환경과 실제 외교정책의 영역을 학문적으로 분석하고, 더 나아가 대안을 제시하기란 여간 어려운 일이 아니다. 학문과 정책이 분리된 채 나아가기보다는 정책연구의 패러다임을 국제정치학이 부분적이나마 제시하는 것도 하나의 과제라고 보여진다.

II. 한국적 국제정치학과 지구적 국제정치학

"국적 없는 국제정치학은 없다"라는 말이 있다. 국제정치학이 강한 국가성을 가지고 있다는 말로, 한편으로는 연구자의 국가중심적 가치관 및 규범을 표현하는 것일 수도 있고, 다른 한편으로는 국제정치학자들의 경험적 기반이 상이한 상황을 표현한 것일 수도 있다.

규범이론의 입장에서 볼 때 국제정치학의 설명이론이 표면적으로는 가치중립적일 수 있으나 연구주제의 선택, 연구방법론의 선택, 실제 연구과정, 결론 도출과정 등에 연구자의 가치, 특히 연구자가 속한 사회, 국민국가의 가치가 자연스럽게 배어날 수밖에 없다는 시각이다. 물론 연구주제 선택과정은 가치내재적이고, 일단 시작된 연구는 가치중립적일 수 있다는 베버식의 사회과학 방법론의 시각이 옳을 수도 있다. 그러나 현재 진행되고 있는 구미의 국제정치학 연구경향은 연구 진행과정과 결론 도출, 그리고 정책적 대안 제시과정에서 가치지향성을 완전히 배제하고 있다고 보기는 어렵다. 문제는 국제정치규범이론과 국제정치설명이론이 명확히 연결되지 못하고 괴리되어 있다는 것이다. 국제정치규범이론은 한편으로는 메타이론으로서 국제정치이론 혹은 국제정치적 언명의 규범성을 밝히는 역할을 하고, 다른 한편으로는 국제정치와 관련된 규범적 주장을 제시하기도 한다.[5] 그러나 사회과학에 대한 실증주의적 견해, 즉 사회과학과 국제정치학적 언명이 규범적 편향성을 반영하지도 않고 또 그래서도 안 된다는 견해가 국제정치규범이론과 설명이론 간의 관계를 불명확하게 만들어 온 것이 사실이다. 기존의 국제정치이론이 깔고 있는 규범적 입장을 명확히 함으로써 분석적 왜곡 혹은 학문적 주제의 취사선택의 문제를 명확히 하는 동시에, 상반되거나 충돌하고 있는 규범들 간의 관계를 조정할 수 있는 메타가치적 · 메타윤리적 기반을 마련하는 것이 중요한 과제이다. 다른 한편으로는 국제정치의 변화 및 미래에 대한 규범적 언명을 설득력 있게 만드는

---

5) Marvin Frost, *Towards a Normative Theory of International Relations : A Critical Analysis of the Philosophical and Methodological Assumptions in the Discipline with Proposals Towards a Substantive Normative Theory*(Cambridge : Cambridge University Press, 1986) 참조.

작업 또한 중요하다. 실증주의적 메타이론의 관점에서 보면 가치의 영역은 분석이 대상이 아니므로 국제정치학의 영역에서 소외되어 온 것이 사실이다. 그러나 가치와 실재가 분리불가능하다는 규범이론의 입장에서 볼 때, 가치언명은 오히려 보다 적극적으로 국제정치학에서 다루어야 할 부분으로 여겨지게 된다.

가치지향성을 탈피할 수 없는 국제정치학의 역사라는 관점에서 국제정치학사를 되돌아볼 때, 국제정치학이 패권국의 세계관리학이라는 문제해결적 관심에서 시작되었던 경우가 비일비재하다. 일례로 호프만은 현재의 국제정치학이 미국의 사회과학이라는 타당한 지적을 한 바 있다.[6] 국제정치학의 태동기에 국제정치학은 영국의 사회과학이었으며, 영국의 패권이 쇠락한 이후에는 미국의 사회과학으로 변화된 것이다. 만약 미래에 다른 패권국이 등장한다면 새로운 문제의식과 현안을 다루는 또 다른 패권국의 사회과학으로 변할 수도 있을 것이다. 국가중심적 가치지향만 논의되는 것은 아니다. 월러스틴의 지적처럼 지구적 계급관점에서 보면 국제정치학은 특정 계급의 세계지배를 합리화하는 학문적 노력의 결과이자 지문화적 결론일 수도 있다. 또는 탈근대이론가들의 지적처럼 권력정치적 담론일 수밖에 없다고 볼 수도 있다.[7]

그렇다면 200개에 달하는 국가들이 각각 200개의 다른 국제정

---

6) Stanley Hoffmann, 1977/1995. An American Social Science : International Relations. Daedalus 106, 3 : pp. 41–60.

7) Immanuel Wallerstein, *Unthinking Social Science : The Limits of Nineteenth–Century Paradigms*(Temple University, 2001) ; Michel Foucault, *The Order of Things : An Archaeology of Human Sciences*(Vintage, 1994).

치학을 가져야 한다는 것인가? 국제정치학은 국가 간 관계에 대한 연구를 기본으로 하므로 국제정치의 일관된 조직원리에 따라 국가 간 관계가 구성국가들의 특수성에 관계없이 보편성을 띠는 것이 사실이다. 따라서 개별 국가 간 다양한 관계 속에서 도출되는 보편성이 존재한다고 보아야 할 것이다. 개별 국가들의 독특성 중 학문적으로 변수가 될 수 없는 부분을 사상한 보편성을 추출하는 것이 중요한 작업이 되는 것이다. 그럼에도 불구하고 보편성의 존재 자체와 관련된 질문이 남아 있을 수 있다.[8]

문제는 국제정치학을 보는 시각의 다양성, 권력지향성을 조정할 수 있는 메타이론적 기반을 확립하는 일이다. 국제정치학의 연구자가 벗어나기 매우 힘든 지식사회학적 규정성을 인정하고, 이를 비판적 관점에서 상호 조정할 수 있는 지구적 국제정치학의 토론의 장이 마련되는 것이 국가별 국제정치학의 특수성과 보편성을 조정하는 길일 것이다.

한국 국제정치학의 규범적 과제 역시 예외는 아니다. 한국은 국제정치의 역사에서 강조될 수밖에 없었던 다양한 가치를 반영하고 있다. 뒤늦은 근대국민국가의 건설자로서, 저항적 민족주의가 강하게 남아 있는 국가로서, 그리고 동북아시아의 상대적 약소국으로서 한국은 무엇보다 생존이라는 가치를 중시하여 왔다. 그리고 생존의 가치는 안보와 평화, 그리고 강력한 국력의 축적이라는 가치로 연결되어 왔다. 이러한 가치적 입장은 국제정치이론에서는 현실주의

---

8) 이 점에 관해서는 민병원, "국제정치이론과 한국 : 비판적 성찰과 제안," 『국제정치논총』 제46집 특별호 참조.

에 대한 강조로 이어졌고, 주요 학문 분과의 선별에서는 안보연구, 외교정책론, 평화연구, 남북관계론에 대한 집중으로 이어졌다. 그러나 다른 지역, 다른 국가에서 한국이 중시하는 가치가 우선순위를 가지는 것은 물론 아니다. 환경, 인권, 지역공동체와 같은 탈물질적 · 탈근대적 가치가 우선순위를 가지는 선진적 지역이 존재하는가 하면, 여전히 근대국가 건설과 국민형성이라는 근대 이행의 가치가 우선순위를 가지는 지역도 존재한다. 따라서 한국이 중시하는 가치의 상대성에 대한 인식을 새롭게 하고, 한국적 가치가 한국 국제정치학에 반영되는 기제에 대한 자기 인식을 가지며, 국제적 차원에서 논의되고 있는 가치들의 위계에서 한국적 가치가 차지하고 있는 위치를 파악하는 노력이 필요하다고 할 것이다. 이는 한편으로는 설명이론을 올바르게 조망할 수 있는 메타이론으로서의 국제정치규범이론과 올바른 가치를 주장하는 기반으로서의 국제정치규범이론을 발전시켜야 하는 과제로 연결된다.

국제정치학의 국적성은 다른 의미에서 경험의 특수성과 연결된다. 하나의 국제정치학 공동체가 겪어온 경험이 학문적 성과를 내는 것이 다양하기 때문에 국가별, 지역별로 특수한 국제정치학이 성립되는 것은 당연하다. 한국적 국제정치학 역시 한국 국제정치의 경험에서 귀납적으로 도출된 학문적 이해와 연구성과를 담고 있어야 하는 당위가 있는 것은 물론이다. 그러나 한국의 국제정치 경험이 다른 국가들 혹은 국제정치 전체의 흐름에서 어떠한 특수성을 가지는지에 대한 자기 의식을 전제로 연구되어야 할 것이다. 그리고 한국적 경험과 비판적 시각을 다른 국가들의 시각과 열린 자세로 연구할 수 있는 국제정치학의 메타이론 의식을 한국 국제정치연구자들

간에 확립하여야 할 것으로 보인다. 어느 국가의 국제정치학도 보편적일 수는 없다. 특히 패권국, 구미의 국제정치학이 보편적일 수는 없다. 국제정치연구자들 간의 간주관성과 상호 의사소통은 국제정치학의 공공영역 창출에 하나의 실마리일 뿐이다. 따라서 한국적 국제정치학을 모색한다고 할 때, 한국적 특수성과 지구적 소통가능성을 염두에 둔 열린 자세 확립이 향후 필요한 과정이라 보여진다.

현재까지 한국의 국제정치학자들은 실증적 · 설명이론적으로 앞서 있는 구미의 이론과 시각을 배워 그 유용성의 혜택을 극대화시키는 데 관심을 기울여 왔다. 그러나 구미의 경험 혹은 타국의 경험을 바탕으로 도출된 이론과 시각이 한국과 동아시아의 현실을 설명하는 데 많은 괴리를 도출하거나, 혹은 이들 이론들이 암묵적으로 가지고 있는 가치적 지향이 우리의 연구에 질곡으로 작용한 것도 사실이다. 유럽의 근대 이행기에 성립된 근대 국제정치의 전개과정과 이후 구미 국가들 간의 관계를 중심으로 성립된 국제정치학이 비유럽 지역의 경험에 직접적으로 적용되기는 어려운 일이다. 예를 들어 자유주의 국제정치학이론의 경우 선진적으로 변화하고 있는 타지역의 현실을 바탕으로 하고 있고, 여기서 생겨난 조화지향적 가치관으로 인하여 동아시아의 현실을 상대적으로 경시하게 되는 결과를 낳기도 하였다. 서유럽적 지역통합이나 미국적 국제제도 중시 경향이 한국과 동아시아의 세력균형의 현실에 맞지 않을 뿐만 아니라, 가치지향에서도 이상주의적으로 비추어질 뿐이기 때문이다.

한국의 국제정치학이 역사의 흐름을 학문적으로 연결시키지 못하고 단절될 수밖에 없는 것은 한국이 겪어온 국제정치적 역사 자체가 단절되어 있기 때문이다. 1876년의 개항과 1910년의 식민지화,

1945년의 급작스런 해방, 1990년대 탈냉전 등 한국의 운명에 결정적인 역할을 한 거시적 변화들이 한국의 실제적 참여가 미약한 상태에서 주어졌기 때문에 이를 준비하고 이론적으로 반추할 여유가 주어지지 않은 것이 사실이다. 이러한 현실의 변화는 우선 전통 국제질서에 대한 관심과 이해 부족, 19세기 근대 이행기 국제정치학 연구의 미비, 식민지 시대 한국 국제정치에 대한 연구의 심대한 부족, 냉전적 국제질서 연구에 대한 구미 정치학의 적용 등으로 이어졌다.[9]

무엇보다 한국이 겪어온 다층적 변화의 본질을 정확히 분별하여 파악하는 노력이 중요하다. 한국이 겪어온 가장 큰 변화는 전근대에서 근대로, 근대에서 탈근대로의 거시이행이었다. 서구가 장기간에 걸친 거시이행을 겪어온 데 비하면 한국은 매우 짧은 시간에 거시이행을 압축적으로 겪어온 것이다. 세력배분구조의 변화도 겪었다. 다극구조에서 양극구조로, 그리고 또다시 단극구조에서 다극구조로 근대적 조직원리 속에서도 다양한 세력배분구조의 변화를 겪어왔다. 하나의 세력배분구조 속에서도 여러 국면을 겪어왔다. 일례로 양극적 세력배분구조였던 냉전질서 속에서도 대립기와 데탕트, 뒤이은 대립기를 차례로 겪어왔다. 탈냉전에 접어들어서도 1990년대의 상대적 평온기와 21세기의 반테러 격변기를 겪고 있다. 이와 같이 다양한 층위의 변화를 일관되게 파악하고 이로부터 한국에 특수한 국제정치적 경험의 본질을 도출할 필요가 있다.

한국의 국제정치적 경험 중 국제정치학의 분석이 가장 어려운 것은 거시이행이다. 서구의 국제정치학은 근대 이행 이후 국제정치

9) 김용구, 『세계관 충돌의 국제정치학 : 동양 예와 서양공법』(서울 : 나남, 1997) 참조.

적 근대 속에서 국가 간 관계를 학문적 주제로 삼아왔으므로 탈중세 이행 혹은 근대이행의 과정 자체가 국제정치학의 주제가 된 적은 별로 없었다. 근대 이행론에 있어 1648년 베스트팔리아 기점설이 별 무리 없이 받아들여져 온 것도 근대 이행 자체를 문제시할 필요가 없었기 때문이기도 하다. 그러나 한국의 경우 19세기 개항과 더불어 다가온 근대 이행은 대단히 폭력적인 과정이었고, 그 과정이 역사에 남긴 자취는 21세기 초 국제정치의 전개과정에도 많은 영향력을 발휘하고 있다. 현실에서의 힘이 줄어들고 있다 하여도 21세기 동북아를 논함에 있어 자주 19세기 국제정치 경험이 언급되는 것은 여전히 비교적 준거로서의 근대 이행이 중요함을 반증하는 것이라 보여진다. 그럼에도 불구하고 한국이 근대 이행부터 겪어온 거시이행을 총체적으로 이해할 수 있는 국제정치학의 틀이 없는 것이 사실이다. 한국이 수입해 온 서구의 국제정치학은 한국과 같은 거시이행 과정의 문제를 현재에 간직하고 있지 않기 때문이다.

21세기 한국 국제정치의 현실을 올바르게 이해하기 위해서는 19세기 근대 이행기의 국제정치사를 학문적으로 이해하는 것이 필요하고, 이를 위해서는 한국의 전근대 국제정치, 혹은 전통시대 동아시아 지역질서를 바르게 이해하는 노력이 선행되어야 할 것이다. 현재까지 근대 이행의 토대가 되는 전통 국제질서, 즉 천하질서 혹은 사대자소교린 질서에 대한 연구가 국제정치학 분야에서는 전무하다시피 하였다. 전통 동아시아 질서에 대한 국제정치학적 이해는 여러 가지 의미에서 필수적이다. 현재까지 중국 중심 질서 혹은 화이질서로 개념화되어 온 동아시아 전통 지역질서의 본질을 국제정치학적 개념과 이론으로 조명함으로써 현재 동아시아가 겪고 있는 지역질서의 성격을 보다 명확하게 이해할 수 있다.

동아시아는 상대적으로 짧은 기간을 거쳐 전통질서에서 벗어나 근대 이행을 이루었다. 그러나 그 과정에서 동아시아는 여전히 전통질서의 성격을 가지고 있으며, 근대 이행 본질의 특질은 전통과 근대의 복합에 의해 규정되고 있다. 현재 동아시아가 가지고 있는 지역질서가 근대 이행, 근대, 탈근대의 삼중의 성격을 같이 가지고 있다면, 전통질서에 대한 국제정치학적 분석이 현재를 이해하는 데에도 중요한 단초를 제시해 줄 수 있을 것이다.

전통질서에 대한 외교사적 · 국제정치이론적 분석은 탈근대 거시이행의 측면에서 뿐만 아니라, 부상하고 있는 중국의 원형적 국제정치관 및 문명관 분석을 위해서도 향후 매우 필요한 과제가 될 것이다. 동북공정 등 과거 질적으로 다른 국제정치에 대한 역사적 이해와 정책적 대응 역시 전통질서에 대한 정확한 국제정치학적 분석을 배경으로 해야 할 것이다. 또한 전통질서에서 한국의 대중 외교 혹은 강대국 외교의 원형을 사대주의라고 막연하게 규정하는 것은 현재의 대미 외교 및 주변국 외교에서 실제적인 힘을 발휘하고 있다. 한국 국제정치의 장 속에서 벌어지는 국제정치적 사회화 기제, 혹은 아비투스를 검증되지 않은 전통질서에 대한 인식으로 채색하는 것은 많은 문제를 야기할 것이다.

근대 이행의 동아시아 지역적 특수성, 미완된 근대 이행이 가져온 전근대와 근대의 중첩성의 사실은 유럽 근대 지역질서의 팽창으로서의 근대 지구질서를 총체적으로 이해하는 데에도 학문적 도움을 줄 것이다. 현재의 국제정치학은 전형적이고 선진적인 근대 질서 속의 국가들 관계를 이해하는 데에는 도움을 줄 수 있으나, 서구 질서 전파의 대상이 된 제3세계 지역의 지역질서를 이해하는 데에는 완전한 길잡이가 될 수 없다. 동아시아 지역질서의 복합적 · 중첩적 성격을 비교국제체제론적 입장에서 밝힘으로써 비유럽지역의 지역질서를 이해하는 데 도움을 줄 수 있을 것이다.

식민지 시대를 거친 이후 20세기 후반 한국을 둘러싼 국제정치적 현실을 이해하는 데 현재의 국제정치학은 가장 많은 도움을 주었다. 전형적 근대 질서에 상대적으로 가장 근접한 냉전질서와 탈냉전 초기의 질서 속에서 기존의 국제정치학 이론은 양극질서의 본질 및 양극 질서 속의 동아시아 국가들 간 관계, 그리고 냉전에서 탈냉전으로 이행하는 세력배분구조의 변화 속에서의 다양한 동아시아 국제정치적 현상들을 분석하는 데 많은 도움을 준 것이 사실이다. 물론, 동아시아의 구조적 특수성을 고려하면 서구 국제정치학의 적실성이 한계를 가지는 것이 사실이겠으나 20세기 후반 전후의 시대와 비교하면 그 적실성은 상대적으로 가장 크다고 하겠다.

21세기 초반 한국과 동아시아가 겪고 있는 국제정치 현실을 학문적으로 이해하는 작업은 향후 한국 국제정치학이 겪게 될 가장 큰 어려움과 도전 중의 하나가 될 것이다. 9·11테러 이후 반테러 국면이 본격화되면서 21세기 국제정치는 탈근대 이행을 겪고 있다고 일각에서 논의된다. 테러의 발발과 이에 대한 미국의 대응은 기존의 세계화, 민주화, 정보화, 미패권 구조의 강화라는 다양한 거대조류들의 현실을 반영하고 있다. 그리고 미국의 대응은 기존 국민국가의 주권에 기초한 근대적 국제정치의 본질을 근본적으로 변화시키는 모습을 보이고 있다. 인권적 개입론의 강화와, 비국가행위자들에 대한 군사적 억지 불가능성에 기초한 군사적 선제공격론은 이러한 변화의 가시적 예가 되고 있다.

16세기경 유럽에서 발생한 근대로의 거시이행과 같은 변화가 일어나고 있다는 관찰은 이러한 변화에 기초하고 있다. 거시이행은 단위의 변화와 국제정치 조직원리의 변화로 측정될 수 있다. 반테러국면, 미국 세계전략의 변화는 국민국가를 넘어서는 초국민국가 혹은 일각에서 논쟁의 대상이 되고 있는 바와 같이 21세기 미제국의 등장과 같은 주제를 부각시키고 있다. 실제로 미국의 라이스 국무장관의 경우, 현재의 국제정치가 1648년 베스트팔리아 조약 이후 가장 큰 변화를 겪고 있다고 논의하면서 국제정치가 아닌 지구정치가 도래하고 있음을 논하기도 하였다.[10] 행위자의 차원에서 실감되는 탈근대 거시이행의 단초가 국제정치연구자들에 의해 어떻게 분석될지가 매우 중요한 과제로 여겨진다.

미국의 변환의 세계전략이 탈근대 거시이행에 대한 일국의 대응이라는 측면에서 눈여겨 볼 필요는 있다. 그러나 21세기 혹은 근대로부터 탈근대로 이행하는 국제정치의 변화 속에서 제국과 같은 단위가 필연적으로 정착될 것이라고 볼 수는 없다. EU와 같은 지역국가, 보다 자유주의적인 글로벌 거버넌스 등의 정착과 같은 다양한 가능성이 열려 있는 것이 사실이다.[11] 마치 유럽의 근대 이행기 국민

---

10) Condoleezza Rice, "Realizing the Goals of Transformational Diplomacy : Testimony Before the Senate Foreign Relations Committee" (Washington, DC, February 15, 2006) ; "Transformational Diplomacy" (Washington, D.C. : Georgetown University, January 18, 2006) 등 참조.

11) Michael Barnett, and Raymond Duvall, "Power in Global Governance," in Michael Barnett and Raymond Duvall, eds., Power in Global Governance Cambridge : Cambridge University Press 2005 ; Niall Ferguson, *Colossus : The Price of America's Empire*

국가뿐만 아니라 중세적 성격을 여전히 간직하고 있던 스페인 제국, 이태리 도시국가, 그리고 네덜란드와 같은 상업적 공화국이 근대적 단위의 전형성을 얻고자 하는 경쟁을 벌였듯이 21세기 초반에도 국민국가와 제국, 지역국가와 초국가기구 혹은 글로벌 거버넌스가 경쟁을 벌이고 있다고 볼 수 있다. 이와 관련하여 유럽의 탈중세 근대 이행과 관련된 역사사회학적 연구들, 주권론 등은 중요한 연구과제로 보여진다.[12] 20세기 후반부터 강화된 군사적 · 경제적 · 정치적 · 이념적 · 정보소통지식적 변화라는 거대조류들이 가져오는 탈근대 이행을 국제정치학 개념과 분석틀로 바르게 이해하는 것은 향후 한국 국제정치학의 중요한 과제가 될 것이다.[13]

한국의 경우, 지구적 차원에서 탈근대 이행이 일어나고 있다면 이를 선진적으로 이해하고 대처하는 것은 국가의 운명이 걸린 중대한 일이 될 것이다. 이미 한국은 천하질서에서 국민국가 질서로의 근대적 거시이행을 주체적으로 통과하는 데 실패했고, 그 대가는 식

(New York : Penguin Books 2004) ; Stephen D. Krasner, *Sovereignty : Organized Hypocrisy*(Princeton : Princeton University Press, 1999) 등 참조.

12) Brian Downing, *The Military Revolution and Political Change*(Princeton : Princeton University Press, 1992) ; Markus Fischer, "On context, facts, and norms : reply to Hall and Kratochwil," *International Organization* 47-3(1993) ; Joon Suk Kim, Making States Federatively : Alternative Routes of State Formation in Late Medieval and Early Modern Europe, Ph.D Dissertation(Chicago University, 2005) ; Andreas Osiander, *The States System of Europe, 1640-1990 : Peacemaking and the Conditions of International stability*(Oxford New York : Oxford University Press, 1994) 등 참조.

13) 이혜정, "주권과 국제관계," 서울대학교 국제문제연구소,『세계정치』제25집 1호(2004) ; 이혜정, "웨스트팔리아와 국제관계의 근대성 : 러기의 비판적 이해,"『국제정치논총』42-2(2002) ; 전재성, "국가주권의 재성찰," 서울대학교 국제문제연구소,『세계정치』제25집 1호(2004) 등을 참조.

민지 시대였다. 앞에서 논의한 근대 이행의 역사를 정확히 이해하고 탈근대 이행이 동아시아 지역, 그리고 한반도에서 어떠한 형태로 일어날 것인지를 연구하는 것은 향후 한국의 위상과 국력을 결정하는 데 중요한 요인들 중 하나가 될 것이다.

한국적 국제정치학 정립의 필요성을 논의함에 있어 한국이 가지고 있는 국제정치규범적 기반과 국제정치학적 경험이 보편화될 수 없는 특수성을 벗어날 수 없다고 볼 이유는 없다. 보편성은 각 특수성 속에 잠재되어 있기 때문이다. 구미의 국제정치학이 보편화되는 것은 구미 경험의 특수성 속에서 보편명제를 개발하고 발전시켜 왔기 때문이다. 한국의 국제정치학은 한국이 가지고 있는 학문자원을 최대한 발전시키고 이를 지구적 보편성과 연결할 때 한국적이면서 지구적인 국제정치학으로 발전할 수 있을 것이다.

Ⅲ. 이론과 역사

이론과 역사의 대립 혹은 갈등, 그리고 상호 보완의 필요성은 비단 국제정치학계에서만 벌어지고 있는 일은 아니며, 또한 한국의 국제정치학계에 국한된 문제도 아니다.[14] 사회과학 전반의 과제인 이

14) 김영호, "외교사와 국제정치이론 사이의 학제 간 연구의 쟁점과 과제-탈냉전기 미국의 대논쟁에 관한 연구," 『한국정치외교사논총』 제25집 2호(2001) ; Colin

론과 역사의 보완 필요성은 국제정치학 방향설정을 논의할 때 중요한 논제가 된지 이미 오래이며, 이를 해결하기 위한 다양한 노력들이 한국 밖의 국제정치학계에서도 진행되고 있다. 이완범은 '역사 없는 국제정치학'과 '이론 없는 한국 외교사'가 한국 국제정치학을 빈곤하게 만들었다면서 역사와 국제정치이론을 결합해야 한다고 지적하고 있다.[15]

양 분야가 서로를 바라볼 때 어떠한 문제점을 가지고 있는지, 양 분야가 과연 종합·보완될 수 있는지, 외교사가와 국제정치학자들이 양 분야의 연구성과를 어떠한 기준에서 종합할 것인지 등이 논의되고 있다. 외교사가들이 볼 때 국제정치학자들은 지나치게 광범위한 일반화와 과학화를 추진하고 있으며, 사료와 일차 자료에 대한 연구를 게을리하고 있어 사실에 근거하지 않은 이해를 보이고 있다. 국제정치학자들이 볼 때 외교사가들은 세부 역사사실에 근거하여 광범위한 일반화와 법칙화를 시도하지 않고 있으며, 이는 과거에 기초하여 현재를 이해하려는 시대적, 주제별 연결성을 약화시키고 있다. 가디스와 같은 역사학자들은 보다 근본적으로 국제정치학자들의 사회과학적 일반화가 잘못된 과학관, 특히 뉴턴적 자연과학관과 이론관에 매몰되어 있다고 비판한다. 그리고 이러한 과학관과 이론관은 자연과학 내에서도 이미 낡은 것이며, 초보적 자연과학주의가 사회와 역사에 대한 이해를 왜곡시키고 있다고 비판한다. 복잡계에

Elman & Miriam F. Elman, eds., *Bridges and Boundaries*(Cambridge, MA. : MIT Press, 2001) 참조.

15) 이완범, "한국외교사 연구의 회고와 전망 : 융성-쇠퇴-반성-부흥의 궤적," 『국제정치논총』 제46집 특별호 참조.

기초한 자연과학관을 가지고 있는 가디스는 진정한 자연과학주의는 자연과 사회적 대상에 대한 선진적 이론관 연구에 기초해야 하며, 그러한 점에서 역사학이 오히려 더욱 과학적이라는 논의를 내세운 바 있다.[16]

외교사와 국제정치학, 역사와 과학의 갈등을 보완하고자 시도하는 역사학자와 국제정치학자들은 한편으로는 사실과 사료에 대한 민감성을 보전하면서, 다른 한편으로는 적실한 범위 내에서 일반화를 시도하는 노력을 동시에 해나가는 것을 추구하고 있다. 역사적 사실과 사료를 이해함에 있어 일정한 개념과 이론적 틀이 불가피하다면 단순한 이야기(narrative)가 아닌 다양한 수준의 이론에 근거한 역사(theory-focused history)를 시도할 필요가 있다는 것이다. 최근 국제정치학 분야에서 활발한 움직임을 보이고 있는 역사사회학적 접근은 이러한 노력을 보여주는 하나의 시도가 될 것이다.

한국 국제정치학의 발전을 논의할 때 외교사와 국제정치학의 갈등은 매우 중요한 주제이다. 앞서 논의한 바와 같이 한국이 겪어온 외교사적 경험은 독자적인 국제정치학 분석틀에 의해 분석되지 못하고 있으며, 국제정치학자들은 외교사 사실과 흐름에 대한 구체적인 지식을 확보하는 데 한계를 보여왔다. 외교사와 국제정치학의 갈등은 비단 국제정치학 분야 내에서만 존재하는 것은 아니다. 한국사, 동아시아사 등 분야의 역사학자와 국제정치학자들 간의 교류부진은 역사학과 국제정치학 양자의 발전을 위해서도 바람직한 일은

---

16) John Lewis Gaddis, *The Landscape of History : How Historians Map the Past*(Oxford : Oxford University Press, 2004).

아닐 것이다. 동아시아와 한국의 외교사에 비해 서구 외교사의 연구는 전반적으로 더욱 부진한 것으로 보인다. 구미 외교사에 대한 연구는 현재 서구 국제정치학자들에게도 그 중요성이 다시 부각되고 있으며, 이는 탈근대 이행을 연구하는 데 있어서도 매주 중요한 주제로 부각되고 있다. 한국의 국제정치학도 서구의 외교사에 대한 구미 학자들의 이행에 지나치게 기대지 말고 독자적인 연구성과를 축적함으로써 지구적 차원에서의 국제정치학 논제 개발에 보다 적극적으로 참여할 필요가 있다.

한국사의 흐름과 연구 주제별로 살펴볼 때, 19세기 근대 이행기의 외교사는 국제정치학자들에 의해 비교적 활발하게 분석되고 있으며, 역사학계와의 연계도 부분적으로 다져나가고 있는 것으로 보인다. 서양문명의 전파가 어떠한 경로로 흡수되었고, 이러한 전파과정이 실제의 국제정치에서 어떠한 변화를 가져왔는지를 연구하는 주제이다. 특히 두 문명의 충돌과 두 국제정치 조직원리의 충돌은 현재의 구미 국제정치학으로는 분석되기가 어렵고, 역사사회학적 접근, 비교국제사회론 접근으로 가능한 매우 거시적인 문제이다.[17] 현재 세계적인 국제정치학의 연구 분야가 문명충돌 및 국제체제의 거시적 변환 연구에서 여전히 미약한 상황이므로, 한국의 근대 이행에 대한 국제정치학적 분석은 한국적 국제정치학의 정리뿐만 아니라, 서구 근대 국제정치의 확산 분석과 제3세계 지역질서의 변화라는 점에서 보편적 연구주제로 정립될 수도 있을 것이다.

---

17) Stephen Hobden and John M. Hobson, eds., *Historical Sociology of International Relations*(Cambridge : Cambridge University Press, 2002) 참조.

한국이 경험했던 20세기의 국제정치는 근대 주권국가 간 관계였으나 동북아시아의 상대적 약소국으로서의 경험이었다. 따라서 약소국이 경험한 외교사를 강대국이 수립한 국제정치학의 틀 속에서 분석하는 것이 많은 부조화를 노정하여 왔다. 제1차 세계대전 이후 국제정치학이 학문 분과로서 구미에서 자리잡은 후, 근대 국제질서 속에서의 약소국 국제정치에 대한 분석은 매우 제한된 형태로만 이루어졌다. 대부분의 분석은 강대국 간 국제관계의 현실에서 도출된 연구이며, 이는 강대국이 필요로 하는 연구주제라는 측면과 3세계와의 관계가 정서적으로 야기하는 불편함이라는 측면에 기인한 현상일 것이다. 20세기 냉전사는 논자에 따라서 두 초강대국과 다른 국가들의 진영대립 국제정치라고 보여질 수도 있겠으나, 1917년 미국의 제1차 세계대전 참전과 러시아의 볼세비키 혁명 이후 등장한 미소 두 제국의 80여 년에 걸친 각축의 역사로 분석될 수도 있다. 가디스의 경우, 20세기는 윌슨과 레닌이 정초한 두 제국 간의 갈등의 역사라는 냉전사가적 틀을 제시하고 있다.[18] 이는 20세기의 국제정치가 200여 개에 달하는 국민국가 간 관계의 역사이기도 하지만 두 제국의 각축과 세력권 다툼의 역사이기도 하다는 점을 단적으로 보여주고 있다. 한국이 경험한 국제정치적 20세기는 미소 간의 냉전대립을 첨예하게 체험한 시간이었으며, 이는 구미 국제정치학의 기본 패러다임들, 특히 자유주의 패러다임으로 분석되기에는 매우 어려운 현실이라고 할 수 있다. 그럼에도 불구하고 20세기를 국제정치

18) John Lewis Gaddis, *We Now Know : Rethinking Cold War History*, 박건영 역, 『새로 쓰는 냉전의 역사』(서울 : 사회평론, 2003) 참조.

학적으로 연구하는 데 있어 한국적 문제의식과 분석틀을 개발하는 성공했다고 자신하기는 어려울 것이다.

21세기 초 한국이 당면한 국제정치적 현안들은 매우 다양하다. 일본, 중국과의 역사분쟁, 영토분쟁, 통일과 남북관계로부터 동북의 변화하는 세력균형과 세력전이 속에서 생존과 번영을 추구해야 하는 국가적 과제, 그리고 탈근대적 군사변환을 추구하고 있는 미국과의 동맹변환 및 동맹구조 조정문제 등 다양한 과제들이 있다. 문제는 이러한 과제들의 성격이 구미 국제정치학으로 분석되기는 매우 어렵다는 것이다. 즉 역사분쟁과 영토분쟁, 통일의 문제는 전근대에서 근대로 이행하는 과정에서 발생한 제국주의의 기억과 정체성 정치, 국민국가 완성의 과제가 어우러진 문제이다. 동북아 세력균형 속에서 겪고 있는 외교정책의 고민들은 전형적인 근대적 국제정치의 과제이다. 21세기 초 빠르게 변환하는 미국의 정책을 따라가기에 급급한 한국의 대미정책 과제는 탈근대 이행과 연관된 문제이다. 거시적 시대 단층의 중첩과 복합 속에서 유럽이 장기간 경험한 근대에서 도출된 국제정치학으로 한국의 문제를 분석하는 것은 근대적 시각 하나로 근대 이행/근대/탈근대의 문제를 엮어내는 무리한 시각이다. 그러나 거시적 이행의 중첩에서 생겨나는 문제를 일관되게 설명하는 이론이 현재 존재하는 것도 아니다. 따라서 한국이 당면한 국제정치의 문제를 국제정치학적으로 풀어내기 위해서는 보다 거시적인 역사에 대한 분석, 이를 국제정치학적으로 조망할 수 있는 이론적 틀의 마련, 그리고 과거와 현재의 문제를 연결시킬 수 있는 문제의식 등이 필요하다고 보여진다.

따라서 향후 국제정치학은 구미의 외교사와 동아시아 외교사,

한국 외교사를 연결시켜 연구할 수 있는 국제관계사 연구의 심화와 국제관계사 연구를 국제관계이론의 연구와 연결시킬 수 있는 안목이 필요하다. 한국적 경험이 세계적 보편성을 가질 수도 있고, 한국적 국제정치학이 국제정치학의 표준정립에 기여할 수도 있기 때문이다. 현재 한국의 국제정치학계는 역사학계와 국제정치학계의 거리, 서양 외교사와 동양 외교사, 한국 외교사 연구 간의 거리, 그리고 외교사 연구자와 국제정치이론가 사이의 거리가 여전히 멀다. 그리고 이를 종합할 수 있는 거시적 필요성에 대한 합의도 도출되어 있지 못하다. 이러한 종합이 한 두 사람의 학자에 의해 성취되는 것은 불가능하다. 다만 문제의식을 공유하고 이를 한국 국제정치학계라는 학문적 공동체 속에서 분업과 협조를 통해 달성하고자 하는 노력이 필요하다. 그리고 구미의 국제정치적 경험으로는 상상할 수 없는 독특한 문제가 한국과 동아시아에 있다는 인식 하에 그 특수성을 풀어갈 수 있는 학문적 상상력이 필요하다고 할 것이다. 이 과정에서 서구에서 만들어진 국제정치학의 연구업적을 보다 철저하게 검증하고 비판하면서 · 수용 · 발전시킬 필요성이 있다.

IV. 안과 밖

지역 연구와 비교정치는 정치학의 중요한 분야로, 특히 '안' 의 문제를 심도 있게 다룬다는 점에서 국제정치 분석에 미치는 영향이 지대하다. 그러나 국가 간 관계의 보편성을 강조하는 국제정치학과 단위들 혹은 지역들의 특수성을 강조하는 지역 연구 및 비교정치는 상호 보완적으로 발전하는 데 종종 많은 도전에 직면한다. 한국의 국제정치학계에서도 지역 연구와 국제정치학이 긴밀하게 연결되는 데에는 많은 한계가 있는 것이 사실이다. 우선 국제정치학자들은 국가별 · 지역별 내부상황에 대한 심도 있는 분석을 수행하는 데 현실적 한계가 있는 것이 사실이어서 국제정치 연구의 분과와 지역 연구를 함께 하기에 많은 제한이 따른다. 지역 연구의 경우, 전공대상인 지역의 다양한 측면을 종합적으로 연구하다 보면 국가별 · 지역별 외교정책 및 국제관계에 대한 포괄적인 관심을 지속하고 이를 국제정치학에서 연구하는 일반적인 관계학과 연결시키기가 그리 쉽지 않음을 알 수 있다. 특히 국제정치 전반에 대한 연구보다는 외교정책 연구가 주를 이루게 되어 두 분야의 종합이 때로 어려움을 겪고 있다고 보여진다. 이는 개인의 연구활동의 범위가 한계를 가질 수밖에 없으므로 자연스러운 일인데, 이를 국제정치학계 혹은 정치학계 전반의 차원에서 협력을 통해 해결해 나가도록 할 필요가 있다고 생각된다.[19]

지역 연구와 국제정치학의 연계를 수립하는 일은 비단 한국 국

---

19) 임성호, "지역학의 일부인가 정치학의 핵심인가 : 미국 정치 연구의 성격과 과제" 서울대학교 외교학과 설립 50주년 학술회의 발표논문, 2006. 10. 28 ; 진창수, "한국의 일본학의 현황과 문제점," 서울대학교 외교학과 설립 50주년 학술회의 발표논문, 2006. 10. 28 ; 정재호, "한국에서의 중국 정치 연구의 평가," 서울대학교 외교학과 설립 50주년 학술회의 발표논문, 2006. 10. 28 ; 박수헌 · 신범식, "한국 러시아 연구의 현황과 과제 : 사회과학을 중심으로," 서울대학교 외교학과 설립 50주년 학술회의 발표논문, 2006. 10. 28 등 참조.

제정치학계만의 과제는 아니다. 구미 국제정치학계는 냉전의 종식에 즈음하여 심각한 반성에 처해왔다. 냉전의 종식이라는 국제정치 세력배분구조의 심대한 변화를 예측하는 데 큰 한계를 보인 것이다. 특히 구조주의적 현실주의의 경우, 국제정치구조라는 요인을 가장 큰 독립변수, 제약변수로 삼고 있음에도 불구하고 구조 자체의 변화, 즉 독립변수의 변화를 예측할 수 있는 이론 내적인 조건을 가지고 있지 않음이 명백해졌기 때문이다. 이는 근본적으로 국제정치 변화 심급이 국내정치와 지역차원에 있다는 사실을 배제하고 이론 수립에 임했기 때문이라고 볼 수 있다. 이후 국제정치학은 지역 연구와 국제정치를 연계할 수 있는 방안에 주의를 기울였으며, 이는 첫 번째 이미지와 두 번째 이미지, 즉 개인 분석차원과 국가 분석차원의 활성화에 대한 필요성이 다시 주목받게 되었다.

한국 국제정치학의 경우에도 한국과 주변국 관계, 남북관계 등의 연구가 활발히 진행되고 있으나 그 과정에서 지역 및 국가 연구가 국제정치학 연구와 연결되는 데 한계를 보이고 있다. 국제정치학자들은 각 국가들을 합리적 단일 행위자로 가정하는 것을 넘어 외교정책 결정과정을 복합적으로 고려한 상태에서 연구를 진행하는 데 큰 어려움을 겪는다. 한국과 긴밀한 관계를 맺고 있는 주변국의 국내정치, 정부 내 관료정치, 정부 이외의 행위자들의 영향력, 외교정책 결정과정의 틀을 종합적으로 분석하여 주변국 관계를 분석하기 위해서 국제정치연구자는 지역 연구의 성과를 이용해야 하는데, 이에 대한 개인적 지식이 한계를 가지는 경우가 많기 때문이다. 반면 지역 및 국가 연구자는 국제정치 전반의 변화를 거시적으로 이해하고, 그 과정에서 개별 국가 및 지역을 둘러싼 국제정치현상의 변화를 이해하는 데 한계를 보이는 경우가 종종 있다. 예를 들어 앞서 논한 미국의 변환전략을 국제정치학적 거시이행과 연결하여 미국 세계전략 변화의 역사적 의미를 밝히는 데 있어 지역 연구자는 국제정치학자와 상당한 인식의 편차를 보이는 일이 종종 있다. 더불어 중국, 일본, 혹은 다른 지역의 내부와 외교정책을 연구하는 지역 연구자의 경우도 지구적 차원에서 벌어지고 있는 거시조류와 관계의 변화를 연구주제와 연결하는 데 한계를 보이곤 한다. 따라서 한국과 주변국과의 국제관계를 철저히 분석하기 위해서는 국제정치학과 지역 연구가 긴밀히 연결될 필요가 있다고 보여진다.

남북관계 연구도 안과 밖의 문제가 제기되는 분야이다. 남북관계는 북한 전공자는 물론, 국제정치학자들에게도 매우 중요한 연구주제이다. 그러나 남북관계는 민족 간 관계이자 국가 간 관계라는 이중적 속성을 동시에 가지고 있어서 매우 복잡한 모습을 보이고 있다. 남북관계는 분석은 물론 정책 수립의 측면에서도 국제정치학의 개념들과 이론들이 많이 적용되고 있다. 남과 북의 군사적 대립과 안보관계는 국제정치학이 가장 많이 공헌해 온 주제들 중 하나이다. 남과 북이 겪고 있는 군사적 대치관계와 안보 딜레마, 동맹관계로 더욱 악화된 동맹과 안보 딜레마의 상승작용, 군사적 억지, 전쟁과 평화의 가능성 등 남북관계는 두 국민국가 간 관계에서 파생되는 국제관계의 측면을 상당부분 가지고 있다. 정책 부분에 있어서도 일례로 한국의 대북화해협력정책은 경제적 협력관계 및 사회문화적 교류와 같은 저위정치 분야에서의 변화가 안보, 군사, 정치 분야에서의 변화를 유도할 수 있다는 자유주의 혹은 기능주의적 사고의 일단을 반영한다고 볼 수 있다. 또한 지속된 남북교류가 북한의 자기정체성 및 대외관계의 규범과 행위에 영향을 미칠 수 있다고 보는 점에서 구성주의적 사고를 반영한다고 할 수 있다.

이렇게 볼 때, 북한의 내부 작동방식 및 대외관계를 상세하게 연구하는 북한 연구와 국민국가 간 관계의 여러 측면을 연구하는 국제정치학적 연구가 상호 보완될 수 있다면 남북관계의 연구 및 한국의 대북정책 연구 부문에서 상호 보완적일 수 있을 것이다. 그러나 국제정치학이 제공할 수 있는 분석적 이익을 위하여 남북관계를 국제관계로만 인식한다면 이는 민족문제라는 또다른 측면을 무시하는 결과로 이어질 수도 있을 것이다. 현재 남과 북의 통일, 혹은 민족분단의 해결을 반드시 해결해야 할 과제로, 남북관계를 분리된 두 개의 정치단위로 보는 분석적 시각은 향후의 한반도를 구상함에 있어 암암리에 통일 가능성을 약화시키는 전제로 작용할 수도 있기 때문이다.

근대국민국가의 영토보존의 규범이 확산되면서 20세기 후반부터는 병합의 정책이 국제적으로 용인되지 않고 있다.[20] 그러나 남북통일은 독특한 민족분단의 문제라는 시각에서 상대방의 병합이 여전히 합법적인 대외정책의 목표로 여겨지고 있다. 행위자들이 통일 가능성을 지속적으로 고려하는 상황에서 남북관계의 특수성을 분석적으로 고려하는 것과 정책차원에서 규범적으로 인식하는 것은 중요한 일이라 할 것이다. 우승지도 유사한 관점에서 일부 이론의 부정확하고 무리한 적용은 이론과 현실을 모두 죽이는 결과를 종종 초래

---

20) Mark W. Zacher, "The Territorial Integrity Norm : International Boundaries and the Use of Force," *International Organization*, 55 : 2 (Spring 2001) 참조.

한다고 보고 있으며, 단순한 국제정치이론의 적용이 아닌 한반도의 숙적관계의 경험을 바탕으로 한 새로운 이론, 모델, 패러다임의 개발에도 힘써야 해야 한다고 논의하고 있다.[21]

남북관계의 또 다른 측면은 한반도를 둘러싼 외교관계의 중요성이다. 남북관계는 주변 국가들의 대한반도정책은 물론 국제정치의 거대조류, 그리고 국제기구와 같은 다양한 비국가행위자들에 의해 영향을 받기 때문이다. 일례로 북핵문제를 분석하고 해결방법을 궁구할 때, 한반도를 둘러싼 주변 국가들의 대한반도정책은 반드시 고려해야 할 문제이다. 국제문제를 중심으로 전개되는 한반도 사태를 올바르게 분석하기 위해서도 한반도에 대한 국제정치학적 분석과 북한 연구가 조화를 이루어야 할 것이다.

V. 고위정치와 저위정치

국제정치학은 안보 및 군사문제를 가장 중요한 이슈영역으로 설정해 왔다. 따라서 고위정치라 함은 안보문제를 가리키고, 그 밖의 경제, 사회, 문화 등의 분야는 저위정치로 일컬어 왔다. 그러나 20세

---

21) 우승지, "남북관계 연구 : 검토와 과제," 『국제정치논총』 제46집 특별호 참조. 구갑우, "남북한 관계의 이론들," 경남대학교 북한대학원 엮음, 『남북한 관계론』(서울 : 한울아카데미, 2005)도 참조.

기 후반부터의 상황은 기존의 고위정치와 저위정치의 구별을 더 이상 지속하기 어렵게 만들고 있다. 경제와 사회, 문화, 혹은 비전통안보와 인간안보의 이슈가 군사안보보다 더욱 중요한 고위정치적 속성을 띠게 되었기 때문이다.[22]

국제정치학은 성립 당시부터 전쟁과 안보문제에 대한 관심을 중심으로 성립되었기 때문에 국제 경제관계 및 사회문화, 이념의 관계는 안보에 비해 부차적인 위치를 차지해 온 것이 사실이다. 그러나 국제정치 현실에서는 안보와 경제는 물론 다양한 비전통적 안보의 이슈들이 긴밀하게 연결되어 있으며, 특히 세계적 시장자본주의의 성립, 냉전종식, 자원의 중요성 증가와 같은 새로운 조류와 더불어 국제정치학 분야의 다양한 소분과 간 연결이 매우 중요하게 되었다.

현재 한국의 국제정치학계에는 전쟁과 안보 연구 중심에서 점차 다양한 이슈를 전문적으로 다루는 연구인력이 자리 잡게 되었으며, 특히 국제정치경제는 국제정치학 분야에서 매우 중요한 분야로 자리 잡았다. 근래에 들어 환경, 인권, 여성, 테러, 문화, 지식, 기술 등 과거 국제정치학에서 상대적으로 주목을 덜 받았던 분야들이 매우 중요해지고 있으며, 이 분야의 전문연구자들도 눈에 띄게 증가한 것을 볼 수 있다.

냉전기, 특히 데탕트기를 거치면서 군사와 경제 간의 긴밀한 연계성이 주목받기 시작하고, 군사적 강국이 경제적 강국과 반드시 일치하지 않음이 인식되기 시작하면서 이미 1970년대부터 국제정치경제에 대한 연구가 활발히 이루어졌다. 또한 지역통합의 연구에서도

22) 이신화, "21세기 글로벌 이슈와 국제정치학," 『국제정치논총』 제46집 특별호 참조.

경제적 상호 의존관계의 증가가 정치적 · 안보적 관계 발전 및 통합으로 나아갈 수 있다는 점이 지적되면서 정치와 경제의 상호관계에 대한 관심도 증폭되었다. 특히 자유주의 패러다임을 중심으로 복합적 상호의존론과 통합이론은 이러한 소분과 간 연결을 시도한 성과를 보인 바 있다.

그러나 한국의 국제정치경제학은 국제정치학 일반이 겪어왔던 문제들을 함께 겪어왔다고 볼 수 있다. 김석우는 한국 국제정치경제학이 서구 이론의 도입과 소개 중심, 대미편중 성향, 방법론적 저발전, 그리고 한국식 연구의 부족과 문제의식 부족 등의 특성과 문제점을 가지고 있다고 분석하고 있다.[23]

한국과 동아시아의 경우에도 군사와 경제는 매우 밀접한 관계를 맺고 있으며, 이는 동아시아 국가들이 시장을 매개로 상호 의존관계가 심화되면서 더욱 두드러지게 되었다. 중국의 시장사회주의 발전과 중국 경제력 증강, 동아시아 국가 간 역내 경제관계의 강화는 정치적 관계 악화에도 불구하고 국가 간 관계의 독립변수로 자리잡을 수 있다는, 소위 정랭경열과 같은 표현에서 보이는 상황을 표출하게 되었다. 따라서 동아시아 국가 간 관계 분석에 있어 정치와 경제에 대한 복합적인 연구는 매우 필요한 상황이다. 그럼에도 불구하고 안보 전공자와 국제정치경제 전공자가 긴밀하게 협력하는 연구 환경이 많이 발전된 것은 아니다. 특히 국제경제를 전공하는 경제학의 영역과 국제정치학의 영역은 거의 대화와 협동 연구 없이 연구

---

23) 김석우, "한국 국제정치학의 회고와 전망 : 국제정치경제의 발전과정과 특성 분석," 『국제정치논총』 제46집 특별호 참조.

가 진행된다고 해도 과언이 아니다. 향후 국제정치학은 이러한 소분과 간 연계를 강화하는 과제를 안고 있다.

최근에 동아시아 공동체 혹은 지역주의에 대한 연구가 활발히 일어나고 있다. 동아시아 공동체의 논의를 다각적으로 전개해 나가기 위해서는 각 국가별 정책 의도와 이슈 영역별 연구가 필요한데, 이를 위해서도 소분과 간 연계 강화는 필요한 과제이다.[24]

21세기 들어 정보화가 진행되고 국경을 넘은 새로운 인간안보의 이슈가 증가하면서 이러한 문제들을 해결하는 데 필요한 국가의 역할, 국가 간 협조 및 국제제도의 필요성, 그리고 국가 이외 행위자들의 중요성에 대한 이론적 관심 등이 증가하였다. 글로벌 거버넌스라는 용어로도 표현되는 다층적 행위자들 간의 자율적 네트워크 형성의 현실은 기존 국제정치학의 안보 중심 연구경향에 대한 탈피의 필요성을 요구할 뿐만 아니라, 안보 이외의 영역의 중요성에 대한 관심, 그리고 이를 바탕으로 한 국제정치이론 및 시각의 정립 필요성을 요구하고 있다.[25]

최근 들어 안보와 경제 이외에 정보와 기술, 문화의 중요성이 높아지고, 특히 국력의 표준을 논의할 때 경성권력 위주의 시각에서 탈피하여 연성권력을 함께 고려할 필요성이 증가하였다. 연성권력론은 이념, 문화, 제도, 지식에 대한 관심을 증폭시키고, 이러한 영역이 정치, 안보, 경제와 연결되는 연결망도 주요 연구주제로 등장하

---

24) 손열 편, 『동아시아와 지역주의』(서울 : 지식마당, 2006) 참조.

25) 민병원, "문화의 국제관계 : 네트워크 개념을 통한 이해," 『국제정치논총』 46집 1호(2006) ; 김상배, "정보화 시대의 외교 : 개념화의 모색," 『정치학회보』 36권 3호(2002) 등 참조.

였다.[26] 특히 정보통신기술 혁명 이후 대두된 정보와 지식의 중요성이 강조되면서 다양한 국력표준들 사이에서 지식이 차지하는 상대적 중요성이 증가되는 현상을 보이고 있다. 군사, 경제, 문화, 정치 등의 현상을 논의함에 있어서 지식이 미치는 영향이 증가했기 때문이다.

보다 넓게 살펴본다면 연성권력의 망, 이념과 지식의 네트워크는 과거 국제정치학의 분석틀로 분석되지 않는다는 문제가 제기되어 왔다. 연성권력론은 동북아의 상대적 약소국인 한국에게 중요한 함의를 주는 이론으로 등장하였다. 경성대국의 상대적 약소국인 한국이 연성권력의 강대국으로 등장하여 향후의 국제정치에서 보다 중요한 역할을 담당할 수 있을 것이라는 전망 때문이다. 한국이 지식과 규범, 문화의 영역에서 고차원의 한류를 이끌어 나갈 때 정치와 군사, 경제에서 가지는 불리함이 보완될 수도 있을 것이다.[27]

새로운 권력표준들의 작동방식은 또한 기존의 분석틀로는 분석되지 않는 문제도 드러내고 있다. 따라서 최근 들어 네트워크 이론과 복잡계 이론 등 새로운 이론틀이 모색되고 있으며, 이는 국제정치학과 사회학, 정보학과의 협동의 필요성을 강조하는 계기로 작용하게 되었다.[28]

---

26) Stefano Guzzini, "The Concept of Power : a Constructivist Analysis," *Millennium : Journal of International Studies*, Volume 33, Number 3(June 2005) ; Anna Leander, "The Power to Construct International Security : On the Significance of Private Military Companies," *Millennium : Journal of International Studies*, Volume 33, Number 3(June 2005) ; Janice Bially Mattern, *Ordering International Politics*(New York : Routledge, 2004) 등 참조.

27) 하영선 · 김상배 편, 『네트워크 지식국가』(서울 : 을유문화사, 2006) 참조.

이상을 종합해 볼 때, 향후 국제정치학에서 각 분과별의 상호 관계를 정확히 파악하고, 이를 분석하는 틀과 더 나아가 이를 정책 연구로 연결할 수 있는 국제정치학의 전망이 필요하다고 하겠다.

VI. 이론과 실천

현재 한국의 국제정치학계는 한국의 외교정책과 관련한 많은 주제들을 다양한 학술회의를 통해 점검하고, 분석하며, 미래의 외교 정책을 위한 제언을 생산하고 있다. 한미동맹, 북핵을 둘러싼 6자회담, 주변국 외교 등 다양한 주제들이 국제정치학의 학문적 연구와 긴밀히 연결되어 있다.

외교정책과 관련된 지식을 생산하기 위해서는 학계와 정부, 그리고 연구소 간의 관학연 협력이 매우 중요하다고 생각된다. 학계가 문제의 거시적 · 장기적 측면을 분석하여 외교정책의 정책환경 분석과 전략적 일관성을 위한 시각을 제시한다면, 연구소의 연구업적

---

28) Christopher K. Ansell, "The Networked Polity : Regional Development in Western Europe," *Governance,* 13(3) (July 2000), pp. 303–333 ; Christopher K. Ansell, and Steven Weber, "Organizing International Politics : Sovereignty and Open Systems," *International Political Science Review,* 20(1) (1999), pp. 73–93 ; John Arquilla, and David Ronfeldt (eds.), *Networks and Netwars : The Future of Terror, Crime, and Militancy* (Santa Monica, CA : RAND, 2001) ; Albert–László Barabási, *Linked : The New Science of Networks*(Cambridge, MA : Perseus Publishing, 2002) 등 참조.

들은 구체적인 사안들을 심층 분석하고, 이를 바탕으로 정책제언을 마련한다. 정부는 실제 정책 실행기관으로 주어진 정책의 효과를 극대화하는 동시에 정책에 대한 평가, 정책 수립과정에서의 자문을 위해 학계와 연구소와 협력을 수행하는 것이 일반화되어 있다. 그럼에도 불구하고 한국 국제정치학계가 정책 연구 및 제언과 관련하여 향후에 수행할 다양한 과제들이 있다고 보여진다.

첫째, 정책 연구를 위한 학문적 패러다임을 수립하기 위하여 학계가 좀더 다양한 시각을 제시할 필요가 있다. 한국이 부딪혀 있는 많은 외교정책의 사안들은 이론과 시각에 따라 매우 다양하게 분석될 수 있는 살아 있는 역사과정이다. 한국 외교정책 연구의 행로를 보면 주로 현실주의 시각에서의 안보 연구가 다수를 이루는 것이 사실이다.[29] 그러나 향후 주어지는 외교정책의 주제들은 안보는 물론 경제, 사회, 환경, 테러, 문화 등 비전통적 안보의 주제들도 중요한 주제들로 부상할 것이다. 따라서 새롭고 다양한 정책주제들에 대응하기 위해서는 국제정치학의 연구주제들이 문제의 성격을 미래지향적으로 이해 · 분석하고, 한발 앞선 정책제언을 하도록 해야 할 것이다.

둘째, 앞에서 논의한 바와 같은 각 소분과들의 통합 연구체제를 구축하는 것이 정책연구를 위해서도 요긴할 것이다. 일례로 북핵사태를 둘러싼 분석과 돌파구 마련은 북한 연구와 같은 지역 연구, 미국 외교정책 연구, 주변국에 대한 지역 연구, 그리고 국제정치학

29) 김태효, "한국 외교정책 연구 : 회고, 동향, 그리고 제언" 『국제정치논총』 第46집 특별호 참조.

과 안보 연구 등이 조화를 이룰 때 가장 잘 이루어질 수 있다. 정책은 현실을 둘러싼 종합적 판단에 기초해야 하므로 국제정치학의 소분과들이 평소의 연구방법에서 분리되어 있다면 현실적 사건을 다룸에 있어서도 협조가 매우 어려울 것이다. 따라서 학문적 주제들을 둘러싼 평소의 분야별 협력이 정책연구에서도 매우 중요함을 알 수 있다.

셋째, 관학협력에 있어 벌어지고 있는 국제정치 사건에 대한 체계적인 자료의 축적이 필요할 것이다. 현재 한국에서는 관학 협력의 진정한 과정보다는 자료의 제한적 공개, 간헐적인 정책 관심, 시간적 제약 등으로 인하여 형식적인 관학협력이나 당장의 필요에 따른 협력이 주로 이루어지는 경향이 있다. 그러나 실제 정책과정과 학문적 분석과정이 평시에 긴밀히 연결되어 있지 않으면 중요한 사안이 발생하였을 때, 인력의 구성과 주제를 다루는 방법에서 많은 한계를 가질 수밖에 없을 것이다.

넷째, 이미 실행된 정책들에 대한 정확하고 학문적인 평가가 진행되어야 할 것이다. 국제정치학자들의 경우, 필요와 요청에 따라 정책환경 분석, 정책 제언에 노력을 기울이기도 하지만, 이미 발생한 사건들이나 사용한 정책들을 학문적으로 평가하고 분석하는 일이 한계를 보이는 것이 사실이다. 이는 최근의 사건에 대한 자료적 접근의 제약과 현실적인 수요 부족 등에서 기인한 것이다. 정부의 경우 최근의 외교정책에 대한 냉정한 반성과 분석보다는 당장 닥친 사안들을 분석하고 대안을 마련하기에 급급한 경우가 많기 때문이다. 그러나 당장의 정책 분석을 위해서도 비교적 최근 사안에 대한 정확한 분석과 평가가 필요한바, 국제정치학적 분석이 유용하게 공헌할

부분이 있다고 생각된다.

다섯째, 무엇보다 정책 연구와 국제정치학적 학문활동 간의 연계에 관한 다양한 의견이 개진되고 이견들을 조정해 갈 수 있는 장이 마련되어야 할 것이다. 학자들에 따라 정책연구의 필요성에 대한 의견이 다른데, 이것은 학문관과 국제정치학의 특성에 대한 견해의 차이에서 비롯되는 것으로 보여진다. 이러한 차이점은 자연스러운 것으로, 국제정치학의 공동체가 정책연구에 학문적으로 공헌할 수 있는 방법에 관한 다양한 의견이 개진되고 토론을 통해 결론이 마련되어 나가는 것이 중요한 과제라고 보여진다.

VII. 맺음말

본 논문은 제한된 관점에서나마 한국 국제정치학이 현재까지 당면해 온 문제들을 대별해 보고 이러한 문제들이 생기게 된 이유와 향후의 방향에 대해 대략적으로 논의해 보았다. 그 과정에서 본 특별호에 게재된 각 분과별 논문들을 참조하여 보았다. 21세기 초 국제정치 자체가 근본적인 변화를 보이고 있는 가운데 한국의 국제정치학이 부딪히고 있는 문제는 매우 다양하고 심각한 것들이다. 한국의 국제정치학이 반세기 이상의 역사를 통해 성과를 축적하여 왔으나 여전히 한국이 당면하고 있는 문제들을 학문적으로 분석하기에는 많은 한계를 가지고 있고, 더 나아가 한국의 국제정치 현실을 기반으로 세계적으로 의미 있는 학문적 성과를 생산하는 데에도 또한 한계를 보여왔다. 이러한 문제는 한국적 국제정치학과 세계적 국제정치학의 관계설정 문제, 국제관계사와 국제정치학, 특히 역사와 이론을 종합하는 문제, 지역 및 국가 연구와 국제정치 연구의 설정, 즉 안과 밖의 관계설정 문제, 안보 중심의 연구방법과 보다 광범위한 이슈 영역 연구방법의 종합 문제, 그리고 국제정치학의 학문적 주제와 한국 국제정치의 현실이 당면하고 있는 정책적 과제를 종합하는 문제들로 요약해 볼 수 있었다.

한국적이면서 동시에 세계적으로 의미 있는 국제정치학은 한국의 국제정치학자들이 가지고 있는 규범적 기반을 메타윤리학적 관점에서 보다 철저히 검증하는 한편, 세계적 차원의 거시 변화를 한국의 경험에 비추어 정확히 분석하고, 보편적 설명이론의 성립과정에 한국 학자들이 보다 적극적으로 참가할 때 이루어질 것이다. 이론과 역사는 양자를 종합할 수 있는 이론에 근거한 역사적 방법, 혹은 역사사회학적 방법을 보다 적극적으로 원용한 방법을 활발히 사용함으로써 가능할 것이다. 지역 연구 혹은 개별 국가 연구자는 국제정치학에서 논의하는 일반관계의 측면을 보다 적극적으로 인식하는 한편, 국제정치학자들은 지역 및 국가 연구의 성과를 일반이론 차원에서 보다 적극적으로 흡수해야 할 것이다. 정책 연구와 학문 연구의 괴리는 궁극적으로 바람직하지 않으나 양자의 특수성을 인정하는 속에서 학자들 간의 참여윤리에 대한 보다 적극적 논의, 그리고 관학연의 열린 협력을 통해 이론과 실천의 두 세계가 조화를 이룰 수 있을 것이다.

참.고.문.헌

구갑우. "남북한 관계의 이론들." 경남대학교 북한대학원 엮음. 『남북한 관계론』. 서울 : 한울아카데미, 2005.

김상배. "정보화 시대의 외교 : 개념화의 모색." 『정치학회보』 36권 3호 (2002).

김석우. "한국 국제정치학의 회고와 전망 : 국제정치경제의 발전과정과 특성 분석." 『국제정치논총』 46집 특별호.

김영호. "외교사와 국제정치이론 사이의 학제 간 연구의 쟁점과 과제-탈냉전기 미국의 대논쟁에 관한 연구." 『한국정치외교사논총』 제25집 2호 (2001).

김용구. 『세계관 충돌의 국제정치학 : 동양 예와 서양공법』. 서울 : 나남, 1997 참조.

김태효. "한국 외교정책 연구 : 회고, 동향, 그리고 제언." 『국제정치논총』 46집 특별호.

민병원. "국제정치이론과 한국 : 비판적 성찰과 제안." 『국제정치논총』 46집 특별호.

______. "문화의 국제관계 : 네트워크 개념을 통한 이해." 『국제정치논총』 46집 1호(2006).

박상섭 · 하영선. "미국 국제정치학의 자세와 한국 국제정치학의 상황." 『국제정치논총』 35-1.

박수헌 · 신범식. "한국 러시아 연구의 현황과 과제 : 사회과학을 중심으로." 서울대학교 외교학과 설립 50주년 학술회의 발표논문, 2006. 10. 28.

손　열 편. 『동아시아와 지역주의』. 서울 : 지식마당, 2006.
우승지. "남북관계 연구 : 검토와 과제." 『국제정치논총』 46집 특별호.
이신화. "21세기 글로벌 이슈와 국제정치학." 『국제정치논총』 46집 특별호.
이완범. "한국 외교사 연구의 회고와 전망 : 융성–쇠퇴–반성–부흥의 궤적." 『국제정치논총』 46집 특별호.
이혜정. "웨스트팔리아와 국제관계의 근대성 : 러기의 비판적 이해." 『국제정치논총』 42–2 (2002).
______. "주권과 국제관계." 서울대학교 국제문제 연구소. 『세계정치』 제25집 1호 (2004).
임성호. "지역학의 일부인가 정치학의 핵심인가 : 미국 정치 연구의 성격과 과제." 서울대학교 외교학과 설립 50주년 학술회의 발표논문, 2006. 10. 28.
전재성 · 박건영. "국제관계이론의 한국적 수용과 대안적 접근." 『국제정치논총』 42집 4호 (2002).
전재성. "국가주권의 재성찰." 서울대학교 국제문제 연구소. 『세계정치』 제25집 1호 (2004).
정재호. "한국에서의 중국정치 연구의 평가." 서울대학교 외교학과 설립 50주년 학술회의 발표논문, 2006. 10. 28.
진창수. "한국의 일본학의 현황과 문제점." 서울대학교 외교학과 설립 50주년 학술회의 발표논문, 2006. 10. 28.
하영선. "한국 국제정치학의 새로운 방향 모색." 하영선 편. 『현대국제정치이론』. 서울 : 사회비평사, 1995.
하영선 · 김상배 편. 『네트워크 지식국가』. 서울 : 을유문화사, 2006.
하영선 · 김영호 · 김명섭 편. 『한국 외교사와 국제정치학』. 서울 : 성신여자대학교 출판부, 2005.
함택영, "한국 국제정치이론의 발전과 반성 : 이론과 역사의 만남." 서울대학교 외교학과 설립 50주년 학술회의 발표논문, 2006. 10. 28.

Ansell, Christopher K. "The Networked Polity : Regional Development in

Western Europe." *Governance*, 13(3) (July 2000).

Ansell, Christopher K. and Steven Weber. "Organizing International Politics : Sovereignty and Open Systems." *International Political Science Review*, 20(1) (1999).

Arquilla, John, and David Ronfeldt (eds.), *Networks and Netwars : The Future of Terror, Crime, and Militancy*. Santa Monica, CA : RAND, 2001.

Barabási, Albert-László. *Linked : The New Science of Networks*. Cambridge, MA : Perseus Publishing, 2002.

Barnett, Michael and Raymond Duvall. "Power in Global Governance." In Michael Barnett and Raymond Duvall. eds., *Power in Global Governance*. Cambridge : Cambridge University Press, 2005.

Downing, Brian. *The Military Revolution and Political Change*. Princeton : Princeton University Press, 1992.

Elman, Colin & F. Elman, Miriam. eds., *Bridges and Boundaries*. Cambridge, MA. : MIT Press, 2001.

Ferguson, Niall. *Colossus : The Price of America's Empire*. New York : Penguin Books, 2004.

Fischer, Markus. On context, facts, and norms : reply to Hall and Kratochwil. *International Organization* 47-3 (1993).

Foucault, Michel. *The Order of Things: An Archaeology of Human Sciences*. Vintage, 1994.

Frost, Marvin. *Towards a Normative Theory of International Relations : A Critical Analysis of the Philosophical and Methodological Assumptions in the Discipline with Proposals Towards a Substantive Normative Theory*. Cambridge : Cambridge University Press, 1986.

Gaddis, John Lewis. *We Now Know : Rethinking Cold War History*, 박건영 역, 『새로 쓰는 냉전의 역사』. 서울 : 사회평론, 2003.

______. *The Landscape of History : How Historians Map the Past*. Oxford : Oxford University Press, 2004.

Guzzini, Stefano. "The Concept of Power : a Constructivist Analysis." *Millennium : Journal of International Studies*, Volume 33, Number 3 (June 2005).

Hobden, Stephen, and John M. Hobson. eds., *Historical Sociology of International Relations*. Cambridge : Cambridge University Press, 2002.

Hoffmann, Stanley. 1977/1995. An American Social Science : International Relations. *Daedalus* 106, 3.

Kim, Joon Suk. *Making States Federatively : Alternative Routes of State Formation in Late Medieval and Early Modern Europe*. Ph.D Dissertation, Chicago University, 2005.

Krasner, Stephen D. *Sovereignty : Organized Hypocrisy*. Princeton : Princeton University Press, 1999.

Leander, Anna, "The Power to Construct International Security : On the Significance of Private Military Companies." *Millennium : Journal of International Studies*, Volume 33, Number 3 (June 2005).

Mattern, Janice Bially. *Ordering International Politics*. New York : Routledge, 2004.

Osiander, Andreas, *The States System of Europe, 1640–1990 : Peacemaking and the Conditions of International stability*. Oxford New York : Oxford University Press, 1994.

Rice, Condoleezza. "Realizing the Goals of Transformational Diplomacy : Testimony Before the Senate Foreign Relations Committee." Washington, DC, February 15, 2006.

______. "Transformational Diplomacy." Washington, D.C. : Georgetown University, January 18, 2006.

Wallerstein, Immanuel. *Unthinking Social Science : The Limits of Nineteenth-Century Paradigms*. Temple University, 2001.

Zacher, Mark W. "The Territorial Integrity Norm : International Boundaries and the Use of Force." *International Organization*, 55 : 2 (Spring 2001).

12. 한국에 있어서 국제정치/관계학 교육

| 반성을 넘어 현실 속으로

정진영(경희대학교)

I. 서론

한국에 근대적인 국제정치학 교육이 시작된 이후 60년이 지났고 한국국제정치학회가 설립된 지 50년이 되었다.[1] 그동안 많은 변화가 한국의 안팎에서, 국제정치학 교육계 내외에서 일어났다. 이러한 변화들이 국제정치학의 연구뿐만 아니라 교육의 내용과 방법에 지대한 영향을 미쳐왔음은 주지의 사실이다. 무엇보다도 한국의 국제정치학계가 괄목할 만한 성장과 발전을 해왔다. 국제정치학 연구

---

1) 국제정치학, 국제관계학, 국제학은 분리되어 다른 의미로 사용될 필요가 있다. 여기서는 편의상 국제정치학을 넓은 의미로 사용하여 국제관계학과 서로 교환하여 사용할 수 있는 것으로 이해한다. 다만 정체성 논의 등 필요한 부분에서는 이들 사이의 차이를 구분하고자 한다.

자의 수가 대폭적으로 늘었고, 연구의 양과 수준도 현격하게 높아졌다. 최근 함택영은 한국 국제정치학의 발전수준에 대해서 "완제품 수입기", "수입대체기"를 거쳐 이제 "수출기"로 접어들고 있다고 평가한 적이 있다.[2] 한국 국제정치학계의 일원으로서 자부심을 갖게 해주는 긍정적인 평가이다.

그러면 이 글에서 다루고자 하는 국제정치/관계학 교육의 수준도 병행해서 높아졌는가? 연구와 교육 사이의 긴밀한 보완관계를 고려할 때, 우리는 우선 긍정적인 답변을 생각해 볼 수 있다. 국제정치/관계학과 관련된 학과의 수나 개설되는 교과목의 수가 대폭적으로 증가한 사실은 국제정치학 교육의 양적 성장을 말해준다. 다수의 수준 높은 연구업적이 국제정치학 교육의 수준을 높이는 데 기여한다는 점을 고려할 때, 질적으로도 발전했을 것이라는 짐작이 가능하다. 그러나 이 문제에 대한 긍정적인 답변을 찾기는 쉽지 않다.

1995년에 한국국제정치학회는 한국에 있어서 국제정치학 교육의 현황에 관한 특집을 중심으로 『국제정치논총』을 발간했는데, 이때 유승익과 황종성은 한국의 국제정치학 교육이 사회적 수요에 부응하지 못하고 있다는 조사결과를 발표했다.[3] 1년 후 박홍순은 한국

2) 함택영, "한국 국제정치이론의 발전과 반성 : 이론과 역사의 만남," 서울대학교 외교학과 50주년 기념 학술회의(2006년 10월 28일) 발표논문. 그러나 같은 회의에서 발표한 김태현은 상반되는 진단을 내렸다 : "한국 국제정치학자들은 이론은커녕 개념도 개발하지 못했다. 제대로 소개도 못 했다." 그는 최근 "확대억지(extended deterrence)" 개념을 둘러싼 정부나 언론, 학계의 혼란을 예로 들며 그의 주장을 뒷받침하고 있다. 김태현, "한국적 국제정치이론 개발을 위한 과제," 서울대학교 외교학과 50주년 기념 학술회의(2006년 10월 28일) 발표논문.

3) 유승익 · 황종선, "한국 국제관계학 교육에 관한 사회의 요구와 평가," 『국제정치논

정치학회 연례학술회의에서 국제정치학 교육이 현실적 수요의 변화를 따라가지 못하고 있다고 지적했다.[4] 2000년에 이홍종은 한국에 있어서 국제정치학을 포함한 전반적인 정치학 교육의 위기를 지적했다. 그도 역시 (국제)정치학 교육이 현실의 변화에 적절히 대응하지 못하고 있다는 사실을 중시했다.[5] 2002년에 한국국제정치학회는 학회소식지에 국제정치학 교육의 문제점을 극복하기 위한 방안들을 제안하는 에세이들을 실었다.[6] 국제정치학 교육에 여전히 상당한 문제가 있다는 지적과 반성을 우리는 주변에서 쉽게 들을 수 있다.

총 별책부록』(한국국제정치학회, 1995).

4) 박홍순, "국제정치 연구와 교육의 새로운 모색 : 한국 국제정치학의 발전을 위한 방안," 1996년 한국정치학회 연례학술회의 발표논문.

5) 이홍종, "정치학 교육의 문제점과 개선방안," 한국동북아학회, 『한국동북아논총』(2000). 그는 다음과 같이 말하고 있다(270-71) : "'정치학의 위기'는 학부제 실시 등 대학교 내부의 구조조정 과정에서 나타나고 있지만, 근본적으로 정치에 대한 중요성의 증가에 비해 정치학이 현실의 요구와 변화의 흐름을 제대로 읽지 못하고 있기 때문이다. 세계화, 정보화뿐만 아니라 후기 산업사회의 다원적인 요소들인 환경, 시민사회, 노령사회 등 복지의 문제와 같은 새로운 이슈들을 제대로 다루지 못하고 정치학이 현실과 유리된 학문으로 남아 있고 실용학문으로서 취급과도 연결되는 학문으로 변신하지 못하고 있다." 비슷한 시각에서 김왕식과 김용직은 다음과 같이 말하고 있다 : "국제정치학계의 끊임없는 자기 쇄신의 노력에도 불구하고 국제정세의 급격한 변화는 이제까지 한국 학계의 국제정치학의 연구와 교육에 대하여 그 적실성을 근본적으로 재검토할 것을 요구하고 있다. 즉 기존의 국제사회를 규율하여 왔던 냉전체제가 해체되고 우루과이 협상이 타결되어 WTO체제가 출범함으로써 국가 간의 관계에 있어서도 전통적 의미의 군사관계 영역보다도 경제관계 영역이 더욱 중요시되는 새로운 국제질서가 형성되고 있으며, 그에 따라 한반도의 주변상황이 급격히 변화하고 있기 때문에 한국에 있어서의 국제정치 교육 역시 변화하는 국제질서의 도전에 대체할 수 있는 인간형성을 가능하게 할 수 있는 방향으로 개편될 것이 요구되고 있는 것이다." 김왕식 · 김용직 (1995), "국제정치학 교육체계와 교육의 실태," 『국제정치논총』 35집 1호, pp. 316-317.

6) 한국국제정치학회, 『학회소식』 102호에 실린 신율 · 이근 · 김민정 등의 에세이 참조.

교재의 부족, 이론 위주의 획일적인 교육방법, 국제정치학에 대한 사회적 인식의 부족, 학부제 실시와 같은 교육환경의 변화 등이 그 원인으로 종종 지적된다.

한국에 있어서 국제정치/관계학 교육에 대한 그간의 수많은 반성에도 불구하고 국제정치/관계학 교육에 대한 불만은 여전히 높은 수준이다. 왜 이러한가? 반성만 했지 개선을 위한 노력을 하지 않았기 때문인가? 아니면 반성 자체가 잘못된 것이었기 때문인가? 국제정치학 교육에 대한 평가는 어떠한 기준에서 이루어져야 하는가? 이 글은 한국에 있어서 국제정치학 교육의 현실을 다시 한 번 되돌아보면서 국제정치학 교육의 개선방향을 제시해 보고자 한다.

Ⅱ. 한국에 있어서 국제정치/관계학 교육의 필요성과 목표

국제정치/관계학 교육의 현황에 대한 평가는 이것이 왜 필요하고 어떤 목표를 달성하고자 하는지에 대한 전제와 합의를 필요로 한다. 예컨대, 한국에 있어서 국제정치학의 연구성과에 대한 평가의 기준으로 종종 "한국적" 국제정치학의 설립이라는 목표가 제시된다.[7]

---

7) 박상섭, "한국 국제정치학과 외래이론 수용의 문제점," 『국제정치논총』 28집 1호(1988) ; 박상섭, "한국국제정치학 40년 : 현황, 방향 및 가능성," 『한국정치학회보』 21집(1987) ; 박상섭 · 하영선, "미국 국제정치학의 추세와 한국 국제정치학의 현

무엇이 한국적 국제정치학인지는 분명하지 않지만, 서구의 이론을 그대로 소개하거나 적용하는 연구가 아닌 뭔가 다른 주제나 내용 또는 방법의 국제정치학을 기대하고 있음에 틀림없다. 또는 한국 국제정치학자들이 세계 국제정치학계에서 활동하는 정도를 평가기준으로 삼기도 한다. 내용이 문제가 아니라 국제적으로 저명한 저널에 게재된 한국 학자들의 연구업적의 양이 기준이 되는 경우이다. 물론 이러한 기준들에 대한 논란이 많은 것은 당연하다. 그러나 어떤 경우이든 평가를 위해서는 관련 분야의 종사자들에게 설득력이 있는 평가기준이 제시되어야 한다는 점은 분명하다. 그러면 국제정치/관계학 교육에 대한 평가의 기준은 무엇인가?

지금껏 국제정치학 교육에 대한 평가는 대개 수요자나 공급자에 대한 여론조사의 결과를 바탕으로 이루어져 왔다.[8] 국제정치학 전공자를 고용하고 있는 수요자의 만족도나 국제정치학을 가르치는 공급자의 주관적 평가를 수집하여 평가자료로 사용한 것이다. 이러한 종류의 연구가 매우 체계적이고 통계적으로 유의미한 방법으로 이루어진다면 국제정치학 교육에 대한 평가와 개선방향을 마련하는 데 상당한 도움이 될 것이다. 그러나 이를 위해서는 많은 시간과 자원이 투입되어야 한다. 따라서 이 절에서는 이러한 기초자료의 확보가 없는 가운데 필자의 경험과 소수의 비공식적 인터뷰를 바탕으

황," 『국제정치논총』 35집 1호(1995).

8) 이러한 경향의 대표적인 연구들로는 다음을 들 수 있겠다 : 윤현근 · 최종철, "국제정치학 (교육)에 대한 학계의 자기인식 및 평가," 『국제정치논총』 35집 1호(1995) ; 김왕식 · 김용직, "국제정치학 교육체계와 교육의 실태," 『국제정치논총』 35집 1호(1995).

로 국제정치학 교육의 필요성과 목표를 당위론적으로 제시해 보고자 한다. 이러한 논의가 주관적 편견에 기울기 쉬운 위험이 있기는 하지만 국제정치학 교육에 대한 평가를 체계적으로 수행하기 위한 기초작업으로서 의미가 있다.

도대체 국제정치/관계학 교육이 왜 필요한가? 사실 이러한 질문을 하는 것 자체가 매우 도전적이고 불쾌하게 받아들여질 수 있다. 대학에서의 교육을 어떤 종류의 사회적 필요성에 기초해서 평가하려는 불순한 의도를 가지고 있다고 인식될 수 있기 때문이다. 학문은 그 자체로서 가치가 있기 때문에 어떤 다른 것을 위한 수단으로 인식되어서는 곤란하다는 입장이 가능하다. 그리고 대학에서의 충실한 기초교육은 사회현장에서 필요한 현상에 대한 분석과 이해, 처방을 가능하게 해주는 능력을 키워주기 때문에 굳이 대학에서 실무적인 교육을 실시할 필요가 없다고 주장할 수도 있다. 그러나 오늘날 대학교육은 대중화되어 있고, 거의 모든 사람들이 대학교육을 사회진출을 위한 준비로 생각하고 있는 상황에서 국제정치학 교육이라고 이러한 사회적 인식에 기초한 평가에서 예외가 될 수 없다. 한국에서의 국제정치학 교육에 대한 평가와 반성을 제시하고 있는 기존의 연구들이 수요자나 공급자의 인식을 조사하는 방법을 택하고 있는 이유도 바로 여기에 있다. 우리는 아래에서 한국에서 국제정치학 교육이 필요한 이유를 세 가지 차원(부문)으로 나누어 논의해 보고자 한다.

첫째, 국가부문과 관련된 필요성이다. 국가들은 국제관계 속에서 자국의 안보와 경제 및 사회문화 교류에 따른 국가이익을 추구한다. 국제정치학은 바로 이러한 국가들의 행동과 그 결과를 연구대상으로 한다. 따라서 국제정치학은 국가들이 대외관계에서 자국의 안보적 · 비안보적 이익을 극대화할 수 있는 방안을 찾고 추진하는 데 도움을 줄 수 있다. 국제정세와 대외정책에 관한 전문지식을 제공함으로써 국가 지도자들의 정책활동을 지원하는 것이다. 이는 국제정치학 교육을 받은 사람이 대외정책의 직접적인 담당자가 되거나 국제정치학 전문가들이 대외정책 담당자를 지원하는 방법으로 이루어질 수 있다. 국가안보와 국제관계에서 추구되는 다양한 국가이익들의 중요성을 고려할 때, 국제정치학 교육의 유용성이 매우 크다고 주장할 수 있다.[9] 다만 이 경우 국제정치학 교육의 필요성은 대외정책의 결정과정이 얼마나 개방돼 있느냐에 따라 크게 달라질 수 있다. 대외정책의 민주화 또는 사회정치적 민주화가 대외정책에 미치는 영향과 관련된 문제이다.

대외정책이 극소수의 고위 엘리트들에 의해서 비밀리에 결정되고 추진된다면 이들에게 조언할 수 있는 소수의 국제정치 전문가들만 있으면 충분할 것이다. 20세기 전반까지의 대외정책 결정은 어느 나라에 있어서나 대개 이러한 패턴으로 이루어졌다고 볼 수 있다. 이 경우 국제정치학 교육에 대한 수요는 극히 제한돼 있을 것이고, 따라서 몇 곳의 대학에 국제정치학을 가르치는 학과가 있거나 별도의 특수 전문교육기관이 있으면 될 것이다. 만약 대외정책 담당자의 충원이 국가시험을 통해서 이루어진다면 이 시험의 준비에 도움을

9) 사실 지금까지 한국의 국제정치학 교육에 관한 논의는 거의 모두 이 차원에서의 필요성에 국한되어 이루어졌다고 해도 과언이 아닐 것이다. 1990년대 중반 박상섭 · 하영선(1995)의 논의와 최근의 함택영(2006)의 논의를 참조하라.

줄 수 있는 국제정치학 교육이 요청될 것이다. 물론 충원의 규모에 따라 필요성이 다르겠지만, 여전히 국제정치학을 대중교육으로 가르칠 필요는 없을 것이다. 그러나 대외정책의 결정과정이 개방적이고 민주적인 절차를 통하여 이루어진다면, 아래에서 우리가 논의하고 있는 것처럼 시민교육으로서 국제정치학 교육의 필요성이 크다고 볼 수 있다. 국제정치학을 국가에 대한 서비스의 차원에서만 그 효용성을 찾는다면 소수의 엘리트를 위한 전문교육과 다수의 시민들을 위한 교양교육으로 국제정치학 교육이 개편되면 될 것이다.

둘째, 민간부문과 관련된 국제정치학 교육의 필요성이다. 오늘날 국제관계는 국가들만의 독점적 영역이 더 이상 아니다. 민간인들의 교류와 활동이 국가들과 함께 또는 국가들의 영역 밖에서 활발히 이루어지고 있다. 특히 기업들이나 시민단체들의 국경을 초월한 활동이 매우 활발하다.[10] 그런데 기업들이 해외에 투자를 하거나 무역거래를 할 때 국제정세나 상대국의 정치경제 정세에 촉각을 곤두세우지 않을 수 없다. 국제금융시장이나 국제자원시장의 동향도 예의 주시하지 않을 수 없다. 국제적으로 활동하고 있는 시민단체들도 국제정세나 다른 나라의 국내정세에 대한 많은 정보를 필요로 한다. 국제정치/관계학, 특히 그 하위 학문 분야로서 국제지역학(international area studies)과 국제정치경제학(international political economy) 교육은 바로 이러한 필요에 호응할 수 있다.

10) 세계화와 국가주권, 국제정치의 변화에 관한 수많은 논의가 이 점을 잘 보여준다. 대표적으로 다음을 들 수 있겠다 : A. McGrew and Paul Lewis et al., *Global Politics : Globalization and the Nation–State*(Cambridge : Polity Press, 1992) ; John Naisbitt, *Global Paradox*(New York : William Morrow and Company, 1994).

그런데 이 문제는 국제정치학의 정체성과 관련이 있다. 전통적으로 국제정치학은 국가안보와 관련된 이슈들을 연구대상으로 하는 것으로 인식되고 있다. 그러나 이는 민간부문에서 요구하는 교육내용과 거리가 있다. 국제정치학 교육을 받은 졸업생들의 절대다수가 민간부문에 고용되고 있는 현실을 고려할 때, 국제정치학 교육이 졸업생들의 민간부문 취업과 활동을 지원할 수 있는 내용으로 바뀌어야 한다고 한다면 국제정치학에 대한 전통적인 관념은 바뀔 필요가 있기 때문이다.[11] 물론 전통적인 군사안보 분야의 교육도 중요하고, 민간부문에서도 이를 중요하게 활용할 수 도 있다. 그러나 국제정치학 교육이 민간부문의 수요에 호응하기 위해서는 비전통적인 분야의 다양한 국제교류를 포함하도록 그 외연이 대폭 확대돼야 한다. 군사안보 분야 위주의 국제정치학은 오늘날 변화하고 있는 국제관계의 현실을 따라가지 못하는 잘못을 범할 수 있다.[12]

셋째, 시민교육으로서 국제정치학 교육의 필요성이다. 민주화 이후 대외정책의 결정은 국민여론과 사회적 압력의 영향을 받으면서 이루어질 수밖에 없다.[13] 대외정책의 정치화는 정책추진의 효율성

---

11) 이러한 지적은 박홍순(1996), "국제정치 연구와 교육의 새로운 모색"에서 대표적으로 발견된다.

12) 이 경우 혹자는 전통적인 의미의 국제정치학은 그대로 유지하고 새로운 현실에 대한 연구와 교육은 국제관계학으로 지칭하는 것이 좋다고 주장할 수 있다. 즉 국제정치학과 국제관계학을 구분하여 전자는 전통적인 군사안보 분야 위주의 학문 분야로, 후자는 국제관계의 다양성을 인정하고 비군사안보 분야를 중시하는 학문 분야로 규정하는 것이다. 사실 한국 학계에 이러한 인식이 어느 정도 존재한다고 생각된다.

13) 한국에 있어서 민주화가 대외정책의 결정과정과 내용에 미치는 영향에 대해서는 적지 않은 연구가 이루어졌다. 『국제정치논총』은 1988년에 출간된 28집 2호에서

을 떨어뜨리고 국가이익의 극대화를 어렵게 만들 수 있는 소지가 있기는 하지만 불가피한 현상이기도 하다. 물론 다양한 정치세력들의 타협을 바탕으로 대외정책의 정치화를 줄이기 위한 노력을 할 수는 있겠지만 본질적으로 대외정책이 갖는 정치성을 부정할 수는 없다. 따라서 민주주의 하에서 합리적인 대외정책을 추구하기 위해서는 대외정책과 관련된 문제에 대한 국민의식의 수준이 향상될 필요가 있다. 대외정책을 정치적으로 활용하여 권력을 획득하려는 정치세력이 등장할 수 있는 가능성을 배제할 수 없다면, 대외정책에 대한 국민들의 건전한 판단이 전제돼야만 국가적 낭패를 방지할 수 있기 때문이다. 이러한 측면에서 오늘날 국제정치학 교육은 대학에서 이를 전공하는 학생들에게만 국한되어서는 안 된다. 비전공자들에게도 교양이나 일반선택으로 이수할 수 있는 기회가 많이 주어져야 하며, 일반 시민을 상대로 하는 국제정치학 교양강좌도 빈번하게 열릴 필요가 있다. 국민들의 국제정치에 대한 의식수준이 올바른 대외정책 선택의 안전판이기 때문이다.

국제정치학 교육의 필요성을 위와 같이 세 차원으로 나누어 살펴보면 오늘날 우리가 추구해야 할 국제정치학 교육의 내용이나 수준에 있어서도 상이한 의견을 가질 수 있다. 우선 국제정치학의 범위를 전통적인 외교안보정책 분야로 최소화시켜 잡으면, 국제정치학 교육은 소수의 엘리트 교육과 다수를 위한 교양교육으로 구성될 수

민주화와 한국 외교정책을 특집으로 다루고 있다. 이후 김기정과 이행은 이에 관한 이론적 분석틀을 제시하려는 노력을 하고 있다. 김기정 · 이행, "민주화와 한국 외교정책 : 이론적 분석틀의 모색," 『국제정치논총』 32집 2호(1992).

있다. 국제정치학 전공자에 대한 사회적 수요가 극히 제한적일 것이기 때문이다. 이 경우 전공교육은 소수의 전공학과로 국한되고 대다수의 국제정치학 교육은 교양교육의 성격을 갖게 될 것이다. 따라서 국제정치학 교육의 목표는 소수의 엘리트 배출과 시민교양의 함양으로 구분될 것이다. 이에 비해 국제정치학의 범위를 비전통적인 경제, 사회, 문화 분야에서의 국제교류와 다양한 국제적 이슈들로까지 확대한다면, 국제정치학 교육은 민간부문에서 필요로 하는 졸업생들을 대량으로 배출하는 것을 목표로 해야 한다. 이 경우에는 기존의 정치외교학과 틀을 벗어나는 국제관계학과 또는 국제학부의 형태로 학부교육을 실시하고 대학원에서 자기의 전공영역을 특화하는 형태로 교육과정이 구성될 필요가 있다. 따라서 학부에서는 전통적인 국제정치학 과목들과 외국어 교육 외에 국제법과 국제기구, 국제통상, 국제금융, 인권, 환경, 지역연구 등 다양한 분야에 걸쳐 기초적인 소양을 갖춘 국제인력을 배출하는 것을 교육목표로 삼아야 한다. 민간부문의 다양한 수요에 호응할 수 있도록 하기 위해서이다. 이러한 기준을 갖고 현재 한국의 국제정치/관계학 교육의 현황을 살펴보자.

Ⅲ. 한국 국제정치/관계학 교육의 문제점

한국에서 국제정치/관계학 교육은 이제 소수의 엘리트 외교관

배출을 목표로 할 것인지 아니면 다수의 국제인력 배출을 목표로 할 것인지를 선택해야 한다.[14] 물론 두 개의 목표가 서로 배타적이지 않을 수 있고, 각 대학이나 기관이 상이한 목표를 추구하는 방법으로 조화를 이룰 수도 있다. 그러나 현재 한국에서의 국제정치학 교육은 이러한 선택이 이루어지지 않은 가운데 공급자나 수요자 모두가 만족하지 못하는 결과가 산출되고 있다. 과거로부터 내려오고 있는 한국 국제정치학 전반의 문제점들도 여전히 가시지 않고 있고, 이것이 한국 국제정치학 교육에 대한 불만의 주요한 원인이 되기도 한다. 아래에서 우리는 현 단계 한국 국제정치학 교육의 문제점들을 다섯 가지로 묶어 정리해 보고자 한다.

첫째, 이론 위주의 교육내용과 현실의 괴리이다. 국제정치학 교육이 이론 위주로 이루어지고 있는 가운데 학생들이 배운 지식을 현실에 적용하여 사용할 수 있는 능력이 크게 부족하다. 수업을 통하여 배우는 이론들이 현실적 적실성을 갖지 못하는 경우도 많지만, 무엇보다도 수업이 이론 위주의 강의로 이루어지고 있는 데 일차적인 원인이 있다고 판단된다. 학생들이 국제정치의 현장을 직접 경험할 수 없는 가운데 교수진도 현장경험이 부족하고 수업시간에 활용할 수 있는 사례연구도 매우 부족한 상태이다. 따라서 학생들이 이론과 현실을 연결하고 이를 응용할 수 있는 능력을 쌓기가 거의 불가능한

---

14) 이를 선택이라고 부르는 이유는 아직도 다수의 한국 국제정치학자들은 전통적인 좁은 의미로 국제정치학의 범위를 인식하고 교육과정을 편성하고 있기 때문이다. 그러나 현실적으로 국제정치/관계학의 외연이 대폭적으로 확대돼야 할 필요성은 많다. 따라서 국제정치학이 현실의 변화를 수용하지 않는다면 한국의 국제정치학은 점점 더 현실과 멀어질 것이다.

상황이다. 모의유엔대회나 모의통상협상과 같은 실험의 장을 제공하고 있는 대학들도 있지만 아직 매우 제한적이다. 그 결과 국제정치학 교육을 받은 졸업생들이 국제관계를 분석하고 이해할 수 있는 능력이 크게 부족하다. 국제정치학 교육의 무용론이 제기될 수 있는 부분이다.

한국적 국제정치의 현실을 이해하는 데 한국적인 국제정치이론이 있어야 하는지에 대해서는 논란이 분분하다. 만약 구체적 현실에 따라 상이한 이론이 필요하다고 생각한다면, 한국에서의 국제정치학 교육이 현실과 괴리된 주요한 이유는 한국적 국제정치이론이 발전하지 못했기 때문이라고 말할 수 있을 것이다. 지난 50년간 국제정치학계는 이 점에 대해서 끊임없이 반성해 왔다. 그러나 어차피 현실에 대한 이해는 다양한 이론적 관점에서 상이하게 이루어질 수밖에 없다고 믿는다면, 한국적 현실에 대한 연구성과들이 부족하거나 이를 교육에 활용하려는 노력이 부족했기 때문이라고 볼 수 있다. 이와 관련하여 우리는 특히 이론과 교육, 그리고 현장 사이에 존재하는 괴리를 중요하게 생각한다. 그리고 한국적 국제정치이론의 발전을 위해서나 한국 현실에 대한 연구성과를 교육에 활용하기 위해서도 한국을 둘러싸고 있는 대외적 환경의 구체적 현실에 대한 체계적인 사례연구들이 많이 이루어질 필요가 있다.

둘째, 앞의 것과 밀접히 관련된 것으로서, 국제정치학 연구와 교육의 종사자들이 변화하는 국제관계의 현실을 따라잡지 못하고 있는 가운데 국제정치학의 전통적인 이미지에 갇혀 있다. 오늘날 국제정치의 주요 이슈들은 기존의 군사안보 영역을 크게 벗어나고 있다. 국제통상, 국제금융, 다국적기업, 지역협력, 국제적 시민단체 등의 이슈들이 이러한 예에 속한다. 한국에서는 주로 정치적인 이유로 정치외교학과의 설립이 억제된 가운데 다수의 국제관계학과가 설립되었다. 그리고 최근에는 교육의 내용이 훨씬 더 다양해진 국제학부의 설립도 가속화되고 있다. 이러한 경향은 국제관계의 현실이 변화하는 것에 대한 한국적 대응이라고 볼 수도 있다. 사실 국제관계학과나 국제학부의 교육내용은 기존 정치외교학과의 국제정치 프로그램과는 상당히 다르다. 예컨대, 국제학부의 경우 대개 국제정치뿐만 아니라 국제통상, 국제경영, 지역연구 등의 분야가 교과과정의 핵심적인 부분으로 포함되고 있다. 그렇지만 이러한 차이가 아직 사회적으로는 잘 인식되지 못하고 있다. 국제정치학 교육에 대한 사회의 전반적인 인식은 여전히 부정적인 쪽에 가깝다고 볼 수 있다.

사실 이 문제는 국제정치학의 정체성 문제와 직결돼 있다. 전통적 의미의 국제정치학 연구자들의 입장에서 보면 기업이나 시민단체 등 비국가 조직체들을 국제관계의 행위자로 보기 어렵고, 경제 · 사회 · 문화적 차원에서의 교류활동을 국제정치현상으로 보기도 어렵다. 따라서 국제관계학과나 국제학부가 이러한 영역을 중심으로 교육과정을 편성하고 운영하는 것은 국제정치학의 범위를 벗어나는 것으로, 국제정치학과 국제관계학 또는 국제학을 구분하여 상이한 학문분과로 보아야 한다는 주장이 가능하다. 그러나 새로운 영역을 국제정치학의 합당한 연구와 교육의 대상으로 인식한다면 국제정치학과 국제관계학, 국제학은 동일한 학문분과로서 강조점에 있어서 약간의 차이가 있을 따름이다.

셋째, 국제정치학 교과과정의 구성과 교육내용의 표준화가 안 돼 있다. 그 결과 국제정치학 교육이 학교마다 상당한 차이가 있고,

유사한 과목이라도 담당교수에 따라 그 내용이 크게 다른 경우가 많다. 물론 학교의 특색이나 교수의 전공에 따라 교육의 내용이 조금씩 차이가 나는 것은 당연하다. 그러나 그러한 차이가 너무 큰 경우 국제정치학 교육의 정체성과 신뢰성이 의심을 받을 수 있다. 그리고 국제정치학 교육내용의 심화가 어렵고 기초적인 내용이 과목마다 반복될 우려가 있다. 이러한 현상이 나타나는 중요한 이유는 아마 국제정치학의 각 영역마다 대다수의 교수들이 인정하는 권위 있는 표준 교과서가 없기 때문일 것이다. 그리고 학과마다 국제정치학 관련 개설과목의 세분화 정도와 수가 상당히 다르기 때문이기도 할 것이다. 그 결과 국제정치학 교육을 받은 졸업생들에 대한 사회적 기대가 제대로 형성되지 못하고 있다.

넷째, 국제정치학 시민교육의 부족이다. 민주화 시대에 대외정책은 국민여론에 따라 큰 영향을 받지 않을 수 없다. 따라서 훌륭한 정책은 시민들이 국제정치에 관한 건전한 교양을 갖추고 있을 때 가능하다. 국제적으로 활동하고 있는 기업들의 경우에도 국제적 교양을 갖춘 인재를 필요로 한다. 국제관계에 대한 이해와 해외정보가 기업의 활동에 중대한 영향을 미칠 수 있기 때문이다. 그러나 대학에서 국제정치학을 교양으로 수강하는 비전공생의 수는 매우 적으며, 일반시민을 상대로 하는 국제정치학 교양강좌도 찾기가 어렵다. 국제정치학에 대한 사회적 인식을 개선하고 수요를 증대시키기 위해서라도 국제정치학 교양강의 및 시민교육를 강화시킬 필요가 있다.

다섯째, 국제정치학 전공의 인기가 없다. 위에서 논의한 문제점들과 더불어 국제정치학 전공자들의 취업이 쉽지 않다는 인식이 반영된 결과이다. 학부제나 취업경쟁 등 대학 안팎의 환경변화에 따른 결과이기도 하지만, 국제정치학 담당자들이 변화하는 현실에 제대로 대응하지 못한 결과이기도 하다. 국제정치학이 전공으로서 꼭 인기가 있어야 된다거나 취직에 필요한 내용으로 교육내용을 대체해야 한다는 주장은 아니다. 그러나 국제정치학이 본연의 기능을 발휘하기 위해서라도 많은 사람들이 관심을 갖고 배우려는 교과목으로 다시 태어나야 한다. 다만 최근 한국 사회에서 일고 있는 국제화 열기에 부응하여 전 교과목을 '영어로 강의하는' 국제학부에 대한 사회적 수요가 증가하고 있다. 해외에서 중고등학교를 다닌 학생들이 다수 존재하는 상황에다가 외국어고, 국제고 등이 증가하고 있기 때문이다. 그런데 이들이 관심을 갖고 배우고자 하는 분야는 전통적인 의미의 국제정치학이 결코 아니다. 국제경제, 국제금융, 해외지역 연구 등을 포함하는 넓은 의미의 국제학을 선호하고 있다. 따라서 국제학을 이러한 분야로까지 확대할 것인가, 그리고 이렇게 되면 국제학과 국제정치학 또는 국제관계학 사이의 관계가 어떻게 될 것인가가 중요한 문제로 제기되고 있다.

IV. 국제정치/관계학 교육의 개선방향

오늘날 한국에 있어서 국제정치/관계학 교육이 안고 있는 문제점들을 극복하고 소기의 목표들을 달성하기 위해서 무엇을 어떻게 개선해 나가야 할 것인가? 대내적인 민주화와 대외적인 세계화의 여건에서 국제정치학 교육은 매우 중요한 역할을 수행할 수 있다. 그리고 이러한 역할을 수행할 때 국제정치/관계학 교육에 대한 사회적 인식도 고양될 것이다. 이를 위해 우리는 다음의 세 가지 개선방향을 제시하고자 한다.

첫째, 국제정치학의 정체성을 세계화 시대에 적합한 방향으로 폭넓게 규정할 필요가 있다. 국제정치학의 범위를 전통적인 군사안보 영역에 국한시키면 국제관계의 현실을 파악하는 데 걸림돌이 되고, 국가나 사회가 필요로 하는 인재를 양성하는 데도 실패할 것이다. 이러한 시각에서 필자는 국제정치학이 국제관계학, 국제학으로 관할범위가 확대되고 있는 현실을 긍정적으로 평가한다. 이는 전통적인 의미의 국제정치학이 더 이상 필요가 없다는 주장이 결코 아니다. 다만 전통적인 분야를 넘어서 새로운 영역으로까지 연구와 교육의 범위를 확대해야 한다는 것이다. 물론 이러한 노력은 국제정치학과 관련된 기존의 교육기관들 사이에 차별화를 가져올 수도 있을 것이다. 즉 전통적인 의미의 국제정치학 교육에 전념하는 기관들과 새로운 추세인 국제학 교육으로 영역을 넓히는 기관들이 공존할 가능성이 크다. 이에 따라 정체성 혼란의 문제가 야기될 수 있지만 분야와 기능별 특화로 이해될 수도 있을 것이다.

물론 국제정치학은 국제경제학이나 국제법과 다르다. 국제정치학의 영역을 전통적으로 국제경제학이나 국제법이 다루던 분야로 확대한다고 해서 바로 그러한 학문들과 비슷해지라는 것은 결코 아니다. 국제정치학이 그러한 학문들과 다른 것은 연구의 대상이 아니라 그것을 바라보는 이론과 시각의 차이에 있다. 예컨대, 국제정치학자와 국제경제학자가 똑같이 다국적기업을 다룬다고 하더라도 이들이 다국적기업을 바라보는 시각이나 설명하고자 하는 대상이 크게 다를 수 있다. 국제정치학자들은 국제경제학이나 국제법의 연구성과로부터 많은 도움을 받을 수 있다. 그러나 이러한 사실이 곧 국제정치학의 정체성을 위협하는 것으로 생각되지는 않는다.

둘째, 현장교육과 실험실습의 기회를 대폭적으로 확대하는 교육방법의 개선이 필요하다. 강의실에서 이론위주의 교육을 통하여 학생들로 하여금 국제관계의 현실을 분석하고 이해하는 능력을 갖게 하는 것은 거의 불가능하다. 정부, 기업, 시민단체 등에서 현장을 체험할 수 있는 기회를 늘리기 위한 노력이 긴요하다. 실무에 종사하고 있는 외교관들이나 기업의 해외영업 담당자들을 강의에 활용하는 것도 도움이 될 것이다. 사례연구가 활발히 진행된다면 이를 교육에 활용하는 것도 좋은 방안이다. 요컨대, 학생들이 이론과 현실을 종합적으로 이해하고 응용할 수 있는 능력을 갖도록 하는 교육방법이 필요하다.

이론과 현실의 괴리, 연구와 교육의 담당자와 외교 실무자 사이의 단절이 존재하는 한국적 상황에서 이러한 방향으로의 개선이 짧은 시간에 일어나기는 어려울 것이다. 그러나 이러한 현실은 국제정치학의 연구와 교육에도 대외정책의 추진에도 부정적인 영향을 미친다. 연구와 교육, 현장실무 사이에는 유기적인 연관이 만들어져야 한다. 실무자들이 대학과 연구의 장으로 유입되어야 하고, 연구자와 교육자들이 실무를 경험하거나 정보를 접할 수 있는 기회가 확대돼야 한다. 보다 직접적으로, 대학생들이 국제기구나 정부의 대외업무 기관들에서 인턴으로 실습할 수 있는 기회도 크게 확대될 필요가 있다.

셋째, 국제정치학 교양교육 및 시민교육을 활성화해야 한다. 대학에서 다수의 비전공 학생들이 국제정치학 교양과목을 들을 수 있도록 하고, 시민들을 상대로 하는 국제정치학 교양교육의 기회도 넓혀야 한다. 이를 위해서는 국제정치학의 기본내용들을 충실한 담고 있으면서도 쉽고 재미있는 국제정치학 교과서들이 다수 출판되어야 한다. 그리고 비전공 학생들이나 일반인들의 이해를 돕기 위한 보조교재들도 다양하게 개발될 필요가 있다. 강의의 내용이나 방법도 중요하다. 국제정치학 강의가 추상적이고 복잡한 이론위주의 수업이 아니라 유익하고 흥미로운 정보와 분석시각을 제공하는 수업이 되도록 만들어야 한다. 이는 민주화 시대에 있어서 국제정치학을 연구하고 가르치는 사람들의 사회적 책임이다. 국익을 극대화할 수 있는 올바른 대외정책이 국내정치의 과정을 통하여 채택되고 추진되기 위해서는 국민들의 수준 높은 대외인식이 필수적이기 때문이다.

V. 맺는 말

한국 국제정치학계는 지금껏 많은 반성을 해왔다. 미국의 이론을 직수입하여 쓰는 것에 대하여 반성했고, 한국적 국제정치이론을 제대로 발전시키지 못하고 있는 현실을 안타까워했다. 국제정치학 교육이 사회적 수요에 효과적으로 대응하지 못하는 것에 대하여 반성했고, 학생들과 일반국민의 관심을 끌지 못하는 현실을 부끄러워

했다. 물론 한국의 국제정치학 종사자들이 이러한 반성과 자괴의 심정에 빠져 있었던 것만은 아니었다. 그동안 한국의 국제정치학 연구와 교육은 상당한 변화와 발전을 겪었다. 국제정치학 연구의 양과 질적 수준에 있어서 커다란 발전이 이룩되었고, 전통적인 정치외교학과의 틀을 벗어나 국제관계학과, 국제학부, 국제대학원의 형태로 교육의 내용과 방식에 있어서도 상당한 변화가 일어났다.

우리는 앞에서 한국 국제정치학 교육의 현황에 대한 평가와 개선방향을 제시하기 위하여 세 가지 작업을 했다. 첫째, 한국에 있어서 국제정치학 교육에 대한 수요를 국가부문, 민간부문, 시민교육부문으로 나누어 살펴보았다. 그리고 국제정치학 교육은 이러한 다양한 수요를 모두 충족시키는 방향으로 이루어져야 한다고 주장했다. 둘째, 현재 한국 국제정치학 교육은 다섯 가지의 주요한 문제점을 보여주고 있다고 지적했다. 이론 위주의 교육, 변화하는 현실에 대한 적응 부족, 교육과정과 내용의 표준화 결여, 국제정치 시민교육의 부족, 국제정치학 전공의 인기 상실 등이 그것들이다. 셋째, 이러한 국제정치학 교육의 문제점을 해결하기 위한 개선책으로 우리는 세 가지 변화를 주문했다. 우선 국제정치학의 정체성을 세계화 시대에 적합하게 폭넓게 규정할 필요가 있다. 또한 현장경험과 사례교육을 확대하여 이론 위주의 교육에서 탈피해야 한다. 그리고 국제정치학 교양교육 및 시민교육을 확대해야 한다.

한국 국제정치학 교육이 이러한 방향으로 개선을 이룩하기 위해서는 무엇보다도 국제정치학 교육담당자들의 책임이 무겁다. 국제정치학의 정체성과 범위에 대한 열린 자세가 필요하고, 이론과 현실을 접목시키는 교육을 위한 다양한 노력이 필요하며, 교양교육이나 시민교육 확대에 따른 수고를 아끼지 말아야 한다. 세계화 · 민주화의 현실 속에서 국제정치학이 본연의 임무를 다하기 위해서 꼭 필요한 일들이다. 그리고 이는 한국에 있어서 국제정치학의 생존문제와도 직결돼 있다.

참.고.문.헌

김기정 · 이행. "민주화와 한국 외교정책 : 이론적 분석틀의 모색." 『국제정치논총』 32집 2호(1992).

김왕식 · 김용직. "국제정치학 교육체계와 교육의 실태." 『국제정치논총』 35집 1호(1995).

김태현. "한국적 국제정치이론 개발을 위한 과제." 서울대학교 외교학과 50주년 기념 학술회의(2006년 10월 28일) 발표논문(2006).

박상섭. "한국 국제정치학 40년 : 현황, 방향 및 가능성." 『한국정치학회보』 21집(1987).

______. "한국 국제정치학과 외래이론 수용의 문제점." 『국제정치논총』 28집 1호(1988).

박상섭 · 하영선. "미국 국제정치학의 추세와 한국 국제정치학의 상황." 『국제정치논총』 35집 1호(1995).

박홍순. "국제정치 연구와 교육의 새로운 모색 : 한국 국제정치학의 발전을 위한 방안." 1996년 한국정치학회 연례학술회의 발표논문(1996).

유승익 · 황종선. "한국 국제관계학 교육에 관한 사회의 요구와 평가." 『국제정치논총』 35집 1호(1995).

윤현근 · 최종철. "국제정치학 (교육)에 대한 학계의 자기인식 및 평가." 『국제정치논총』 35집 1호(1995).

이홍종. "정치학 교육의 문제점과 개선방안." 한국동북아학회. 『한국동북아논총』(2000).

함택영. "한국 국제정치이론의 발전과 반성 : 이론과 역사의 만남." 서울대학교 외교학과 50주년 기념 학술회의(2006년 10월 28일) 발표논문.

McGrew, A. and Paul Lewis. et al., *Global Politics : Globalization and the Nation–State*. Cambridge : Polity Press, 1992.

Naisbitt, J. *Global Paradox*. New York : William Morrow and Company, 1994.

색인

지은이 약력

◆ **김명섭**

파리 1-팡테옹 소르본대학 정치학 박사
현재 연세대학교 정치외교학과 교수
『대서양문명사 : 팽창, 침탈, 헤게모니』(2001),
『동아시아의 전쟁과 평화』(공저, 2006) 외 다수.

◆ **김석우**

미국 노스캐롤라이나대학교(University of North Carolina at Chapel Hill) 정치학 박사
현재 서울시립대학교 국제관계학과 교수
『현대 국제정치 핵심논쟁 12제』(공저, 2001),
『한국의 통상협상』(공저, 2004) 등.

◆ **김태효**

미국 시카고대학교 정치학 박사
현재 성균관대학교 정치외교학과 교수
The Future of US-Korea-Japan Relations : Balancing Values and Interests (2004), Korea-Japan Security Relations : Prescriptive Studies (2000) 외 다수.

◆ **김형국**

미국 듀크대학교 정치학 박사

현재 중앙대학교 국제관계학과 교수
『지방자치단체의 글로벌 투자유치』(2006),
『국제제도론』(2007) 외 다수.

◆ **민병원**

미국 오하이오주립대학교 정치학 박사
현재 서울산업대학교 교수
『복잡계로 풀어내는 국제정치』(2005),
『복잡계 워크샵』(공편, 2006) 외 다수.

◆ **우승지**

미국 인디애나대학교 정치학 박사.
현재 경희대학교 국제학부 교수
"북한 인권문제 연구의 쟁점과 과제" (2006),
"남북화해와 한미 동맹관계의 이해, 1969–1973" (2004) 외 다수.

◆ **이신화**

미국 메릴랜드주립대 국제정치학 박사
현재 고려대학교 정치외교학과 교수
Ethical, Normative and Educational Framework for the Promotion of Human Security in East Asia (2004),
『동북아시아 지역주의』(2007) 외 다수.

◆ **이완범**

연세대학교 대학원 정치학과 박사(한국정치 전공)
현재 한국학중앙연구원 정치학 교수
『1980년대 한국사회 연구』(공저, 2005),
『박정희와 한강의 기적 : 1차 5개년계획과 무역입국』(2006) 외 다수.

◆ **전재성**

미국 노스웨스턴대학(Northwestern University) 정치학 박사
현재 서울대학교 외교학과 교수
"1960년대와 1970년대 세계적 데탕트의 내부구조" (2005),
"라인홀드 니버의 기독교적 현실주의 국제정치사상" (2005) 등 다수.

◆ **정진영**

미국 일리노이대학교 정치학 박사
현 경희대학교 국제학부 교수
"WTO의 내국민대우 원칙과 국가의 규제주권 : 주세(酒稅) 분쟁사례를 중심으로" (2006),
"지역통화협력의 정치경제 : 이론과 동아시아의 경우" (2006) 외 다수.

◆ **조동준**

펜실바니아주립대학교 정치학 박사
현재 서울시립대학교 국제관계학과 교수
"미 · 중 대화에서 나타난 적수게임과 동맹게임 : 한반도 사례와 월남사례 비교연구" (2005),
"자주의 자가당착 : 한반도 국제관계에서 나타난 안보모순과 동맹모순" (2004) 외 다수.

◆ **조윤영**

미국 아메리칸대학교 국제정치학 박사
현재 중앙대학교 국제관계학과 교수
"미래의 한미동맹과 미국의 역할 변화" (2004),
"동아시아 안보와 제도주의" (2006) 외 다수.

현대 국제정치학과 한국

초판1쇄 / 2007년 11월 30일

역은이 **김형국 · 조윤영**
펴낸이 **여국동**
펴낸곳 **도서출판 인간사랑**
인 쇄 **백왕인쇄**
제 본 **은정제책사**

출판등록 1983. 1. 26. / 제일 3호

정가 35,000원

ISBN 978-89-7418-230-4 93340

(411- 815) 경기도 고양시 일산구 백석동 1178-1
TEL (031)901-8144, 907-2003
FAX (031)905-5815
e-mail/igsr@yahoo.co.kr / igsr@naver.com